口述重庆

从母城到江湖的民间生活史

马拉 —— 著

重庆出版集团 重庆出版社

图书在版编目（CIP）数据

口述重庆 / 马拉著. —重庆：重庆出版社,2022.10
ISBN 978-7-229-16619-9

Ⅰ.①口… Ⅱ.①马… Ⅲ.①重庆—地方史 Ⅳ.
①K297.19

中国版本图书馆CIP数据核字（2022）第022872号

口述重庆
KOUSHU CHONGQING

马拉 著

责任编辑：连果
责任校对：何建云
书籍设计：博引传媒

重庆出版集团 出版
重庆出版社
重庆市南岸区南滨路162号1幢 邮政编码：400061 http://www.cqph.com
重庆长虹印务有限公司印制
重庆出版集团图书发行有限公司发行
全国新华书店经销

开本：710mm×1000mm 1/16 印张：29.5 字数：516千
2022年10月第1版 2022年10月第1版第1次印刷
ISBN 978-7-229-16619-9
定价：98.00元

如有印装质量问题，请向本集团图书发行有限公司调换：023—61520678

版权所有 侵权必究

马拉打望·城与人

前页马拉漫像 / 肖和坤

什么是重庆城？什么是重庆人？
《口述重庆》——献给母城和乡邦的情书

杨一
（重庆精典书店创始人、董事长）

恭喜马拉先生的《口述重庆》终于出版。我和马拉是同龄人，精典书店开了好多年，我和马拉就相识有好多年，我们在一起海阔天空聊天、吹牛、侃大山就有好多年。他是我在新闻界、文学界和重庆城最好的朋友之一。

我们两人能聊得这么投契，是这个世界上最奇妙的事情——他患有严重的数学恐惧症，自称数学白痴，20以内的加减乘除，口算心算都有障碍，而我却是一个数学系毕业且十分热爱数学的理科男。我曾经是一个狂热的文学和诗歌爱好者，却又十分自责写不出一首好诗。当我还在背诵黎曼几何的基本概念和北岛、舒婷的作品时，马拉就已经想出了当代文学史上的"第三代人"概念并提笔写下了《第三代人宣言》，旗帜鲜明地要和北岛、舒婷这一批"第二代人"划清界限。

马拉不仅是一个诗人，更是一个博学之人。重庆籍诗人、作家和古琴家杨典先生在他的随笔《第一个诗人》中这样写马拉："他可以说是我早年遇到的最堪称博学的人，他无所不谈，无所不熟知……本质上，他最像的还是中国古代诗人，像明朝的那些充盈着灵性与学识，对强权和罪从不姑息的那种遗民式诗人，像王船山，也像魏晋时期那种隐逸的贵族。无论在什么时代，这样的人都有自己生活的秘诀和定性，旁人望尘莫及"。

和这样一个博学的人聊天，简直就是人生中的一大幸事，就如同喝壶好酒，品一泡好茶，欣赏一幅艺术作品，看一个风姿绰约的美女一样让人愉悦。

因为博学，我们可以聊不同的话题；因为博学，就同一问题我们可以从不同的角度去探讨。和一个虽然是专业高手，但知识面较窄的人聊天，很容易把天聊死，但我和马拉一起讨论文学、历史、哲学、政治、艺术和美食，似乎有永远聊不完的话题。

我读他的诗、他的专栏文章；他听我讲数学之美以及数学与文学的关系。我欣赏他诗歌中不着痕迹的哲理，更喜欢他专栏作品中对人物从细节处把握，惟妙惟肖的描写，幽默风趣的写作风格，让你忍俊不禁，捧腹之后又陷入沉思。我们就这样天马行空、不接地气聊了好多年，直到有一天他告诉我，他在《重庆晨报》开了一个关于重庆城、重庆人的专栏，我们的聊天落地了：我们终于找到一个可以持续进行讨论，并且有可能讨论一辈子的话题。

在中国的城市中，重庆是一个独特的存在。它不是一个历史、政治、文化、经济、科技和工业的中心城市，但却常常成为媒体和人们话题的中心。当你因此试图对重庆做一个全景式的叙述时，又往往感到困难。它是一个网红城市，游客心中的魔幻之都、美食之都和美女之都，但仅凭这些完全不能代表重庆。

重庆虽然是一个山水之都，但土地并不如江南鱼米之乡那样肥沃，气候也并非宜人。这里并没有多少艺术的沉淀，却涌现了像刘雪庵、白智清、罗中立、陈萨、陈坤、黄珂这样的作曲家、平民英雄、画家、钢琴家、演员和美食家。

这里没有多少科技的传承，但却出现了任鸿隽这样的科学家；这里没有多少商业的传统，却出现了卢作孚这样顶天立地的中国企业家的楷模式人物。在很多领域，重庆都出现了这样的现象。

我把这个现象称为"有大树，没有森林"。是的，重庆就是一座有大树却没有森林的城市。一旦出现大树，每一棵都光彩夺目。他们散落在重庆的乡间田野，伫立在长江边、嘉陵江畔，行走在码头上，穿梭在都市里，或静静游走在山城的雨巷中。他们是耀眼的星，照亮这座城市，守护这座城市，给予这座城市温暖、力量和奇迹。

马拉专栏就是把这一颗颗星串起来的城市人物星链。以对民间生活的访谈方式，把一个个典型的重庆人的个人史写出来，串在一起，就是一部重庆的历史和一幅重庆的画卷，这不仅符合重庆的性格，也是马拉擅长的写作风格。

每周等着读马拉的专栏，就成了我和朋友们的一大享受。那么多鲜活的故事和精彩的人物，打动了我，也惹得我萌发了要为重庆拍一部民间纪录片的想法。我一手抓住马拉，一手抓住我的小师妹——纪录片导演徐蓓。我把他们叫过来，在南山上多次一起讨论：究竟用什么样的方式才能把重庆这座城最鲜活地表现出来？我们多次热烈碰头、激烈争论。三个都很激动，说等马拉把专栏写完了，出成书再改成剧本，让徐蓓拍成纪录片。一天晚上，我激动得睡不着觉，还起来写了纪录片的创意大纲，马拉后来搞出一个分集大纲。不巧的是那几年，正好是电商对实体书店冲击最大的几年，为了让精典书店活下去，我只好一头扎进钱眼里，拍纪录片的计划搁浅。

但他们两个：后来徐蓓拍了《大后方》《城门几丈高》和电影《西南联大》，俘获粉丝无数，成了知名导演；马拉坚持十几年把专栏写完，赢得读者众多，成就了今天的《口述重庆》，留下我一个人瓜兮兮地在卖书。当然，我也只好把精典书店当做作品一直"写"下去，我的书店跟马拉的书和徐蓓的纪录片一样，也是我对这座城市的致敬和表达。正如书店后门墙上的巨幅墙面，本来是黄金广告位，但我只选了我最喜欢的马拉的一首小诗《书店》，挂在那里：

> 有一种书店
> 像乡愁一样站在街角
>
> 见证着我们为书而生、被书所伤的
> 青春、中年和向晚
>
> 在别的地方，在远方
> 它可能叫城市之光，叫诚品，叫季风
>
> 叫学而优，叫博尔赫斯，叫先锋
> 在重庆，这样的书店，叫精典

今天，这面诗歌墙成了精典书店的打卡点，经常看见各路朋友和读者在那里合影留念，最近一次我看见的是重庆女作家虹影、吴景娅。跟她们的长篇小说《月光武士》和《男根山》一样，马拉这首小诗，是献给重庆的厚礼。能满怀深情把这座城市写好的人，一定是生于斯长于此的人。虽然我和马拉都曾经游走于大半个中国，但最终都回到这座城市，结婚、安家、生子。我们对这座城市都有着深深的眷念，也有恨铁不成钢的切肤之痛。正是这种爱恨交织的情感，才促使我们去写好这座城市。

读完马拉这本书你会明白，重庆绝不只有火锅、美女和夜景，书里的许多人物远比火锅和美女更值得我们骄傲。比如刘雪庵，没有几个重庆人知道他，可全世界的华人唱他的歌唱了快100年了——《何日君再来》抚慰了多少中国人的情感，《长城谣》激发了多少中国人的抗日精神！马拉写完刘雪庵那一篇专栏，兴冲冲地跑到书店和我谈了一个下午。如果每一个重庆人都知道刘雪庵是重庆人，你不更为这座城市感到骄傲吗？

马拉专栏曾写过重庆先贤任鸿隽任氏家族系列十几篇文章（本书第三部分第一篇是任氏后人谈杨绛对任鸿隽的回忆），我激动了好多天。任鸿隽先生不仅是我的母校四川大学的老校长，也是中国现代科学事业的开创性人物。他的重要性和地位，马拉用一个细节就把我震撼到了："三年自然灾害"期间，很多人连饭都吃不饱，别说吃肉，可任鸿隽家里竟然有几大箱午餐肉和沙丁鱼罐头。当我读到这些罐头是罗素从英国给他寄过来的时候，我对他更加肃然起敬，可以想象他的地位有多高。

因为罗素是我一生中为数不多的几个偶像之一。当我学数学的时候，知道在数理逻辑领域，他是一座我们永远无法翻越的大山；当我学哲学的时候，他的《西方哲学史》又是我们绕不开的"圣经"；等我去翻阅诺贝尔文学奖作品目录时，竟发现《西方哲学史》赫然在列。这是何种级别的"出圈"啊，什么人才能做得到这样的跨界！可这样的人物却念念不忘在遥远东方古老国度里的一个重庆人，还给他寄肉罐头。

自从国民政府迁渝，逃难的、做官的、谈判的、做生意的、耍朋友的、结婚的、买房子的、卖房子的、跑路的、跑脱了和没有跑脱的外地人，都想搞清楚什么是重庆城？什么是重庆人？这个可能永远都没有答案；但就像精典书店卖过的《华阳国志》《越绝书》《帝京景物略》《吾土吾民》《乡土中国》《佛罗伦萨史》之于四川、江南、北京、中国和意大利一样，马拉这本书之于重庆，也是献给母城和乡邦的情书。

不多说了，赶紧翻开吧，马拉笔下的人物一定有能让你激动不已的，一定有能让你明白什么是重庆城，什么是重庆人的。

于 2021 年 11 月 20 日夜

目 录

壹　母城·从古至今的城中岁月　001
1　一千年，四个人，筑起一座重庆城　003
2　重庆地名是我一脚一脚踩过来的　011
3　四娃子，快点去看一下解放碑上面好多钟了　017
4　"有钱的人，大不同，身上穿的是灯草绒"　025
5　嘉陵江大桥的桥名，是我父亲题写的　032
6　我上班，就是爬到解放碑顶顶上面去上钟　038
7　我小时候遭绑在嘉陵巷的电杆上　043
8　用小说小心地存放我的小城　050

贰　望族·名门大族的世家往事　057
1　我是大禹第139代孙、曾子第77代孙　059
2　永川有个太平寨，叔侄三人编族史　070

叁　先生·从大学者到中学校长　083
1　杨绛先生，我曾喊她"大二姐""杨阿姨""季康阿姨"　085
2　我太爷爷问我爷爷梁漱溟：世界会好吗　104
3　史式：有时候我觉得，我就是个宋朝人　110

4　马校长：当年打我的学生，我原谅你们　　120
5　丁肇中读小学时，她是学校的老师　　125

肆　青春·五四以来的少年中国　　131

1　北碚有个少勇队（上）/ 从前，北碚有个少年义勇队　　133
2　北碚有个少勇队（中）/ 卢子英是我们的证婚人　　139
3　北碚有个少勇队（下）/ 卢局长看了我的日记　　145
4　万师：土纸本上的青春之歌"你的恩，如君如亲"　　152
5　汪曾祺给夏素芬写了一黑板情诗　　160
6　重庆外语学校俄语班往事（上）/ 入学考试，我唱的是《哈瓦那的孩子》　　169
7　重庆外语学校俄语班往事（中）/ 我们是按同声传译来培养的　　174
8　重庆外语学校俄语班往事（下）/ 那一年，在部队，我23岁　　179
9　重庆崽儿杨典（上）/ 重庆是我的根源和影子　　185
10　重庆崽儿杨典（下）/ 我的《打坐》就是对重庆有个交代　　191

伍　陪都·战时首都的活色生香　　199

1　范绍增家族往事（一）/1949年，何妈带我和八姐逃出范庄，飞往香港　　201
2　范绍增家族往事（二）/ 我在香港离家出走，去老大昌当门童　　207

3　范绍增家族往事（三）/ 我八姐成了香港"长城三公主"　213

4　范绍增家族往事（四）/ 重回父亲身边，最后含泪送别父亲　219

5　我爷爷，黄埔一期：在"凯歌归""轰炸东京"　226

6　京剧名丑厉慧森，老来提笔写家史　232

7　《何日君再来》哪里来（上）/《何日君再来》，是重庆人写的歌　237

8　《何日君再来》哪里来（下）/ 战歌和"黄歌"，都是他的歌　243

9　他是《大公报》名记，一篇报道撤掉一个县长　248

10　我爸是抗战飞行员，参加重庆空战，三次受伤　254

陆　老兵·还是不打仗好啊　267

1　这个老红军，曾给延安"红孩儿"游击队当队医　269

2　这个老八路说：我打过仗的地方，我都记得　274

3　这个新四军说：还是不打仗好啊　280

4　老兵杨光：我们换上英式军服，到达印度兰姆伽　288

柒　大厂·从兵工厂到冰糕厂　295

1　我在望江造枪炮，也晓得桃花和万年青的浪漫　297

2　"照蛋的姑娘打蛋的妈"，肉联厂的厂谚你懂吗？　303

3　重庆冰厂（上）：一支支"青鸟"是怎么飞起来的　309
4　重庆冰厂（下）：一个冻在最冷的冰里，一个泡在最热的水中　314

捌　妙手·一双妙手安身立命　321

1　汪子美：黄桷坪有个隐居的漫画大师　323
2　《红岩》插图：一群版画家的五十年传奇　329
3　《金子》编剧隆学义（上）/ 茶友说："假感情要钱，真感情要命"　336
4　《金子》编剧隆学义（下）/ 我的三人行："海伦圣洁，光华纯正"　342
5　漫画大家王君异（上）/ 红：他在李大钊手下入党　347
6　漫画大家王君异（中）/ 黑：父母爱我俊，先生夸我勤，将来也是大国民　353
7　漫画大家王君异（下）/ 蓝：在雪影之前，他结了两次婚　359
8　山城凡·高熊吉炎：他画的车子还在开，水还在闪　365
9　红英田坎捏泥巴，长大捏成个女雕塑家　373
10　散仙人生柏林哥：流浪在1300多个速写本上　378
11　思全站在戏台口，一笔绘就川剧魂　384

玖　江湖·巴山夜雨点点灯　391

1　女抬工张素珍：下力也是一个技术活　393

2　草根红学迷：《红楼梦》作者是陈洪绶、柳如是　399

3　《二战纪实影像图典》：一个人推出的影像巨著　404

4　两家姐妹淘，半个世纪情　410

5　涪陵城二小托儿所，有个"所花"叫刘晓庆　416

6　山城儿女黄珂、张迈：一个重庆味道，一个重庆声音　422

7　川江号子："大河涨水小河浑，捡个鸭蛋有半斤"　429

8　千翻娃儿长大后，没得法，就只有当校长了　437

9　老刘："A军团今天晚上开始，按计划从巴尔干撤退"　443

后记：打望我们的民间生活　449

壹 母城·从古至今的城中岁月

1 / 一千年，四个人，筑起一座重庆城

口述人 唐治泽
重庆中国三峡博物馆研究员

在三峡博物馆一间没有门牌号的办公室内，唐冶泽先生的书桌和地板上，堆放着他编辑的彩印学术刊物《长江文明》和一些精美的古琴图书。沙发边一张硬木雕花琴案上，摊开一本巨厚的《故宫藏琴图录》。

这些年他专攻城与琴：《老城门》是他从沙区党校调到博物馆后接的第一个课题；他的下一本学术专著《三峡博物馆馆藏45张古琴研究》即将付印。

我从包里掏出在书店买的那本他和冯庆豪先生合著、由他执笔完成的《老重庆影像志·老城门》。唐冶泽一看就脱口而出："这本书有点问题。"我正纳闷，他起身咣地一声打开身后一个书柜，取出两张A4纸递给我，我一看，这是他自制的《老城门》勘误表。

我们的交谈就从一堂小小的《老城门》校勘课开始："'远眺1920年的重庆城'这句，我原来写的是'远眺1920年代的重庆城'，改掉一个'代'，意思大变样；'也即戴筑城长度是李筑城长度'这句中的'戴筑城''李筑城'，也非我的原文，原文我是按学界常用提法，写的是'戴城''李城'，即重庆史上两个有名的筑城人——明代戴鼎和三国李严所筑之城；至于原文'宋代的薰风门'一句最后遭改成'如嘉陵江一侧的储奇门'，更让我无地自容，因为老重庆都知道储奇门是长江边的门，不在嘉陵江一侧。"

"三水"

唐冶泽的老家四川乐山，也是一座江边名城，岷江、大渡河、青衣江，三江交汇。从小住在水边，其姓名三字也自带一点水、两点水、三点水。我把我的这个发现告诉他，并称其为"三水先生"，他很高兴，说很少有人看出来；故乡乐山和第二故乡重庆在主城和江河的对应关系上同构合拍,也很少有人看出来,他看出来了。他说:"乐山主城两边临河,这点很像重庆:一边是青衣江汇入的大渡河,一边是大渡河最终要汇入的岷江。大渡河有点像重庆的嘉陵江,跟青衣江和嘉陵江一样,都是从西向东流;岷江有点像重庆的长江,只不过是从北向南流,而重庆的长江是从南向北流的。"

父母二十多岁从重庆移居乐山,经常给他讲重庆故事,"我对重庆很有感情,姐姐发下来的地理课乡土教材,我马上就抢过来翻着看重庆。重庆是我的祖居地,我们屋头在重庆已经定居八代人,我是第九代。爷爷曾任刘湘(1888—1938,四川成都大邑人,毕业于四川陆军速成学堂,陆军一级上将,四川省政府主席,重庆大学首任校长)手下一个师长的军需官,爸爸曾在乐山大佛顶上的气象站工作。"

乐山城门,总数比重庆多,现存也比重庆多。"大渡河这边10多里长的乐山老城墙是明城墙,保存得非常好,只是城墙上面修了公路。育贤门、铁牛门、迎春门、拱宸门、高西门这些城门还在。嘉乐门和水西门,我小时候都在,但嘉乐门现已不存;水西门现在被公路盖了,惨不忍睹;铁牛门、拱宸门,都堪称完整;现在回去游大佛,都还在迎春门上船。"

他从小在育贤门边长大,在大渡河边洗衣、淘菜,24岁才离开乐山。"水西门外河滩沙坝的水洼,有漂亮的桃花水母(珍稀腔肠动物,栖于江河湖泊淡水中,故学名"淡水水母";形如桃花且多现于桃花季节,故中国古称"桃花鱼";通体透明如小伞浮游水中,又名"降落伞鱼";还有"水中大熊猫"之称,为世界级濒危物种),我们叫降落伞鱼,用玻璃瓶瓶儿装起,提回家去放在桌子上,水母像荔枝肉一样半透明,非常好看。水西门外的河边有点阴森,大人不让我们去,后来才知道,这里的河滩曾用作刑场。"

唐冶泽这一代读书人,大都出身寒微,但平民本色和动力往往更能助其梦想成真。"读大学之前,我的学历只有小学五年级加一年半初中。后来的经历,我在自己出版的《甲骨文字趣释》封面勒口上总结过:'吃过糠,下过乡,扛过枪(当了几天基干民兵),炼过钢(做过半年翻砂工),经过商(卖了三天羊肉串),写过几篇小文章(但无颜列出)。'"

1974年秋,他在重庆看望后来与其结为夫妻的女友,搭车回乐山,和川大擦肩而过。"车过成都望江公园,雨雾中,一个同车知青说了一句,对门就是川大。我想,要是我有一天能进川大读书,那该是一件好神奇的事情。"

四年以后，他实现了这种"神奇"，考进了四川第一学府川大的历史系。"这半辈子，我实现了几个梦想：一是考进了川大，二是认识了我的爱人，三是调到了博物馆上班，四是从小想重庆，毕业后就分到了重庆。"

四人

重庆城的古城门，到1949年前就差不多拆完了，1949年后只剩下通远门和东水门两座城门了。据唐冶泽考证研究：重庆史上有四大筑城人。

"第一个筑城人是战国张仪（？—前309，魏国人，战国著名纵横家、外交家和谋略家），著名的纵横家，但'张城'已不可考；第二个筑城人是三国李严（？—234，南阳人，三国时期蜀汉重臣），'李城'主要是向西扩展，把城墙修到了重庆半岛的山脊上。可能只有'青龙''白虎'两个东、西城门；第三个筑城人是南宋彭大雅（？—1245，南宋鄱阳人，进士出身，重庆知府），他担任过四川制置副使兼重庆知府，曾出使过蒙古，深知蒙军特点，故而上任就开始筑城。相传重庆有四个城门，但《元史》和《宋史》却说重庆有洪崖、千厮、镇西、熏风、太平五门。元蒙军后来多次侵入四川，一路平趟，但最终都在大雅的重庆城下认栽。"

大雅之后，第四个筑城人完成了重庆城建史上最大规模的筑城工程，此人就是明初戴鼎（明初重庆卫指挥使）。戴城长度是李城的1.31倍，城门"九开八闭"多达十七个。

"清代《重庆府治全图》中标示的城墙，基本上可看作是戴鼎所筑。戴城的最大特征是'九开八闭'之门。哪九开？朝天、东水、太平、储奇、金紫、南纪、通远、临江、千厮诸门；哪八闭？翠微、太安、人和、凤凰、金汤、定远、洪崖、西水诸门。"

此图长江河道标注为"岷江"。依照此图，从朝天门开始，按顺时针方向绕一圈，从长江绕到嘉陵江，又回到朝天门，刚好"九开八闭"十七个城门：其中"开门"和"闭门"就像一组魔术师徒手洗好的十七张牌，除了储奇、金紫开开相邻，其他诸门开闭相间，极富节奏感。

从城门位置看，重庆是山城，更是水城。"九开八闭"十七门，嘉陵江那边六门：通远（开）、定远（闭）、临江（开）、洪崖（闭）、千厮（开）、西水

（闭）；长江这边十一门：朝天（开）、翠微（闭）、东水（开）、太安（闭）、太平（开）、人和（闭）、储奇（开）、金紫（开）、凤凰（闭）、南纪（开）、金汤（闭）。全部"九开八闭"十七门，只有通远一个陆门，其他均为水门，开门见水，水流沙坝。

重庆民间一直流传着一首《城门谣》，唐冶泽在1970年代断续地听过其中的句子，现在坊间网传的《城门谣》完整版本，作者不详。窃以为不是源自山城新闻记者出身的评书大家王秉诚那本《重庆掌故》，就是出自重庆史坛耆宿彭伯通老先生那本《古城重庆》，但遍查二书均未见。

《城门谣》以民间说唱常用的"三三四"十字句式，从朝天门开唱，按逆时针方向，从嘉陵江唱到长江。但诡异的是，一开始就跳过了嘉陵江那边的西水门，

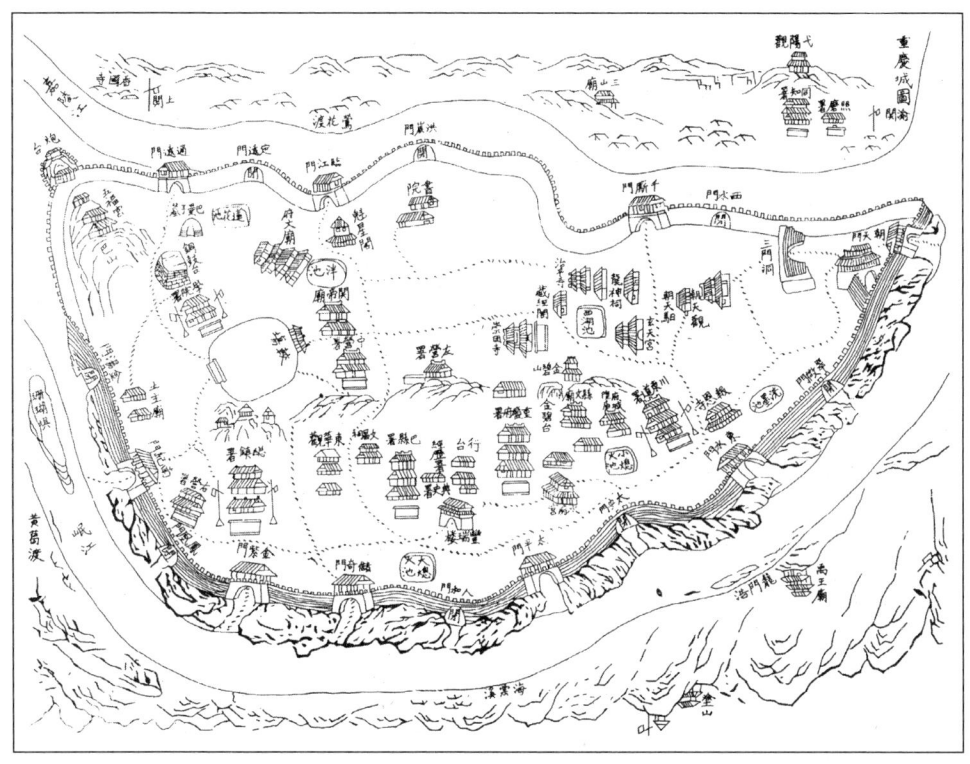

《重庆城图》（选自清乾隆《巴县志》），成图时间约在乾隆二十五年（1761），是现存最早的重庆古城图

最后要唱回长江这边的朝天门了，又把翠微门提前，才补上嘉陵江那边的西水门，让东水门殿后。这种空间大挪移，或许是民间艺人为了西东对称押韵，又或许是为了最后抬出"鲤鱼跳龙门"这种吉语讨个口彩。

"朝天门，大码头，迎官接圣；千厮门，花包子，雪白如银；洪崖门，广船开，杀鸡敬神；临江门，粪码头，臭得死人；定远门，较场坝，舞刀弄棍；通远门，锣鼓响，看埋死人；金汤门，木棺材，大小齐整；南纪门，菜篮子，涌出涌进；凤凰门，川道拐，牛羊成群；金紫门，恰对着，镇台衙门；储奇门，药材行，医治百病；人和门，火炮响，总爷出巡；太平门，老鼓楼，时辰极准；太安门，太平仓，积谷利民；翠微门，挂彩缎，五色鲜明；西水门，溜跑马，快如浮云。东水门，有一口四方古井，正对着真武山，鲤鱼跳龙门"

十七

重庆人现在口头上提到的"重庆城"，即指戴城。戴城最大的特征"九开八闭"十七门，为何九开？为何八闭？

唐冶泽说："开门都比闭门大而且还有城楼，多数还有瓮城；闭门比开门小，没有城楼和瓮城。有一种说法是，如果打仗遭围城，开门不敢开，就可以偷偷打开闭门取水。但据我走访的一些老人们说，闭门没得啥子（什么）用，只是做样子的，后来就封了。"

闭门最先可能还是跟开门一样有两扇木门，最后就用砖石封堵了。唐冶泽指着《老城门》第33页上一张闭门凤凰门的老照片说："你看，城墙的石头，和封堵城门的石头，风化程度相近，这证明闭门'修好不久就用石头封了'的可能性较大。"

好个重庆城，八个闭门实际上是个面子工程——闭门无用。从军事上看，门是城防最薄弱的部位，因此门多反而危险。事实上，我们那些讲究"天人合一"的祖先将城门设为"九开八闭"，是为了对应或附会当时很主流的道家理念"九宫八卦"。

"九宫八卦"均为道家术语。"八卦"即一套由"阳爻━"、"阴爻--"多次排列组合而成"乾☰、兑☱、离☲、震☳、巽☴、坎☵、艮☶、坤☷"的八种视觉象征符号系统,以此预测生命运程的吉凶祸福。

"九宫"即用"八卦"将星空按"河图洛书"或地上的井田图式,划为乾宫、兑宫、离宫、震宫、巽宫、坎宫、艮宫、坤宫,加上观察者所在的中宫即井田的中心,共九宫,以此坐地观天,法天象地,预知吉凶方位、农时节气和风水、命运。

重庆古城"九开八闭"之闭门凤凰门遗址

"八卦"主打时间,"九宫"负责空间,"九宫八卦"往往配套使用,锁定了中国人"天人合一"的道家式世界观。

所以古人动土,筑城修房,最讲一个风水。近代重庆教案起因多是洋人教会在城内外制高点修筑教堂,即1863—1886年间两次教案,一为法国传教士强行拆除重庆长安寺修建并扩建真原堂,二为美国基督教士在重庆城西鹅项颈购地建房,"压断地脉、有伤风水",均激起民愤被捣毁。洋人抢占我们的制高点,可能有军事上的考虑,因为教堂兼具军事堡垒的功能;但我们的百姓绅商群起反对洋人的理由,只觉得他们很"障"我们的眼睛,从不提也没想过洋人的军事威胁,全是"他们占了我们的风水,断了我们的龙脉,破了我们的福气"之类美学或神学式的忧虑。

可爱的祖先可爱的城。虽然"九开八闭"有点面子工程的意味,但戴城对我们这些重庆的子孙们,那是给足了面子:戴城是重庆筑城史上修得最好的一座——高峻、神秘、野性、美丽,一座能完美表达和体现"重庆城"这三个字的大城。

从此,我重庆城轮廓定矣,气宇轩昂,500多年间,无城可筑。直到1929年,川军名将潘文华(1886—1950,四川仁寿人,号仲三,外号潘鹞子,二级陆军上将)兼重庆第一任市长后,有城可拆,戴城终于迎来了自己的克星。潘将军从朝天门按顺时针方向，以建设和开发的名义拆城。他是四川仁寿人，古城要扩展，潘市长不可谓不"仁"；千年古城，从此"寿"终正寝，潘将军不可谓不"狠"。

唐冶泽说："主城之外的县上乡下，习惯上把宋代修的叫城，宋以后修的叫寨。川东在南宋时，修了40多个城，比如合川钓鱼城、长寿湘子城。莱滩、大昌，凡是叫城的都有政治军事功能，反映了国家离乱的历史。明末清末，流寇横行，民间百姓只好结寨自保，比如石宝寨。"

重庆的城，是山城。"重庆老城门本来就在山上，依山取势，沿两江的河岸山壁而建。下面是河，如临江门、储奇门，从河面上看，特别雄伟、险峻。成都、北京那些平原城市，秦汉以前的城门城墙埋了，还可以挖出来，重庆的城门在山上，拆了就没有了。到今天，戴城以前的城，无考。"

朝天门城墙遗迹（摄于1980）

提笔写《老城门》前的一天，唐冶泽乘兴巡城。"我沿戴城'九开八闭'的轮廓线踩了一圈：从通远门走到朝天门，又经过东水门、储奇门，走到南纪门、菜园坝，爬坡又回到通远门；钻小巷，走到洪崖洞，又到朝天门，有断断续续的遗迹。正在大拆迁，贴着城门修的老房子拆了，真正的城墙就露了出来，但也都拆了。现仅残存通远门、东水门两座城门和附近的小段城墙，就成了凤毛麟角。如果'九开八闭'的城门还在，那该是一件多么神奇的事情。"

（唐冶泽先生已于2013年8月4日因工伤逝世于重庆，享年60岁）

2 / 重庆地名是我一脚一脚踩过来的

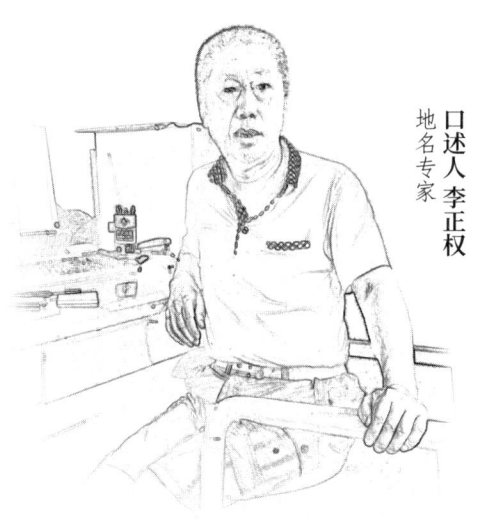

口述人 李正权
地名专家

2014年,李正权先生的《重庆地名杂谈》一书由重庆出版社选入"重庆母城历史文化丛书"推出。重庆如果没有他书里杂谈的那些地名,母城就不存在;这位出身于母城码头搬运工人家庭的地名专家,如果没有从小帮父母搬砖挑瓦,一脚一脚踏过那些地名的血汗经历,这本书也不可能写成。

苦孩子

李正权著《重庆地名杂谈》

李正权的父母,是抗战胜利后从合川到重庆城来讨生活的破产农民。母亲(其母故事,参见本书《女抬工张素珍:下力也是一个技术活》)帮人洗衣服。父亲先是挑水,从临江门挑到解放碑新生市场,180斤一挑水的力钱,能买个烧饼。后来他当了码头搬运工,从临江门河边挑砖挑石灰爬城门洞进城。李正权说:"我从小就开始下力,记得我是从背三匹砖开始的,大约5岁多就给母亲'打薄'。'打薄'是搬运工人的行话,意为一个下力人给另一个下力人减轻一点负担。母亲年轻时力气大,一挑总是两三百斤,担砖要担四五十匹(16匹合100斤)。我给她背三四匹,她好歹也要轻松一点。后来,我逐渐长大,便改背为挑,分量也逐渐增多。到小学毕业,我可以挑20多匹砖了。"

最远的一次,他和母亲从临江门河边挑砖到鹅岭正街遗爱祠。"100斤5角钱,一天走3趟,从临江门、一号桥、黄花园、枣子岚桠(重庆渝中区地名,位于人民大礼堂北部)到少年宫……爬国际村那一坡最累,特别是下午最后一趟。我来不起了（累得受不了），妈妈就说：'你放到起，我来。'重担在肩，走街串巷。如果串哪条巷子能少走一步，你一定会去串。所以，那些街巷，那些地名，都是我一脚一脚踩出来的，一辈子都记得到。"

他对写作的爱好，也是在搬运和找地名途中产生的。"累是累，但也有最愉快的时候：看着雇主把力钱递到母亲手里，其中也有我的一身汗水，心头很高兴。晃着空箩筐，从街上走过，觉得人也大了，好得意。有一次，走出临江门那黑瓮瓮的城门洞，正好夕阳西下，凉风阵阵。心头突然冒出'夕阳照汗衣，凉风阵阵吹'的句子，那可能是我的第一次创作体验，是我最早的诗。"

家里穷，连一本工具书都没有。他多次去解放碑新华书店看好一本《汉语成语小词典》，要6角5分钱，堪称巨款。每次都爱不释手，每次都只有翻一翻，最后眼巴巴地还给店员。

这是一本商务版学生用词典，由著名语言学家魏建功、周祖谟审订，北大中文系1955级语言班1958年集体编著，并于同年初版。其后经1959、1962、1972、1998、2003年五次修订，每次修订内容都反映了中国的时代变迁。

《汉语成语小词典》2014年6月在北京印刷已达171次，与商务版《新华字典》堪称"国民字词典"双璧。1960年代，我们只有这两本袖珍字、词典拿得出手，跟爱书的小正权一样光荣、孤独而寒碜。

有一次，他终于用攒了好久的零花钱，偷偷把那本《汉语成语小词典》买回家，家徒四壁，无处可藏，被老爸发现，一顿好揍。穷人家的孩子，好像离"汗流浃背、汗如雨下、汗流满面"这些汉语成语最近，离汉语成语词典最远。

但亲爱的老师们不这么看。"我在西来寺小学读五年级，参加作文比赛，得了全校第一名。我写的是我在路上捡到个菜本，当时菜蔬定量供应，菜本丢了可是不得了的事。也许我这是好人好事，老师鼓励我，他们说我设问句用得多，用得好。因为找失主的过程，也是找地名的过程，最后我挨家挨户在一号桥坡坡上找到了那个丢失菜本的婆婆。得了奖之后，我就更加喜欢找地名了。"

老巷子

找寻菜本失主的过程，苦孩子兼好孩子李正权，走过了好多老巷子哟！他说："我们住的临江门外，大大小小有好几十条小巷，如磨子巷、九道拐、柴垮、长

李正权（右）和兄妹1970年代合影，当时家住朝天门白鹤亭

八间、黑巷子。小巷太窄，两人对面，几乎都要撞翻一个。城里也有不少小巷，如大井巷、戴家巷、官井巷、来龙巷、江家巷，有的巷子现在显得宽阔，很热闹，但那是抗战时日本飞机炸毁后重建的，原来相当窄。"

临江门那些巷子名称，一般都比较俚俗，但也有让人惊艳的。"有一条巷子叫洒金坡，是一坡很陡峭的云梯巷，一边是悬崖，一边是陡坎，分布着零星的吊脚楼。靠江一边不少地方都不能修房屋，只能用栏杆挡起，靠山一边也往往只有岩石，岩石上挂着野草，偶尔有一两棵黄桷树。夕阳西下，阳光把吊脚楼和岩石上的野草树木照得金灿灿的。远远望去，闪闪烁烁，于是取名洒金坡！"

在临江门长到十多岁，他们家搬到朝天门，又碰到一个好听的地名。"我们搬到朝天门的白鹤亭，就是现在朝天门'海客瀛洲'楼盘那里。那是城墙外的一条陋巷，一面是城墙一面是临江的吊脚楼、捆绑房、烂窝棚。一条麻石板窄路顺着城墙弯拐铺设。陋巷外有一条烂马路，马路外就是长江。陋巷里阴暗、潮湿，竟然叫白鹤亭！据老人们说，当年陋巷临江一边，确有一小桥、一小亭。依桥坐亭，可望河对面涂山上不时飞过的群群白鹤。我一直觉得'海客瀛洲'莫名其妙，就叫'白鹤'多好。"

抱裤子

李正权中学就读于罗家坝东侧向家坡上的南山中学，不管回家还是返校，路过海棠溪，他总是能看到著名的"巴渝十二景"之一的"海棠烟雨"。此地得名，向楚（1877—1961，重庆巴县人，字仙乔，一作仙樵，光绪举人，蜀军政府秘书院院长、四川大学文学院院长）《巴县志》有解："其名为海棠，或曰昔多海棠，以此为名，或又曰盛夏洪流，大江灌入溪中，三五（农历每月第十五日）之夕，月光激射，江波喷发作朵朵海棠状，遂名溪。"

李正权说："向楚是重庆人，生于1877年，他都没见过那成片的海棠，何况我等！不过，'月光激射，江波喷发作朵朵海棠状'的情景，1960年代我还是看到过的。我们站在溪边，洗一洗手，浸一浸脚，清凉、舒服。有时候，几个同学将书包丢到一边，下溪捉鱼捕蛙扳螃蟹，或脱个精光洗个澡游个泳什么的，那乐趣现在都记得。"

尴尬也属于少年乐趣最重要的部分。"海棠溪上有一座大石桥，单孔平桥，连接海棠溪正街和码头，取名通济桥。桥西边有一棵黄桷树，树冠如盖，树叶茂密。每年涨水，有时树冠全淹，有时只淹到树腰，有时仅淹到树脚，完全是一座大树水文站。1960年代，放学回家，我们经常站在桥上，朝水中跳'冰棍'。社会禁止学生下河游泳，也是怕出事。民警见了，就悄悄过来，把我们的衣服裤儿一把就抱走了。我们一串光屁股男生，只好乖乖地跟着他走进派出所。恰好有女同学路过，看到我们，男生女生的脸巴，全都羞得通红。"

冲壳子

中学毕业后，1969年3月，李正权到忠县当知青。饭吃不饱，菜没油水，晚上没事，大家就摆龙门阵冲壳子（吹牛）。"一般都吹重庆的事情。一个家境好的同学，就给大家讲市中区有好多馆子，哪些他去吃过的。这些馆子我都晓得，只是家里穷，从没进去过。讲馆子的同学，吹得大家口水长流，打了一顿精神上的牙祭。我就问大家，你们进馆子，吃饱喝足后，第一件事要干啥子？都答对了：上厕所。好，馆子我没进过，但市中区有好多厕所，在哪条街上，我门清。我就开始给大家吹市中区每条街上哪里有厕所！"

解放碑顶级的三大名厕：一个在群林商场（前身为著名百货商场"琼林市场"，1947年由美丰银行老板康心如出资修建，大书家于右任题名；1959年后改为"群林市场""群林商场"。1996年遭遇火灾，现已不存，原址位于今美美百货边的银座广场）楼上；一个在解放军剧院（位于八一路，落成于1953年，2006年10月正式停业）旁边；一个在夫子池，正对大同路口。

"这三个官茅厮（公共厕所）皆修于1949年前，此后它们成为了解放碑最打挤的厕所。现在临江门坎下那个'渝中第一厕'，是1960年代修的，原位置是一个供大型活动方便的临时公厕，后修成正果；还有一个是在下青年路和五四路交会处（现解放碑轻轨站）；最隐蔽的一个，是在现在大都会依仁巷里面，人少些，很多人不晓得。有时候，前面那些厕所人挤人，我们就到这个厕所去，人少些，相当于VIP。"

知青冲壳子，全靠一张嘴。"吹饭馆"无论吹得多厉害，最后还得靠"吹茅厮"来解决问题。因为有"进"必有"出"，而人们"进"好像只是为了"出"，可以说此役李正权笑到了最后。

从小时候走过的地名开始，从《重庆公安报》退休的李正权，20多年来在各种报刊发表有关重庆地名的短文，他发现自己的写作速度赶不上那些地名消失的速度。有时他刚写了一个，那个地名就消失了，他的短文就成了那个地名的悼词。"比如大都会商场一落成，就干掉了原址的大阳沟、依仁巷等一串老地名。我建议新路的命名，可以采用老地名。如果现在大都会附近有一条大阳沟路、依仁巷路，那么大阳沟、依仁巷这些农业时代的地名，就能永远地留在重庆城里了。"

渝中区大坪虎头岩片区有几条新路要命名，李正权认为应从"虎头岩"这个老地名的核心意象延伸出几条新路名。他说："我建议新路用虎威路、虎踞路、虎歇路、虎贲路几个名字，其中虎歇路原有工程地名叫歇虎路，拟改为永年路。我提议改为虎歇路，就和虎字头统一了。最后，四选三，虎贲路落选，因为附近从前有个老牌的河运校，将其命名为河运路。其他三个已正式成为重庆地名了，百度地图都能查到，我很高兴！"

3 / 四娃子，快点去看一下解放碑上面好多钟了

口述人 何智亚
城市规划建设专家、摄影家

2011年7月，何智亚先生的办公室，位于江北李家花园隧道旁那幢门厅排列着一排白色大理石廊柱的大楼内。从这座民间至今简称为"天文台"的大楼往下看，李家花园隧道顶上的缓坡，草木青葱。"听说这个隧道要拆除？"我问。他放下手中的《重庆老城》，回答："是的。"

后来这个隧道果然拆除了，而在重庆山河间，由22万字、582张图片构成的《重庆老城》所记录的那些老房影像的实体，有很多也早已拆除。《重庆老城》就像一部追忆逝水年华的亡灵书，将逝去的那些城与人定格在黑白影调中。何智亚蕴含于22万字深处那些星星点点的自传性随笔，则是这本如老城墙墙砖一般厚硬的画册最温暖最柔软的核心。

何智亚小时家住来龙巷，从家里跑几步，就能看见解放碑的钟。"家里穷，买不起钟，解放碑的大钟就成了家里的钟。妈妈一喊'四娃子，快点去看一下解放碑上面好多钟了'，我就咚咚咚跑出去。我还认不到钟，只能回去给妈妈报告：长针指到几，短针又指到几。"

说起那解放碑，乃重庆第一地标，位于重庆市渝中区解放碑商业步行街中心，属于"首批中国20世纪建筑遗产"。前身为1941年落成以激励抗战斗志的土木结构纪念碑"精神堡垒"；1945至1947年为纪念抗战胜利，拆除"精神堡垒"，在原址新建一座钢筋水泥结构、碑顶装有四面自鸣钟的"抗战胜利纪功碑"（由时任市长张笃伦题名），成了国内唯一一座中国人民抗日战争暨世界反法西斯战争胜利纪念碑。

"抗战胜利纪功碑"1949年后改建，更名方案历经"纪功碑""解放""西南解放纪念碑""重庆解放纪念碑"，最后落定"人民解放纪念碑"，由抗战胜利纪念碑变成解放战争纪念碑。2000年9月7日重庆市府公布的直辖后《第一批市级文物保护单位》名录中，分类属于"近现代重要史迹"，编号为"13343"，年代、地址备注为"1950年；渝中区解放碑地区；原为抗日战争胜利纪功碑，1945年建"的这座碑，正式名称还是"人民解放纪念碑"。

国家文物局2013年《第七批全国重点文物保护单位名单》正本清源、兼旧顾新，"序号1884，编号7—1884—5—277，时代1947年"，属于"近现代重要史迹及代表性建筑"的重庆不可移动文物"解放碑"，按双名制正式命名为"抗战胜利纪功碑暨人民解放纪念碑"至今。碑上名称已属历史，不可再改，但碑前勒石为记，碑名不再折腾。

当年，解放碑地区好多居民跟何家一样，都有把碑钟当成家钟的经历，贫寒而豪华。因为在重庆坊间的城区歧视链上，听得到解放碑的钟声，是重庆主城最硬核的识别标志。也许所有的妈妈都想不到，20多年后，1997年8月，重庆市第一条大型商业步行街——解放碑步行街工程开工，何智亚——当年那个屁颠屁颠跑去帮妈妈看钟的小男孩，连时针指到四都不晓得是四点钟的四娃子，成了负责现场工程的常务副指挥长。

望龙门

1949年后，何智亚一家最先住在下半城望龙门巷的一座青砖大院。望龙门不是城门而是一条街道，因在此可望河对门南岸江边龙门浩巨礁而得名。

家里孩子多，经济拮据，妈妈就从望龙门河边的木船上买回成筐的橘柑。"我们几个娃儿就一起给橘柑剥皮去筋，橘皮、橘筋晒干后卖给附近的老药铺，剥出的橘瓣则用土碗盛满，拿到望龙门缆车站叫卖。我只有五六岁，和二姐、五弟三人光着脚、顶着寒风坐在码头石梯上高声吆喝：'快来哟，甜橘柑，一分钱一碗。'"

▍小时候住过的望龙门

还记得院子里驻扎过一些解放军。当兵的都打着绑腿，腰间布口袋还装着手榴弹。"特别吸引我们的，是他们吃完饭后大锅里的锅巴。炊事员看见我们眼巴巴地围着铁锅不肯离开，就抄起铝铲把锅巴铲起来，一人分一块。那香喷喷、黄焦焦的锅巴至今难忘。后来他们走了，临行时把一些生活用品送给院子里的人家，我家分得一口旧羊皮箱子，母亲把它当成一件重要的家私，一直用了很多年。"

几十年过去，何智亚再也找不到那个老院子了，但记忆深处却总是抹不掉望龙门沿江的老巷子、高石梯和深深的老宅院留下的印象和眷恋。

来龙巷

后来他们家搬到上半城来龙巷川盐四里，这是父亲单位的房子。据何智亚考证，清光绪年间，来龙巷与柴家巷（现邹容路下段）交界处，有一座标明成化十九年（1483）廷试第二名（也称"榜眼"）刘春的牌坊，刻有两条龙和"来龙进宝"四字，来龙巷因此得名。

父亲单位的房子——川盐银行公寓旧址

川盐四里是从前川盐银行的房子。川盐银行成立于1932年，位于小什字新街口（现新华路47号重庆饭店内），先后在重庆城米花街、石灰市、来龙巷等地修建了6处成规模的高级公寓小区，分别命名为川盐一里至五里，还在夫子池旁边的魁星楼（魁星为主宰文运兴衰之星，旧时各地普建魁星楼或魁星阁，以佑本地士子科举夺魁）巷子修建了庆德里。

川盐四里院坝四周，青砖围墙高大。"隔壁国泰电影院（前身国泰大戏院，1937年落成，以放映电影为主，是抗战话剧演出中心；1949年后改名国泰电影院；1952年拆除新建，次年于原址落成，改名和平电影院；后曾更名东方红电影院，1979年复名和平电影院，1993年改回国泰电影院；2007年拆除，2013年在原址附近新建落成总建筑面积为3.5万平方米的国泰艺术中心)比我们院子地面高出4米多。电影开映前的电铃声,我们都听得见。院内三层高的三幢楼房,室内空间高大,地上铺着木地板,房门是双开黑色土漆大门。大窗户上原来安有食指粗的铁御棍,1958年都被拆下来炼了钢铁。"

母亲在重庆市民政局从事收容、收养管理工作。家里子女多,她后来只有辍职在家,一边带孩子,一边还要帮人家做一些缝纫、代课、家教之类的零工。"我们每到寒暑假都要去打一些零工,以补贴学费和家用。记得劳动有折纸盒、做水泥袋子、拆棉纱、打麻鬃、打蜂窝煤、挖防空洞,甚至到朝天门河边去背米袋、化肥,踩着晃悠悠的跳板上船装货。一个假期下来,几个孩子也挣得到几十元。"

他还有一次到街上去擦皮鞋的经历。"自己动手,找了几块木板,钉了一个小箱子,装上家里的旧刷子和鞋油。瞒着母亲,和弟弟、三姐一起大着胆子在来龙巷和五四路交会处的石油公司门口摆开摊子,天气很冷,还下着小雨。那时穿皮鞋的人不多,好不容易等来一个穿皮鞋又愿意擦皮鞋的人,我特别认真地擦了有生以来第一双收费皮鞋,得了5分钱。碰巧被路过的邻居看见,回去给妈妈告了密。回到家,妈妈就把皮鞋箱没收了,擦鞋业务也就夭折了。"

何智亚又和姐姐、弟弟一起折腾新业务。"我们把家里的小人书收集起来,又到妈妈代课的寨家桥小学借了一些,在下青年路国泰电影院门边摆起了小书摊。一分钱看两本,前后还收入了几块钱,都拿回去交给妈妈了。父母去世后,幺妹一家在川盐四里的老房子住到2007年,就拆迁了。"

临江门

对临江门的回忆,混杂着勤工俭学的汗水、游乐园和画廊的艺术感。1960年代初,位于夫子池的29中(1950年代建于孔庙部分旧址上)要在学校内挖防空洞。"妈妈跟学校老师联系后,我家几兄妹就利用寒暑假去打工找一点学费。我们的活路就是把挖出的泥巴担到临江门河边倾倒,一天来回几趟,中途都在临江门城门洞里歇脚。"

29中对街的大众游艺园,是1950年代初在孔庙部分旧址上改建的,相当于上海的大世界。"我小时候经常去看露天电影、玩游戏、看木偶、照哈哈镜。门票大人2角5分,小孩只要几分钱,可在里面耍一天。大众游艺园左边是重庆

最有名的沙利文西餐厅（开张于1930年代的重庆西餐名店，现已不存），右边是群众艺术馆，是当时重庆的美展中心，我在私立达育小学（现中华路小学）读书，母亲常带我去群艺馆看各种展览，培养了我的艺术爱好和修养。"

1967年全家福：何家8个儿女和父母（后排右2为何智亚）

母亲姓苏，奉节人，出身书香门第。1930年代中期，在南京教会学校汇文女中读书，后因日军逼近南京，回奉节老家教书。外公是医生，兼有小工商业生意，擅书画篆刻。母亲受其影响，也爱好书画，擅篆书。"无论在中华路小学、凯旋路中学、育才中学读书，还是在重庆建院上大学、在重钢四厂上班，群众艺术馆只要有新的书画展、摄影展，我都不会缺席。算起来，前后已有30多年了，我对群艺馆至今仍怀有一种割舍不断的感情和留恋。"

凯旋路

凯旋路是何智亚中学时代的必经之路，古名三圣殿，是重庆上下半城的连接通道。1940年，由重庆市工务局修建，1942年建成，因抗战胜利之意命名为"凯旋"。1958年，何智亚进入凯旋路小学（现址渝中区教委）读高小，1960年进凯旋路中学（后改为红岩三中、53中、复旦中学）读初中。"国民政府军令部第一厅、第二厅旧址的青砖大楼就在学校大门右侧，至今保存完好。在附近住过的老师们说，当年国民党高官进出大院，宪兵荷枪实弹，戒备森严。学校那时没有食堂，正是'三年自然灾害'时期，每天上午、下午、晚自习，都要从来龙巷家里和学校之间往返三趟，饿起肚子从凯旋路旱桥185步石梯坎爬上爬下三次，其滋味至今难忘。"

凯旋路坡长路陡，板板车（两轮平板货运人力车）上坡非常吃力。放学后，见有上行的板板车拉不动了,他们会去帮忙拉边绳或从后面推。"从学校门口起,拐过东华观,把板板车一直推拉到凯旋路上口的骨科医院为止,有时还能分得一两角钱,叫'拉加班'。那时凯旋路人少车更少,常常看到环卫工人(不少是妇女)拉起两轮粪车,时而脚尖着地,时而两脚腾空,从凯旋路飞奔而下,民间戏称为篮球场的动作——'跨三大步'。"

八一路升平电影院是他们常看电影的地方。这条路原名保安路,1937年国民政府迁都重庆,因保安队驻此而得名。1960年代,因解放军剧院(落成于1953年,2006年10月正式停业)位于此路而改名八一路至今。

中学上学必经的185步凯旋路大梯坎

"1942年,这里还开业了一个升平大戏院,解放后改名为升平电影院,主要放旧片,学生票只需8分钱。我在凯旋路中学读初中,《柳堡的故事》《秋翁遇仙记》《桃花扇》《三剑客》《夏伯阳》等电影,都是在这里买学生票看的。"

打铜街

打铜街(重庆名街,位于小什字和东水门码头之间,清代此街因铜匠铺聚集而得名)那边现为建设银行的交通银行旧址,是父亲的"领地"。父亲1937年毕业于成都志诚高级商职校,1938年开始在济康银行工作,1951年进入重庆市政府交际处做会计工作,1953年受聘给重庆市财政局开办的会计培训班授课,然后进入市财政局工作。"1954年建设银行在打铜街交通银行旧址开设网点,父亲就进了建行。我小时候经常去耍,记得那个大厅非常豪华气派,屋顶上还有彩色玻璃天花板。电梯是周围有镂空铁栏的那种老式电梯,几根钢索拉上拉下,我觉得特别有趣。"

对母城的情感是用脚走出来的。"很多年,从上半城家里到下半城的学校,有两条经典线路:一条是从来龙巷、青年路到解放碑,再穿过三八商店(现重百)、民权路、较场口到凯旋路,再到学校;还有一条是从来龙巷穿过群林商场,经邹容路、八一路、磁器街、凯旋路,再到学校。"

现为建设银行的打铜街交通银行旧址

第一条路线上的较场口，原来叫较场坝，何智亚至今还留有深刻印象。"抗战胜利后，被搭建成圆形铺面，成了小百货、杂货市场，市民临时需要出售或交换东西，只要用谷草打个圈，插在要卖的东西上面，摆在地上交易。我小时候曾跟着母亲把舅舅的一双旧皮鞋拿到这里卖，也用谷草打圈插在皮鞋上，但空等几小时无人问津，只有饿着肚子失望而归。"

第二条路线上，有一个小智亚必须去瞻仰的"圣地"，那就是苏帮菜名店陆稿荐（重庆卤菜、烧腊名店，前身为苏帮风味卤菜冷酒小店，母店为始创于1663年的苏州百年老字号"陆稿荐"，1960年代曾改为"苏州熟肉店"）。"古旧书店隔壁的陆稿荐，大玻璃后面挂起卤得黄桑桑的鸭子，每次经过我都隔着玻璃站几分钟，清口水长流！"

4 「有钱的人,大不同,身上穿的是灯草绒」

口述人 张晓虎
油画家

院坝

　　油画家张晓虎住在临江门重庆公安局家属院一套父亲留下的房子里。墙上挂着他20年前画的三峡纤夫和彝族汉子,地板上堆着大大小小几十个有点伤有点蔫的苹果,就像当年塞尚(1839—1906,法国后期印象派画家,被誉为"现代绘画之父",尤其擅长画苹果)画过而又来不及吃完的静物,发出一种干枯的甜味。

　　1977年,他21岁考上川大哲学系,干过很多职业,最后决定当画家,是重庆最早的"黄漂"(寄住在黄桷坪美院周边的职业画家)。漂泊半生回到临江门这个年轻时出发的地方,他特别怀念1960—1970年自己在街边院坝唱过的那些童谣。

　　1960年他5岁以后,家里就从市中区(现渝中区)区委边的管家巷,搬到这个名叫大井巷的地方。张晓虎说:"七弯八拐的巷子里还有一口水井。有人在打水洗衣服,后来水浅水脏,就填死了。井对面的岩壁上,还凿有一座神龛,80公分高,土地庙那种,后来也拆了。现在水井

张家全家福:前排左2为张晓虎

的位置，就是大井巷社区的坝坝儿。"

当时重庆市公安局这栋五层苏式楼房，是犯人修的监狱办公楼，周围居民称其为"洋房子"。"确实洋气，木地板，每层楼有一个安有抽水箱的蹲厕，还有一个卧式浴盆。后来变成家属楼，每家每户都在门口搭起了煤炉子。"

院坝和外面的街边是娃娃们的乐园，"我们一年级就要自己洗衣、做饭，父母不管。晚上，常常是二三十个娃儿裹在院坝里一起疯耍，看到天上大月亮，就唱：'十五的月亮圆又圆，熊爸爸熊妈妈到南泉。南泉的水儿清又清，全国人民一条心。'"

前面两句很民间，后面两句有点主流。唱到的重庆著名景点"南泉"，大部分孩子都还没去过，张晓虎是初中以后才去的。他们有时还一边唱游戏童谣一边在身体搭起的"城门"中钻来钻去——"城门城门几丈高？三十六丈高。骑白马，带大刀，走进城门砍一刀"；有时还分角色表演——"走上街，走下街，走到王婆婆的金子街，王婆婆，开门来……"

饥饿

1960年代初食物匮乏时期留在张晓虎记忆深处的是晚上在幼儿园听见的恐怖叫声，他在妇幼保健院附近的区级机关幼儿园。"盗贼很凶，农村大食堂垮杆（崩溃、破产）了，农民没吃的，憋起到城头来偷剩饭馒头。最先听见幼儿园大师傅在吼，我们老师也惊抓抓地叫'抓贼呀！逮到！'女老师特别怕贼，叫声特别凄惨；厨房那边又传来扁担打在地上的声音，咣咣咣的；打在肉上的声音，啪啪啪的。这些声音都吓得我们窝在床上一身冷汗。"

走在街上，冰糕都要遭抢。冰糕分三种：桔子冰糕4分、豆沙5分、牛奶6分。"有一次姑婆牵着我，给我买了一块冰糕。在街上边走边吃，我舍不得一下子吃完，刚抿了一口，背后冲上来一个崽儿，抓起我的冰糕就跑。冰糕都是小事，当时还有这种：你在馆子吃面，冲上来一个人端起碗就往衣兜里倒，倒了就跑，一边跑一边手抓衣兜，边跑边吃。"

"大家穷惨了！我妈妈当过大阳沟街道办事处的民政干事，专门给居民困难户办补助，相当于现在的低保，只有3元钱。也就是说，每个月一家人只要有3元钱就能活下来。同学之间，只要有人吃东西，周围的人，手一伸就过去了：'我吃点！我吃点！'把家里的泡咸菜偷出来吃，都是很闹热很舒服的事。"但偷吃也有惩罚，所以就有"花脸巴，偷油渣，婆婆看到打嘴巴"的童谣。

"我家情况算好的，都还有饥饿感。家里的糖和食品，父母都锁起，吃的时候早就过期了。现在我们这一辈中有些老年人，在中兴路买起过期食品，吃得上好，就是小时候练出来的。但当时的食品真好吃，过了期都好吃。现在一头猪6至8个月就能出栏，当时要喂两年；现在一只鸡45天就能上市，当时要喂一年，你说好吃不好吃！"

吃不饱时期的重庆童谣，也打着饿痨饿虾（吃相凶猛）的烙印：1960年代的歌剧电影《洪湖赤卫队》"洪湖水浪打浪"唱段，被唱成"洪湖水浪打浪，人心向着吃饭堂。拿起罐罐打三两，还有一碗白菜汤"；1920年代扒曲于法国童谣《雅克兄弟》（又名《两只老虎》）的《土地革命歌》"打倒土豪，打倒土豪，分田地，分田地；我们要做主人，我们要做主人，齐欢唱，齐欢唱"的歌词，被换成"揭开锅盖，揭开锅盖，肥坨坨，肥坨坨；快点拿个碗来，快点拿个碗来，拈两坨，拈两坨"。

要过年了，娃儿就唱"红萝卜，蜜蜜甜，看到看到要过年，娃儿要吃肉，老

1970年战旗小学（现大同路小学）班级毕业照，前排左8为张晓虎

汉（父亲）没得钱，妈妈说有钱？灶门前两把火钳！"而饥饿感也可能男女老少有别，于是就有了"男饿三，女饿七，老太婆要饿二十一"的"伪科学"童谣。

冲突

那时候会发生莫名其妙的冲突。

本来生理上正值"乖三年，孽八年"的少幺八（逆反期青少年）时期，张晓虎他们就更加虎虎生风了。"从我们院子门口顺街放滑轮车下去，可一直滑到一号桥，很好耍。一个人滑，几个小伙伴跟着一起跑，才保险，因为路上两边随时都有人来抢你的滑轮车。当时，滑轮车是一种稀缺品，做滑轮车的轴承很难找。"

临江门市中区的崽儿在河边游泳，不敢游到河对门江北区去，一过去就要遭打。反过来，江北那边的崽儿要是游过来，我们这边市中区的崽儿，也是碰到就打。市中区的崽儿，对本区的人也恶燥（凶狠、作孽）。一次就在临江门

1969年冬，张晓虎（右）和二哥在临江门家属楼顶，背景是重庆市第一中医院

我们家附近，一个高我半头的大崽儿走过来，我认都认不到，他把一个烟头往我身上扔。

另一次在29中门口那个坝坝。"现在465、401路都在那里打转，这种转盘，民间也叫'回水沱'。那天我站在那里耍，一个人从后面把我抱起，另外一个人搜走了我身上的东西。我身上东西不多，这真是作孽。"

针对这种作孽，甚至还产生了一首劝诫童谣"大欺小，屙虼蚤；小欺大，不害怕"来批评大的欺负小的。那时候，产生了不少带有冲突性质的戏虐童谣，如："老太婆，尖尖脚，汽车来了跑不脱，咕咚咕咚滚下河，河头有个鬼脑壳！""胖子胖，打麻将，输了钱，不认账；瘦子瘦，卖黄豆，一边走，一边漏。""小崽儿，你莫要狡，你们妈妈在化龙桥。好多号？十八号，打得你娃呱呱叫。""麻子麻大哥，挣钱挣得多，买了一辆破吉普，开到莫斯科。莫斯科地雷多，炸死了麻大哥。麻子麻大嫂，挣钱挣得少，买了一块破手表，七天走一秒。"

喜剧

那时候，也有喜剧性的童谣让大家放松一下。张晓虎说："1960年代初，社会上有很多舞会，从幼儿园到爸爸、妈妈的单位都在组织。幼儿园阿姨跳舞，流行长辫子，我看到她们跳舞的背影，长辫梢在腰杆以下、屁股后面轻轻摇晃，觉得很舒服。"

这样的场景被《蹦嚓嚓》童谣唱过："王元的皮鞋落地上，我去帮他捡起来，他还要发脾气。后面来个美人，对他笑嘻嘻。他们两个手牵手，来到跳舞场，蹦嚓嚓，蹦嚓嚓"。最后两句是模仿"快三步"的节奏，"蹦嚓嚓"也是交际舞的代名词。这种现在看来是有点性感意识的童谣，还有"洋马儿，叮叮当，上面坐了个大姑娘。"

最喜剧的是讽刺有钱人的"仇富"童谣和讽刺老外的"仇外"童谣："有钱的人，大不同，身上穿的是灯草绒。脚一提，华达呢；手一拽，金手表；嘴巴一呃（阴平读音），金牙巴；帽子一揭，半边白""一，一，一二一，高鼻子洋人不讲道理。踩到我的脚，啷个（怎么）说？进医院，七八角，害得老子上不到学。"

最爆棚的黑色幽默喜剧童谣，当推《屁！屁！屁！》："屁！屁！屁是一种碳酸气。你不注意,从你的肛门滑出去,一滑滑到意大利。意大利的国王正在看戏,闻到这个屁,很不满意。打屁的人,洋洋得意。闻屁的人,提出抗议:今后打屁要登记!"

有一年,我在抗建堂看重庆话剧团版本的意大利喜剧《一个无政府主义者的意外死亡》。导演把这首童谣扯来整成开场诗,全场观众集体齐诵,顿时,我又回到重庆崽儿嬉皮笑脸、没心没肺的1970年代。

年过半百的张晓虎,把他搜集整理的这一箩筐重庆童谣或儿歌,放在天涯社区重庆版和"新语丝"等网上论坛,他也像乘着纸飞机穿越到童年。"我们站在阳台上飞纸飞机,飞得最好的,可以飞过马路一直飞到现在的魁星楼小区那边。"更生猛的回忆,当有真飞机飞过临江门上空,大崽儿、小崽儿都丢下手里的纸飞机,全部仰起脑壳、扯起喉咙猪震飙(形容吼声大):"飞机飞机,飞到北京。北京拢了,搭个楼梯。"

5 / 嘉陵江大桥的桥名，是我父亲题写的

口述人 李方荣
书法家

口述人 李方来
装裱师

1978年65岁逝世的重庆博物馆美工李德益先生，是重庆书法史上被遗忘的书法大家。1960—1970年，重庆主城街头每根电杆上挂着的语录、标语牌，重庆市博物馆所有展板上的每一个字，都是他一笔一画写出来的；老重庆地标嘉陵江大桥、重庆火车站、鹅岭公园、沙坪公园、北温泉、沙坪公园、冠生园、红星亭的名牌，也出自这位默默无闻的楷书或榜书大家之手。

他是重庆第一个出版书法字帖的书法家，1978年他书写的《简繁体对照字帖》出版后，学习书法的青年们人手一册。2017年，李德益104周年诞辰，我把这位应该被我们记得的书法大家，从烟笼雾锁的墨海纸山中打捞出来。

李德益大儿子李方荣，正在家里书房的桌上，用父亲传给他的那种漂亮的字体，给一个朋友写一幅"老来不生气"之类的自诫养生帖。2017年，他65岁，与父亲因病逝世时同龄。他说："在重庆，认识和晓得我父亲李德益的人，实在太少，因为他已去世39年了。他去世两年后，重庆才成立了书法家协会。"

但他父亲生前留下来的一些墨迹，重庆人民天天可见。比如上清寺嘉陵江大

李德益题名的部分重庆名胜、老字号：北温泉、鹅岭公园、冠生园、枇杷山公园红星亭

桥（又名牛角沱嘉陵江大桥，重庆主城首座大桥，1958年12月开工，1966年1月建成通车，全长625.71米）四个桥头堡上"嘉陵江大桥 一九六六年一月"的桥名牌，灵秀俊逸、刚柔相济，就是他父亲最著名也最无名的作品。

美人

李德益（1913—1978）

李德益1913年出生于重庆市江津朱沱乡（现属永川）一个贫苦农民家庭。李方荣说："我父亲7岁开始在乡下念私塾。两年后，他的字就比其他同学都写得好。老师赵福堂，是第一个欣赏他的人。放假的时候，老师在他的写字本上特别留言：'此书千急不可丢。'"李德益在用钢笔写于1950年代的一份自传草稿中说："我11—12岁时在农村，就有人找我写家神、对子。旧封建社会说，童子娃儿写的家神是有发达的，是跟着人长的。"

到15岁，李德益在朱沱穆源安药铺当学徒。"父亲每日除开关铺门、扫地烫烟袋外，还要给老板娘下河清洗衣服，帮着做饭，学扎药包，年幼体弱的他连铺板都扛不稳。但他写的字，横平竖直，非常稳。镇上有两个书画装裱店，都先后聘请他为店里写字。"

李德益在自传中回忆道："做店员时，我喜欢画画和写字。最初写门神对子，后来在裱画铺写两三家的对子，甚至有的大筵小席送的匾对，都找我写。其他邻近的乡场也来找我写，有人给钱与我，我还不要。我的想法是：一方面我写的字跟人家写得好的字相比还不足；另一方面，我想这样一点小事就要收人家的钱，似乎太自命清高。这样，来找我写字的、画花的，越来越多，熬更守夜地给人家干，也得到了很多人的称赞，甚至后来有些人还仿效我的字。"

不光写字，他还画花，就是在门帘、帐帘上画图案。李方荣说："我父亲字写得好，镇上一个装裱铺的老板冯宾儒爱其才，将女儿冯大妮许配给他，这就是我的母亲。"冯家女儿是镇上有名的美人，外号"赛半场"，李德益凭一身好人品和一手好字，"写"得美人归。

写手

1946年,李德益从朱沱来到重庆竞争印刷厂当学徒,拜厂里负责设计的王哲农先生为师。李方荣说:"一年多以后,我父亲就成了王哲农的得力助手,许多银行来印支票,图案都是他画的。但他当学徒,没有工资,家里困难极了。好在这时王哲农的一个表侄,开了一家恒泰纱布店,就挖他去管账。"李德益在自传中回忆道:"我要走之前,王哲农先生这样向我说,如果你不去,我给你两百万法币作为每月放利生息,以补家庭生计。如果你要去,就不给。我考虑了一下,还是不要两百万,1947年底就离开了他。"王哲农也因他一走,缺了帮手,不得不歇息,回家过年。殊不知,回家就得了重病,1948年3月去世。

恒泰纱布店开了一年也垮了,李德益在白象街租房住下,1949年后,成为东水门居民段非常繁忙的"写手"。在段上,每天不是忙着在这里画壁画刊头,就是在那里写标语。人民公园文化馆办了一个美术班,他也去学习。

1951年5月,重庆人民法院举办司法展览,到文化馆来找会画画的人去画连环画。"父亲去画了一个多月,还没画完。西南人民科学馆在人民公园搞'从猿到人'的展览,差会写字的人,就来美术班找人去写字。但班上同学的美术字都写得不好或者不会写,只好将我父亲从法院那边叫回去,帮科学馆写'从猿到人'的展板。"

就像从猿到人的机会一样,这也是李德益人生的一个重大转折。他在自传中写道:"这次活动结束后,开总结会议也要我参加。科学馆向美术班的负责同志征求意见,想我到科学馆去长期写字。在总结会上,科学馆的秘书席朝杰与我面谈此事,问我是否同意,这样的工作对我是非常合适的。当然,我是非常愿意的。"于是,李德益1951年调到西南人民科学馆,这个馆后来改组为西南博物院自然博物馆,最后又改为重庆市博物馆。三馆相承,一笔在手,李德益一直在里面写字、绘画。

招牌

李德益虽然一直在重庆市博物馆专职写字,但名气早已传到全国。李方荣说:"1970年,北京的军博办展览,前后两次邀我父亲去写字,写了两个多月。在

李德益题写的"嘉陵江大桥"桥名及落成时间

军博写字期间,父亲的楷书、仿宋书体,军博领导、职工和观众都很喜欢。以至于展览开展后,很多观众站在展板前反复观看,有的人连续几天都来看。有人问他,为什么连续几天都来看,那人说,我第一次是来看展览,第二次、第三次纯粹是来看这漂亮的毛笔字。在北京,我还没看到过这么好的正楷字和仿宋字。"

鹅岭公园的园名牌,是李德益榜书代表作之一。李方荣拜访过当时鹅岭公园的美工、国画家李代锚先生,据其回忆,1973年鹅岭公园准备重新开放,但苦于大门一直没有一块正式的招牌,于是他和办公室主任刘凤英、美工周延文商量找个名人来写招牌。

他们首先想到请郭沫若先生题名。于是马上给郭公修书一封,恳求墨宝。大约半个月后,北京方面回了信,并寄来了郭老的题名。四字一排,共写了四排供挑选。但他们看后都觉得不太满意,于是决定不用,在本城另请高手书写。

李方荣说:"当时周延文是老美工,晓得我父亲在重庆已有较大名气,于是提出请我父亲书写。此建议经领导同意后,他亲自到博物馆找到我父亲。父亲很快写好,周延文将父亲手迹带回公园,领导和美工都一致叫好,当即决定采用李德益的题名。这就是鹅岭公园园名招牌的来历。"

李德益61岁的小儿子李方来是个装裱师,他当年亲眼看见父亲在家里书写"嘉陵江大桥"。他说:"大约是1975年,我转业住在家里,看见他写。他先是在报纸上练笔,相当于打草稿,一个字一个字地写。这个桥1966年前就修好了,后来有些乱,一直没题桥名。1975年社会有点安定了,才想起要题一个桥名,就托我父亲写了挂上去,一直挂到现在。鹅岭公园大门的园名招牌,他跟我说过,是一个傍晚，他心情特别好，提笔一气呵成。"

花圈

1978年12月，李德益因肺气肿心衰而逝世。李方荣至今难忘市博物馆在枇杷山公园为父亲举行的追悼会上的那些鲜花。各行各业的朋友，都没忘记李德益这位一笔一画、不收分文给他们题写招牌的老先生。李方荣说："我们当子女的第一次经历这么隆重的场面：冠生园送来的花圈，一个嘎斯（苏联高尔基汽车厂昵称）车只拉得下一个花圈，可见花圈有多大。从追悼会会场到大门外，密密麻麻摆满了近50个花圈。父亲题过名的单位：鹅岭公园、沙坪公园、北温泉，都专程送来花圈。尤其是沙坪公园的花圈，全用真正的鲜花做成，由于太重了，需要两个人抬进会场，十分耀眼。"

红岩革命纪念馆的挽诗，从人品到书艺，痛怀并总结了李德益这位书坛大家的一生："为民功楷数十载，始终如一无懈怠。书艺精湛人称颂，今失真璧众痛怀。"

6 / 我上班，就是爬到解放碑顶顶上面去上钟

口述人 胡明富
重庆市供电局车队队长

和胡师傅结识相当有缘。那天我在重庆轻轨二号线牛角沱站台等车，旁边一位老先生坐在站台的椅子上，气定神闲，翻开一本厚书在看。我好奇地瞟了一眼封面，书名是《我的一生》，没看过。征得他的同意，我拿过书翻了一下，相当有意思，但不是公开出版物，是民间自印书，作者叫胡明富。我说："这是你写的吧？"他说不是，胡明富是他同事，曾是重庆供电局车队的队长，退休后写了这本自传，赠送亲友。

通过这位老先生提供的电话，我和胡师傅取得联系并提出了听他聊聊的想法。他的孙女胡艳，重庆市一中院书记员，要陪爷爷先到报社来看我。这位律政佳人的职业警惕性蛮高，还要验一下电话那头的家伙是不是骗子。好一个孝顺的孙女，怕爷爷遇到坏人。太有趣了，这种情况我还是第一次碰到。

如约来到报社见到真人后，心直口快的胡艳放心了。她还是一位专业的速记高手，看见我采访记录，认为用速记更好，就欣然表示可以教我。她说："一接到你的电话，爷爷一直都很放心，是我不放心。现在把爷爷的书送你一本，感谢你对我爷爷的采访，让爷爷的人生又多了一次邂逅！"

2014年就满81岁的胡师傅把手伸给我，一双从工人做到工程师的老师傅的大手，退休以后又自学五笔打字，吭哧吭哧打出了这本30多万字的夕阳红回忆录，一个重庆工人大半生的历程。

管灯

胡师傅最初在解放碑青年路口的重庆市公用局路灯管理处工作。1955年以前，重庆路灯的开关有几十把，全由人工手动启闭。胡师傅说："都在路边，委托老百姓管理。天黑了，过路的人就把闸刀一推，路灯亮起；天亮了，过路的人又把路灯闸刀一拉，路灯就熄了。"后来，胡师傅他们把全市路灯线路图，画了出来，每一盏路灯都编上号码，有9000多盏灯。线路图有了，他们就折腾用电动的电磁开关，替换走群众路线的路人手动开关。

"我参照有关资料设计出箱式电磁开关，一个一个安装在电杆上。全市又划成江北、南岸、沙坪坝、杨家坪路灯工作组。每个工作组设有一个电磁开关总闸，一到天黑、天亮，把电磁开关的总闸一推上去或拉下来，路灯就亮起或熄灭。"

但人的手还是没能空出来，如何实现路灯启闭的自动化，就成了胡师傅的一个心病。直到有一天，他在较场口附近的官井巷旧货市场，翻到了一个定时器。"还是个德国货，好像是西门子（创立于1847年的德国电气公司，曾建造欧洲第一条远距离电报线）的，我高兴惨了，马上掏钱买回去，用它来启动一个电磁开关。我反复试验，把指针调到一定时间，到时就能启动。最后，我把这个定时器安装到市中区总控电磁开关上，设定它晚上七点半开，早上六点关。后来各区都觉得这种方法好，就运用上了。"

从此，重庆的路灯启闭实现了全自动化。重庆人民广播电台反复播送了这个巨变，广播还提到了胡师傅的名字。正值市里面在筹备社会主义建设积极分子大会，经过层层推荐，他以正式代表身份出席了这次大会，后又出席了市中区区府和工会召开的劳模大会，成了一级劳动模范。

爬碑

1954年，胡师傅已是市路灯管理处工程技术组组长，负责全市路灯安装和维修。他们还有一个特别的任务，就是负责解放碑上面那座机械大钟的校时和维修。谁来当这个钟司令呢？胡师傅说："我们副所长罗吉人把这个任务交给了我。单位上还给我配备了一块进口手表和一辆英国自行车，好像就是兰令牌（1890年诞生于英国英格兰诺丁汉郡兰令街的著名自行车品牌）。重庆市总工会在大田湾搞了一个全市自行车比赛，因为我修灯上钟，都要天天骑车，单位上就派我去。我到解放碑上了钟，就骑起车子去了，拿了个第七名。"

第一次上解放碑，胡师傅从碑体里面水泥浇铸的螺旋楼梯爬上碑顶，从下到上大约5分钟。他看到一座巨大的机械钟安装在平台上，由两个重约30公斤的重锤慢慢下坠而带动齿轮转动，再带动钟上四面指针走动；每到整点，一个机械带动的重锤敲响铜钟，发声报时。"报时依据的是北京时间，误差不能超过3秒。我的任务是每周上一次钟，不能让钟停走。每次操作，我都用手去摇动手柄，把下坠到底的重锤摇上顶端，还要校准时间，才算完成。"

1957年有一个月，《重庆日报》刊登群众来信，说解放碑周围的居民，半夜突然听见乌鸦叫，一声一声叫得很凄惨，整得大家很难睡着；有时睡着了，也会被这种声音惊醒，很吓人，声音从何而来，市民议论纷纷，弄得人心惶惶，只好请有关部门查找，于是还惊动了公安局。

经调查发现，这个声音是从解放碑顶上传来的。胡师傅说："上面的领导就找到我们路灯所，说解放碑上并没得啥子音响，只有一口大钟，为啥有怪声传出，你们要研究一下。我们一查看，发现只要无风的时候，就没怪声；只要有风，怪声就来了。最后，我们觉得很可能是碑顶上的风速器或风向器在作怪。再细细查看，原来是风速器年久失修，生锈了，一起风，转起来摩擦声音很大，听上去就像乌鸦怪叫。"

要检修风速器，按老办法就必须从地面搭脚手架上去，要用很多楠竹和木料。"我想了一个更好的办法，从解放碑顶层窗口支出木方固定后，在木方上铺板搭平台，再在平台上搭个楼梯爬上尖顶去检修。办法很好，但很危险。领导说：谁去呢？我说，我去！"

胡师傅用绳子拴住身子，在这个具有自主知识产权的维修方案中，在领导和同事们齐注目中，一步一步爬上解放碑圆顶，拉住风速器的轴，慢慢用双脚夹住，坐稳了才开始检修。"我把风速器的整个钢碗拿下来，把里面生锈的轴承除锈、上油，再装上，轻轻一转，风速器和风向器又转起了，再没发出怪叫。我高兴惨了，往远处一看，南岸真武山、扬子江、江北上横街、嘉陵江，尽收眼底。路上行人像小人国的矮子，在慢慢移动。"

学车

1960年，27岁的胡师傅调到重庆市供电局运输科当修车学徒。修车修久了，就想开车。平时一个人在车上，学踏离合，换排挡，过过干瘾。他说："有天晚上，我修好一辆北京吉普，司机试好车后，就把车停在运输科路边，就是现在人民路原电业局下属的变压器修理实验场。当时我住在那里,没有回家。"

等到夜深人静,他一个人偷偷把那辆吉普开出门外,沿着大溪沟往临江门开。"第一次开车上路,心情紧张,只顾看着前面,没注意车内的情况。车到黄花园上坡中段,突然感到车内温度升高,走不动了,车下面热乎乎的。我急忙把车停在路边,下车埋头一看,我的天,手刹车盘都烧红了,发出一股难闻的焦臭味。原来我上车时太紧张,没松手刹就开了,手刹一直磨起走,手刹盘就遭烧红了。"

1980年代,胡明富和他驾驶的瑞典斯堪尼亚工作车

他吓惨了,坐在路边等手刹车盘冷却。"等了好久,直到不见红了,才慢慢将车调头开回运输科,停在原地。回宿舍提心吊胆,好久都睡不着。第二天早晨,吉普车的司机来开车,好远就闻到一股焦臭味。我看到他在车边转了又转,看了又看,一股猪屎的味道,直冲鼻孔。他不知是哪来的臭味,在车边站了好久,总觉得有点不正常,但又拿不准哪点不正常。马上就要出车了,他急忙爬上车开走后,我悬吊吊的心才落了下来。我毛手毛脚的,差点把他的车开坏了,到现在我都觉得有点对不起那个司机和那个车。"

从第一次偷偷开车的修车学徒,到最后成为车队队长和工程师,胡师傅对车上仪表和自身仪表一直都很注意,服装整洁,很有型。他说:"我从小就有个愿望,做个有知识、有文化、有技术的工人,后来我终于实现了。"

7 / 我小时候遭绑在嘉陵巷的电杆上

口述人 黄勇智
漫画家

1955年出生的漫画家、油画家黄勇智，2016年在重庆第三届艺术节上展出他的写实油画和肖像漫画时，身上已看不出半点小时候的样子和后来插队下乡当知青的样子。小时候，家住南纪门的婆婆叫他"勇猴儿"，可见这崽儿显然顽童一枚；在四川蓬安县当知青，社员同志们操着一口"肥""回"不分、"房""黄"不分的蓬安方言，叫他"房知青"，他的黄姓被模糊了，没喊出来。

2013年10月在重庆新华书城举行的《黄勇智知青生活漫画集》首发式上，白发苍苍的妈妈也拿了一本画集，排在签名队伍中，从姓氏的角度和儿子沟通："你还是给我们黄家屋头的人争了口气，从小我不看好你，以前对不起你！现在我很后悔。"从小跟"重女轻男"的妈妈关系相当紧张的黄勇智对我说："想到我从小受的那些苦，又听到妈妈现在这样说，我心头就释然了。"

临江门

黄勇智书房窗边挂着一幅作于2006年11月的油画《雾都印象》，视角是从一号桥看临江门河边层层叠叠的老房子：远景的柴湾、中景的丁字口、近景的窑货堆栈，昔日重现。他指着画上电杆后面那幢白房子说："1965年我10岁就住在这里。1981年我当兵复员进报社当美编，手头一部理光相机，只忙着拍人，哪想去拍老房子空镜头嘛。等后来想起再去拍，早就拆光了，修起了现在的魁星楼片区。我肠子都悔青了，只好凭记忆画下来。"

他怕记忆不准，一画完就请当时的老邻居来看。"老邻居们眼尖，哪家住哪间屋，在画上都指得出来。坎下河边那个公厕，女厕门外直角形的挡墙，我

黄勇智油画《雾都印象》（2006）画的小时候临江门的家

原来画得很完整。一个女邻居说'这个挡墙角角有一个缺缺。为啥子我记得恁个（这样）清楚呢？因为缺缺正对外面坎坎上下河边的石板路。我们进去解手，生怕遭下坡的人从这个缺缺看到了。'我马上拿起画笔，把画上的挡墙'打'缺一个角角。"

他心头还有更大的缺角。小时候，他在家里不痛快。"我们家门口那条巷子，1949年前叫黑巷子，解放初叫光明巷，后来叫嘉陵巷。重庆方言电视剧《街坊邻居》（重庆本土著名方言系列情景喜剧）里面，有条嘉陵巷，编导说是虚构的，他们不晓得重庆真的有一条嘉陵巷。前几年，我们巷子的老邻居聚会，把《街坊邻居》里面的白小军（《街坊邻居》主角之一，一口丰都方言，胆小怕事怕老婆，由京剧演员出身的曾凡强先生扮演）也请来了，他说：'我这是真正走到嘉陵巷了。'"

黄勇智觉得自己从小在又名光明巷的嘉陵巷，过着黑巷子一样的生活。小时候，一看到《暴风骤雨》之类的老电影里面，地主家的猪倌挨打受饿，就觉得演的是自己。他指着《雾都印象》画上一个人影说："右下角这个有点脚崴的行人背影，老邻居们一看，就晓得这是画的我们老汉（父亲），他走路就是这个样子。

045

老爸是石门搪瓷厂的采购员，妈妈在溉澜溪利华橡胶厂做解放鞋。家里有大哥和三个姐姐。照理说，皇帝爱长子，百姓爱幺儿（小儿子），但我们家里不是这样，妈妈重女轻男。她一周回来一次，老汉一个月回来一次，家里只有二姐管我。"爸妈一回来，姐姐们就告状铳祸（造成恶果）。勇猴儿被大人修理的时候，姐姐们充当修理助理，好像在看杀过年猪，提的提刀，端的端盆。

黄勇智从画案下抽出一根也是缺了一角的双榫头黑漆条凳说："我遭绑在这根板凳上打。这个缺缺，是我们老汉打我，打缺的。这根板凳搬了几次家，我都舍不得甩（丢弃），一直保留到现在，因为小时候我也趴在上面画画。"

有时候，他还遭绑在家门口的电杆上。"有一次，邻居看不下去，喂我一口饭，二姐看了，还去骂邻居，激起了公愤，大家还把二姐拉到派出所去评理，说解放前要是犯了死罪，也要赏口酒饭嘛！全靠邻居给我一口饭吃，我是吃百家饭长大的。前不久碰到邻居烂五儿，现在开出租车，他说，你娃小时候好造孽哟，你啷个长大的哟！"

烂五儿和烂五儿的妈妈，都是勇猴儿的恩人。"有一天，烂五儿端起一碗饭从家里出来，在巷子里头边走边吃，拐弯走到一个角角，就急忙把碗递给我，让我刨完，他又回去添一碗。她妈妈觉得怪了：这娃儿今天连添三碗，啷个变得恁个吃得了哟！就跟出来看，她看见烂五儿正把饭给我刨，一下子就哭了，就对我说：'幺儿，你二天（以后）饿了，就到我屋头来吃饭。'"

吃不饱，住也惨。"四家人共用一个厨房，我就睡在厨房里面。晚上，大家打完牌，我才搭板凳，铺上一个草垫子睡觉；早上大家起来做饭，我又得把床拆了，马上起来。家里有床，但就是不让我进屋睡。我肚子痛，只好个人花1角钱，去中医院挂个号看病，医生说没事，正要开药。我哪有钱抓药嘛，只听他说声没事就好，赶紧跑了。"

邻居家请了一个保姆带娃儿，她一来就看到家里人对勇猴儿这样，以为他跟妈妈、姐姐们不是一家人。"她这样一说，又把我提醒了，我早就怀疑我是不是抱来的娃儿哟，就一个人偷偷跑到江北县人和场，找到小时候带过我的奶妈。我问她，我究竟是不是我妈亲生的？奶妈说，妈是我的亲妈。当年从江北城过河，抬滑竿抬到七星岗妇幼保健院，一抬拢就生了我。"

家里人待他如此这般，婆婆看不下去了，就说："勇猴儿千翻儿（调皮、淘气），你们不喜欢，干脆把他甩过来跟到我过嘛。"

南纪门

1970年到南纪门婆婆家，勇猴儿开始过上真正"光明巷"的生活，才真正开始画画。黄勇智说："幺爸在南纪门凤凰台中级人民法院上班，婆婆和他住在一起。没有婆婆，就没有我的今天。原来我只晓得在家里在纸上打起格子傻起画，不晓得写生，只晓得涂鸦。婆婆说：'你出去画画，我相信你不得学坏。'正是我出去画画，才认识了陈晓文（重庆出版社资深编辑）、孙鸿（1938—2009，重庆合川人，画家，著有连环画《三顾茅庐》《百万富翁林汤元》《刺配沧州道》《智取生辰纲》等）、彭召民（1935—2016，四川广安人，画家，擅长宣传画、油画、国画、粉画，代表作有《铁水映红半边天》）这些画友和恩师。"

《黄勇智知青生活漫画集》（中国书籍出版社，2013）

为了给他买纸笔，婆婆买菜都是去买市场下货时摔碎的一堆一堆的菜叶子。"婆婆1900年出生，三寸金莲尖尖脚。她还劝邻居小弟小妹让我画速写。她说，你们站到不动让哥哥画嘛，二天他画画有钱了，给你们买糖吃。有一天，我在画盐罐静物，她看我没画完，就不动罐，炒菜时就到邻居家去借盐巴。"

1972年5月3日晚上，在一张从药店偷来的发黄的包药纸上，勇猴儿画了一幅婆婆做针线的速写，珍藏至今。他说："你看这些线条，我当时已晓得明暗关系了，因为我已拜孙鸿老师为师。后来在重庆出版社当编辑的陈晓文先认到孙老师，孙老师不是专业院校出来的，是广益中学毕业生，但我们都很崇拜他。"

黄勇智知青漫画《多用途脸盆》

他们一周一回，去江家巷煤店楼上老师家里，把裹起的画打开给他看。"他边吃饭，边看我们的画。我们画得很细的时候，很想他多看一眼，但他翻得很快，说这里好，那里不好。

当时我们拜师,不要钱。那阵人与人之间不讲钱,觉得讲钱不光彩。只是后来我把老师请来家里做客,吃了一顿饭。"

孙鸿老师是卫生教育展览馆(现解放碑长江乐器城右边)的美工,给重医画过解剖图、连环画。"拜师以前,我早就晓得他。三八商店(现重庆百货大楼)钟表柜台上面有他画的八个样板戏人物,用油画笔蘸墨汁在水粉纸上用虚笔一拖,效果太精准了。解放碑下面大批判专栏他画过一幅《亚非拉人民要解放》的大油画,里面那个黑娃画得好惨了,黑得很舒服,我爱得不得了,晚上想去拿刀儿把黑娃割下来。但一想,太可惜了,对不起孙老师,就没有去!"

蓬安县

长大了,勇猴儿也要告别南纪门和婆婆了。1974年4月9日,铺盖卷里夹着心爱的画笔和画板,天不亮就出发,坐起解放牌卡车到四川蓬安县去当了4年知青。"主要是学农的知青生活,也遭我整成学画了。我在煤油灯下画素描,太亡命了。栽秧挞谷,回来做饭吃了,同屋知青就睡了,我不能睡,开始画画。煤油灯不亮,就把芯子挑长一点,第二天鼻孔头全是黑烟。自己喂的鸡下的蛋,舍不得吃,每斤6毛9卖给供销社,买煤油回来画画。"

他坐在被当作静物来画的农具对面,点一个油灯照亮静物,但画板上没光线,又点一个油灯照亮画板。"这样还不行,两个油灯互相影响,画纸上就有两个投影,只好搬来洗脸架当屏风挡在两盏油灯之间。大家忙着赶场、偷鸡、绕女(泡妞),我忙着画画。知青们都说,黄崽儿好傻哟,画画有啥子用!我学《南征北战》里面那个师长的台词回答他们:我们放弃眼前的敌人不打,就是为了消灭更多的敌人;我放弃眼前的享受不享受,是为了追求二天更大的享受。"

▎黄勇智上山下乡的知青照

因为画画的手艺，他被抽到大深沟水库宣传队当舞台美工；也是因为画画，他后来参了军。"《解放军报》和北京军区《战友报》上，都发表过我的画，有漫画、刊头设计、版画和装饰画，署名是'51043部队战士黄勇智'。1981年复员，进《重庆广播电视报》当了美编。"

前几年，他开始画知青漫画。"我一直想画，当时照片少，现在用幽默的方式画下来。我不是那种'下乡三五年，诉苦一辈子'的人，我很正能量。"

他的"正能量"，也体现在对妈妈和姐姐的态度上。二姐去世26年了，妈妈现在95岁多，快满96了，住在大石坝那边的老年公寓。

黄勇智说："前几天我还拿粽子专门去看她。妈妈头脑很清晰，现在觉得子女中我对她是最好的了。都晓得她原来对不起我，妈妈现在经常跟我道歉。我就说妈妈，过去的事情已经翻篇了，不管小时候你对我怎么不好，毕竟生了我，你给我带到世上来，那是值得永远感恩的。"

黄勇智谈到自己的底线："首先我是个媒体人，也受过比较好的教育，做任何事情有底线。尽管小时候二姐和妈妈对我有不公，但我摒弃前嫌，现在只剩下我对母亲的爱，对二姐也没有怨恨，这就是正能量噻。"

他的"正能量"怎样体现在他的漫画中呢？"当年知青摸包、打群架、偷鸡的事，我就没画，我画的苦中有乐。"

这种"乐"反映在《先办交涉》这幅画中，带队干部对知青宣布"男女规矩"："一般情况下，男女知青不准串门；实在串门不准留宿；实在留宿，不准吹灯，否则……"黄勇智说："否则后面是'以强奸罪论处'，这个我没写。"如果换成互联网时代的文字接龙，这个"男女规矩"还可以接下去"实在吹灯，不准……"

这个"乐"还包括农民伯伯教他们抽叶子烟的诀窍："一要裹得松，二要烟杆通，三要明火点，四要吧得凶。"川北蓬安县兴隆区大成公社四大队五小队知青黄勇智，从此以后的人生，基本上就这样了：性格散淡开朗"裹得松""烟杆通"，工作勤奋"明火点""吧得凶"。

8 / 用小说小心地存放我的小城

口述人 吴景娅
作家

小说

2012年4月,重庆女作家吴景娅推出她的第一本长篇小说《男根山》,将诗性和智性融为一体,把小城和"小心"打成一片。作为师姐、老友和前同事,她约我一聚,首次披露小说背后的小城情结。

那天,我一个电话打过去问她回来没有,她说,我还在希腊。我问,国内的报纸和电视都在说希腊人民现在有点难过,手纸厂都要动用军队守护,是不是哟?她说,希腊人民照常晒太阳。

2012年4月底,重庆市作协、重庆出版集团、鲁迅文学院在北京联合主办的"吴景娅长篇小说《男根山》作品研讨会",相当于给她提供了一次换个现场打望重庆、怀念小城的机会。

书名有点"那个",其实内容相当"这个"的《男根山》,写关于一个女人心灵和身体的那些事情,是吴景娅第一本长篇小说,也是重庆文坛最新最美的收获。首发印数不少,一经售罄,出版社又加印。这也是多年来一路追捧吴景娅的读者们,对她最好的回应。

《男根山》有一大看点,就是看这位冰心散文奖获得者、时任重庆《新女报》传媒副总编兼《健康人报》总编的女子,怎样将诗性和智性的写作融为一体,就像她可以把手工定制的妖精旗袍和机制成衣都穿出一点老味道。她的出生地重庆小城北碚(境内有缙云山、嘉陵江小三峡、北温泉、金刀峡等自然名胜,以及卢作孚纪念馆、老舍《四世同堂》纪念馆、梁实秋旧居雅舍、吴宓旧居、晏阳初旧居、张自忠烈士陵园等人文景点),建于民国年间,也一直暗中保存着这样的美丽。

毕竟是女作家,脸还是没有《白沙码头》的莫怀戚(1951—2014,重庆当代作家，著有中篇小说《透支时代》、长篇小说《经典关系》《白沙码头》等）之类的重庆男作家那样厚实。所以每当重庆有些声音说《男根山》从标题到内容，都有色情嫌疑时，吴景娅对此还是有些不解："是不是这样说的朋友，可能从没见过男根？"

中央人民广播电台"中华之声"是一档对海外广播的节目，编导漆鹏不排斥《男根山》这个书名。为这本书，他的节目专访了吴景娅40分钟。他对吴景

吴景娅长篇小说《男根山》
（重庆出版社，2012）

娅说，你是重庆第一个来我们这里做节目的，全国也不多。

吴景娅说："我普通话不好，还去上这个节目，不光是为我的书，也把它当成是推销重庆的机会。我狠命地夸重庆，夸綦江中峰镇，就是男根山的原型地，说得他们台里的编辑都想马上组团来重庆。我只是小小地写了一点巴文化，大家就这样感兴趣，重庆有特色的地方还多得很。小说也可以传播城市。"

《男根山》原名《消失》。吴景娅说："美好的东西在变革中消失——男性雄性基因的消失。重庆整个城市就像一座男根山，男性色彩浓厚但女性色彩又占上风，男女的幸福指数都很高。重庆男人聪明，懂得示弱；女人担当一切，但又在男人的怀抱中。"

但最先怀抱吴景娅这种女人的，还不是男人，而是一座小城。

小城

风刮过了六月初，小城就安详了。天，不冷不热，河对岸的桑树有了殷红，点缀于翠绿间。指头大小的殷红在积攒自己的甜，它们似乎知道只有越加甜蜜的时候，人们才会拿它们当成桑葚果摘下来。

《男根山》小说里面的小城，很多源于北碚。在小城和自己的名字之间，吴

景娅从小就感到巨大的落差。"小时候查《新华字典》,'碚:专用名词,重庆的一个区。'我好高兴哟。我又查'娅',平时多少有点让人想入非非的'娅',居然是'连襟'的意思,太俗气了,好烦哟,一点都不浪漫。"

当时的家事也不浪漫。从小家住北碚区委,父亲是人事科的干部,外公曾在"中统"当过高级翻译,是陈诚的朋友,加上姨妈1949年跟一个空军军官去了台湾,父亲因为这些原因,被调到了统战部。

只有小城是浪漫的,吴景娅青少年时就生活在一幢黑楼和一幢红楼之间,两楼雄踞北碚两个著名的山头,遥遥相望,中间是北碚公园。"妈妈在红楼(北碚地标,1932年由卢作孚主持修建,砖木结构3层楼,红墙黛瓦,故称红楼,现为北碚美术馆、北碚画院)上班,我在黑楼教书。推开窗子,听得见公园的麻老虎(川渝对老虎的尊称或昵称)在叫,是卢作孚(1893—1952,重庆合川人,近代著名爱国实业家、民生公司创始人)当年养下来的。有三头老虎,两母一公,我七八岁练虎拳,早晨去公园蘸虎尿,说是蘸了打人一打一大片。公园里还养得有孔雀,叫声好像在喊'天鹅'!'天鹅'!"

在44中读高一,学校就在河边,从教室窗户看出去,越过此岸的河滩、河面,可远眺到东阳镇码头。"有个男的,经常站在坡上的黄桷树(重庆市市树,又写作"黄葛树",树大根深、枝繁叶茂、四季常绿,相传"象征重庆人民勤奋、勇敢、顽强的精神")下。早上10点多钟第3节课看见他,下午2点多钟,他就不见了。他站在那里看书,经常背个包,有时也背背篼,年轻的样子。我一直在想,他在等谁呢?当时的人真有时间和耐心,可以花这么多精力在河边等人、看书。"

有时起雾,对岸就神秘得不得了,也看不见那个男人,但他肯定还站在那里。小城河对面的东阳镇成了吴景娅的彼岸。"你关注一个人,无开始,无结束,

1980年,吴景娅在北碚嘉陵江边

这会影响你一生。那个男人瘦高瘦高的，成了我后来评价男人的一个标准。"

1978年考大学考进了"西师"（前身为1906年建校的川东师范学堂，1950年改名西南师范学院，1985年改名西南师范大学，2005年与西南农业大学合并为西南大学）就像进了小城的大观园。吴景娅她们这一代女生去看电影，是一定要带点东西垫在屁股下面的，不仅是为了干净。"我们对性的了解很迟钝，去西师电影院看电影，手拿一张《重庆日报》或《参考消息》。《重庆日报》厚一些，拿得多一些。我们觉得坐了男生坐过的热板凳，就要怀孕，所以要隔一下。从没人给我们讲过这些事情，其实当时男生个个都是干净的。现在想来，男女之间可能确实是要有点禁忌才更有性吸引力。"

小城生活，男人和女人之间隔着一张报纸或一场浓雾的等待和迷失，就像一场热病，后来都发在了《男根山》的字里行间。

小心

小城是一种小心翼翼的日子。"当时过的不是时间，是光阴。从早上到晚上，像一泡茶，你体会得到第几泡水是啥子味道。公园啥子花开了，树芽发了，冬天冰凝了，你都观察得到。从小就觉得北碚不是重庆，气质不一样，觉得小城的日子无边无际地长，一年要过很久。"

如果从解放碑的抗战胜利纪功碑出发来看，北碚一直是重庆主城区里最遥远的地带，级别是区，距离像县。生于小城的吴景娅从小就有种莫明其妙的自卑感。

"北碚人骨子里都有点自卑，要么化悲痛为力量，扎根小城，这是真浪漫，像我的老朋友李北兰、万启福（均为重庆作家）；或是用好小城身份，那其实是你独一无二的资源，你会突破小城，接轨更广阔的空间。"

吴景娅从小的理想是离开北碚小城，现在却觉得那是父母之邦，根本离不开。"总有一天，我走了，会葬在北碚。我要抱住，让这个城市的美消失得慢一点。现在经常看见他们把山头削平了，然后歌颂这个城市的日新月异，我心中不快。把所有的山头削平了，重庆就不叫山城了。重庆风貌是重庆人几千年来的自然选择，几十年就削平了，我伤心。"

回老家之路，就成了伤心之旅。从北碚中心走向老家的过程，一路上有人物有故事，像一折折生动鲜活的旧戏。"从区委我们家出发，经过天生桥，就到了双柏树，是姑妈的家；再到状元碑，是婆婆的家；再过去一点，是歇马场，是二伯工作的地方。"

婆婆家——吴家老宅在状元碑，很有想象力的地方，可现在状元碑消失了。"2012 年春节，在路上，嫂子指着一个转盘说，这就是我们的状元碑。当年，老家老房子有三层楼，下面是药铺，二伯是有名的中医。感谢二伯的病人，时不时会给他提来一些新鲜鸡蛋和蔬菜。婆婆当助手，负责艾灸和点穴。小时候，我觉得她像童话里的巫婆。"

小楼后门是河沟、竹林，现在状元碑都没了，更别说河沟、竹林。"一想起这些，不当作家都不行。已荡然无存的东西，无处安放，只有把它小心地存放在我的小说里，存放在心里。"这正是：虎吼雀鸣家家雨，小城女儿夜夜心。

贰

望族

· 名门大族的世家往事

1 我是大禹第139代孙、曾子第77代孙

口述人曾祥忠
大禹第139代孙、
曾子第77代孙

2011年2月的一天，朋友们看见我的QQ签名换成了"大禹第139代孙、曾子第77代孙曾爷爷来找我，他的工作证里还夹着我10年前的名片，我看见自己当时的传呼号是126—8175411"。

已经不可能有人用这个号码来呼我了，但曾爷爷还记得10年前我见证并在《重庆晨报》报道过他们父子"涂山脚下祭大禹"的祭祖仪式。当时那一台酒薄人稀的简陋仪式，后被重庆市文史馆副馆长王群生（1935—2006，重庆丰都人，当代作家，历任重庆作协副主席、重庆市文史馆副馆长等职）先生称为"新千年国内唯一一次祭大禹"。

曾爷爷的手掌，像锉刀一样粗粝，我一下就找到了和大禹握手的感觉。他住在买来的杨家坪供电局宿舍，没有电梯，电线在楼道墙上盘根错节。我们一边爬楼，他一边指着电线说："你看，按理说供电局的宿舍，电线应该走得很好，但不是这样的。"

有一个小伙子走在他后面，他马上让道示意那人："年轻人，你先走。"

涂山脚下祭大禹

昨日是农历庚辰年腊月廿二，吉日良辰，大禹第140（应为139，当年计数有误，现订正，下同）代孙曾祥忠先生率儿子曾令剑，在南岸涂山雕塑公园大禹雕像前焚香跪拜，洒酒祭祖。

穿一件老式雪花呢短大衣的曾祥忠跟共和国同龄，现在是重庆通信设备厂职工。他们家的事说来话长：据《史记》记

载，轩辕黄帝第四代孙就是大禹。话说大禹第五代孙曲烈分封到鄫国（现在山东枣庄），后来把"鄫"改为"曾"作为姓氏。曾氏（应为大禹）一门传到第58（应为62）代出了个曾参（即孔门七十二贤人之一曾子）；第70代出了个曾国藩，而曾祥忠就是曾门第135（应为77）代孙，也是大禹第140（应为139）代孙。

《重庆晨报》2001年1月17日报道《涂山脚下祭大禹》

1981年，曾祥忠将他们曾家族谱共11大本无偿捐献给重庆市博物馆。这套完整记载一个家族2000多年血脉流传的族谱，每一页都加盖着清代皇帝钦赐的"省身念祖"的朱砂大印。

圣贤后代不辱门风，曾祥忠多次被评为厂先进工作者，1989年还见义勇为帮警察抓强盗，获得重庆市公安局嘉奖。儿子曾令剑是建设厂会计师，超级球迷。有趣的是，一次他无意中向女朋友提到自己是曾子后裔，大家都笑爆了不相信。他说："我还没提大禹呢，那他们更要笑翻。"

背对青山大禹像，跪朝大禹治理过的浩浩长江，曾祥忠说："在新世纪第一个春节来临之际，我来此祭祖，也是祝福我们中华民族繁荣昌盛，永远发达。"

《重庆晨报》2001年1月17日C1版

家世

曾爷爷的家世是一部情节纵深长达二千多年的古装剧。

他们曾家先祖曾子（前505—前435），名参，字子舆，鲁国人，大禹后代。春秋末年思想家，孔子晚年弟子之一，儒门大家，与其父曾点均为孔门七十二贤之一。曾子参与编定《论语》，撰写《大学》《孝经》《曾子》，被后世尊为"宗圣"，成为配享孔庙的"四配"之一，仅次于"复圣"颜渊，位居述圣子思、亚圣孟轲之前。其父曾点生卒年不详，字皙，属于孔子30多岁开坛授徒的首批弟子。

"孔门七十二贤人"是后世对孔子3000余弟子中72名得意门生的尊称，所谓"弟子三千，贤人七十"是也。他们是孔门"黄埔一期"，儒家路线的先锋队、播种机、宣传队，阵容豪华。司马迁《史记·孔子世家》用9000多字为他们的恩师孔子独自立传时，顺手把他们打包提了一句："孔子以诗、书、礼、乐教，弟子盖三千焉，身通六艺者七十有二人。"最后，太史公言犹未尽，干脆另起一篇《仲尼弟子列传》，又用7000多字为他们分别作传。

有趣的是，司马迁刚在《孔子世家》里才说了"弟子盖三千焉，身通六艺者七十有二人"，在写《仲尼弟子列传》时就搞忘了，第一句就是"孔子曰：'受业身通者七十有七人。'"难道是为了给孔门"学霸梦之队"增加5个板凳队员？

《仲尼弟子列传》相当于司马迁代孔子所拟孔门七十二贤"学籍管理表"，其中曾子排第12位："曾参，南武城人，字子舆，少孔子四十六岁。孔子以为能通孝道，故授之业。作《孝经》。死于鲁"；曾点排第19位，屈居儿子之后："曾点，字皙，曾参之父。侍孔子，孔子曰：'言尔志。'点曰：'春服既成，冠者五六人，童子六七人，浴乎沂，风乎舞雩，咏而归。'孔子喟然叹曰：'吾与点也！'"。

司马迁讲的曾参这个段子，显然"抄"自《论语·先进》"子路、曾皙、冉有、公西华侍坐"章，是儒门极其重要的一段佳话。儒家的标配形象一般是"正儿八经"，有时也被"非汤武而薄周孔"（嵇康《与山巨源绝交书》）等"不怀好意"的敌对势力视为"面目可憎"。每临如此踢馆危机，江湖告急，曾点这段被师父孔子手动点赞的"休闲团建"方案，就会被祭出，证明儒家在政治正确的主旋律之外，其实也有闲云野鹤、潇洒自由、不求功名的情怀。

因此，曾子与孔子、颜子、孟子一起被尊为儒门"四圣"。曾爷爷说："孔子是至圣，孟子是亚圣，颜回是复圣，我们祖先曾子是宗圣。孔子的孙子孔伋，叫述圣。曾子是孔子晚年的学生，有点关门弟子的味道。孔子比曾子大46岁，孔伋又是曾子的学生，因为其父孔鲤是孔子独生子，死得年轻，我们老祖宗就负责教他。所以我们老祖宗在孔门里面，起到了承先启后的作用。"

客厅墙上挂着河图洛书（"河出图，洛出书"：中国上古神话里黄河、洛水的龙马、神龟浮出水面时背负着的两幅由黑白点线构成的神秘图案，华夏始祖伏羲据此画出八卦；周文王又据八卦推出六十四卦，并写出卦辞，旨在预测天时地气、世势运数、吉凶祸福）和太极图，还有一幅孔子像。那是1984年孔子诞生2535年，作为孔门弟子后裔，曾祥忠应邀去山东曲阜孔府参加国家主持的首次祭孔大典时请回来的。

客厅边小书房的书架上，有一套当代历史小说家唐浩明题赠"曾祥忠先生雅正"的精装三卷本《曾国藩》小说。书架上还挤满了《李白全集》《周易辞典》和一套四书五经。

那套四书五经中，有一本就是曾爷爷先祖曾子写的一本超级畅销书，即与《论语》《中庸》《孟子》合称"四书"的《大学》。在孔门诸生中，曾子最大的贡献莫过于"修身、齐家、治国、平天下"的人生规划九字诀。它把中国知识分子的个人命运和国家命运捆成一坨，打成一包，从而开发了一种现在连最烂的电视剧都晓得植入的"家国情怀"。

曾祥忠一家怎么来到重庆的呢？据考证，曾子家族开枝散叶，分布全国各地。清初，曾子65代孙曾贞鸿做云南曲靖太守，后调重庆府任职，举家迁往璧山县。1949年前，璧山县建有曾子庙，现已不存。曾家当时就住在庙中，曾祥忠是为数不多的在曾子庙降生的曾子后人。

曾祥忠父母抱着家谱

家风

曾祥忠生于1949年，是这个国家的同龄人。从小在学校学的课本，是新东西；回到家里，关起门来跟父亲学的，则是老东西，是几千年的文化传统。

他说:"父亲曾树生,1937年抗战以后在璧山参军,是文职人员,在军训部军学编译处当秘书,部长是白崇禧(1893—1966,字健生,广西桂林人,新桂系军阀将领之一)。抗战胜利后,国民政府从重庆还都南京。本来我父亲可以跟着去的,但他说,抗战时国家有难,我为国尽忠;现在胜利了,我要回家尽孝。我们家里讲的就是一个忠孝传家,因为相传《孝经》也是我们老祖宗曾子写的。"

曾祥忠年轻时和儿子读家谱

1949年后,曾家就住在县政府对门,父亲因为有文化,成了夜校老师。"有些南下干部没有文化,父亲就教他们,他们尊敬地叫他'曾老师'。我们是一个低调家族,因为这些干部都认识我父亲,所以历次运动我父亲都能平安度过。母亲在一家合作日杂商店当店员,卖铁锅、笋篼、碗。从小父亲就教育我们,堂堂正正做人,默默地劳动,默默地生活,所以我们家都是小小心心生活的人。"

虽然小小心心,但关键时刻,有贵族气! 1960年代,璧山璧南河上面的曾家桥,桥面有点矮,夏天一发洪水就遭淹了。"这岸一个农妇到河对岸的东山打柴。农妇背着一大背篼柴,天黑了,发洪水了,水淹桥面,一脚踩空,就遭洪水冲跑了。我父亲听说后,就给《四川日报》写信反映情况。信的结尾是这样写的,我永远都背得到:'夕阳西下,炊烟飘在农家的屋顶上。落水农妇家中的孩童,啼哭盼娘归。'这封信后来起到作用了,《四川日报》把我父亲的信转回县上,石桥就加高了。记得父亲写好了,最先念给母亲听,母亲泪水长流。家里穷,父亲23块钱工资要养活全家5口人,母亲就带我们到璧南河边种菜吃。当时小面,重庆8分一碗,璧山7分;寄一封信到外地要8分钱,8分钱可以作一天的菜钱了,但父亲为了乡亲,不在乎那8分钱。"

两个碗

话说我在《重庆晨报》2001年腊月报道了曾爷爷一碗薄酒"涂山脚下祭大禹"后,重庆文史馆副馆长王群生先生或许就成了那篇报道最热心的读者。他看了就给曾爷爷打电话,从而开始了两人的友谊。

王群生是重庆文坛前辈名宿。1980年其川藏公路和抗美援朝题材的《彩色的夜》曾和冰心《空巢》、王蒙《春之声》、张贤亮《灵与肉》、张抗抗《夏》等名家名篇同获全国优秀短篇小说奖,1982年由八一电影制片厂拍成同名电影。

曾爷爷说:"王老师说他在电脑上查了,他对我说:你们这个是新千年首祭,无论国家还是民间的。请你注意,你们这是唯一,因为其他东西可以复制,唯有时间不能复制。这有重要的史料价值,对传播中华民族传统美德是大好事。他建议把《重庆晨报》上的照片画一幅油画。我问为什么要画油画,他说管得久些。这幅画要是画好了——涂山千年祭,重庆'两个碗',很有意义。"

两个碗?曾爷爷没听懂。"王馆长给我解释:一个是罗中立(生于1948年,重庆璧山人,当代油画家、美术教育家,油画代表作《父亲》于1981年获全国青年美展一等奖)油画上那个喝水的碗,一个是《重庆晨报》上你这个喝酒的碗;一个是普通农民,一个是中国历史上赫赫有名的大禹王的后代。这幅画在文化意义上,将和罗中立的《父亲》构成一个呼应。罗中立那个画我在杂志上看到过,我的酒碗,他的水碗。王老师很敏锐,他看到了两个碗,点醒了。"

后来,王群生还给《重庆晚报》写了《别忘了中华"第一公仆"》。说令他倍感亲切的是,大禹生于川西,娶的妻却是我重庆南岸涂山的妹子。但他说他感到遗憾的是,在重庆,踏遍南岸涂山上下,找不到一处纪念和追思中华"第一公仆"大禹的建筑,也没有一尊像样的塑像。

据重庆文史馆办公室证实,王群生先生已于2006年病逝。曾祥忠说:"我再也没碰到一个像王老师那样理解我的朋友了,和我这样一个老工人都这么谈得来。"

2001年曾爷爷携子在涂山脚下祭祖跪拜的那尊禹王塑像,后来已拆了。"他们说是要建更好的禹王塑像。有意思的是,涂山公园的人当年一看到我,就叫一个画家把我的样子画下来。他们说,终于找到模特儿了。以前我们做大禹像,都是凭想象的,以后塑大禹像就以你的脸形作依据了。我不胖,当年大禹治水那么艰苦，肯定瘦得很。"

宗圣塔

曾爷爷2009年犯了一次脑梗死。他说："差点拿过去了（过世），走到半路上，老天爷说你的任务没有完成，你回去吧。我感到生命脆弱，在世间牵挂两件事：一个画，一个塔，我要赶紧完成。但也顺其自然，我这一辈子要是没完成，就像愚公移山那样，寄望于下一代。"

画就是王群生建议他画的那幅油画，塔是曾子的纪念塔宗圣塔。父亲、族叔曾和他共同用毛笔绘制了一幅宗圣塔的草图，当年三个绘图人，现在只剩他一个。

他曾将这幅草图寄给台湾陈立夫先生，陈老先生欣然寄来"宗圣塔""曾氏流芳"的题词，开始了两人长达十几年笔墨书香的忘年交。

> 祥忠先生台鉴：去年十二月二十五日大函敬悉，承询《大禹治水图》一画，已在图上题写"为民造福，功垂万世"，并已于去年十二月十二日先行寄还，谅荷。

2014年，陈立夫用圆珠笔在孔孟学会八行红格信笺上给曾祥忠回的这封信，包含着一大遗憾。1995年，曾爷爷请重庆画家张宏峰画了一幅《大禹治水图》，寄给陈立夫请其题字。陈老先生信中说画已题字寄回，可是这幅没有用挂号信（当时只有平函）的画寄掉了，至今下落不明。

但那些用红笔写着"恭祝新年健乐——陈立夫鞠躬"的贺年卡，全收到了。这些分别从台北市士林区德新东路338巷12—1号的陈氏住宅、台北市中正区南海路45号献堂馆孔孟学会的陈氏单位，寄给重庆大坪通信设备厂10车间工人曾祥忠的贺年卡，十几年从未间断，直到陈老先生103岁逝世。

曾爷爷说："他比我年长50岁，我只是一个下力的老百姓，这些老先生真是平易近人。他百岁的时候，我也给老先生寄去了祝寿辞：'心香一支，遥祝长寿。'"

陈立夫先生一共为他题写过"圣学渊源""曾氏流芳""宗圣塔""追远斋"字幅。"追远斋"是曾爷爷卧室兼书房的名号，取自曾子《大学》里"慎终追远，民德归厚矣"一语。

他说:"我文化不高,不打麻将不抽烟,喜欢读书,所以,我请陈老先生给我的书房题了个'追远斋'。以后我要到台湾去旅游,到台北市政府打听陈老先生的墓址,我一定要去给他上一炷香。"

两幅画

半年多以后,我接到曾爷爷的电话,他兴冲冲地说:画出来了!画出来了!曾祥忠没让老朋友王群生"重庆两个碗"的创意成为遗憾。我在曾爷爷家中看到了画成的油画,而且还是两幅。曾祥忠说:"这么多人出力,王老师的愿望终于实现了,这可以说是他的遗愿。"

两幅油画的画成过程,也是几经辗转。曾祥忠和陈立夫老先生有过长达十几年笔墨书香的忘年交,陈立夫为他题写的那幅"曾氏流芳",他想找一个高手把它裱起来。一天,他在电视里看到西南大学有个名叫余纯芳的书画装裱修复大师,就找上门去。

余纯芳教授现已从西南大学动物科技学院退休,他在电话里对我说:"曾老师当时一路问来找到我,到现在,我们已是多年的老朋友了。陈立夫的字裱好以后,他还托我帮他找画家画油画。现在有点名气的画家,要价都高,我就托人找了一个学生画家。"

学生画家叫邓中旭,云南腾冲人,在西南大学美院学油画。曾祥忠说:"小邓到我家来,给我画素描。画上这个碗,就是我家里的碗,小邓说:'你端碗的手,一看就是一双劳动人

曾祥忠站在家里挂着的《远古的呼唤》(邓中旭作)油画下

民的手。'他从农村出来，下过力，懂得我这个手，粗壮的骨骼，没得肉。"

2008年6月，画好了，曾祥忠去西南大学取回。在北碚车站等车，他把画靠墙搁着，来来往往赶车的人，都过来看，"有的说，你看画上这个波浪，好有动感哟；有的又说，你从一个角度看，画里面端酒碗这个人，很淡定；从另一个角度看，他又有点忧郁。"

他们没有认出画中端碗这个人，就是站在画边这个人。"但他们一看就晓得画里面后景站起那个人是大禹。整个画，画的是一个普通人端酒在祭大禹王。他们看，我在旁边没吱声气，悄悄看他们看画以后的反应。我很高兴，大家都还记得大禹王。"

现已毕业在腾冲县民族完中教美术的邓中旭和友人小醉后，电话那边的声音有些迷离。他说："大一我就认识曾爷爷，结成忘年交，和曾爷爷两次到涂山公园实地体验，大四才把画画出来了。"

他没有完全按新闻照片构图。他觉得如果纯粹按照新闻照片画，乍一看很真实，但细看就不那么真实了，因为没有跳出来，因为历史太久远，他要画出它的神而不仅是形。

他说："大禹精神是我们这个时代倡导的，所以我处理他的样子，追求的是中国画式的神似；但前景曾爷爷的样子，又是建立在素描基础上的西式写实风格。我把曾爷爷的衣服处理成纯黑，因为在中国传统中，比如汉代尚黑，是一种高贵的色彩。"最后，他补充道："我忘记说了，我这幅画的指导老师是朱沙老师、付念屏老师、马遥老师，谢谢他们。"

这幅被曾祥忠命名为《远古的呼唤》的小幅油画画好之后，他还不甘心，又找到住家附近的"酬勤画廊"再画一幅大的，名叫《呼唤》。这家小画廊开在杨家坪实验二小和老

曾祥忠、曾令剑父子抬着的《呼唤》（高永华作）油画再现了父子当年"涂山脚下祭大禹"的情景

国美之间的街边，主人高永华是四川美院油画系1999级学生，当时已毕业。

曾祥忠说："我晓得有一个从川美毕业的大画家名叫高小华（当代油画家，1955年生于南京），名字跟给我画画的高永华只有一字之差。他们都是川美的，但愿二天（以后）高永华也像高小华那样出名。"

高永华的画廊挂满他亲手临摹的列维坦（1860—1900，俄国风景画大师，代表作《弗拉基米尔卡》《三月》《晚钟》等）《晚钟》和创作的许多带有写生风格的小幅精美风景。他画的这幅大画，以《重庆晨报》的新闻照片为素材，还参考了曾祥忠以前的一些照片。画廊接单子，一般都是临摹名画和商业性的装饰壁画，像这种创作性的邀约要少一些，可他画得还是很过瘾。但他又说："遗憾的是这幅画不够大，所以还有好多细节出不来。"

最后，这位来自重庆武隆大山的青年画家说："我最喜欢画的还是风景。"

当年跟着父亲在涂山脚下祭祖的清秀少年曾令剑，已长成一条膀大腰圆的大汉，现为渝州监狱的一名狱警，他四岁的女儿芳名中也有一个"禹"字。他说："小的这幅，爸爸要；大的这幅，爸爸给我。我的新房子正在装修，装修好了，我就请回去挂在我的客厅里。"

2 / 永川有个太平寨，叔侄三人编族史

口述人 黄振惇
重庆足协教练

黄振悖位于袁家岗奥体旁的家中，书房墙上，挂着一幅1965年的黑白照片：重庆男足队员们兴高采烈地簇拥着周恩来和西哈努克亲王，已然忘记他们刚才以友谊的名义输掉了和柬埔寨国家足球队的比赛。站在最后一排的黄振悖，被挡得差不多只剩下一双眼睛，但这也足以认证自己大半生极富戏剧性的足球生活。

这位重庆市足协的退休教练现在除了画一画油画，还有一大爱好就是研究家史和谱牒学，最新的成果是领衔两位侄孙黄西孟、黄晓衡编著出版了40多万字的《黄氏家族百年沧桑——走出太平砦》（南京师大出版社，2011）。

黄振悖、黄西孟、黄晓衡编著的家谱式传记《走出太平砦》记录了永川太平砦黄氏家族近二百年历史文脉

重庆永川太平寨（同砦）黄家，是一个华丽的大家族。书中所附5页容量的《黄家世系图》显示：黄氏家族下分"太平寨黄家"和"中间院子黄家"两大世系，其中"太平寨黄家"又下分"老店子""中间房子""尖角房子""下头院子""上头院子"五大子系。

从清代搞沉过一艘英国军舰的台湾知府黄开基（1790—1856，字自堂，清重庆府永川县五间乡人，抗英将领，1851年升任台湾府知府，后加道台衔）到2006年解说德国世界杯赛喊出"他不是一个人在战斗！意大利万岁！"的主持人黄健翔；从1930年代在《马路天使》里演周璇姐姐小芸的著名演员赵慧深（1914—1967，四川宜宾人，曾演出话剧《雷雨》和电影《马路天使》）到重庆摇滚乐队"碎瓷"（前身为1993年组队的"蜕变"乐队）的主唱黄晓嘉，他们

2008年2月，黄振惇（前中）、黄西孟（前左）、黄健翔（前右）一行摄于太平寨五福门前

黄家的人人马马，都在书中那张展开达一臂多长的《黄家世系图》拉页上一一闪现。

黄振惇说："我们中间院子系，在整个太平寨黄氏家族中最为兴旺，因为族长黄秉湘，我的爷爷，清末进京殿试考取进士，进入翰林院，后辗转武汉、江西等地做官，几个儿孙都曾分别赴日本、欧美留学，成为有识之士。"

巴蜀

名校巴蜀中学是重庆市重点中学，1933年由川军军阀、四川省主席王缵绪创办于嘉陵江畔张家花园，1950年成为西南局干部子弟学校，1955年中学部改为重庆41中，1991年恢复巴蜀校名。这里是黄振惇最早的乐园。

他说："我们一家三代都是巴蜀人，我，我女儿，我儿子的女儿。1952年我进校时，巴蜀中学和小学是西南局直属干部子弟学校，很多同学都是从延安过来的高干子弟。同学们一个二个虽然穿着土气，但都背景豪华。高岗的孙子桂成、贺龙的侄孙贺兴桐，还有曹荻秋（1909—1976，四川资阳人，曾任华中野战军10纵副政委，后历任重庆、上海市委书记、市长）的侄儿。"

比他们高的一个年级里，有一个"刘胡兰战斗班"，以原名刘富兰的革命烈士刘胡兰命名。刘胡兰是山西文水县云周西村人，10岁起参加儿童团，历任山西文水县云周西村妇救会秘书、主任，14岁被吸收为中共预备党员。1947年1月12日在军阀阎锡山部队突袭中因叛徒告密在铡刀下英勇就义，不满15岁。毛泽东为其题词："生的伟大，死的光荣。"

黄振惇说："刘胡兰的妹妹刘爱兰，就在'刘胡兰战斗班'读书，又白又漂亮。据说刘胡兰牺牲时，二妹刘爱兰在场目睹，精神上受了刺激，组织上就保送她到巴蜀中学来读书，后来就好了。她跟姐姐长得很像。"

刘爱兰比刘胡兰小3岁，长得很像姐姐。1948年9月，贺龙司令员批准刘爱兰加入一野西北战斗剧社，在话剧《刘胡兰》中扮演自己和姐姐。初中毕业后刘爱兰回山西老家进入山西工农速成中学读高中，毕业后分到山西大学图书馆工作。2020年于山西太原逝世，享年85岁。

巴蜀校长刘西林是河北深泽人。1934年毕业于北京师范大学教育系，历任中学和师范学校教员、大学讲师兼图书馆主任。1949年参军，任西北军政大学、西南军政大学高研班政治教员，历任重庆巴蜀学校副校长、校长、重庆市教育局副局长、重庆市政协副主席。刘校长当时在这所官二代成堆的学校，很镇得住堂子。

刘胡兰的妹妹刘爱兰曾就读于重庆巴蜀中学"刘胡兰战斗班"

黄振惇说："我们班上还有一个同学任嘉因，特别调皮，做广播体操，乱做。校长刘西林上去就是一耳光，打了还说：'叫你老汉来。'他老汉来了，连忙对校长和老师抱拳致歉，自责'子不教，父之过'，说老师没错。不知道是不是校长这一巴掌之故，任嘉因后来成绩特好，初中还跳了一级，后来考起了哈军工。"

任嘉因这个老汉就是当时的重庆市委宣传部部长任白戈，四川省南充人，1926年入党，曾任上海"左联"宣传部部长、秘书长，延安抗大教师，解放军晋冀鲁豫军区政治部宣传部部长。后来曾任重庆市委第一书记兼市长。

训育主任何履之，曾在日本留学，身体棒。"早晨刚到6点，就披着睡衣从3楼叮叮咚咚跑下来掀我们的铺盖。但下课以后，他又很和蔼，给我们看他年轻时在日本海滩上跑步的帅气照片。"

体育老师更是传奇人物，是一口京腔的足球名宿鄂伯尔。"鄂伯尔身材不高，但非常健硕，一口标准的北京腔，传说他是蒙古王子，课余经常见他训练一只很威猛的狼狗。鄂伯尔人很酷，他组织的校足球队，名字更酷，叫TNT（烈性炸药），队员大多数是高中生。初二时，在学校班级比赛中，我被他看中，破格被选入TNT，高兴惨了。"

那鄂伯尔1923年出生于北京灯市口大街鄂郡王府，蒙古王族后裔，汉名乌秉信，历任辅仁大学足球队守门员，华北足球队、西南足球队队员，抗战时曾在重庆几所中学任教。1952年调到中央体训班足球队即国家队为守门员，成为国足第一代守门员、国家级足球裁判，著有《怎样踢足球》《中等足球技术》《足球发展简史》。

1956年春，鄂伯尔带出来的黄振惇在全市中学"三好杯"足球赛中踢得非常漂亮，黄振惇从此改变了自己的命运。他一直踢前锋，在当时流行的"424"阵形里叫内锋，可突前，可拖后，可组织，可突破。

"三好杯"赛后不久，重庆市体委一纸调函，就把黄振惇调往市体工队，成了专业足球队员，而他当时正是校管弦乐队指挥，一心报考中央音乐学院。"1958年，国青队前身的京沈青年队来重庆集训，和重庆队打了两场公开比赛。京沈青年队教练史万春和朱一先都看上了我。朱指导找到我说，你究竟想不想到我们中青队，我说我当然想呀，但领导不放你们也知道。朱指导说，现在只有一个办法，就是参军，我到重庆军分区给你办，然后把你从部队调到八一青年足球队过渡一下，再调中青队就不成问题了。但队上对我很好，我不敢去。1959年首届全运会，我们到北京参赛，全国30多个队，我们打了第9名。北京的彭真市长还请我们运动员去人民大会堂吃了5000人的国宴。"

曾任中国足协副主席和秘书长的杨秀武，1961年5月是国家体委足球科官员。在这一年的《中国青年报》发表了一篇《足球场上蓓蕾盛开——从全国足球分区赛看新生力量》的足球评论。这篇球评夹在一组新华社写的《拉丁美洲青少年反对美帝主义》的国际新闻和一篇苏联记者写的美国通讯《失业的"自由"——美国青年的命运》之间，在"又猛又巧，潜力无穷"一节里，作者对黄振惇是这样点评的："四川青年队前锋黄振惇脚头硬、射门好，能从35米外射出有力的平球，是任意球的主罚手，常给对方带来很大威胁。"

1965年后，黄振惇成为足球教练，1990年代，他和体坛名嘴李承鹏等人成为《足球报·川江号子》专栏的特约作者，还给一些报刊写球评："每发一篇文章，就像射一次门；有时没有发，就当射偏了。"后来，他出任《现代足球》杂志副主编，赶上了1998年法国世界杯，他是重庆新闻界派出的唯一一个实地采访的记者。从后来的日韩世界杯开始，重庆外出实地采访的记者就多起来了。

"我当了10年足球运动员，10年足球教练，办了10年足球杂志。先是用脚踢球，再是用嘴教球，最后用手写球，我这30年的足球生涯还算得上丰富吧！"

太平寨

黄振惇的个人足球史如此多彩,但还是比不上永川县城南五间乡喻家坡老家太平寨丰富的家史。在其侄子、重庆"碎瓷"乐队主唱黄晓嘉的父亲黄家愉的记忆中,太平寨"是一个非常美丽的地方"。黄振惇说:"家愉几兄弟和他姐姐都出生在太平寨,直到解放后,大约在1954年才随家迁到重庆。太平寨是一个坐落在小丘顶上的集镇式村寨。200多年前,由黄家先辈黄开基(人称"台湾公")邀约董、苏、喻等几大望族为主,参考台湾的城防修筑而成,在1949年前防止匪患很有成效。"

黄家妇幼1941年摄于太平寨前,远处是太平寨寨墙

黄家愉读到初二才离开太平寨到重庆,直至2002年才第一次回去。之后又回去过几次。黄家愉说:"每次回去都感慨万分。现在的太平寨已面目全非,儿时热闹的小镇已不复存在,多数老房年久失修已垮塌,并种上了庄稼。城墙1958年修水库被拆除,仅保留了朝阳门一小段。我们中间院子只有'五福大门'保存较为完好。"

黄振惇虽然并不在太平寨出生,但1942年寨中那次家族大聚会,令他至今难忘。在日机对重庆大轰炸期间,大家都回乡下躲飞机。黄振惇说:"国难当头,却促成一次我们中间院子大家族难得的团聚,这也印证了当地一句老话:'发财不见面,倒霉大团圆。'"

从大城市回来的各路黄家子弟的新风洋派,在当地至今传为美谈,"一个外地回来的堂姐,就在我们中间院子举办了一个西式婚礼,披着很长的婚纱。我和比我小一岁的侄子家愉当伴童,牵婚纱。这在当地太轰动了。"

年轻人爱唱爱跳,特别是心忧天下的富家子弟,更容易展露有点左翼的范儿,"风在吼,马在叫,黄河在咆哮……""山那边呀好地方,穷人富人都一样……"这些红歌,第一次在太平寨唱响。在大学学体育的五姐振圻更是惊艳,"她穿着泳装在寨子旁圣水寺小河里游泳。当地的人哪见过这种嘛,引起了轰动,引来一

太平寨黄家中间院子的孩子们，1942年春摄于太平寨前
前排左起：黄家忻、黄振惇、黄家渝、黄振恒、黄西培

些村姑围观，肯定有人觉得有伤风化，但五姐并不在乎。"

表姐赵慧深和五姐振圻、七姐振撼、九姐振颖、二哥振嘉他们更是在寨里的戏台上演起了谍战类型的抗战名剧《野玫瑰》，这可能是永川第一次话剧演出。

在长达5页的《黄家世系图》上，著名戏曲学者赵景深（1902—1985，四川宜宾人，戏曲研究家、文学史家、教育家、作家，著有《曲论初探》《中国戏曲实考》《中国小说丛考》等）教授和著名演员赵慧深兄妹，赫然在目。黄振惇说："赵景深、赵慧深兄妹按辈分是我的表哥、表姐，他们妈妈是我爷爷的长女，嫁给了宜宾赵嘉锡。据我侄子黄健翔的父亲黄西孟说：1950年代初，赵慧深到北京开会，还到他们东四家里去过。"

只要有赵慧深表姐出场，那太平寨黄家的话剧阵容就豪华了。因为早在8年前，1934年夏天，赵慧深就在天津新新剧院曹禺一代名剧《雷雨》首演中出演繁漪，是中国话剧舞台上第一个繁漪；1937年，她又在袁牧之编导的一代名片《马路天使》中扮演角色名为"野鸡"的小云，属于中国电影史上塑造得最成功的妓女形象。她一生只演了这部电影，被誉为"一出话剧、一部电影，一个繁漪、一个小云"，名垂中国影剧史。

1945年抗战胜利后，更多的英俊小生回到寨中。"两位参加抗战的大哥哥黄衡一、黄启宇也回来了。他们都在有名的美国第14航空队（全称"中国空军美国志愿援华航空队"，后改为第14航空队，俗称"飞虎队"）服役，都是百里挑一的帅小伙，身穿美式军装走在街上，胸前戴着飞虎队胸徽，大家都行注目礼。我们黄家人倍感荣耀，更让我们这些小弟妹们崇拜不已，那一段美好的回忆真是终生难忘。"

太平寨像一座军事堡垒，因为里面还装备了黄开基当年在台湾缴获的英军"洋抬机"和铜炮，据族人黄家婕、黄家忻、黄家栋兄妹三人合编的《寻根觅本说黄家》一书记载:"洋抬机"是英国步枪,比后来中国的步枪长一倍,大一倍,很重,一人端枪,一人单腿跪地,用肩抬枪,随地射击,所以称"洋抬机"。子弹直径有4厘米,长12厘米。一枪曾把一株碗粗的柏树打断,所以土匪不敢"抢寨"。可惜解放战争中,这批枪炮曾被土匪利用,使17个解放军勇士壮烈牺牲。解放军消灭土匪后,把这批枪炮送进兵工厂,变成抗美援朝的武器。所以1953年,族中振恫叔回乡,在乡、区、县、地区武装部访寻,谁也不知这些枪炮的下落。

太平寨也是一个乡绅自治的有机聚落,黄家几个支系和另外几个大姓住在里面,共享一种互相制约、彼此接济、相安无事的生态。太平寨一句俗谚"黄家顶子、董家银子、喻家腔子"是这种生态最好的表达。黄振惇说:"'黄家顶子'是说黄家当官的人多,'董家银子'是说董家有钱人多,'喻家腔子'是说喻家人多,团结力量大,碰到事情,一喊就来,你钱再多官再大,也不敢轻视他。"

台湾公

重庆地方志编纂委员会1992年编著的《重庆名人辞典》黄开基条载:"黄开基,鸦片战争中在台湾抗英的爱国将领。字自堂,道光朝举人,1833年任福建平和知县,率县民筑堤防洪,所筑堤后被称为黄公堤,调任台湾彰化县令后因功升直隶知州。1840—1842年的第一次鸦片战争中,他修筑炮台,募集义勇,积极备战。1842年3月11日,英国三桅兵舰来犯大安港,他领兵抗击,致使英舰搁浅,是役俘虏英军54人。咸丰初年,升任台湾知府,加道台衔,后积劳成疾,辞官还乡。"今朝天门重庆历史名人馆中塑有黄开基雕像。

黄开基还乡后修起太平寨,在族中尽享族人的供奉和崇拜。

据黄家婕《黄开基的遗物》一文回忆:土改时,因为太平寨是五间乡地主集中地,乡里各村派代表来分胜利果实。在中间院子(外人称翰林府)的大门上,带路的盘如槐发现有个密封的门楼,就搬梯用斧砍断两块木板,发现里边有个大柜,大柜上有两个木箱,把阁楼挤得满满的,脚都放不进去。柜上封条上写"台湾彰化父老所赠",另一木箱也有同样的封条,还有个木箱的封条是"台湾淡水父老所赠"。

"我虽然只7岁,已能认识纸上写的'精忠报国''爱民如子''青天爱民''正气凌云'等正楷大字,却不认识那些两头有圆棒的长纸上的行书、草书和篆体字。"

1958年,黄开基的遗物再次被发现。生产队有人看到在黄开基出生的屋子顶部屋梁中钉有个1尺长的和梁一样粗的木箱,取下一看:木箱简陋,像截木头,里面用油纸包着13张黄绸的圣旨,两边有小圆棒加黄丝带向内卷紧捆住。圣旨上的印章很大,有边长十几厘米的,也有稍小一点的。黄家婕说:"大家都抢来展开看,我不敢抢,只从同学涂珍荣手中去看,看到黄开基和其子黄保元(寨门顶上刻有他俩的大名,是建寨人中的两名)受封知府的圣旨。突然干部发现其中有几张是'绞绞文字'(长大以后才知道是满文),谁也认不到,便硬说是'变天账'。"

这些黄开基当年接受的圣旨,当场就被队干部当成地主阶级的"变天账",烧为灰烬。

家族史

编著《走出太平砦》这本书让黄振惇通过近两年的"家史考古",重温了本家族两百多年的历史:高祖黄开基英勇抗击入侵英军;黄秉湘、黄秉潍金榜题名,都是进士;黄大暹讨袁护国,成为英烈。后来,日本人打进来,黄氏家族好几个儿女冲上前线:有入中国青年远征军,在缅甸与日军奋战的黄振刚;有在陈纳德将军的飞虎队服役的黄衡一、黄启宇和在史迪威将军指挥的中国远征军中服务的黄振威;还有从日本学医回国,奔赴前线医疗救护的黄振云,以及在抗日正面战场担任要职的黄振夏等。

黄振惇父亲黄朋豪青年时期留学英国格拉斯哥大学造船系,回国后任招商局航务经理及禁烟委员会主任秘书等职,后为重庆大学校委会委员兼教授,是著名的民主人士。1950年8月,和陈锡联、曹荻秋、胡子昂等任第一届重庆市人民政府委员,他的任命通知书上还盖着大红方形的"中华人民共和国中央人民政府之印"和毛泽东主席的手迹体签名印鉴。

黄振惇说:"父亲黄朋豪虽英年早逝,但他是幸运的,国家为他举行了高规格的葬礼,他十分体面地离开了尘世。但与父亲有相同经历的同事、战友、朋友中也有不少人后来的遭遇和结局很悲惨,令人唏嘘不已,也让我更加珍惜今天和谐、安定的生活。"

飞虎队

1920—1930年，黄振惇父亲黄朋豪在南京交通部任职，是黄家才俊的领军人物。黄振惇说："我父亲的侄儿黄衡一，也是我八堂哥，中学都没念完，就从永川太平寨到南京投靠我父亲。我父亲鼓励他要是能考上金陵大学，就奖励80个大洋。当时一个大洋买一石米。黄衡一很争气，果然考上了金陵大学英文专业。后来还参加了飞虎队，在昆明总部机要秘书室当英文翻译，负责空战报告和气象资料等情报工作。"

从此，家族里面就流传着一个黄衡一和日本零式战斗机的故事。也是有缘，黄衡一之子黄晓衡1997年8至11月在哈佛大学商学院学习，证实了这个故事。黄振惇说："晓衡班上有个同学马克，是美国海军中校，毕业于安纳波利斯海军学院，驾驶过F—4、A—6和F—18舰载机。他听了晓衡所讲其父和零式战斗机的故事，很感兴趣，就叫他去学校图书馆借一本名为《Flying Tigers》的图书。由于功课紧张，英文水平有限，晓衡就请马克帮他查看。第二天刚上课，马克把书传递给他，还夹了一张字条'请看第67页，有你讲的故事'。晓衡太激动了，从小父亲给他讲的故事，居然在一本美国书中找到了。他马上打电话给远在南京的父亲，父亲也很高兴，对儿子说：'怎么样，老爸没吹牛吧！'"

20年后，2017年，北京联合出版公司出版了这本书的中文版《飞虎队：陈纳德和他的美国志愿者，1941—1942》。该书曾荣获1991年航空作家协会杰出著作奖，作者丹尼尔·福特是美国陆军退伍老兵、业余飞行员，越战期间曾任战地记者。

当年，日本零式战斗机以速度快、火力强、机动性好，曾一度称霸中国领空。中美空军一时束手无策。黄晓衡在家史随笔《感恩》一文中，正式记录了这个故事：

> 机会终于来了。一天，飞虎队接到国民党湖南驻军报告，称捕获一名零式战斗机飞行员，飞机基本完好，请求飞虎队派员前去调查。一位美军空军上校率一名中国航空工程师和我父亲立即飞赴现场。审问中，日军飞行员的口供先由国民党驻军译成中文，再由父亲译成英文；同时，在中国航空工程师的协

助下，从飞机上缴获的数据表也被我父亲翻译出来。整个审讯时间不长，美军上校直呼："太好了，太好了！"

原来，尽管零式战斗机是二战时期最佳战斗机之一，但当时日本材料工业水平有限，其机翼强度不能承受大角度俯冲再向上拉起的压力，否则机翼就会折断。这在数据表中被特别强调说明。那个忘乎所以的日军飞行员，就是在飞机俯冲扫射地面目标后，急速拉起而自食其果。所幸飞机坠落在沼泽地，飞行员只受了伤，从而才有机会发现其软肋。

美军上校非常兴奋，连夜赶回昆明向指挥官陈纳德将军汇报。陈纳德高度关注并确定了对策：当盟军飞机被零式战斗机追击时，立即大力俯冲，如日机尾随则急速爬升，这样就可以安全摆脱。随后，飞虎队迅速向美军空军总部和太平洋战区司令部报告，建议将这一对策通报全体盟军飞行员。父亲欣慰地说，这是他一辈子最值得骄傲的事，协助挽救了许多盟军飞行员的生命，为抗日战争出了力。

抗日哥

黄振惇2010年参观重庆史迪威将军旧居后，写了《九一八，勿忘抗日兄长——缅怀我的三个老大哥黄衡一、黄启宇、黄振威》一文：

我小的时候就听大人说，我们太平寨黄家有着抗日的光荣历史，上头院子的黄振刚是远征军少将副师长，在龙陵战役中立下战功，中间院子有两个大哥哥在美国飞虎队服役，还有一个大哥哥在中国远征军，他们都参加了抗日战争。

抗战时期，美国在中国的飞虎队和赴缅甸对日作战的远征军是人们心中的英雄。因此，我从小就很崇拜他们。我们黄家是大家族，又是按字辈大排行，光我们振字辈，弟兄姊妹就几十个。因为人太多，排序到十一就为止了。如果继续排下去，我可能排到二十几名去了。兄弟间年龄差异很大，三个参加抗日战争的兄长，八哥黄衡一，十哥黄启宇，十一哥黄振威，都大我二十岁以上。小时候从未见过他们，抗战胜利那年，他们都曾回到重庆，回过太平寨。听比我大十二岁的振恂大哥说，八哥、十哥在寨子上都穿美军制服，神气得很。八哥带他去山里打猎，去河沟钓鱼，十哥还送了一个飞虎队胸徽给他。我那时年纪太小，还没资格与他们为伴，在以后的若干年里，他们的历史不再被提起。因此，关于他们在抗日战争中的经历和故事，我几乎一无所知，直到最近，在西孟博客"永川朝阳门"中，他们那些封存多年的事迹才被后人挖掘出来，我才有所了解，这加深了我对他们的敬意。

叁 先生·从大学者到中学校长

1 杨绛先生，我曾喊她"大二姐""杨阿姨""季康阿姨"

口述人 任尔宁

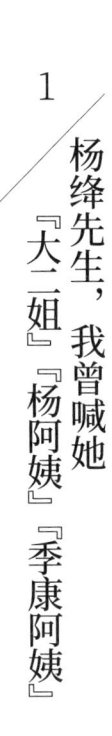

任鸿隽、陈衡哲之孙

2017年7月17日，是前一年逝世的杨绛先生106岁诞辰。

此前，与杨绛有世交之谊的重庆名门任氏家族后裔任尔宁先生，接到由中国社科院、清华大学和国家博物馆相关人员组成的杨绛先生遗物清理小组的电话。任尔宁说："十年来，我与杨绛先生往来函件，还有我曾送她审阅并征求意见的《任鸿隽 陈衡哲家书》的书稿副本，他们都会清退寄还给我。"

1911年出生于北京的杨绛，本名杨季康，江苏无锡人，中国女作家、文学翻译家、外国文学学者，著名学者钱锺书夫人。青年时代先后求学于东吴大学、清华大学、牛津大学、巴黎大学。1938年回国历任上海震旦女子文理学院外语系教授、清华大学西语系教授，北大文研所、中科院文研所、社科院外国文学研究所研究员。著有《春泥集》（评论）、《洗澡》（小说）、《我们仨》（随笔）、《走到人生边上》（随笔），译著有《吉尔·布拉斯》《堂吉诃德》。

这次接到北京那边的电话，任尔宁比一年前得知杨绛仙逝时更加清晰地感到：任、陈两家和杨家的百年世交，终于画上了句号。

书缘

任尔宁先生的祖辈——重庆任氏四兄弟被誉为"满门忠烈荐轩辕，敢将热血谱春秋"的辛亥革命四杰。杨绛夫妇跟任氏四兄弟中的老三任鸿隽及其夫人陈衡哲都交情匪浅。

任鸿隽（1886—1961），字叔永，重庆垫江人，祖籍浙江湖州。辛亥革命元老、中国近代科学奠基人之一。曾赴清朝最后一届科举考试，中秀才。重庆府中学堂毕业后留学日本参加同盟会，武昌起义后归国任孙中山临时总统总统府秘书。

后留学美国康奈尔大学、哥伦比亚大学,创办中国科学社。1918年回国,历任北京政府教育司司长、北大化学系教授、上海商务印书馆编辑、东南大学副校长、四川大学校长、中华教育文化基金董事会干事长、中央研究院总干事、上海图书馆馆长等职。1915年任鸿隽与友人创办了中国第一本综合性科学杂志《科学》月刊。

其夫人陈衡哲(1890—1976),笔名莎菲,湖南衡山人。中国新文化运动中最早的女教授、女作家、女诗人,也是中国第一位女教授,新文学奠基人之一。1914年考取清华公费留美学习名额,先后在沙瓦女子大学、芝加哥大学攻读西洋史、西洋文学,分获学士、硕士学位。1920年任北大教授,讲授西洋史,

任鸿隽、陈衡哲夫妇1920年8月22日订婚时与胡适(右)合影于南京东南大学

同年与任鸿隽结婚,后任职于商务印书馆、东南大学、四川大学。著有短篇小说集《小雨点》《衡哲散文集》。

辛亥革命和"五四"文化名人任鸿隽、陈衡哲夫妇,都是杨绛年轻时的前辈偶像。在知识界的社交圈中,任鸿隽、陈衡哲和挚友兼损友胡适构成的那个圈子,堪称当时顶级的朋友圈。

胡适(1891—1962),字适之,安徽绩溪人,诗人、思想家、学者,新文化运动领袖。19岁考取庚子赔款官费生留学美国,师从大哲学家约翰·杜威。1917年夏回国任北大教授。1918年加入《新青年》大力提倡白话文,推出现代文学史上第一本白话诗集《尝试集》。曾创办《独立评论》《自由中国》,历任北大校长、中央研究院院长,著有《中国哲学史大纲(上)》《白话文学史》《胡适文存》等。

1920—1930年,上流社交圈流行一句"我的朋友胡适之"的口头禅,无论真假,引胡适为友都是混高级圈子的必杀技,此风之盛,甚至引来鲁迅亲自发帖酷评轻嘲。1933年3月20日其化名"孺牛"在上海《申报·自由谈》发了一个帖子《文摊秘诀十条》,堪称"当时文坛做秀指南"。其中第二条直接招呼对他而言也是

"我的朋友"的胡适:"须多谈胡适之流,但上面应加'我的朋友'四字,但仍须讥笑他几句"。这是不是现在微信时代流行的"凡尔赛文学"("用最低调的话,做最高的秀")最早的案例或标本?

据当年只是小妹级的杨绛后来回忆,她当时还是很看重任鸿隽、陈衡哲夫妇把她和钱锺书带入了胡适那个圈子。以至于多年后,胡适记忆有误,在台湾有一次谈到钱锺书《宋诗选注》时对弟子唐德刚说"我没见过他",对此杨绛在2002年3月写成的《怀念陈衡哲》一文中,说胡适"很可能是'贵人善忘'"。

据杨绛考证,钱锺书其实见过胡适三次,最正式也是最重要的一次,就是在上海贝当路贝当公寓任鸿隽、陈衡哲夫妇家里那一次。

> 主人(任鸿隽、陈衡哲夫妇)客人(胡适和钱锺书、杨绛夫妇)很自在地把座椅挪近沙发,围坐一处,很亲近地谈天说地。谈近事,谈铁托,谈苏联,谈知识分子的前途等等。谈近事,胡适跌足叹恨烧掉了他的书信,尤其内中一信是自称"你的学生×××"写的。胡适说:"这一封信烧掉,太可惜了。"当时五个人代表三个家。我们家是打定主意留在国内不走的。任、陈两位倾向于不走,胡适却是不便留下的。我们和任、陈两位很亲密,他们和胡适又是很亲密的老友,所以这个定局,大家都心照不宣。那时反映苏联铁幕后情况的英文小说,我们大致都读过。知识分子将面临什么命运是我们最关心的事,因为我们都是面临新局面的知识分子。我们相聚谈论,谈得很认真,也很亲密,像说悄悄话。

如果 2006 年商务印书馆没把任尔宁的《任鸿隽陈衡哲家书》和杨绛《走到人生的边上》(书名追仿其夫钱锺书的随笔集《写在人生边上》)的新书讯刊登在同一期《商务印书馆通讯》上,送给杨绛过目,也许就没有任尔宁和杨绛的相遇,也没有两家的人像当年那样"相聚谈论,谈得很认真,也很亲密,像说

《任鸿隽陈衡哲家书》书影

悄悄话"的缘分了。

任尔宁说:"杨绛看到'家书'的书讯,商务印书馆的编辑顺口说:任鸿隽、陈衡哲夫妇的侄孙要来京。她后来跟我说,她听他们这一说,顿时如见故人,就热情邀请我去她家里做客。"

第一次去是2006年6月1日,儿童节,他记得很清楚:杨绛先生在电话里给他"导航",教他怎么坐车,怎么走。"她细声细气,很斯文,很有条理,一口普通话。她住在海淀区三里河南沙沟部长院里,在发改委的对面,旁边是港澳办,门口有军人站岗。她叫保姆在外面等我。那是1980年代分给钱锺书的房子,楼道很宽,3层小楼,100多平方米的面积。宽大的写字桌上,玻板下面有一张女儿钱瑗的黑白照片,桌上放着放大镜和订书机。沙发上挂着一幅绛色的山水立轴,另一边还挂着一幅字画。"

任尔宁把《任鸿隽 陈衡哲家书》书稿复印件和家书的几张原件给杨绛看过。"她提了一些很好的意见,对陈衡哲心生敬佩。想不到她和陈衡哲还沾了一点亲:她说论辈分,好像是外侄媳妇的关系,跟我恰好是同辈。我就笑嘻嘻地说,那我就该喊你'大二姐'!她笑得很开心。江南一带的称呼,大一辈,加个大。"

"姐弟"俩的交谈很投契,很开心。前前后后,"姐姐"送给"小弟"一大堆书,有《杨绛作品精选》《干校六记》《洗澡》《走到人生边上》《围城》,书上都有杨绛的亲笔签名和"尔宁小弟"或"尔宁小友存览"的题签。

这一年,因为编"家书"的关系,任尔宁在北京住的时间久一些。他一个人前前后后去看望杨绛先生有五六次,后来还带妻儿去过一次。"她留我吃饭,很清淡的菜。我用自己像素不高的手机,叫她的保姆给我们拍了几张照片。"

2007年9月底,由商务印书馆、北大和中国科协主办的《任鸿隽 陈衡哲家书》首发式在北大百年讲堂举行。之后,任尔宁将"家书"送给杨绛,请她题字。"杨绛先生提笔就在封底的右上角写了'功劳最大,抢救及时'一句话。她为什么不写在书前面呢?我问了,她说:'我是两位先生的晚辈,不能写在前面。'书出来后,她说她看了三遍,'家书'放在她枕边十年。社科院有人去她家中,看到'家书'已翻得很旧,上面还有她的勾画痕迹。"

谈到英年早逝的女儿,白发人送黑发人,杨绛先生有些伤感。"她鼓励我——她说:'你看我,现在快100岁了,每天下午都要写几个小时,要四季耕耘啊。'她叫我把自己经历的人与事记下来,多了,就可以汇集成书。我给她说,我是要写,但不是写自己,只是对中国 100 年近代史做一些探索。"

杨绛先生有时听力不好,他们就在一个小本子上说说写写。"有时,她说:'我要拿本书送你。'一下子就站起来,走进隔壁的书房,不一会儿,双手持书,一路小碎步跑出,身体和精神都非常好。"

食缘

杨绛先生称之为"小弟"或"小友"的任尔宁先生世居重庆,是"任氏四杰"二哥任鸿泽长子任百鹏之子。"任鸿隽是我三爷爷,陈衡哲是我三娘母。我爷爷是任鸿隽的二哥,但他 1929 年就去世了,三爷爷、三娘母就成了我爸爸的直接抚养人。1960 年代,我每年都去上海探亲,住在三爷爷家。听三娘母说,她吃包子的习惯是钱锺书和杨绛给培养的。以前,钱锺书和杨绛每次拜访他们,都要带一份用毛巾包裹的鸡肉包子,还散发着热气。"

杨绛送给任尔宁的《杨绛作品精选——散文Ⅱ》之《怀念陈衡哲》一文,对这段食缘有所印证:

> 抗战胜利后,锺书在中央图书馆有了正式职业,又在暨南大学兼任教授,同时也是《英国文化丛书》的编辑委员。他要请任鸿隽先生为《英国文化丛书》翻译一本有关他专业的小册子,特到他家去拜访。我也跟他同去,谢谢他们汽车送我回家。过两天他们夫妇就到我家回访。我家那时住蒲石路蒲园,附近是一家有名的点心铺。那家的鸡肉包子尤其走俏,因为皮暄、汁多、馅细,调味也好。我们就让阿姨买来待客。任先生吃了非常欣赏。不多久陈先生邀我们去吃茶。

> ……我们带两条厚毛巾,在点心铺买了刚出笼的鸡肉包子,用双重毛巾一裹,到他们家,包子热气未散,还热腾腾的呢。任先生对鸡肉包子还是欣赏不已。

> ……

> ……我们总顺路买一份刚出笼的鸡肉包子,裹在毛巾里带去。任先生总是特别欣赏。……

> 我一个人去，如果任先生在家，我总为他带鸡肉包子，但是我从不打扰他的工作……我为任先生带鸡肉包子成了习惯。锺书常笑说："一骑红尘妃子笑"，因为任先生吃鸡肉包子吃出了无穷的滋味，非常喜爱。我和陈衡哲对鸡肉包子都没多大兴趣。

而且那次他们夫妇和胡适在任家见面，胡适也吃到了杨绛带去的包子。

> 我和锺书照例带了刚出笼的鸡肉包子到任家去。包子不能多买，因为总有好多人站着等待包子出笼。如要买得多，得等下一笼。我们到任家，胡适已先在。他和锺书已见过面。……
> ……不知是谁建议先趁热吃鸡肉包子。陈衡哲和我都是胃口欠佳的人，食量也特小。我带的包子不多，我和她都不想吃。我记得他们三个站在客厅东南隅一张半圆形的大理石面红木桌子旁边，有人靠着墙，有人靠着窗（窗外是阳台），就那么站着同吃鸡肉包子，且吃且谈且笑。

诗缘

任尔宁最初并不清楚，杨绛先生遗物清理小组清退给他的东西里面，有没有当年三爷爷任鸿隽题赠杨绛的两组四首小诗手迹。这是一大悬念，后来，悬念落地，没有诗稿手迹。"我还打电话问了清华大学的，他们说，国博拿去了。我非常遗憾、后悔，还是怪我，差一点它就回到我们任家了。"

他曾看见三爷爷当年写给杨绛的那四首小诗，就放在杨绛的书桌上，正对她的座位。任尔宁说："她对我说：'虽然你三爷爷写的是诗，但已超出一首诗，成为一幅画了。这就是巴蜀风光图，一看就身临其境，巴山蜀水都包容进去了。很活的，千遍万遍，越看越想看，60多年一直随身带着，80年代搬到这里，就一直放在我的书桌上。'"

诗是1948年底写的。当时，胡适到上海，住在高安路任鸿隽家里，他到上海一般都住在任家，陈衡哲约杨绛夫妇也来一聚。"大家吃鸡肉包子、蟹黄饼，有说有笑，杨绛负责熬咖啡。她把这个故事给我摆了几回：当时大家说到兴头上，杨绛就请我三爷爷给她留一个墨宝。我三爷爷作得一手好诗，写得一手好字，当场给她写了这四首小诗，都是写重庆的。有趣的是，我三爷爷写完，她又叫胡适给她写。胡适写了一首自作的白话诗，刚写到一半，杨绛一看，跟任先生的字一比，觉得太差，就叫起来，'我不要，我不要！'很调皮的样子。

任鸿隽赠杨绛诗稿墨迹

但她还是记得胡适那首诗，给我背了一遍，可惜我记不得了。"

事实上，杨绛家里，此前就收藏过胡适一张铅笔诗条，因而其对胡字之"不敢恭维"，早有"预谋"。据其《怀念陈衡哲》一文所述，事情起于钱锺书和胡适在合众图书馆（1939年由张元济等人在上海成立的私人图书馆）楼上偶然相遇，馆长顾廷龙介绍两人认识。

> 锺书告诉我，胡适对他说："听说你作旧诗，我也作。"说着就在一小方白纸上用铅笔写下了他的一首近作，并且说："我可以给你用墨笔写。"我只记得这首诗的后两句："几支无用笔，半打有心人。"我有一本红木板面的宣纸册，上面有几位诗人的墨宝。我并不想请胡适为我用墨笔写上这样的诗。所以我想，这胡适很坦率，他就没想想，也许有人并不想求他的墨宝呢。可是他那一小方纸，我也直保留到"文化大革命"，才和罗家伦赠锺书的八页大大的胖字一起毁掉。

但她对任鸿隽的两组"诗人的墨宝"，终身珍藏。任鸿隽给杨绛留的第一组诗，写的重庆北碚缙云山风光。1920—1940年，卢作孚多次请科学界名流任鸿隽到重庆北碚指导、演讲，这一组就是这个背景：

杜鹃声里杜鹃花，谁可看花不忆家。记得江南春雨后，马头遥认赤城霞。

　　看花筑贵复渝中，一例春风发短丛。好是半山松翠里，临崖放出几枝红。

　　　　缙云山观杜鹃　山在重庆
　　　　北碚抗战期间两次往游

第二组诗写的成渝道上风光，作于1919年，任鸿隽刚从美国留学回国：

　　一水冲田一鹭鸶，窥鱼笑汝计何痴。若为飞向青山去，烟雨空蒙也自奇。

　　溪上人家秋意酣，芦花飞雪水掩兰。惹为画作江南道，只欠丹枫点两三。

　　　　　　　　　　　　成渝道中书所见
　　　　　　　　　　季康夫人鉴正　鸿隽

　　任鸿隽抄给杨绛的这第二组诗，又要牵扯到两位大人物。一位是杨沧白（1881—1942），名庶堪，字沧白，重庆巴县（今巴南区）人，中国近代民主革命家，辛亥革命元老，重庆辛亥起义领袖，历任四川省省长、广东省省长、北京政府司法总长等职。1942年病逝于重庆南岸，享年61岁。国民政府为纪念杨庶堪，将其曾任教的重庆府中学堂即东川书院旧址，改建为杨沧白先生纪念堂，并将此"沧白堂"所在地区之觐阳巷、炮台街、书院街、香水桥街"一巷三街"统改为沧白路，将其出生地巴南区木洞镇改名沧白镇。1949年至今，沧白路犹在，"沧白堂"已改为重庆市政协礼堂，沧白镇已复名木洞镇。

　　一位是熊克武（1885—1970），字锦帆，四川乐山人，辛亥革命元老，川军强人，刘伯承、贺龙曾是其部下。1904年熊克武留学日本，加入同盟会。1911年广州黄花岗起义，黄兴率百余人攻打两广总督衙门前门，熊克武率17人敢死队袭击后门。1918年孙中山任命熊克武为四川督军，杨庶堪为四川省长。1949年熊克武与刘文辉等策动川西起义，后任西南军政委员会副主席。

1918年，孙中山命身在重庆的杨沧白就任四川省省长，与已在成都就任督军的熊克武形成对立制衡之势。恰恰任鸿隽和两人都是老交情：杨沧白和他亦师亦友，熊克武是其留日故交，是他加入同盟会的介绍人。当时，任鸿隽应熊克武之邀，去成都协商发展四川的钢铁工业（后来的重钢即属此计划）。他和杨沧白由渝赴蓉，也借此在杨熊之间斡旋，沿途诗兴大发，写下的正是这第二组诗。

最后一句"季康夫人鉴正"，是这两组诗的赠语。任尔宁看见杨绛书桌上这幅墨宝用红木框子嵌起，应了她在《怀念陈衡哲》一文里的那句话："我有一本红木板面的宣纸册，上面有几位诗人的墨宝。"细心的任尔宁把第二组诗的落款"成渝道中书所见"及紧接其后的赠语"季康夫人鉴正"拉通并另外断句，看出了一个大有新意的"秘密"。

"我对她说，'成渝道中书所见''季康夫人鉴正'这两句，连在一起读，就成了一句'成渝道，中书所见季康夫人'，你看这是不是我三爷爷设的一个'达·芬奇密码'？他有意无意地把你们夫妇的名字都镶进去了，意思是'钱锺书看见你了'。她听了，恍然大悟，开怀大笑，说从未注意到这点。"

杨绛从未到过重庆，但天天坐在书桌前，一看到任鸿隽这幅墨宝，就时时沉浸在巴山蜀水的诗情画意中。"我三爷爷这几首诗，原件上，一个个字都很小，比绿豆大点，比黄豆小点，很难写，但又写得那么漂亮。杨绛看到我也非常喜欢三爷爷这件墨宝，就从框子里取出来送给我了。保姆小吴也在旁边说：奶奶送给你的，你就收着吧。但我看杨绛的眼神，还是有点舍不得的样子，毕竟这件墨宝跟了她60多年。我不忍夺其所好，就出去在街上复印了一份，把原件还她了。"

信缘

2001年，任鸿隽去世50周年，陈衡哲去世35周年，任尔宁请杨绛先生写一篇纪念文章，不久，任尔宁就收到回信，信写在中国社会科学院外国文学研究所"20行×20字"的400字红格稿笺纸上：

纪念任鸿隽去世五十周年、陈衡哲去世三十五周年

三月二十九日,任尔宁来长途电话,要我写一篇纪念任鸿隽去世五十周年、陈衡哲去世三十五周年的纪念文。我早在九年前写过一篇《怀念陈衡哲》。我既已写过,不宜重复,但那时任鸿隽还健在,他是这年年底去世的。陈衡哲写了四首悼词,凄婉缠绵,我咽着眼泪,读了又读,从那时到今,又九年过去了,我心心念念,经常思念他们。

我曾和任鸿隽、陈衡哲子女有书信来往。我问他们"任先生的书信何时付梓",他们回信说,按他们父亲的意愿,不发表,诗是写来娱乐自己的。任鸿隽真是绝世高明,世上有几人这么超拔!我不觉油然添了敬慕之情。

我向来不爱出头露面,所以央求任尔宁把我这篇小文,杂在最不惹眼的地方。既照顾了我的积习,也可使文集错落有致。我想他准会同意。

杨绛
二〇〇一年三(四)月四日

宁宁,我发现《家书》119页有误,任鸿隽是年43岁,希望有机会更正。

杨绛又及

杨绛先生写此信时,已90高龄,其中"但那时任鸿隽还健在,他是这年年底去世的"一句记忆有误,任鸿隽是1961年去世的,不是2001年。信中提到的《怀念陈衡哲》一文,有8000余字之多,可能是其怀友文章中最长的篇什。1949年在上海,著名时评家、出版人、《观察》杂志社社长储安平先生为陈衡哲、任鸿隽夫妇接风的家宴上,杨绛第一次见到陈衡哲,就觉得她"眼镜后面有一双秀美的眼睛,一眼就能看到",当有人向陈衡哲介绍杨绛、钱锺书真是一对才子佳人时,杨绛冰雪聪明,借机夸陈衡哲才是"才子佳人兼在一身"。陈衡哲本身才貌双全,杨绛这句相当写实的社交"投名状",在陈衡哲、任鸿隽夫

妇那里相当得分，顿时，"她（陈衡哲）眼里的笑意传到了他（任鸿隽）的嘴角"。

陈衡哲、任鸿隽夫妇和储安平他们这个圈子，是京沪知识界的顶级朋友圈，往来尽是传奇人物。比如那天家宴只有三位女客，除了杨绛、陈衡哲，还有一位有点神秘的"黄郛夫人"，和陈衡哲"显然是极熟的朋友"。"黄郛夫人"还夸杨绛长得像自己的妹妹，并强调"我妹妹是个很漂亮的人物"，原来"黄郛夫人热情地和我拉手，是因为看见了与亡妹约摸相似的影子"。

自此，杨绛也进了"黄郛夫人"那个圈子。"黄郛夫人要送我回家。她乘一辆簇新的大黑汽车——当时乘汽车的客人不多……黄郛夫人曾接我到她家一次。她住的是花园洋房。房子前面的墙上和墙角爬满了盛开的白蔷薇。她赠我一大捧带露的白蔷薇。"

杨绛慎言，文中没说"黄郛夫人"的来历，其实也是风云人物："黄郛夫人"芳名沈亦云，其夫黄郛是和蒋介石换帖拜把的兄弟。当初陈其美、黄郛、蒋介石三人在日本读军校时，异姓兄弟结拜，按齿序，陈为大哥，黄为二哥，蒋为三弟，所以老蒋喊其夫"二哥"，喊她"二嫂"。

黄郛夫妇都是辛亥老革命。黄郛历任沪军都督府参谋长、外交部长、教育部长、上海市市长等职；沈亦云毕业于北洋女师，辛亥革命曾在上海组织女子北伐敢死队"驰赴金陵助战……勇猛异常"。沈亦云1950年代赴美，终老大洋彼岸，留下一部回忆录《亦云回忆》。1933年黄郛受三弟老蒋所托，为弟所累，以身饲虎，揽下与日交涉和谈的脏活，签订臭名昭著、大哗天下的《塘沽协定》。

"陈衡哲我当面称陈先生，写信称莎菲先生，背后就称陈衡哲。她要我称她'二姐'。"杨绛和"黄郛夫人"后来再无交集，而59岁的陈衡哲从此和38岁的杨绛则保持了近20年的忘年交。陈衡哲比杨绛大21岁，"可是我从未觉得我们中间有这么大的年龄差距。我并不觉得她有多么老，她也没一点架子。我们非常说得来，简直无话不谈。也许她和我在一起，就变年轻了，我接触的是个年轻的陈衡哲。""我们像忽然相逢的朋友……我是他们家的常客，他们并不把我当作客人。"

跟好友胡适一样，陈衡哲夫妇也成了流行的"我的朋友某某"式的社交炫耀资源。有一个人曾对杨绛夫妇炫耀"昨晚在陈衡哲家吃了晚饭，谈到夜深，就在他们客厅的沙发上睡了一晚"。第二天杨绛见到陈衡哲就顺便问她，结果那人的话纯属虚构。虽然陈衡哲当时是已封神的"她那一辈有名的女留学生"，名满天下,但她对杨绛小妹却非常谦逊、低调,谈及这些,她只说:"我们不过是机会好罢了。当时受高等教育的女学生实在太少了。"

在有关陈衡哲、任鸿隽夫妇家族史的主流叙事中,出于"子不语怪力乱神"或"为尊者讳"的老派风范,他们和老友胡适的关系,特别是陈衡哲和胡适的关系,被定位在学友、挚友、诤友上。陈和胡最多是蓝颜或红颜知己,只有友情,无关风月。但陈衡哲大女儿、宾州州立大学教授任以都也说:"对他们那一代而言,新旧、中西文化的冲突是很厉害的;胡适在这方面的分寸,很令家母尊敬。不过,要是当初胡适没有订过婚,最后会有什么结果,我就不敢逆料了。"

任鸿隽比老友胡适大5岁,两人在上海公学、康奈尔大学、哥伦比亚大学三次同校同学。1910年代他们在美国留学时,陈衡哲在沙瓦女子大学、芝加哥大学读书。最先是1916年《留美学生季报》总编辑任同学,慕名向笔名为"莎菲"的大才女陈同学约稿,然后两人约在康奈尔大学初见。21年后,任鸿隽1937年在庐山写的《五十自述》中回忆初见情景:"心仪既久,遂一见如故,爱慕之情与日俱深,四年后乃订终身之约焉。"1917年胡同学继任该报总编辑,任同学就把陈同学推介给胡同学,以助其阵,胡同学马上慕名向陈同学约稿,后来三人见面,成为好友。

对《拾玉镯》《白蛇传》这类旧戏时代中的男女来说,丢个镯子,借把伞,都是很拿得出手的交往方法。到陈衡哲、任鸿隽、胡适他们这一茬中国初代远游求学的男女,在北美的大观园内青梅竹马,交往方法却是最古老的"驿寄梅花、鱼传尺素"(秦少游《踏莎行郴州旅舍》)。

这种因信结缘之乐,十几年后的1928年,胡适在给陈衡哲第一本也是唯一一本短篇小说集《小雨点》所写的序言中还记忆犹新:"我在美国的最后一年(1917),和莎菲(陈衡哲)通了四五十次信,却没有见过她,直到临走之前,我同叔永(任鸿隽)到藩萨(沙瓦)大学去看她,才见了一面。但我们当初几个朋友通信的乐趣真是无穷。我记得每天早上六点钟左右,我房门上的铃响一下,门下小缝里'哧''哧'地一封一封的信丢进来(邮差投信),我就跳起来,捡起地下的信,仍回到床上躺着看信。这里总有一信或一片是叔永的,或是莎菲的。"

1920年叔永和莎菲在北京结婚,叔永34岁,莎菲比他小4岁。比莎菲小1岁的小弟胡适秀才人情纸半张,写下一首著名新诗《我们三个朋友——赠任叔永与陈莎菲》为贺礼:"依旧我们三个朋友。/ 此景无双,此日最难忘,/——让我的新诗祝你们长寿！"

　　"三个朋友"的名望太高故事太出名了，以至于坊间八卦如影随形。最凶猛的一次，来自 1934 年一本名叫《十日谈》的地摊杂志。一个化名"象恭"的人发了《陈衡哲与胡适》一帖，先是渲染陈衡哲当时在文坛"风头之健，固不亚于冰心"，然后说她的婚恋"是有一段可歌可泣的伤心史"。接着把当年她和胡同学两人在美国的交往，说成是对"我们五四运动的健将胡适先生"的一场"自投送门的海外艳遇"，而胡已经订婚，毅然拒绝，但又"觉得这是太辜负敬爱者的盛情厚意，所以把陈女士'负责'介绍给'他的朋友'任叔永了"。最后一句最毒辣："陈衡哲虽然和任先生结婚了，但是他们的感情，总还是淡淡的。"

　　此文任、陈夫妇先看到，然后拿给胡适看，引起"三个朋友"震怒，胡适立即发帖《胡适来函抗议》要该杂志全文照发，严加反驳，义正辞严，要求"向原文中被攻讦诬枉的各人负责道歉"：

> "象恭"君此文中最荒谬的，是说陈女士曾要求与我"结为永久伴侣"，我拒绝了，然后把她介绍给任君。事实上是，在留学时代，我与陈女士虽然只见过一面，但通信是很多的。我对她当然有一种很深的和纯洁的敬爱，使我十分重视我们的友谊。但我们从来没有谈到婚姻的问题。这是因为，第一，我们那时都在青年的理想时代，谁都不把婚姻看作一件重要的事；第二，当时一班朋友都知道陈女士是主张不婚主义的，所以没有一个人敢去碰钉子。她与任君相识最久，相知最深，但他们也没有婚姻之约。直到任君于 1919 年第二次到美国，陈女士感他三万里求婚的诚意，方才抛弃了她的不婚主义，和他订婚。……"象恭"君此文中说我拒绝了"自投送门的海外艳遇"，这是对于一位女士最无理的诬蔑与侮辱，我不能不向贵社提出抗议，贵社对此文应该有负责的道歉。

　　胡适言论，从来都刊登在诸如《新青年》《独立评论》那样"高大上"的杂志上，这可能是他发文最低端的杂志了。即使他这样的大人物"现身说法"，正本清源，在"愿天下有情人终成眷属"的坊间八卦或民间史学谱系中，当年《十日谈》始作俑的"三人演义",至今也是不绝如缕,只要百度"胡适 陈衡哲",《陈衡哲与胡适,是爱情,是绯闻?还是……》《中国第一个女教授,胡适的苦恋对象,最终……》《陈衡哲:胡适生命中的重要他者》《失去蓝颜知己胡适后,陈衡哲得到一个近乎完美的丈夫》,就会涌出。

训练有素的专业史学家也没有闲着。有两位脱颖而出,生怕事情搞不大,还都是一流高手:一是纽约市立大学东亚语文系主任、哥伦比亚大学中文图书馆馆长唐德刚教授,曾因给李宗仁、张学良做过口述实录而名噪江湖;二是哥伦比亚大学教授夏志清博士,不满1949年后中国当代文学史由周扬排列的"鲁郭茅巴老曹"座次,在其新编的文学史中,发掘了张爱玲、钱锺书、沈从文。

跟胡门弟子中那些神话般的大牛顾颉刚、傅斯年、冯友兰、林语堂、罗尔纲、吴晗、俞平伯、周汝昌相比,夏志清和自称"适之先生的小门生"的唐德刚虽属小弟:"苔花如米小",但也是嫡系正宗:"也学牡丹开"。按照西谚"吾爱吾师,吾尤爱真理"的节奏,也爱吾师的绯闻,把胡门祖训"大胆假设,小心求证"发挥到极致。

两位毕竟同门师兄弟,遵循胡爷"凡论一人,总须持平"的师训,联手把"陈胡绯闻"中的男女关系考证得基本"持平":唐德刚认为胡适暗恋陈衡哲,以至于给女儿(后夭折)取名"素斐",也即陈衡哲的笔名"莎菲";唐德刚没说透的地方,夏志清立马"补刀"并吹捧:"任、陈婚姻如此美满,胡适自己家里有个病中不准他看书、写诗的老婆——相形之下,他免不了艳羡他们的幸福。他骗过江冬秀(胡适夫人),给自己的女儿取名素斐,虽不能说纪念他同陈衡哲那段旧情,至少也希望女儿能像沙瓦大学优等生莎菲一样的聪明好学,而一点也不像她生母那样庸俗。德刚道破胡适为爱女取名用心良苦这一点,实在令人心折。"(夏志清《胡适杂忆》序二)

夏志清"补刀"之后,还自有发现,主张陈衡哲爱慕胡适,证据是陈衡哲回国后在《小说月报》1924年10月号上发表的小说《洛绮思的问题》。"这篇小说我认为影射了陈、胡二人不寻常的关系,至少透露了陈自己对胡的一番爱慕……胡、陈二人可能没有通过情书,但《洛绮思的问题》本身就是一封莎菲表明心迹的情书"。(夏志清《胡适杂忆》序二)

唐德刚奋起直追,再掘猛料。在李宗仁、张学良之前,唐德刚就给胡适做过口述实录,对所谓的"陈胡恋情",他说:"他(胡适)没跟我讲,也没跟别人说，是我自己考证出来的"。但他也为此事直问胡爷："我说，你认识了陈衡哲，你是不是要同她结婚？他说：'我和陈衡哲感情好得不得了，但她也知道我不能同她结婚。我要不同她（指胡适夫人江冬秀）结婚，三条人命——我太太自杀，妈妈也自杀，孩子也生不出来，所以三条人命。'我说，胡先生，我们都不如你呀，我们都没你那么忠厚，不认得字的太太还要娶……"（《三联生活周刊》2005 年第 47 期李菁《唐德刚专访：活在别人的历史里》）

跟唐德刚、夏志清两位秀才"纸上谈兵""捕风捉影"的考据相比，杨绛对"三个朋友"的关系，则占有着非常珍贵的历史现场感。在《怀念陈衡哲》一文里，她目击并体会了胡、陈日常交往的现场氛围，纤笔一支，点染二三，既有"七八个星天外，两三点雨山前"的节奏，也有陈衡哲成名作《小雨点》的范儿："她曾赠我一册《小雨点》。我更欣赏她的几首旧诗，我早先读到时，觉得她聪明可爱。我也欣赏她从前给胡适信上的话：'你不先生我，我不先生你；你若先生我，我必先生你。'我觉得她很有风趣。"

老友胡适到来，在任家也是一件喜事，并且为此还略有布置："胡适那年到上海来，人没到，任家客厅里已挂上了胡适的近照。照片放得很大，还配着镜框，胡适二字的旁边还竖着一道杠杠（名字的符号）。陈衡哲带三分恼火对我说：'有人索性打电话来问我，适之到了没有。'问的人确也有点唐突。她的心情，我能领会。我不说她'其实乃深喜之'，要是这么说，就太简单了。"

任家那次聚会，胡适先走，他要转台去另一个晚宴，那家主人的汽车来接，他忙起身告辞。杨绛抓住一个细节，勾画了胡适在陈衡哲面前一副"宠坏"的"顽皮"小弟形象。

> 我们也都站起来送他。任先生和锺书送他到门口。陈衡哲站起身又坐回沙发里。我就陪她坐着。我记得胡适一手拿着帽子，走近门口又折回来，走到摆着几盘点心的桌子旁边，带几分顽皮，用手指把一盘芝麻烧饼戳了一下，用地道的上海话说："'蟹壳黄'也拿出来了。"说完，笑嘻嘻地一溜烟跑往门口，由任先生和锺书送出门（门外就是楼梯）。
>
> 陈先生略有点儿不高兴，对我说："适之 spoilt（宠坏）了，'蟹壳黄'也勿能吃了。"我只笑笑，没敢说什么。"蟹

壳黄"又香又脆,做早点我很爱吃。可是作为茶点确是不合适。谁吃这么大的一个芝麻烧饼呢!所以那盘烧饼保持原状,谁都没碰。不过我觉得胡适是临走故意回来惹她一下。

据常在任家走动的杨绛所见,任鸿隽、陈衡哲夫妇说说笑笑、争争闹闹,相当恩爱,印证了任鸿隽当初对爱妻的承诺:"你是不容易与一般的社会妥协的。我希望能做一个屏风,站在你和社会的中间,为中国来供奉和培养一位天才女子。"任鸿隽的"屏风"誓言,在他1961年75岁因心力衰竭病逝时,还回响在爱妻的悼词《浪淘沙》中:"何事最难忘,知己无双;人生事事足参商,愿作屏山将尔护,恣尔翱翔。山倒觉风强,柔刺刚伤;回黄转绿孰承当?猛忆深衷将护意,热泪盈眶。"

这可能也是陈衡哲最后的诗作。在台湾任"中研院"院长的小弟胡适,一年后(1962)才从任鸿隽在美子女来信中得知任氏逝世的消息和陈氏悼亡词,回信最后说:"三个朋友之中,我最小,如今也老了。"不出一月,胡适在"中研院"酒会上因心脏病猝发逝世,享年71岁。14年后,1976年1月7日,陈衡哲因肺炎病逝于上海,享年86岁。

至此,"三个朋友"1916年始于北美的情谊之旅,整整一个甲子后,落幕于上海滩。陈衡哲在《任叔永先生不朽》中曾追忆和生命历程中两个最重要的男人之相遇:"我是1914年秋到美国去读书的。一年之后,对于留学界的情形渐渐熟悉了,知道那时在留学界中,正激荡着两件文化运

▎任尔宁和杨绛合影

动。其一，是白话文学运动，提倡人是胡适先生；其二，是科学救国运动，提倡人便是任叔永先生。"

近90年后，西洋史专家陈衡哲1920年代初的旧作——中国第一本《西洋史》重版（工人出版社，2007）。在这本"大师写给大众的经典历史读物"中，她首先告诉读者"历史不是叫我们哭的，也不是叫我们笑的，乃是要求我们明白它的"。曾几何时，国内学界写的大多数中外历史书籍都面目可憎，语言乏味。

而陈衡哲写历史的语言呢，却如此鲜活："此时国中（指希腊城邦）的农民，因被贵族的欺凌，日益贫苦。有饭吃的变为穷人，穷人就卖田卖身，成为贵族的奴隶。但这个情形岂容长久？希腊的地势，本来是港湾罗布，交通便利，现在却成为那些农民的惟一生路了。于是走！走！走！"

1949年8月底，杨绛、钱锺书夫妇为了生路，也"于是走！走！走！"，离开上海，到了清华教书。其后杨绛和陈衡哲还经常通信，只是不敢畅所欲言了。接二连三的运动，"我更加拘束，拿着笔不知怎么写，语言似乎僵死了。我不会虚伪，也不愿敷衍，我和她能说什么呢？我和她继续通信是很勉强的。"有一年任鸿隽和曾任浙大校长的中国气象学、地理学奠基人竺可桢，还同来钱家探访钱锺书，遗憾钱不在家。1965年左右，任鸿隽去世三四年了，杨绛邻居、考古大家夏鼐到上海出差，陈衡哲还托他捎来口信，说自己还欠杨绛一封信，但现在眼睛将近失明，不能亲自写信，只好让女儿代笔。杨绛和陈衡哲的通信渐渐中断。1976年1月，杨绛小妹还是从报上得知衡哲老姐去世的消息。

缘尽

任尔宁现在回头看，2014年10月15日那次去杨家探望与合影，成了他们的最后一次见面、最后一次合影。"当时，凤凰卫视拍陈衡哲的一个专题片，请我去。我三爷爷他们在北京住过一些地方，有些需要核实一下。我14日到北京，去问了杨绛，其中一个是陟山门大街6号，在北海东门外。1920年代初，陈独秀、李大钊、蔡元培、胡适和鲁迅都去过，后又搬到北平大羊宜宾胡同19号，在王府井对面。杨绛对这些都很清楚，她说，大羊宜宾胡同，不就是大羊尾巴胡同（"宜宾"即"尾巴"的雅化）嘛。"

这次任尔宁带了儿子同去，这是儿子第二次去。"那次要走的时候，我说合个影,她很高兴,马上抱起搁在手边的'家书'。我儿子给我们照了照。想不到,这是我们的最后一张合影,可能也是杨绛和别人的最后一张合影。"

十年来,任尔宁给杨绛写了五六封信。第一封信是2006年在新华路376号任家一处老宅写的:"那个房子,早期是我外公的产业,后来成了我父亲和白崇禧合股办的百龄舞厅,孔二小姐和宋美龄常去,三层楼上千平方米面积,后来成了重庆百货站。"

任尔宁第一次去杨家,杨绛听力稍微有点差了,写字也有点吃力,但还是给他写下了自己的通信地址。以后,任尔宁每年都要去看她。"有时,一年两三次,我给她捎点冬菜、芽菜、笋子,她喜欢吃。我还出门到对面的超市割五花肉,教保姆小吴做烧白:'多蒸点时间,蒸软点,她吃得动。'"

杨绛和任尔宁称呼"小吴"的安徽保姆有50多岁。"后来,我跟杨阿姨通了几次话,她耳朵已听不清了,要保姆'翻译'。小吴在杨家跟了20多年,处得很好,杨阿姨还资助小吴的儿子读完了大学。最后几年,由于杨阿姨已百岁高龄,保姆夫妇都住在杨家照护。2011年7月19日,杨先生100岁寿辰,我打电话给老太太祝了寿。"

任尔宁得知杨绛逝世后,本想带儿子赴京祭奠,但小吴叫他别去了。因为杨绛遗言"一切从简,骨灰不留"。钱家"我们仨"从女儿钱瑗开始,遗言都是统一风格:"不留骨灰。"但钱瑗工作的北师大外语系师生舍不得钱瑗,将其骨灰葬于校园文史楼西侧一棵雪松树下,这是她从前上班的必经地。"有一次,和杨阿姨谈到英年早逝的女儿钱瑗,白发人送黑发人,她有些伤感。说女儿的墓,就在北师大,在一片小树林里。她远远地看过,不忍心走近看。"

现在,任尔宁曾给杨绛写第一封信的地方——新华路376号老房子早已拆除,跟杨绛亲笔写给他的通信地址"北京西区三里河南沙沟六楼二门六号"一样,都成了回不去的地方。

任尔宁说:"她走了的第二天,我打电话,保姆小吴已搬出去了,平时家里的电话,都是小吴先接。小吴现在住在深圳的儿子家,我们在微信上还常有联系。多年在杨家熏陶,满屋书香,小吴现在戴个金丝眼镜,看上去也是文质彬彬的样子。回想杨绛先生,我曾喊她大二姐、杨先生、杨阿姨、季康阿姨,以后我去北京,再也见不到那个笑容灿烂的老太太了。"

2 / 我太爷爷问我爷爷梁漱溟：世界会好吗

口述人 梁钦宁
梁漱溟之孙

2015年3月，以梁钦宁为策展人的"这个世界会好的——梁漱溟先生生平图片展"在重庆上清寺中国民主党派历史陈列馆开展。1930至1940年，重庆是其爷爷梁漱溟（1893—1988，蒙古族，学者、教育家、社会活动家，著有《中国文化要义》《东西文化及其哲学》等）先生活跃的现场和舞台。作为中国乡村建设的前驱，他在这里创办过勉仁文学院；作为文化学者，他在

梁漱溟1948年冬在重庆勉仁文学院著《中国文化要义》

这里完成了代表作《中国文化要义》；作为民盟成员，他曾在此试图调停国共内战。

梁钦宁第一次到重庆，是2011年作为崔健乐队的经纪人，带着老崔在人民大礼堂嗨（举办并享受）了一场摇滚乐。演出结束，他去北碚勉仁中学，看见爷爷当年一位学生的孩子还健在，顿时仿佛回到了爷爷的时光。

这个图片展的名字，是多年前梁漱溟回答投湖自尽的父亲的一句话。那么，梁漱溟父亲当时问了儿子什么话呢？

老照片

这个图片展属于北大校史馆推出的"书生本色，学者风范"系列展，已展出过的有老北大的文化学者汤用彤、张岱年，还有理工科一些知名教授的影像资料。

梁钦宁说:"所有照片我爸(梁漱溟长子梁培宽)都收着,装在纸盒里,或拿纸袋罩着。有次,我跟他说,外面应该装一个塑料袋,万一被水打湿了呢?"

展出的图片中,有一张梁漱溟的工资条,是首次面世,"1919年10月23日,北大职教员薪俸发放存根,一百元,现洋五成,中票五成"。在北大,已很难找到梁漱溟当年的照片了。梁钦宁说:"这次北大扒拉出他的那个工资条儿,很不容易! 100元,1919年,牛吧?李大钊和胡适他们更牛——李大钊当图书馆主任,150块大洋,胡适280块大洋。"

梁漱溟跟胡适同辈,胡适比他大两岁,"胡适是留美博士,当时可了不得。我爷爷大学也没读过,教北大,也不容易,所以他压力很大,北大是什么地方啊?人家要是不听你的课,你这摊儿就算了。但还好,听他课的200多人,在册的学生有80人。在北大,只有听胡适讲课的人比他多。"

梁漱溟能在北大教书,是他的恩人蔡元培(1868—1940,字子民,浙江绍兴人,教育家,历任北京大学校长、"中央研究院"院长) 独具慧眼。图片展里有一张梁漱溟当年第一次见蔡元培的名片和书信。"我跟蔡元培孙女蔡磊珂(北大教育学博士,北大教育学院副研究员,兼任北大蔡元培研究会会长)核对了一下他俩初会的时间。蔡元培的北大校长委任状是1916年12月26日黎元洪(1864—1928,湖北黄陂人)总统颁布的,他于次年1月4日到校,就职演讲是1月9日。我爷爷是司法总长的秘书,他在蔡元培就职当晚就拿着教育总长写的名片,去南菜园拜访。蔡元培比他大20多岁,他仰慕蔡元培。去的时候,他还拿着自己的小册子《穷元决疑论》——一篇佛学和哲学论文,此前在他的中学老同学张申府(1893—1986,河北献县人。中共创始人之一,周恩来、朱德的入党介绍人。北大、清华教授,哲学家,数学家)主编的《东方杂志》发表过。蔡元培说:'你这篇文章我看过,你来我们北大当老师教印度哲学吧。'我爷爷当时走不开,他就推荐了另外一个学者许丹去北大教印度哲学。"

后来,"南北议和"(辛亥革命期间南方革命党人和北方袁世凯所进行的和谈),司法总长下野,总长秘书梁漱溟也没有工作了,就想到湖南出家当和尚。许丹生病后,无法在北大教课。"蔡元培叫我爷爷来北大教书,他就回来了。这年是1917年,我认为1917年是新文化运动一个标志性年份。新文化运动发端的标志是1915年陈独秀在上海创立杂志《新青年》,但新文化运动进入轰轰烈烈的高潮期,应是1917年。胡适《文学改良刍议》是这年发表的,我爷爷也是1917年到的北大。"

蔡元培拉拢的各路人马，云集北大，形成势头，新派旧派互相碰撞。"我爷爷很尴尬，他接近新派，看不起旧派。新派几句话一骂，噼里啪啦就把旧派干趴下了。这促使他深刻反省思考旧派思想和学问，他得从印度哲学在世界文化的高度上审视中国的儒家文化。之后，保守派这种标签贴在他的头上，他也不在乎，他在乎的是这个世界能不能往好的改。"

我爷爷

图片展上，梁漱溟从小到老所有照片上的表情都严肃、冷峻，有一种儒者的端庄。梁钦宁说："当时他们照相，因为都不是抓拍，所以照相时都要把自己整理一下。爷爷虽然有点不苟言笑，但我从未看见他发过脾气。"

小时候，爷爷在他们心中，是好玩的。家族里至今流传一个梁漱溟给四个孙儿买二两饭的段子。"爷爷经常带我们出去玩，1960年代对我们关照多。他日记里常有'挈元、挈东、挈小宁'的字样，就是带我和堂哥出去玩的意思。有一次，上午带我们去紫竹院公园，下午又去动物园，两个公园隔得不远，但中午得回家吃饭，下午又去。我四岁时，有一次爷爷带四个孙子——大哥钦元十一岁，有的七岁——到陶然亭公园玩。据我堂姐梁彤回忆，给我们四人买了二两饭。一回到家，全都喊饿，忙叫奶奶下鸡蛋挂面。这不是他抠门，他有一种理念：小孩没有饿出的病，只有撑出的病。他认为'养儿七分饱，略带三分饥和寒'。"

他对钱财是不吝惜的，一直资助学生。"有个学生姓黄，也是侄女婿，下放到原籍广东番禺当农民，担粪。他就寄钱去，还不能寄多了，5元、10元。多了要出事，他们家原来是当地最大的地主。"

梁钦宁父亲是北大生物系教师，妈妈是离休干部，原来是四野的，复员到北大当人事干部。"爷爷住鼓楼，我们住北大，十六七公里。当时不堵车，车不多，他有时就来看我们一眼，看了就走。日记里有写我的：'晚饭后去蔚秀园看小宁，顽皮犹昔。'有时讲到一些往事，他笑一下。你不主动问，他不说；你问，他愿意说，一口普通话，不带北京土腔。"

老爷子平常的表情是不怒自威，"大爷爷家的孩子，跟他在一起的时候，不敢打麻将，不敢喧哗，跟着他吃素。但他也有发脾气的时候，唯一一次，在

梁漱溟写给孙儿梁钦宁的家书

1980年代：有人上门求字，他午睡出来，我铺纸磨墨，那人夸他是大书法家，他就轻拍桌子说："小道，轻看我。"全场气氛那叫一个沉重，空气都似要凝固了。那些人，包括我都吓傻了。那次是我看见他唯一一次最接近发火的时候。但发火归发火，他还是给他们写了字。他常写的是诸葛亮《诫子书》中的句子'淡泊明志，宁静致远。'"

梁漱溟最后落气的时候，梁钦宁守着给爷爷送了终。"他是1988年6月23日去世的。他是全国政协常委，生病后住在协和医院高干病房，我们两家轮流守夜值班。6月22日，我给他擦身子。第二天早上，轮值的堂哥钦东要来了。我准备离开，他突然呕吐，吐血，当时我20岁，马上给咱爸打电话。爸没赶上，堂哥不一会儿来了。他说他要小便，钦东就把便盆递给他，他解完小便说：'我累了，需要休息。'医生紧急抢救，但已经无效。他早想出院，说医生治得了病，但治不了命。他不惧死，早在家里，他就给我们讲过此生彼生，投胎转世，说投胎也可能是猪，也可能是狗。他对生死看得很开。"

太爷爷

梁漱溟的父亲梁济（1858—1918，广西桂林人，字巨川，清末学者，光绪间举人，清亡后投水自尽），对生死比他还看得开。梁钦宁说："1918年，我太爷爷准备投湖了，投的是家门口的净业湖，就是后来的积水潭。他先写好《敬告世人书》，说：'国信不存，我生何用。'有以我之死，唤起世人，警世殉道的意思。"

在中国近代史上，梁济投湖，比陈天

梁漱溟1948年冬在重庆住所前

华（1875—1905，湖南新化人，1905年为抗议日本政府颁布的《清国留学生取缔规则》在日本东京大森海湾愤而蹈海殉国，终年30岁）投海晚一点，比王国维（1877—1927，浙江海宁人，1927年自沉于颐和园昆明湖）投湖早一点，堪称三大齐名的死节事件。陈独秀、傅斯年、徐志摩等名人在报上围绕此事讨论过，钦佩他的勇气和风骨。"我太爷爷的死对我爷爷影响很大。投湖前三天，他碰到我爷爷，就问了一句：世界会好吗？我爷爷已在北大教书，他回答说：会好的，我相信世界会一天一天往好里去。太爷爷说：会好就好。但我太爷爷没'往好里去'，三天以后，他就投湖了！"

虽然对梁太爷遗问"世界会好吗"的回答，已被网上玩梗玩成"等通知"，但从"世界会好吗"到"我相信世界会一天一天往好里去"，梁济、梁漱溟父子这一问一答，完成了一道中国人的百年"天问""天对"。

3 史式：有时候我觉得，我就是个宋朝人

口述人 史式
宋史专家

2012年5月，九十高龄的太平天国史专家、宋史专家、重庆师范大学教授、南昌大学教授史式先生，身着一件白衬衫站在我面前，我感觉是和一部封面古朴的中国史相遇了，肃然起敬，同时也相当惭愧。此前，我对老先生一无所知，还是从一位北京老哥那里听说"你们重庆有个很牛的历史学家，名字叫史式"。大儒乡贤，空谷幽兰，孤陋寡闻如我辈者，眼拙心浮，无缘不识。所以那次访谈，完全是向史式先生致敬和补课，也使很多读者知道了就在我们身边，重庆，还有这样一位令人肃然起敬的大儒。失散多年的门生故旧、亲人读者，都纷纷打来电话让我代为联络，向他问好。

第一次见史式先生，他刚从妻子老家——云南曲靖回渝，和妻子寄住在江北一位女弟子家里。宽敞的客厅，也是他们收养的几只流浪猫狗的乐园。史式先生从椅子一起身，一只小猫就跳了上去；他轻轻坐下，小猫就让开。他和小猫并未相看，却默契如斯。

第二次是在重师老校区游泳池旁边一栋教工宿舍里，也是从云南曲靖游学而归，坐在阳台的沙发上，史式对我进一步谈起他的传奇人生和最新的学术计划：他认为中国二十四史，在秦汉之间，遗漏了一个楚王朝；为此，他这次要长驻重庆，写一本楚朝的断代史。

五年级

史式先生的学历只有小学五年级，中国社科院近代史研究所牟安世教授为此给他取了个外号"三自学者"："自力更生、自学成才、自成一家"。史式原名史毓英，字执中。为什么叫执中呢，他说："因为'史'字像一个'手'拿着一个'中'字,也是'写史必须执中'的意思吧。"

史先生出生于安徽安庆,父亲是北洋军阀段祺瑞手下一个文官,既是小有名气的桐城派才子也是同盟会会员。"我在南京读的小学,10岁左右就在报上发表文章,进中学刚读了个把月,日本人打进来了。安徽建立了一个抗敌后援会,我才14岁,可能是里面最小的会员。日本人打断了我的学业,就没再上学了。还有一个最重要的原因,我本身也不愿意继续在学校读书了。"

史式从此走上自学之路。"自学有个最好的时机,就是跑警报。抓张报纸,抓本书,跑起警报就不着急了。"就这样跑警报,史式把半个中国都跑遍了。1942年在桂林,他采访了胡适的得意门生——后来成为史学大师的罗尔纲。当时罗大师才40岁,此后,史式成了罗尔纲先生的私淑弟子,罗先生曾评价他"学博工深,贯通文史"。

罗先生是中国太平天国史研究的头块招牌,治学的主要方法是考证,这多少影响了史式以后治学的方向。最初很多年,史式研究太平天国,当然,这也是他从小的经历决定的。"我小时候在南京,太平天国的老战士还可以见着,多为引车卖浆者流。当时,离他们跟着太平军起事的年头,只过去了40年,他们也不过六七十岁。"

《扫荡报》

史式问起我的职业情况,一听就非常专业,原来,他年轻时也干过我这一行。他说:"我这一生当新闻记者的时间是最长的。本行有个规矩,坐在家中新闻找我,不是我找新闻。别人找我,我给他写好了,不乱写,下次有新闻他就会主动找我。抗战时期,我们建立的关系,只要有新闻,人家千方百计都要通知你,这是一种友谊,也是一种道义。当时,我是《扫荡报》的。"

抗战时大名鼎鼎的《扫荡报》,隶属于民国军委总政治部,在《毛泽东选集》《和中央社、扫荡报、新民报三记者的谈话》(一九三九年九月十六日)一文中曾露过一小脸。该文原注"中央社是国民党的中央通讯社。《扫荡报》是国民党政府军事系统的报纸。《新民报》是代表民族资产阶级的一种报纸。"

在1970年代的著名话剧和电影《报童》里,《中央日报》《扫荡报》和《新华日报》的关系,被表现为一场可能是重庆最早的报业竞争。三家报纸在叫卖时,都利用"扫荡"这个动词起梗贬言，针锋相对：《新华日报》的报童叫的是"'新华''扫荡''中央'"；《中央日报》《扫荡报》的报贩叫的则是"'中央''扫荡''新华'"。

但三家报纸的关系可能并没这么紧张：在重庆大轰炸的背景下，包括三家报纸在内的重庆所有主要报纸，都曾在李子坝合伙办公，合伙出版《重庆各报联合版》。报人之间称兄道弟，交流信息，吃吃喝喝，互借纸张和板凳什么的，也是一道别样的文化风景。

对这样的风景，史式先生笑笑说："当时就是这样的，是现在你们无法想象的。当时报社是进出自由，愿意去就去，愿意回就回。"报人的生活，也跟军人一样惊险，史式挂少校军衔，配手枪。1944年衡阳血战47天，敌攻我守，极为惨烈。衡阳之战是中国14年抗战史上最为惨烈的城市保卫战，史式在场。"我们写了新闻，有机会就发，嘀嘀嗒嗒发电报，手枪没用。当时我们已经有盟军飞机临空助战，日本人已丧失了制空权，但衡阳久攻不下，他们困兽犹斗。大热天，日本人脱得精光，进行肉搏，完全成了野兽。我们没有后勤，最后死伤，日本人还是比我们多。"

在从广西到贵州的路上，敌我之间还有奇遇。"我们队伍困了，倒在雪地里就睡。天太黑，有一队日本兵也在旁边睡，大家都不知道。早上天亮，大家起身一看，双方都吓惨了，非常紧张，就你推我，我推你，互相躲开，显得很惊慌。你不要以为战争时见到就打，谁愿意打呀，都躲开了。战争中，也不是人人都想打，处处都能打的。在柳州，我见到日本俘虏里面，还有当小学教师的，谁想打仗！"

1944年在广西苏桥，史式死里逃生。"铁路上，军车尽量挂。这天，有节车厢实在挂不了，就撂在道上，等会儿来挂，我们就在车上。不料，道上又来车了。还好，它一拐弯我就看见了，赶快跳车。我身上的衣服被路边荆棘挂住，没跳下路基，摔昏了。火车冲上来撞翻车厢，车厢从我头顶翻过去，倒在路基下。幸亏荆棘救了我，如果我跳下路基，车厢翻下去，刚好就压住我了。后来天降暴雨把我淋醒，抬头一看，周围一片死伤，我只受了点小伤。"

来重庆

抗战时期，史式先生来到重庆。当时报人和军人都是铁脚板，交通基本靠走。"从安庆到江西、湖南、广东、广西，都是走路，也参加过部队工作。1944年之前在桂林，我是湘桂撤退的第三批文化人，国民党文化新闻方面的要人之一——社会部长谷正纲迎接我们，我们很多人20岁就是名记了。抗战时，30岁都叫老头子了。"

重庆给史式的第一印象，是人很老实。"我们到綦江东溪，车子一停，当地的村民就把广柑递上来，问他们好多钱，他们说，随便给！车要开了，我们急着把钱往地上一扔，他们捡起来大家分，也不争，太纯朴了。"

1945年8月15日，日本终战那天，史式也在重庆。他说："我们是惨胜，陡然而来，措手不及。抗战史在各种历史教科书上，也有很多版本。但版本再多，敌人手里有本账啊，他跟谁打的，怎样打的，他最清楚。"

1949年，史式在重庆遭遇了著名的"9·2火灾"。这场1949年9月2日发生于重庆长江东水门、朝天门、嘉陵江千厮门沿岸的著名火灾，长达18个小时。

据重庆市地方志编纂委员会总编辑室所编《重庆大事记》（科学技术文献出版社重庆分社，1989）一书所载：1949年9月2日，下午3时40分左右，下半城赣江街17号协合油腊铺不慎失火。火势迅猛蔓延，东水门至朝天门，陕西街至千厮门一带燃成火海，大火至次日晨方熄火。据市警察局调查，共烧毁大小街巷39条，学校7所、机关10处、银行钱庄33家、仓库22所、拆卸房屋236户。受灾9601户，41425人，有户口可查的死者2568人，掩埋尸体2874具，伤4000余人。

幸运的是，史式他们有惊无险。这场大火的起因，众说纷纭，各执一词。相关专家认为，纯属不慎起火。

宋朝人

2006年冬，史先生正在北京讲学，有朋友知道他对宋史研究多年，就推荐他到央视"百家讲坛"去讲宋史，从陈桥兵变讲起。经过一再试讲，到了临近决定的时候，"讲坛"内部有两种不同意见：一种意见是想他做一定程度的艺术加工，增加故事性，提高收视率；另一种意见是支持他拿出忠实于历史的研究成果。

史式三书《我是宋朝人》《中国不可无岳飞》《皇权祸国》

"长时间议论不决,最后是我自己谢绝了。我觉得写一本书,比上讲坛更能畅所欲言,这本书就叫《我是宋朝人》,由海峡两岸同时出版"。2008年后五年之内,史式的三本史著《我是宋朝人》(2008)、《中国不可无岳飞》(2011)、《皇权祸国》(2013)接连出版。第四本书可能是《石达开遗事》。

史式1944年来渝,至今已有70多年。2012年8月27日他满90岁,为了不麻烦人,他想在好友不多的云南曲靖新居把生日躲过。不料,史老90大寿的消息还是传开了。因他写过《中国不可无岳飞》,就相当于跟老岳家结了缘,山东、河南、湖北、重庆,特别是云南各处岳飞后裔纷纷涌向曲靖,大家在曲靖锦怡花园酒店100多平方米的大厅设宴,为史老祝寿,听他报告海内外纪念岳飞活动的近况。

喜欢宋史也跟史式的抗战经历有关。"抗战时,全国到处都能听见岳飞《满江红》的歌声响彻云霄,到处都能看见他写的'还我河山'。我就想,这样一个人和他的时代,对我们应该是很重要的,所以我在抗战期间就开始研究岳飞的史事。唐代的杜甫在成都写《蜀相》追念诸葛亮'出师未捷身先死,长使英雄泪满襟',我借用老杜这句话,追念岳飞'出师已捷身冤死,长使英雄怒满膺'"。70多年来,史式多次公开呼吁为所谓岳飞的"愚忠"平反,他把岳飞看成是中国的一种重要的精神资源。

一般人称颂的秦皇汉武,他觉得都糟糕到极点。"我以前,看见汉武帝晚年下过罪己诏,最先我还很感动,后来觉得完全是他为自己贴金的一种策略。"他还是对他最爱的宋朝念念不忘，同时，在南昌大学带两个研究生写《宋史传疑录》。

跟陈寅恪、邓广铭等学者的看法一样，史式坚信宋代是中国历史上最重要的朝代，"如果不是蒙古骑兵南下，世界上的产业革命应该首先发生在南宋而不是500年后的英国。一般都认为，宋代是中国历史上最弱的，以宋为耻。其实宋是中国两千多年帝制中最灿烂的时代，中国古代文化，都是经过宋代加工以后，才传下来的。在宋代，宋太祖在太庙里立一个誓碑，上书'不许杀上书言事人'，后来东京攻破后，才看到这碑。宋太祖这样做，后来中国各朝没人做到。如果说宋代都不文明的话，明清两代就更不文明了。有时候，我觉得，我就是宋朝人。"

捞楚朝

2012年9月25日，由湖北名流主持的第三次为史式教授祝寿的活动，在湖北省政协举行。这次史式游学到湖北，是受邀单挑一个重大的研究课题，写一本楚史。说起来，这又是一段缘分：湖北省政协主席王生铁多年来一直跟一个问题过不去——陈胜起义开始，天下反秦大起义一直以楚人为主打，"楚虽三户，亡秦必楚"，但在秦亡汉兴以后，史书上对秦、楚、汉三家的记载，一直扬秦、汉而抑楚。两湖士绅，一直咽不下这口闷气。

巧的是，史式多年前在人民网上发表过"秦汉之间漏了个楚王朝"的长文，后来被王生铁偶然看到，大为惊喜。他终于找到知音了，但一直没联系上史式。直到2012年5月他见到《中国不可无岳飞》一书，才把史式找到，才有了后来的学术和道义之邀。

虽然早在明代就有学者陶晋英写过《楚书》，当代学者张正明也著有《楚史》，但史式说："张正明还是我的好朋友，他们写的楚史是文化史，我写的楚史是断代史。"史式是想在传统中的二十四史之外，打捞出一个湮没无闻的楚朝。

他和台湾学者黄大受合作的民族史巨著《台湾先住民史》，用"先住民"的概念取代了流行已久的"原住民"。"台湾哪有原住民？所谓的'原住民'，其实就是比我们先去住在上面的人。'台独'没文化，美国人怎么说，他们也怎么说。在英语里，'先住民''原住民'是没办法分开的。福建'海峡之声'电台把《台湾先住民史》拿去编成节目，先后播送了一年。"

史式被《新华文摘》转载的文章《究竟是五千年还是一万年？》在学界影响

很大。中华民族的文明史，在学界有几个版本，最流行的是三千年，著名史学家朱学勤先生主持搞了个夏商周断代工程，扯长到五千年，"但他那个也没脱离中华文明起源于西北的老套。我的观点是应该起源于南方，有一万年。今年（2012）是龙年，我国的史学搞了多年，一直说龙在北方，其实龙是南方海洋民族的图腾。龙在天上、在水里才有神通，龙游浅水遭虾戏，在浅水中就不行，在陆地上更不行。三千年和五千年都是把我们的神话时代砍掉了。实际上，我们还有更远的神话源头，一直都在。"

救鸭子

在挽救湮没的楚朝史的同时，史式还挽救过一只鸭子。"三年前，在涪陵，一只鸭子被狗咬伤，一只脚跛了，主人正要杀。我们路过，觉得可怜，就买下来，取名'嘎嘎'，当成宠物养。后来我们举家迁往云南，嘎嘎也去了。有次，我和夫人出去开岳飞的研讨会，就把嘎嘎寄托给一个老婆婆。怕它乱飞，老婆婆就把它翅膀的羽毛剪了，嘎嘎很不高兴。我们又有一次出门开会，把嘎嘎托给乡下侄子照看，它重感情，不吃东西，就死了。"

当初，史式住在重师的时候，这个教授之家，也是重师流浪小动物之家，他们救了很多猫狗。一只叫长生的京巴狗，脖子上有一道又长又深的口子，他们救下来，已经养了7年。

▎1980年代，史式、赵培玉夫妇在重师校园

史夫人赵培玉抱着毛发如雪的长生，右手刺着一个靛青十字五星，身形苗条。她是史式的助手。史式说："30多年，我的文章，她第一个看。"史夫人说："水果如桃子什么的，我都要削碎了，给他放在碗里吃。"

117

史式写文章全靠手写，"电脑不好，看不到草稿。记忆力越用越好。"他说着拿起我的笔，在我的采访本上写下了我们一个共同的朋友的名字——"时间"（就是他给我介绍了史式先生），蝇头小字，笔画方正，恍如打印。

这两个字也是他现在最忧心的："我从现在起，已经感到自己时间不够了，人生百岁也快了，很多社会职务就不接受了，只想拿成果出来。"

养生道

"我前半生经历过的灾祸有长沙大火、重庆'9·2大火'，一共翻过4次汽车，撞过一次火车。我少年时得过肺结核，以后又得过脑膜炎、真伤寒、恶性疟疾、阿米巴痢疾、大叶性肺炎。大病都得过了，就有了免疫力，以后对一些小病从容应对，不在话下。"

听史式说起这些经历，我就想到马尔克斯在《百年孤独》里写过的另一个奇人，吉普赛先知梅尔基亚德斯："他在波斯患过癞病，在马来群岛患过坏血病，在亚历山大患过麻风病，在日本患过脚气病，在马达加斯加患过淋巴腺鼠疫，在西西里碰到过地震，在麦哲伦海峡遇到过惨重的轮船失事。"

史式的养生之道是"反"科学、"反"常识的，他从不运动。"不要一提到运动就乱动，我从不动，我只动脑。我从不吃牛奶（夫人插话："牛奶补钙，是骗人的。"）也不缺钙。老年人缺钙最怕摔跤，一摔就容易骨折，但2012年4月，史式在一个车库踩滑，摔在一丈之外的水泥地上，随行弟子和友人都吓傻了，正犹豫是不是马上伸手拉他起来，他却自己爬起来了，拍拍灰尘，说"没事，没事！"

2012年，史式、赵培玉夫妇在重师家中

老年人头部怕剧烈

磕碰，史式却碰上一次。9月23日晚8点多钟，史式又遇险情：他正在家中书房埋头工作，屋顶一块一平方米大小的石灰敷料脱落下来，正砸头顶。夫人说："我在阳台上，听见轰的一声，像是发生了爆炸一样，我赶快跑去一看，他满头灰渣。邻居、保卫处的人都来了，也喊来了救护车。我们要送他进医院，他坚决不去，说：'到了医院肯定被留下住院，我已订好25日的飞机票到武汉参加一个学术活动，不能去医院！没事，没事！'"

史老九十高龄，视力、听力、记忆力未见衰退，让人吃惊。我的手机号码，他随口就能背出。一般老年人都看大字，他看书报，却希望字越小越好，认为这样一目十行更划算。至今还能用钢笔写蝇头小字，十分工整，就像印出来的一样。

客厅已被妻子布置成一个洁净的佛堂，在卧室一角和厨房边封闭的生活阳台一角，他们多年养大的三只有点伤残的流浪猫和两只流浪狗，安安静静地待在窝里，这里是它们像宋朝一样的家。

最好的养生之道是夫唱妇随，琴瑟和谐，如鱼得水。"昨夜月光照我床，魂飞万里到临沧。晓风吹皱南定水，夕阳斜照澜沧江。高山处处闻鸟语，小径时时有花香。天涯游子归何处？从此君乡是我乡。"这是史式30年前写的一首情诗。在重庆，他邂逅了比他小25岁的白族美女赵培玉，培玉原籍大理，出生于临沧，她是史式的妻子、护士、助手、秘书、每本著作的第一读者与审校。从此，史式携妻带书，像候鸟一样在重庆、云南之间游学，"从此君乡是我乡"。

（史式先生已于2015年2月25日无疾而终于云南临沧，享年93岁）

4 / 马校长：当年打我的学生，我原谅你们

口述人 马亶清
重庆红星中学、29中老校长

重庆中学界著名老校长马亶清先生2021年1月10日年满百岁这天，回想起83年前，1938年17岁从江津老家去投考重庆南开高中的那个早晨，手指尖好像仍能感到银元的凉意。马亶清说："那天早晨，我偷偷在爸爸的包里摸了几个银元就走了。我走到妈妈床边说：'我到重庆去了。'她本就不愿我去，赌气地说：'要走就走！'"

考南开

父亲马名驹，在江津城黄荆街开了一家义诚大药铺，又是掌柜又是郎中，一方名医。"现在，我的网名叫小驹，就是纪念我爸爸的。家里三女五儿，我是老大。初中前，我在德感坝、马家、陈家祠堂先后读过四年私塾、两年小学。在陈家祠堂读小学，管我们的老太婆晚上锁上门，把我们关起来，管教很严。九岁以后，我就剪头发，穿旗袍了。我爸开明，也不管我。"

新式小学的特征是要教算术和开家长会，当时叫恳亲会。国文课本上还有出生于江津德感坝的一代名流"白屋诗人"吴芳吉的新潮诗歌《婉容词》。这篇感伤叙事诗写一个江津妹儿，被出国留学的丈夫抛弃，最后投江殉情，惹得全国妹儿珠泪齐飙。马亶清随口诵出："'天愁地暗，美洲在哪边？剩一身颠连，不如你守门的玉兔儿犬。'我现在都记得到。"

江津儿女，从清华、北大毕业的韩增霖、刁本英，毕业后还是回到了家乡，成了黄荆街江津女中马亶清的老师。"初中三年，韩老师、刁老师对我帮助很大。我也很争气，成绩样样第一。1936年初中毕业，江津已有抗战内迁的安徽中学，但我瞧不起，想报考重庆的南开中学。当时，南开中学最好，但最贵！一般学校学费40块，南开要78块银元。"

从江津到重庆考学，只能坐船。下水到重庆只要半天，回去上水要一天。"我在东水门下船，到重庆没有住的地方，就在上清寺六中找了个空教室，买点蚊香和蜡烛，睡在稻草上。我考上南开以后，在我们当地成了大新闻。父母本来还有点犹豫是否把我送去重庆读书，又贵又远。现在父亲走在街上，大家都给他道喜，夸我们家出了个女秀才。父亲觉得很有面子，一高兴，就放我去了。"

在南开

那年，南开只招了30个女生。马瞢清班上，老百姓的女儿没几个，全是大人物的女儿，阵容豪华亮瞎眼。"有汪精卫的女儿汪文恂、马寅初的女儿马仰男、傅作义的女儿傅冬菊、卢作孚的女儿卢国懿、翁文灏的女儿翁灿娟、杨森三女儿杨郁文。我去杨郁文他们杨家渝舍（现在的重庆市少年宫）玩，家里十七八岁的女儿有一二十个。儿女编号，吃饭打铃。每生一个娃儿，都给一间房子和一个银行账号。听说，他们家大哥，有进步思想，跟杨森有矛盾。"

这些大人物的女儿，成绩都很好，不然考不起南开，南开在分数面前人人平等。"汪精卫的女儿成绩好，长得像她妈，不好看，一个大白脸，眼睛虚起，视力不好，坐在第一排，我坐第二排；马寅初的女儿很朴素，我们去听他爸的演讲。他说，中国为什么这么穷，就因为四大家族很腐败，把钱捞够了。我听了，立志学经济。"

她还记得汪精卫女儿离校时的情景。"那天，我们正在操场上体育课，汪精卫的夫人陈璧君带着一个丫鬟，来接女儿。文恂走了不久，报上就登出来了：陈璧君因汉奸罪被判刑。她走了以后，我们历史课的徐老师有次在课上说，汪文恂这几周跟他讨论的问题，现在看来是有含义的。她可能想弄清自己父母的问题。"

傅作义的女儿傅冬菊作风很平民。"傅作义住在歌乐山，她回家背起书包就走，不要小车接送。她思想左倾，我们在一起，传看苏联小说《铁流》，看《新华日报》和《群众》杂志。"

南开中学每周周会，都请一些大人物来演讲。"1939年，元旦过后不久，有个周会，事先没公布演讲者的名字。到了时候，发现很多人赶往礼堂，说是周恩来来了。我也赶去，他穿了一件灰色的军装，张伯苓校长叫他坐下。他不坐，他说自己是老南开的学生，在校长面前不敢坐，周恩来这是执弟子之礼。那次演讲的主题是'青年学生要立志，要爱国'，我根据这个写了一篇作文，还得了一个甲等。"

读燕京

1942年，马甾清南开高中毕业，报考大学。四川最好的大学都在成都，统称"五大学"，除了华西医科大学，还有抗战内迁的燕京大学、金陵大学、金陵女子大学、齐鲁大学。"我一口气考上了三个大学：川大、燕京和成都的一个大学。本来，金陵大学我的笔试考得很好，但面试时，考官问：'传教士在中国办大学你怎么看？'我看《新华日报》习惯了，思想进步，'文化侵略'脱口而出。金陵大学本身就是教会学校，我如此回答，当然没考上。最后，我去了燕大经济系，学号W42035。开学时，司徒雷登校长还到成都来庆祝燕大复校招生。"

1946年马甾清在成都燕京大学的毕业照

燕大也是教会学校，所以作风洋派。"体育课，我们要学女子射箭和跳交谊舞，男女一起。圣诞平安夜，男生会拥到我们女生宿舍门口唱圣诞歌。我们还出去野餐，做西餐没有沙拉油，就用菜油代替。把苹果切成果丁，用苞谷粉做发糕当蛋糕。但生活还是苦，我们穿的袜子都是自己用棉线织的。尼龙丝袜是美军带来的，很少有女生有，即使有也舍不得，在舞会上才穿。"

燕京四年经济系，马甾清最后交出了毕业论文。"我是从人口分配的角度出发，探讨怎样把农村人口转入城市，成为城市人口，实现工业化。我们国家农村太多，农民太穷，而美国的工业化好厉害，所以我认为中国在人口工业化上应该搞革命。我现在都觉得这个论文很好，我们现在正是这样做的。"

卞仲耘

从曾任周恩来外交秘书的著名学者李慎之，到后来的《大公报》名记刘克林，马宣清的燕京学友众多。1944年下半年，马宣清的燕大同窗好友卞仲耘离校去解放区，介绍马宣清顶替她，在中共南方局青年组领导的杂志《青年园地》当推销员。1949年后，马宣清和卞仲耘各居南北，分别成了重庆和北京中学界的著名校长。

1966年，马校长被堵在办公室里，坐在凳上，两个学生用皮带抽她的脸；在北京，她的燕大同学、好师姐、中学校长同行——北师大附属女中校长卞仲耘，也遭遇了同样的情况，遗憾的是，最后不幸遇难。

1960年代马宣清任校长后的照片

"卞仲耘的丈夫王晶垚也是燕京校友，他们两口子都和我要好。1973年，他来重庆看我，才知道卞仲耘去世了。我比她幸运。我跟卞师姐一个在北京，一个在重庆，都当了中学校长，都被学生打。不同的是，我还活着。"

2015年10月，在南山桂湖，原厚慈街重庆红星中学举办50周年校庆，红星中校老校长马宣清和200多师生重聚一堂。"聚会散了的时候，两个男生，现在都是60多岁的人了，不约而同，先后走到我跟前，恭敬地对我鞠躬，然后说：'马校长，我先给你鞠躬，还要道个歉。'我说为啥子呢，他们说：'以前，我斗了你，还打了你。'他们说着说着就哭起来了。我也哭了。我说：'不怪你们，当时你们都是小娃娃，很多大人物都不晓得是怎么回事，你们晓得什么？我原谅你们。'第一个，道了歉就走了；后来那个，一直把我送上车，边走边哭，一直说'对不起'，我很感动。"

5 / 丁肇中读小学时，她是学校的老师

口述人 吴泽碧

磁器口小学教师

宝善宫

2015年5月10日母亲节满90岁的吴泽碧老太太，出身于重庆古镇磁器口的名门望族吴家，她说："我在磁器口出生，从小在磁器口小学读书，长大在磁器口小学教书，最后在磁器口小学退休。"

她17岁就教书。现磁器口小学的前身，是清代由包括吴家在内的磁器口士绅出资创办的龙山义学，后改为龙山模范学校，聘请范仲林当校长。"有一天，范校长从我家门口过，看见我，说教育学院在街上的庙庙宝善宫办了个子弟校，叫嘉陵小学，他要过去当校长，人手不够，叫我去帮忙。我就去当了代课老师，还把弟弟带去读书。"

弟弟的同学里面，有一个名叫丁肇中。2014年，获1976年诺贝尔物理学奖的丁肇中回到磁器口宝善宫母校故地重游时，当年学校的老师，还能和他相见，接受他献花的，就只有吴泽碧了。

吴泽碧对丁大师当年的印象，也已是雾里看花了。"当时我也是个恍兮兮的十几岁的娃儿，现在记不太清了。丁属于人见人爱、花见花开那种娃儿，天真活泼，伶俐，数学难不倒他。他们家住在教育学院，就是现在的28中，妈妈

| 2014年，丁肇中（左）回母校和吴泽碧（中）合影

是教育学院的老师,爸爸在重大教书,教数学和物理。"

丁家离学校不远,从人寿桥走过来,就到了宝善宫学校。"人寿桥也是我们吴家出钱修的。桥下面的河沟涨水起来,两边坡上的苞谷林都要淹了。有一年,中午,多热的天,有一个来考教育学院的学生,就掉下桥淹死了。"

1947年,她到歌乐山下一个小学教书,第一次尝到败于"六腊之战"的辛酸滋味。"我们教书的,每年六月放暑假,腊月放寒假,要是没有得到校方发放的下学期的聘书,就表明你失业了,教员们就把这个叫做'六腊之战'。我怀起大儿子吴波,肚子早就看得出来了。12月放寒假,我就在家里闷到脑壳等聘书。但因为我怀起了,聘书一直没有寄来,就失业了,次年2月就生了大儿子。"

松林村

1950年,吴泽碧考上江北师训班,在大竹林原中央大学分校内学习。"读了不到一年,原来的思想就得到转变。听党的话,忠诚党的教育事业,毕业分配到江北松林村小学,这时又怀起二儿子吴勇。"

从大竹林、鸳鸯、一碗水、两路,到沙坪场,再下松林村,一路无车。"我租了一匹马来骑,云里雾里,很高兴,忽然马一飙,把我摔了个仰天八叉,马的主人吓惨了。我挺起这么大个肚子,肚子里头一阵翻滚,周身酸痛。我说没事,安慰他,叫他又把我扶上马。解放前,我挺起个大肚子,就遭学校踢出来;现在,我挺起个大肚子,还骑起马,要去'占领'中华人民共和国教师的岗位!本质上的不同。1952年9月底我上任,1953年元旦就生了二儿子。"

一学期回家一次。"回校时从磁器口坐车,到牛角沱,再走到朝天门坐船到寸滩,再走路经过一碗水、两路到沙坪再到松林村学校。两头黑,一身痛,骨头都要走散架,每回走拢都要睡一天。"

学校在一个地主小庄园,他们白天教书,晚上跟队上的干部一起开会。"我们还上街下镇,演《小二黑结婚》《小女婿》,宣传新婚姻法,反对包办婚姻。我工资14元,

1950年代,吴泽碧(后右)和儿子吴波(前右)、吴勇

伙食 6 元，付出大儿子的奶妈钱 6 元，自己零花 2 元。"

学校穷，只有校长才有一个开水瓶。"我带学生踢球，学生不小心把杨校长的水瓶踢爆了，他怄气惨了，啷个办呢？要 3 元钱哪！全班只有把卖鸡、卖菜、卖豆豆的钱凑起来，赔了。"

他们也宣传粮食的统购统销。"当时就有浮夸风了。农民哭，我们说：'你们哭啥子嘛，开水瓶、胶鞋、统绒衣服，都给你们送到门口；你们打的粮食，除了交给国家的，剩下就是自己的。'当时我们也是傻戳戳的，不晓得交粮的标准定得太高，本来交 50 斤合适，但偏要交 100 斤，农民只好把口粮也交了。"

磁器口

因家里上有老，下有小，1956 年她申请回到磁器口。不久，就是大炼钢铁。"我们带学生去捡废钢铁，二钢的渣场，好高的坡坡，捡大的铁坨坨。男生抬回来，要称重，堆在学校一间教室里，每个班还要评比。凑多了，又去卖给废品站，废品站又把这些废铁送到二钢。学校也在坡坡上整了些炉子来炼钢，哪里炼得出来嘛，只出些铁坨坨，不是钢！捡废钢铁危险，但哪个家长敢反对，哪个学生和老师敢不去！"

磁器口河边也危险，年年淹死人，学校在安全方面"压力山大"。"热天中午，学生必须在教室趴在桌上睡午觉，班主任守到；科任老师就去河边巡查，抓下河游泳的。有个姓刘的女老师，看到有些娃儿在河头，正要抓，那些娃儿就游远了，光起屁股对岸上的老师说：'来嘛来嘛，你来抓我嘛！'刘老师还没结婚，回来气惨了，发誓再也不去河边巡查了。我两个儿子也经常下河游泳，最初，我都不晓得。"

大儿子吴波有一天正在河边教弟弟游泳，他读初中了，弟弟还在磁器口小学读书。"弟弟怕，说老师要来河边巡查！吴波说：'哪个老师嘛，不怕！'不一会儿，大家在喊，老师来了！他们抬头一看，是我去了，吓惨了。吴波倒是赶紧跳河游得远远的，弟娃还不会，就遭我抓到，回去一阵打。"

吴泽碧他们也有高招对付下河游泳的娃儿。"我们用指甲在娃儿手臂上一划拉，下过水的，皮肤上立马就显出一道红杠。"但道高一尺，魔高一丈，娃儿们更有办法。当时重庆城里，火锅稀少，只有磁器口街上，挨家挨户，全是火锅店子。吴波说:"我们从河头爬起来,就到火锅店交 2 分钱,喝一杯火锅水,随便老师咑个划,都没得杠杠。我们太爱下河了!晚自习下了,把书包和衣服顶在头上,从磁器口下水放滩,一直放到中渡口就是现在石门大桥头,才上岸,又走回磁器口,要走一个多小时。"

吴泽碧 1986 年退休,桃李满天下。儿女都成材,大儿子吴波曾任七中校长,被评为"重庆十佳中学校长",还是知名的文史专家。90 岁生日那天,各地亲友都赴重庆,为她祝寿。吴婆婆手上戴着一串红珠珠,把她最新的照片拿给我看。"照相师傅照得很细心,我说:'你好耐心哟',他说:'你以为我对随便哪个人都是恁个的哟!你是老寿星了,我是沾你的喜哟!'"

肆

青春·五四以来的少年中国

1 / 北碚有个少勇队（上）
从前，北碚有个少年义勇队

口述人 高代华
《高孟先文选》整理、编选者

口述人 高北南
高孟先长子

人物链

　　位于重庆北碚庙嘴的全国重点文物保护单位峡防局旧址，也是北碚之父——卢作孚的纪念馆。进门迎面的墙上，是摘自《毛泽东选集》的一句镇馆名言："中国实业界有四个人不能忘记，他们是搞重工业的张之洞，搞化学工业的范旭东，搞交通运输的卢作孚和搞纺织工业的张謇。"

　　纪念馆临江草坪立着卢作孚、卢子英兄弟雕像：子英捧蓝图，作孚指方向。跟被毛泽东点名表扬的二哥卢作孚相比，卢家四弟卢子英的形象，多少有点被二哥巨大的光影所遮掩。卢子英遗孀、曾经的北碚第一夫人邓文媛曾对我说："卢子英黄埔四期毕业，参加东征回来，恶性疟疾，要死人的。在上海找名医祝味菊医好，命保了，但不能回军校了，卢子英就随卢作孚回北碚，蹲在北碚23年，从未离开。"

　　现在，学界公认在北碚任职四年的卢作孚是北碚的开拓者，而卢子英是北碚的奠基人和操盘手。因为二哥卢作孚为北碚画下的蓝图，最后都通过四弟卢子英之手实现了。但卢氏兄弟之所以能把北碚这座嘉陵江边的小乡场，拓建成当时在中国乃至亚洲都闪闪发光的欧式小城，还是依靠了众多力量。其中，最重要的一支劲旅，当数1928、1934、1935年卢氏兄弟招募的3期共202名（一期30人，二期98人，三期74人）少年义勇队（亦称"学生队"）队员，黄埔四期的卢子英任队长。

　　卢作孚创建、卢子英训导的少年义勇队那帮并不忧伤的年轻人，多年来，由于史料奇缺，面目模糊，默默无闻，就像庙嘴附近嘉陵江碛石在波涛深处的岩脉。直到2014年，卢氏兄弟的得意门生、得力干将，少年义勇队之精英人物，曾任北碚《嘉陵江日报》社主任、北碚管理局建设科科长的高孟先的文章、日记和影集被族人发现，境况才为之一变。2016年，由西南师大出版社推出50多万字的《高孟先文选》后，北碚乡建史上"卢作孚—卢子英—高孟先"这样的人物链才告完成。少年义勇队真实、生动的青春形象才浮出嘉陵江水面，填补了重庆地方史的空白。

根据高家捐赠的高孟先部分文物、图片史料，北碚博物馆已在卢作孚纪念馆卢子英办公室对面房间，辟出高孟先生平事迹暨少年义勇队展室。其意义，我觉得就像孔子纪念馆辟出了颜回展室。《高孟先文选》的整理、编选者高代华说："这是高孟先当年在峡防局上班的办公室，卢子英女儿卢国模和高孟先女儿是同学，当年经常来耍。高孟先在回忆文章里也曾说，他的办公室和局长办公室一丈之遥，卢子英打电话他都听得到。"

《高孟先文选》（西南师范大学出版社，2016）书影

塑料箱

2014年，生于北碚、在武汉生活了48年的电脑及电气工程师、大学教师高代华退休，叶落归根。他自幼喜好文史，回到北碚就主编了追念"祖德流芳"的高氏家谱。"我们高家是璧山八塘人，我要为族中人物小传搜集素材。从小就晓得，我父亲有个比他大8岁的堂兄高孟先，在卢作孚手下干过事，是个人物。于是，我就到他儿子北南大哥家去看有没有什么资料。"

高孟先的长子——重庆交机厂退休职工高北南，搬出一个塞得满满的塑料大储藏箱，对他说："我老汉一辈子的东西，都放在这里了。""我打开一看，惊呆了，全部是高孟先生前封存的手稿、信札、日记、相册、书刊、报纸。他是个有心人，生前就把这些东西整理好了；北南夫妻也是有心人，在父亲逝世后，三十多年多次搬家，都保存下来了；北碚的一段历史，也保存下来了，我好激动。"

整理工作就不那么激动了。老旧的信札和日记，纸质脆弱，字迹难辨。"信札有 200 多封，1934 至 1936 年，致老师、上级、同事、亲友、同学。我们编他这本文选，就收了比较有意思的 82 封；日记多，1929 至 1967 年，有几十本，我们选取了 1929 至 1950 年与他重要的人生经历有关的日记；他发表过的通讯、游记、散文、时评、杂文、诗歌、报告，至少近百篇，我们选取了近 40 篇；照片有几百张，我们选了 60 张。信札和日记用毛笔或钢笔写成，现在的打字员，看不来繁体字和竖行字，我只有把繁体变简体，草书变正体，竖排变横排，一字一句先抄下来，再交去打印。"

除了亲人和爱人，高孟先日记里最珍贵的人物，当数他的恩师和老板卢氏兄弟了。凭借其门生视角，我们得以一睹"寻常看不见"的一代名流卢氏兄弟的峥嵘风采。那么，高孟先这个生于璧山八塘的小崽儿，一条清浅的小河沟，当年是怎样汇入卢氏兄弟北泉嘉陵大流中的呢？

温泉缘

其实，到北温泉投奔卢氏兄弟以前，高孟先从小就和北温泉有缘。因为这里有一股后来被命名为"浣尘"的泉眼，是其祖父开矿引发一场"透水"矿难之后才冒出来的。在 1933 年第 28 期民生公司《新世界》月刊发表的《温泉底回忆》一文中，高孟先讲了温泉那地方，从前还有这样一段故事："照例每年同我祖父在春秋两季都要来一次的，因为这个地方，每年还有几百银子的出路。炭租、香粉厂租、磨面厂租……总之，是靠利用温泉的天然——泉水和煤矿。"

清同治年间，温泉的和尚很多。"听说常出剑仙、侠客，武艺高超。如果你同他擦身走路，你身上带的银子，便会被他取去。那时，温泉有三千个和尚。下面的几句俗语便是描写温泉和尚的旺象：温三千，禅（禅岩）八百，花岩的和尚惹不得。"

大自然更惹不得。温泉"继后又开办杨河沟（窑址即现在北温泉公园的浣尘，即三角池），出炭最好，名叫钢炭，用洋火（火柴）都把炭点得燃。做了不久，就把水挖穿了，淹死许多工人，窑子（煤窑）也就因此停业。这是光绪二十几年的事情。开办的股东，大都是官家，或有功名的人，如徐三长等，也有我们先祖在股。我们要知道现在公园浣尘的泉水，不是'古已有之'的，而是窑子掘穿后才有的。"

他出生于璧山县八塘场，祖上有包括北温泉矿产在内的田地资产，家境还算殷实，但到父亲时已衰微。1927年考入璧山县中。八塘的娃儿，和来凤场七塘的同学，为一点现已无考的破事互相看不惯——可能八塘的嫌七塘的地名少个数，七塘的又觉得你八塘多个数又有好吃不到台（不得了）。七、八两塘冲突不断，校方抓大放小，站在"小"数据的七塘一边：1928年10月，抗议校方不公正的高孟先，被校方开除，顿时没了出路。

"许多青年苦于没有出路，许多事业又苦于没有训练成熟的青年去做"。好在这时，他看到了1927年春才任峡防局局长的卢作孚发布的《江（江津）巴（巴县）璧（璧山）合（合川）四县特组峡防团务局少年义勇队招生简章》——那是招生简章的第一句话。这一年，卢作孚35岁，八塘苦闷少年高孟先16岁。看到这句好像是专门对他而说的话，从此找到了人生的目标。

局址设在北碚的峡防局，要招的义勇队队员，要求年龄16岁至25岁，文化水平"初中毕业及同等学力者"，这在当时算较高学历了；学制两年，要学军事、警察、社会调查、运动、教育，"毕业旅行去川边大凉山和大雪山社会调查"；"服装、设备及食宿费用，概由公家担任。在此一年训练期，全年津贴零星用费

1929年夏，北碚峡防局少年义勇队第一期部分学生在营房旁合影，立者右1为高孟先

银拾贰元正"；毕业后在峡防局各团务、警察、经济、文化部门实习、就业。

这可能是那时最吸引人的招生简章了：管吃管穿管旅行，毕业还有好工作。高孟先马上重回北温泉，成为少年义勇队"黄埔一期"30名学员之一。这30名青年，是卢氏兄弟的"天子门生"，也是北碚建设的冲锋队和生力军。

多年以后，高孟先仍记得："训练的基地设在北碚公共体育场一端的一进三大间的草屋——新营房，门首左右墙上写了一丈见方的十个大字：忠实地做事，诚恳地对人。……早上除运动外，冬季还要到江岸进行冷水浴，卢曾亲自带头。各队有队歌或誓词，如学生一队的入伍誓词是：'锻炼此身，遵守队的严格纪律，牺牲此身，效忠于是众，为民众除痛苦、造幸福。'卢对我们的训练，不只为了事业发展的需要，不只为了解决青年的就业和出路，主要是为国家培训大批有理想、有技能，又愿意为社会服务的人。"

高孟先和少勇队队员们，植树，淘滩，修路，种痘，灭蝇，灭鼠，防匪，演戏，安电话，放电影，采集动植物标本，搞社会调查，随卢氏兄弟看见各种大人物，碰见各种大场面。1929年还随卢子英赴川边采集动植物标本，进行彝人社会调查的故事，我们下一篇再说。

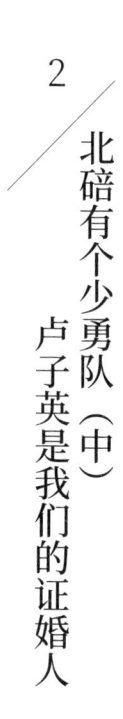

2 北碚有个少勇队（中）
卢子英是我们的证婚人

口述人 高代华
《高孟先文选》整理、编选者

口述人 高北南
高孟先长子

高孟先1928年在北碚参加少年义勇队一期后，一生的命运就和他的贵人——卢作孚、卢子英兄弟紧紧捆在了一起。前一年，卢作孚出任北碚峡防局局长；第二年，其四弟卢子英出任少年义勇队队长；1935年12月，卢作孚去成都就任四川省建设厅厅长，从少勇队毕业5年多的高孟先，已成长为北碚建设的操盘手卢子英手下的得力干将。

彝人区

高孟先跟随卢子英的第一个大行动，是1929年秋由卢率领少勇队一期学员20多人，和中国科学社、中央研究院的植物、动物学家，到峨眉山及川边雷波、马边、屏山、峨边的大小凉山采集动物、植物和鱼类标本，调查彝人社会。卢子英任自然标本采集团主任，留法生物和园艺专家刘式民担任采集指导。从8月1日到11月11日，他们采回了当时北碚的博物馆（今重庆自然博物馆）保存至今的最早一批动植物标本。

道路险阻，沿途乡场街道"狭小污秽"。车船劳顿，他们抵达峨边已经是8月底了。据高孟先考察日记，该县报时方式还是古代的"每日三吹、三打，放炮制鼓。审案时，诉讼皆跪堂上，纯系旧制"。"三吹、三打"就是早、中、晚按时辰吹打当地乐器，正午放土炮鸣时。

在场上，他们第一次看见彝人。"男性的彝子，身披羊毛毡衫，下着裙或大裤头，顶如像小孩护的（留的）一团命毛（就是他们的天菩萨）；妇女的分别，多在头部，头顶覆有长方形的一块布，两耳有坠，头蓄有发。"

第一次采集前，队长卢子英讲解了"如根、茎、叶、花、果、树皮、高度、产区的登记和认识等，又说了许多采集方法"，最后把队员"分成四组，每组限采区三里内采集植物"。高孟先等"遂各携着采集器具出发，因山荒雨大，结果每组采了20余种植物，午后即压好。"

到凉山，他们就进入了战争地带，不得不以50两银子请彝人保镖带路、保护。"经茹哈（今若哈）时，有一同学和师爷，在一个山谷流水处，洗去了泥浆的足，几被彝掳，经险道滔马槽，恐彝子阻路，将采集器具持好作抵敌武器，设遇彝阻时，遂与之绝力死战。午后四钟时抵西河，在正涉水之际，急听枪声爆发，连击三次，弹向头顶飞过，大家都失色，但未竟走，只有一力夫因吓落水，后经交涉妥好才得过。"

他们还购买了少量动物活体。"今天去了五千文钱，买了一只猴子，要带它到峡局去的。晚上一个被彝人掳去逃出的陈云青先生，向我们谈话。他说得很详细，如进彝的原因，被掳的情况，娃子生活七年的经过，逃生的情形等。"32个标本贮藏箱都装满了，因为过大，不便搬运，还请了十余个工人。

这就是高孟先和少勇队员们两个月"身负着行李和枪弹"、"午前记日记，午后翻标本"的采集之旅。

卢子英

在高孟先几十万字的日记、信札中，卢子英属于出现得较多的人物，他称其为"主官、队长、子英队长、子英先生、子英师座、子英区长、卢局长"，叫得最多的，还是"子英先生"。

他和卢子英关系的发展，也是几经周折。1931年，高孟先从少年义勇队一期毕业后，由卢氏兄弟安排在北碚中国西部科学院博物馆任管理员。家中两弟两妹，他经济负担重，4年后，为了工资更高点，1935年2月，他从卢子英手下跳槽到重庆大学当职员，给《新蜀报》副刊等写《读〈墨家之起源〉后》《论女子可以不嫁》等才气横溢和观点独到的文章，但经济状况仍未改善，他又辞职失业，回到北碚。

此时他正缺钱，重大校长、大教育家胡庶华待他不薄。"离校时曾由校长多给月薪洋30元"，权当补助。奇怪的是，他离校后，又觉得"无功受禄不应"，硬是向友人"借洋30元"，"明日即回校退还"，穷得硬气，没给胡老大一点面子。

而卢子英对他也是给足了面子。也是有缘，刚离开重庆大学的高孟先，拖着行李，在微雨的重庆街头，就碰到了从前的老板卢子英。在1935年12月21日的日记中，他记下了这个"有以下匆匆谈话"的戏剧性场景：

"听说您离开重大，到何处工作？"他问。
"是的，工作未定，打算休息两天再说。"我答。
"明天同我一路到北碚？好不？"他问。
"此间尚未结束清，三十日决到北碚来。"我答。
"你的行李怎不寄在民生公司？"问。
"因为存心堂有朋友，比较方便些。"答。
"三十号，一定来碚，好商你前途问题，记着……"，他说。
"唔！……"，答后便分手了。

比他大7岁的卢子英的师长之风，高孟先一位失业才子的心事重重，在这段对话中如嘉陵晚潮，此起彼伏。此次回北碚，新年一过，1936年2月，高孟先回到卢子英手下并被委以重任，任北碚《嘉陵江日报》社主任，主编《嘉陵江日报》和《北碚》月刊。这年12月17日，在北温泉公园，他和赵雪西女士的结婚典礼上，卢子英夫妇为证婚人。

1937年7月，他又跳槽了，一是想去远方，二是直接追随卢作孚。他离开卢子英到成都、南川等卢作孚的地盘上，在其麾下工作。4年后，1941年秋，一双儿女已出世，他也想安定下来，卢子英那边急需干才，呼他回来，他再次被重用，重回《嘉陵江日报》和《北碚》月刊任主任。1942年至1951年1月，高孟先任北碚管理局建设科科长兼北碚银行驻行监察等职。从1931年开始工作后，高孟先在卢子英手下两走两回，最终和卢子英一起守望了北碚民国时代的落幕。

赵雪西

作为少年义勇队的精英人物和卢子英手下的才子，高孟先日记和书信呈现的精神生活，非常有混搭风：他读的是《曼殊书信集》《丁玲选集》、郭沫若《北伐》、叔本华《悲观论集》《斯大林传》；同时写《川南大小凉山之开发计划》《西南商业中心重庆也不景气》《剿匪的先决问题》；看电影《红粉金戈》《日本间谍》；和女友们散步"一边走一边唱《渔光曲》"，"晨间打网球一个小时，午后打网球一个小时"。

祖上有山东血统，身高一米八左右的高孟先，英俊挺拔，很有女人缘，也常自任护花使者。在成都期间，一次在春熙路蜀一电影院看电影，"场中座次前排，有两位密斯（小姐），身体健康活泼，颇引起附近座次之观众注意。适有一军人和一省府公务员故意挨近她们，吾人见势不佳，乃极力设法护卫，两位密斯始免为难。"

比他小6岁的女友赵雪西，是其妹妹在江北治平女中的同学。他在致女友母亲的信中说："雪西稚气深沉，希您不要溺爱，尤在我正训练她时，尚望有所帮助。"于是，在婚前书信里，正在江北读书的小女生雪西，就成了北碚民众教育馆科员高孟先唯一私教的民众："日记盼望细心地整理一遍，不要弄到以后自己都读不清。麻将桌子角角盼你少去站些""只要您听我的话，我是绝对相信您的，只要您短处能改，我更是欢心不了"。

1936年夏，高孟先、赵雪西结婚前纪念照

第一次跳槽重回北碚，1936年3月12日午夜，他在民教处给女友表达了他的兴奋心情："本周生活，午前开会或办公，午后到少年义勇队上课，我整日都在一种新的精神中活动，这是多有趣啊！"

由于交友较广，身边常有女友在内的女性朋友出没，群众在意，还议论纷纷，但他并不在意。在致民生公司友人的信中，还激烈吐槽社会舆论"这种封建的气氛"，但也不得不宣告："我和雪西今天以前的模糊生活，似应告一段落。几天前，曾一度同卢先生商谈，他便促我们在本月廿六日订婚，地点就在北温泉，这个，诚然太匆促了！"

虽然觉得恩师兼老板卢子英的建议"太匆促"，但他并未迟疑，还修书一封，清道开场，致巴县兴隆场一个名叫德玉的"情敌"："我知道您很爱雪西，但您大概不知道，我也是爱她的。现在，我们将要订婚了。您得着这个消息一定会悲痛难过吧？不，您要放宽胸襟。"

1936年4月26日，高孟先、赵雪西北碚温泉公园订婚纪念照
前排坐凳者右3起：卢子英、高孟先、赵雪西、卢夫人邓文媛

婚后，家境较好、"稚气深沉"的女友和他成了柴米夫妻。1939年1月22日，阴雨，在成都桂王桥西街30号的小家中："我同小雪今晚已商定，我们今后每月生活的预算：粮食16元、房租5元、车费3元、卫生5元、邮票1元、零用5元、雇工及娱乐2元，共计35元。"

到3月31日，上述精心设计的家庭财务计划已运转不灵，需去典当一点东西才能救急，但两人都不好意思去："近日无钱，小孩同自己在病中，同小雪商议将大衣和呢服出卖。初先雪不赞成，及至商定，大家又无勇气做下去，因这事不能自己去做，嘱价又觉得难开口，窘人，窘人。"

日机轰炸，他们又成了患难夫妻。1939年5月7日半夜，"时钟刚鸣两下，紧急警报大作，此时小雪惊呼'糟糕'。我尚镇静，我在想，我们这儿避破片是不成问题的，除非我们不幸'中了头彩'，生命总易保全的。以后，我们都安静地趟（躺）在床上，静听飞机在空中飞翔。"

高孟先1931年随卢作孚出川赴华东考察的故事，和1949年后卢氏兄弟和高氏夫妇的归宿，我们下一篇再说。

3 / 北碚有个少勇队（下）
卢局长看了我的日记

口述人 高代华
《高孟先文选》整理、编选者

口述人 高北南
高孟先长子

下江南

"昨得峡局通令，派余随卢局长（卢作孚）出川考察"。北碚少年义勇队队员高孟先1930年3月4日的日记第一句，记录了这场也许是重庆史上第一次华东大考察序幕的拉开。为时三月，经武汉、上海、杭州、南京、苏州、无锡、镇江、南通，队伍全面调查各地工厂、农业、物价、地价、币制、风俗信仰、娱乐、博物馆、学校。

由于民生公司两年后才开辟长江上最长的"重庆——上海"直达航线，所以他们此行并未乘坐民生公司的轮船，而是先后辗转九江轮船公司"合江"轮、太古轮船公司"吉安"轮、"长沙"轮，才抵达上海。

还没有从少勇队毕业的高孟先，负责"保管公用品"，即上次随卢子英赴川边采集的动植物标本及彝人风物，用于沿途跟各高校或博物馆交换展品，有时也用作送人的礼物。他的工作还包括在船上"红日如灼，温度已达八十八度（华氏），将四川带来的食品腊肉晒过，以免霉腐。"

此时正是史称民国"黄金十年"（1927—1937）的第三个年头，到处都进行着各种奇葩而可爱的改革。比如，他们经土沱时，听船夫说，"江北王县长实行阳历，土沱今天不准赶场（原系一四七，现逢二五八了）。"

一路情绪高涨，但匪情也高涨。"又闻该地前三日有大股匪在小河对岸，似想进城""因路上有匪，惜未得参观""闻今天午前离城三里多远一个地方，有土匪掳去上清的人五个""早膳的时候，就闻着前面有土匪，而该轮的外国人已偷偷地在准备武器"。

那是18岁的少年第一次出川下江南，大自然和社会景观，均凶险迭出。出夔门峡,"江心则矗立一石,名滟滪堆,往来船只,以此为极险处。";抵青滩宿,"此滩夏季极险,前'蜀和'轮船即礁沉于此。"更险的还是人:"青滩驻之陕军兵变,今日某轮开上,被劫并打伤数人。"

宁沪杭

1930年春,高孟先(左2戴帽者)随卢作孚出川考察在汉口中山公园和部分团员留影

江南宁(南京)沪(上海)杭(杭州)三地,是民国南京政府依托的首善之地、粮仓和钱仓。但上海首先给高孟先留下的是各种暴力感和视觉奇观:3月22日,船到吴淞口,码头上"力夫形凶气暴,动辄一声四起,握拳打人,何曾是力夫哟,种种不良举动,就匪亦不如此""江面泊之兵舰,极多,悉系外人的,最大之舰,为法国与美国,长数十丈,高六七层,全船大炮四出,实可惧。"但城里"房屋整洁,异常之美,并加电灯照,更为光彩,……五光十色,惹人注目。"

他发现上海是个吸收客民,为都市制造和生产服务的移民社会:"我们在街上,在店里……所遇到的人,形形色色,五方八处的人都有。我们很容易碰到的是广东人、宁波人、江北人或徽州人,外国人、四川人也有,总之难遇到一个上海的当地人。不过,一个正在发展中的都市,需要工作的人甚多,专靠当地人的力量,当然是不成功的。所以,都市中每年入境的人力,当比当地的多。"

3月28日的日记,他发表了对上海一周的观感和总结,非常专业,堪称"上海13条":

1. 区域广大。
2. 货物繁多,全国的出产品几乎这里都有。
3. 人极多并极狡猾。
4. 一场物质上的享受多于乡村。
5. 街道宏洁。

6. 市内交通工具能满足市民的需要，市内设有电车、公共汽车、铁路、轮船、飞机及长途汽车。

7. 市内有一切商货批发，一切食品批发……

8. 公用的组织——自来水公司、电灯公司……

9. 都市人民财产的保险，除警察员的设备外，有救火机关、红十字会，传染病医院……

10. 娱乐事业的设备，有公园、戏院、电影院、跑马厅、体育场、音乐会……

11. 文化事业的建设，有各种公立学校、图书馆、博物馆、科学院、美术院、讲习所……

12. 生活程度（水平）极高，人工力资亦昂。

13. 大餐馆、大旅馆、大洗澡塘、大百货公司、大衣庄、大工厂……

"上海13条"表达了一个地偏西南的重庆小镇青年，对当时远东或亚洲最大的都会上海的崇拜之情。1930年，莫说他们卢老板营建的北碚，就是东京和香港，都唯上海马首是瞻；而整个重庆，直到1980年代，总体上也没能达到1930年"上海13条"的水平。

崇拜之余，高孟先对上海亦有批评："上海的工厂固多，然极少制造的工厂，下面许多原料从外国来，而且造成各种要件来，止于上海安装配合，如造电机、造电泡、造眼镜、造象牙……"

早在1930年代，他可能就说出了一直称雄到1980年代的"上海制造"的秘密。

离开上海，高孟先他们到杭州，正逢蒋介石出席1930年第四届全运会的大场面。四川选手如该省的熊猫一样珍稀，"听说昨天一万米竞赛，有一个四川运动员，参观者均很惊奇，比赛时有三十人跑。在最后者，为四川运动员，众皆拍手笑，他视若罔闻。"

四川那一届运动员不行，但厨子很行。在南京，他发现川人开的民生餐室、中山饭店、蜀峡餐馆、豆花馆，非常吃香，"各省人都喜食，现在南京的中西餐馆，都不能同他们竞争，假设他们一省罢工，许多人的饭碗要成问题。"

首都南京给他的印象不太爽，他语带讥讽："南京街道之好，竟到这样程度——人在街上去走趟，眼耳鼻鞋都装满了沙回来"。

卢作孚

江南考察之旅，也是少年义勇队队员高孟先在大人物卢作孚麾下的学习之旅。在船上，"早膳后卢局长训话：第一个要增加皮肤抵抗力和卫生，仍继续峡局的冷水浴，每晨起举行。"旅行中少勇队员数学、英文、文学教育课程一直在进行，卢作孚任文学教师。

师生之间还有读书报告会。有时卢作孚讲，有时高孟先讲。小高热炒热卖，讲刚发生于上海的观察，并提前六十年预测了浦东的开发：除自然人口增长外，"都市的增长，第一便是客民入境，便如跑到上海，极难见一个上海籍的人，多见到的，是宁波人，苏州人……，第二便是扩充市区。又如上海，现在不仅包括了法英租界，将来且有吴淞、浦东的趋势。"

高孟先还跟卢作孚见了一些大人物：如"局长同蔡元培先生谈话"，还有"午前九钟参观中华职业教育社，……先晤着黄任之先生说说社里的经过概约。"蔡元培不用说了，黄任之即1945年在延安窑洞和毛泽东讨论家国政党"兴亡周期律"的大教育家黄炎培。

江南之行也是他近距离观察、学习卢作孚言行思想的良好机会。在上海，商务印书馆著名"客服"——江湖人称"交际博士"的黄警顽，要请卢作孚参加大中美饭店午餐会，还要照相，"他见着局长身上着的制服不太好，就立即请脱去，并说于他介绍有妨碍，局长说我素来都是这样打扮，不便改装。结果，只悉把现出的一段长的毛线衫去掉，其余还是原样的就跑去了。"

卢作孚和来访的川军将领吕超部下旅长曹俶宾的交谈，则"非常有味"："卢局长说：'革命以来，直到今天，匪徒的利用是过去了。凭今天以后，是决不会有的，利用军队，今天也是显然不可靠的，形成了军人遍国中……这样一来，中国现在要利用什么才好呢？'"

大结局

1949年12月2日，卢子英、梁漱溟等北碚头面人物和中共地下党代表罗中典，在天生桥迎接率部接管北碚的解放军二野三兵团11军32师94团3营营长高登基。

高孟先之子高北南回忆：在此之前，卢作孚任董事长、卢子英任董事的大明织布厂拿了一千匹花纱布（即原白布或白坯布）给卢子英。"卢子英把布换成钱，作为给北碚管理局他手下没有房产的职员的遣散费。凡是没有房产的，每人分了16两黄金。我父亲原来和同事合伙买过房产，但这时已卖了，所以也得了。"

卢氏兄弟和高孟先夫妇四人中，1952年2月，59岁的卢作孚最先走，非正常死亡。高北南说："卢先生不幸辞世，父亲率姐姐黛陵和我前往卢家凭吊，表达父亲对卢作孚老师的无比崇敬和热爱。"

1975年，高孟先发现自己得了高血压，就给卢子英去信。5月23日，卢子英回信感叹："孟先弟，怎么你也患上此病，我不禁数次悲从中来。"他以一个近20年高血压患者的资格，给高小弟推荐"已服几月还好"的山楂合剂。还推荐了安徽人民出版社出版的1角3分钱的《高血压》小册子，并说，如果买不到，请高北南到他家去拿。还教高小弟"谨防脑溢血，解便宜坐痰盂，不可蹲厕所，否则大便时一鼓气，谨防晕死于厕所"。最后"祝你和雪西健康"。结果小弟先走，大哥殿后。卢子英1994年89岁去世。

高孟先妻子雪西是最后走的。高北南说："我妈最先在父亲手下抄抄写写当秘书。一年后，有娃儿了，就回家当主妇。解放后，妇女能顶半边天，她出来工作，经商业局会计培训到三八商店（即后来的重百）、友谊商店高档商品柜台工作，2004年去世。"

1979年12月，应全国政协文史资料委员会之约，1956年后调任民革重庆市委机关任秘书的高孟先，历尽劫波，写完近九千字的《卢作孚与北碚建设》。"他于1927年春担任峡防局局长后，五六年间，为这一地区的建设事业奠定了牢实的基础，此后，由其弟卢子英继续主持。""卢利用温泉寺有温泉、森

1947年夏，北碚，高孟先全家福

林之美，古庙、山川形势之胜，于1927年秋创办了温泉公园。"这是1949年后第一篇全面叙写和评价卢作孚及其北碚传奇的文献，可以看成是少勇队员献给恩师的颂词和悼词。

这篇文章写好不久，1979年12月12日，他激动得因心脏病发作去世。其心脏病首次发作时间是1937年10月16日在成都凤凰山机场工地："车上振动太大，胸脯剧痛。"医生说他活不过两个月，但他又活了42年，直到67岁。

他的绝笔《卢作孚与北碚建设》，也是一曲北碚少勇队员青春版的"天鹅之歌"。其一手好文笔，就是从小经恩师卢作孚一手调教出来的。1930年3月16日这天的江南考察日记，他曾写道："卢局长看了我的日记，就把一些不适当的字词删去，又把不圆合的话皆改正，并教了一些用字方法、地方，我是异常高兴的。"

4 / 万师：土纸本上的青春之歌 『你的恩，如君如亲』

口述人 张南
土纸本藏书家

第一次见到张南，是2004年他被评为"重庆市第二届十大藏书家"。评选是《重庆晨报》和精典书店组织的，我参与了甄别、评选、采访、报道的全过程。在坊间的刻板印象中，藏书家都是白发苍苍的糟老头子，但《重庆晨报》主办评出的两届20名藏书家中，给我印象最深的两位，却都是年轻帅哥：一个是检察官，一个是中学历史教师张南。两个年轻的书呆子藏量不是最多，但所藏专精，相映成趣：检察官藏的是线装书，纸面皎洁，较为昂贵；而张南，对黄乎乎、黑黢黢的土纸本情有独钟。

即使在寒碜、粗糙的土纸本中，他也有淘出了"颜如玉"和"黄金屋"的感觉。2017年他推出《土纸本谈屑》一书，厚厚一本，也是十三年来他给自己和读书界的一份书香厚礼。我们打望这位青年藏书家的淘书故事，还原他收藏的土纸本上蕴含的抗战川渝战时生活的文化风景。

土纸

土纸就是现在扔在路边，你绝不会看一眼的纸张。但在抗战时期，土纸却是重庆乃至全国很多地区出版业的主流用纸。张南至今还记得他十多年前第一次看见土纸出版物的情景，那是一本破旧的抗战歌本。

他说："只能说是一种缘分。在一个大学的家属区，碰到收荒的在摆摊。有一本《大众歌声》第三集，我一眼就看中了，是抗战时期出版的。纸质粗糙，厚薄不一，印刷模糊，原来的封面没有了，贴了一张白纸，用毛笔写着书名'救亡歌'。"

这差不多就是一个土纸本的完美样本了。战时重庆的天空、水路和陆路都被封锁，纸张奇缺，好在川渝两地稻、竹茂密，用稻草、竹叶、竹竿和树皮等植物纤维为原料的手工纸，成就了战时的印刷大业。"用土纸印出来的书刊，统称'土纸本'。十多年来，我通过旧书市场淘选、书友交换、网上购买等方式，淘得出版物千多册，其中半数为抗战时期出版的土纸本。"

张南书房挂着一方自号"稻竹斋"的文房匾，其用纸，正是面目凹凸、粒子粗糙，还带有草木寒香的土纸，手感非常舒服。在《土纸本谈屑》自序《我的土纸情缘》中，他用中学历史公开课上那种非常主旋律的语言表达了这种手感："摩挲着书本，一种特殊的情感涌上心头。这些诞生在战火纷飞中的战歌仿佛就在我耳边奏响，我热血澎湃。我仿佛看到了从松花江畔流亡到后方的莘莘学子，看到了战斗在白山黑水、长城内外的义勇军，看到了妇女们吟着《寒衣曲》在为前线战士赶制冬衣，看到了母送儿、妻送郎的断肠场面。"

如果以纸为喻，中学课程政语外、数理化，就像精良厚重的铜版纸，而张南的历史课，就像土纸一样边缘，讨不到颜色。加上"我的朋友胡适之"曾说过：历史是个小姑娘，任你怎样打扮她。但他忘了说小姑娘长大后，会自己打扮自己。用什么打扮呢？就是用最真实的史料。而这种史料往往就是最原初的出版物。所以张南老师的历史课，只要亮出自己收藏的土纸本文献作为教具，那些孩子们的爷爷辈读过的土纸书，就把孩子们震住了。

课本

石桥铺红光中学历史教师张南站在讲台上将近20年。为了印证史实，每当他亮出他收藏的那些宝贝土纸本。堂上红光一闪，看惯日本动画片《圣斗士星矢》中海神波塞冬电闪雷鸣三叉戟的孩子们，仿佛看到了中国历史天空的闪电。他们在不多的历史课上，从土纸上直接看到历史。

张南说："在收藏中，我特别留心与教材相关的文物、文献和各种复制品、衍生品。比如在讲南京大屠杀时，我拿出了1938年出版的《今日南京》，随手一翻，侵略者的暴行比比皆是。真实的力量是无穷的……教室一片安静。地方教材中有抗日将军张自忠牺牲的内容，他牺牲后，就埋葬在北碚。为了展示张自忠将军的风采，我向学生展示了1947年出版的《张上将自忠画传》。大大小小100多张照片，全面反映了将军悲壮的一生。"

特别是《画传》中一封渡河作战前张自忠写给部下将领的遗书："看最近情况，敌人或要再来碰一下钉子；只要敌来犯，兄即到河东与弟等共同去牺牲，国家到了如此地步，除我等为其死，毫无其他办法。要相信，只要我等能本此决心，我们国家及我五千年历史之民族，决不致亡于区区三岛倭奴之手。为国家民族死之决心，海不清，石不烂，决不半点改变，愿与诸弟共勉之。"今天看来，仍是掷地有声。

2012年12月，他把历年收藏的清末以来的116册课本，在学校办了一个"百年教材展"，其中一本《课蒙举隅》，据其考证，很可能是重庆开埠以来第一部自编新式语文教科书。

由重庆文坛名宿杜成章编写的这个课本，清光绪庚子年（1900）刻于惠民场（今重庆市巴南区惠民镇）。张南说："我拿起这个课本，见到过退休老校长朱淑勤老太太。她当年在学堂学习《课蒙举隅》时，还是一个小女生。现在，她已79岁，再次见到这个课本很激动，还能流畅地背出部分课文。"

这套上下两册18课的教材，把文化、常识、修身、法制治于一炉，自然而实用。"上册有16课，课名是'食用''蔬果''珍馐''布帛'等，贴近生活。第一课《食用》，开篇就是一首顺口溜：油盐柴米酱醋茶，烟酒粉面香烛花……瓯茄胡豌豆腐芽。接着一个字一个字地解释顺口溜中的每个字，讲解它们的读音字义。下卷就只有《讼狱》和《守正》两课，主要介绍了清朝的律例，相当于法制教育，后面附了怎样书写'借约''合伙约''投师约'等实用文书，还有学生应该读的《曾文正公家书》《书目答问》《读西学书目表》。"

张南考证：我国近代第一部教科书是1898年上海南洋公学自编的《蒙学课本》，而重庆这本《课蒙举隅》，只晚了两年时间，极可能是重庆地区最早的教材。

万师

张南收藏过一叠手刻油印土纸本，是土纸里最差的，纸薄墨浅，多处已难辨识。但细细研读，这卷出品于1943年（民国32年）6月30日的《四川省立万县师范学校立校三十周年纪念及十二班学生毕业典礼特刊》，是一卷抗战学子荡气回肠的青春之歌。

封面有一行"校长张豁然"小楷手迹，不知是不是这卷特刊最初的主人？

查看里面校史记录：该校创办于1914年3月，最先叫四川省立第四师范学校，第一任校长钟正懋（1908—1911留学日本东京高等师范学校），校址在万县东门外文昌宫，招收高小毕业生，读五年师范；1918年迁往亢家湾（后改名抗建湾）新建的仿日本崇文学校校园；1935年改称四川省立万县师范学校，"自成立迄今历三十年，今虽规模初备，然昔贤惨淡经营之功，当垂不朽也。"

从建校到30周年校庆这天，张豁然是第14任校长。他是夹江籍，历任校长分别来自南充、资阳、万县、江津、成都等地。他头一年（1942）三月上任后，就摊上万师30周年校庆大事，张校长借这个特刊可能也就首次盘点了30周年万师毕业人数："1914—1926年，档案散失，毕业生人数无从查考；1927—1943年，共毕业师范生607名，高中生119名，初中生126名，合计852名"。

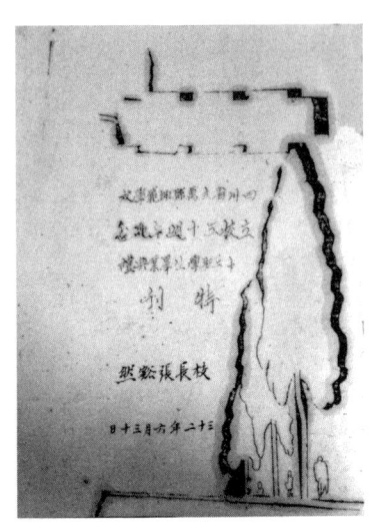

《四川省立万县师范学校立校三十周年纪念、十二班学生毕业典礼特刊》（土纸油印本）

为了校庆，他在头一年教师节就为万师作校歌一首：

　　维省万师，精神国防，以教以育，多士琅琅；启川东之聋聩，
放学术之光芒！
　　尊师重道，笃知力行，立礼成乐，好学敦品，自治成生活，
服务贵牺牲，互助合作，团结精诚。
　　凡我师长，父母为心，严以励志，慈以陶情，行为施教范，
人格塑典型，潜移默化，不令而行。
　　维我万师，上宗孔子，万人之师，万世之师，良师兴国，
惟我万师。

张校长接手万师时，学校还是家大业大。张南说："从特刊所记可知：全校计有图书23000余册，仪器药品标本3700余件，校具5000余件，体育卫生用具500余件。学校的任务还包括'遵照规定辅导第九师范学区各县地方教育'，计

有万县、开县、忠县、云阳、奉节、巫山、巫溪七县，担子还是重。"

从特刊的校庆学生壁报目录可知，此年在校学生计有 12 至 17 共 6 个班（每班还分甲乙两组）。"班"相当于"年级"，最高的 12 班就是今年的毕业班了：全班共 51 人，男生 25 人，女生 26 人。在籍贯上，万县开县人最多，分别有 18 人和 13 人，其次忠县有 7 人、开江 4 人、梁山（今梁平）3 人、奉节 2 人、云阳、巫山、巫溪、南部（属四川南充）各一人；学科专业上，国文 20 人、教育学科 10 人、数理化 7 人、美术 5 人、音乐 5 人、史地各一人；在就业能胜任的职务和岗位上，可当校长的 6 人、主任 6 人、教员 39 人。

查《四川省万县师范学校校史 1914—1994》一书和有关资料：该校 2003 年与创办于 1960 年的万州幼儿师范学校合并为重庆三峡师范学校，2012 年升格为重庆幼儿师范高等专科学校至今。

著名学者、孙中山大元帅府秘书长章太炎 1918 年亲临学校、亲笔篆书的荀子《劝学》名句"骐骥一跃，不能十步；驽马十驾，功在不舍"的校训石碑，作为镇校之宝，至今矗立校园。

万师作为省立中等师范专科学校，是当时下川东最高学府，后来也被誉为"下川东革命摇篮"：早在 1923 年就有中共早期活动家肖楚女在此任教；1926 年任校长的重庆北碚人李嘉仲，毕业于北师大，后来参加过中共五大和南昌起义，他在万师建立了中共万县第一个党组织。

青春

万师此前和后来历任校长组织的校庆和毕业典礼，可能都不如 1942 年 6 月 28 日这天第 14 任校长张豁然安排得这样饱满、潮润。

校庆活动记时以中午为界，有"过午不食"的古范："午前七时起"展览会开始，展出美术、国文、日记及布谷文艺社习作；"午后一时半起"是游艺节目，有拜寿、叠罗汉、独唱、欢送舞、魔术；"午后四时起"篮球赛：男篮打球那个坝坝叫和平场，女篮那个坝坝叫游龙场；游泳竞赛那个水塘塘名字更霸道，叫屈子湖。

"午后七时"，有两台大戏上演（看哪台好呢？），一台是号称《蓝蝴蝶》的名剧；另一台是校长张豁然担任出品人的曹禺四幕悲剧《雷雨》，两个最吃重的女角周繁漪、四凤，由女生常忠莲、王守碧扮演，估计前一个是级花，后一个是班花；导演和改编是龙飞英，此人还演周萍，和前面两朵花儿眉来眼去，还要兼搭"后台提词"，还曾用五线谱的豆芽瓣瓣，给张校长写的那首校歌谱过曲。

担任"舞台监督和效果"的叫鲁瑞符，此人肯定是个大才子，因为在特刊所附歌谱里，我们发现有一首《十五班级歌》"我们是中国青年，我们有忠肝义胆，我们有钢筋铁骨……"，"创作者"署着他的名；他还写了一首曲风"愉快"的供"庆祝会上用"的混声四部合唱曲《Ran ta Ran》。

从龙飞英到鲁瑞符这些音乐才子，还有特刊后面所附的歌谱，可以发现万师的音乐生活内容之丰富，形式之高级。

这些未来的中小学教师，心中手里有当时最好的曲库：既有黎锦晖、戴季陶词曲的《总理纪念歌》"我们总理，首倡革命，革命血如花……"，1927年就开唱；星海作曲的《我们自由的走，纵情的唱》、田汉、贺绿汀词曲的《胜利进行曲》；贺绿汀、江定仙词曲的二部合唱《新中华进行曲》；汪秋逸《淡淡江南月》《南方吹来了战斗之风》；还有张豁然、龙飞英词曲的《万师校歌》，都是抗建和励志的主旋律歌曲。

刘大白、刘雪庵词曲的《布谷》、刘半农、赵元任词曲的《听雨》、胡适、赵元任词曲的《上山》，则是修身养性的艺术歌曲；至于黄自（1904—1938，江苏人。著名作曲家、音乐教育家，中国早期音乐教育奠基人，华人音乐史上的一代宗师，著名作曲家贺绿汀、江定仙、陈田鹤、刘雪庵为黄门四大弟子）的清唱剧《长恨歌》第8乐章女声三部合唱曲《山在虚无缥缈间》、混声四部合唱曲《佛曲》，到现在都是一些合唱团难度甚高的保留曲目，跟威尔第经典歌剧《茶花女》中的一代名曲《饮酒歌》和萨利厄瑞三部联唱曲《戏谑曲》等，主打美育、艺术和情感教育，都是万师学子在校精修、以后课徒的上好音乐资源。

这天，十二班学生毕业典礼的时间，特刊上没有注明午前几时，但程序清楚如下：唱国歌、向党旗及国父遗像三鞠躬、主席恭读国父遗嘱、师生（校长、教师、校友、学生）致祝词、全体肃立齐唱校歌、鸣钟24响、颁发毕业证书和纪念品、毕业生致谢师词、唱谢师歌，礼成，摄影，聚餐。其中"毕业生唱《谢师歌》《留别母校歌》"这个环节，把典礼推向高潮。

毕业生代表朱惠群致"谢师词"，敬献礼物，是一副"刊总裁语，留母校纪念"的木制对联："生活的目的在增进人类全体之生活，生命之意义在创造宇宙继起之生命"（此联我亦见于台北中正纪念堂）。接下来，全体51名毕业生起立齐唱《谢师歌》：

> 教师，你似是我们的亲！教师，你似是我们的君！
> 你的血，长育了我们的心；你的汗，培植了我们的身。
> 今天，我们的身心虽已经发育完成！然而你的血汗已经呕完流尽！
> 教师，谢谢你，你的恩如君如亲！
> 教师，谢谢你，你的德山高水深！

此歌一起，情真意切，荡气回肠，十二班最小19岁到最大25岁的毕业生，从张豁然校长、各位教员到众多还没毕业的学弟学妹，无不热泪盈眶，够狠了！但这还不算，万师的毕业生还不过瘾，因为荡气回肠虽然有了，但还没有撕心裂肺，马上一曲《留别母校歌》来了，大家坐稳了：

> 别了万师，我的母亲。
> 三载哺乳，教诲殷殷。
> 毛羽初丰，遽别娘亲。
> 饥寒错跌，何人关情？
> 将翱将翔，悠悠我心。

此歌一落，全场师生刚才还热泪盈眶的眼睛，立马像"午后四时"将要游泳竞赛的屈子湖，水花四溅。张南说："场面太感人了，你看，特刊的编者也特地用《史记》笔法，在前言中专门为此宕开一笔，写道：'当毕业典礼完成之际，由毕业生唱《留别母校歌》，词极辛酸、曲尤悲哀。当唱至"饥寒错跌，何人关情？将翱将翔，悠悠我心"不觉热泪夺眶而出。'"

唱起这种惜别母校的歌，哪一个学子想离别？但此时距离后来才晓得的抗战胜利日，还有两年多，万师十二班25名男生和26名女生，不得不像草籽随风，撒向四川各县，冒着日机的轰炸，站在简陋的讲台上，像母校校歌里唱的那样"严以励志，慈以陶情；行为施教范，人格塑典型"，成为自己毕业典礼上歌唱的"你的恩如君如亲"的一名战时教师。

5 汪曾祺给夏素芬写了一黑板情诗

口述人 章紫
化工专家、汪曾祺高中同学

95岁的章紫老太太坐在江北家中的客厅，沙发后的墙上，挂着她和丈夫——最老的渝商何庆钵先生1940年代的结婚照：西装旗袍，好莱坞画风；下面是一张几米长的宽幅照片《1983年11月17日党和国家领导人会见中国民主建国会第四次全国代表大会、中华全国工商联合会第五届会员代表大会全体代表合影》，重要会议画风：邓小平、胡耀邦、邓颖超、彭真、万里、王震坐在前排；她作为重庆代表，站在后排某个位置上。

名门

章紫1920年出生于江苏江阴名门望族，从名字到家世都很传奇。她说："我出生时受了窒息，脸色紫绀，所以父母给我取名紫。家里出身，现在说起来有点不合时宜，是一个书香门第，祖父章际治（字琴若）是光绪年间进士，当过翰林院编修。年纪大了，回乡办学，当过江阴南菁书院山长。南菁书院后来改为南菁中学，祖父和外祖父都是校董。父亲章斌（字质甫），是教务长，后来任私立无锡中学校长。解放后，父亲在华东师大第一附中退休，高级教师，最后在重庆去世。"

母亲王伊荃，先后在无锡竞志女中和上海务本女中就读。"毕业时，东北吉林农安县女子学堂到上海招老师，那么远那么冷的地方，她不怕，去教了两年书。回到上海，应聘到上海张元济家里当家庭教师。张元济是大出版家、商务印书馆的老板，1927年遭土匪绑架，脱险后，妈妈还写信慰问他们。妈妈有志气，比爸爸志气大些。但结婚后，为了家人，就成了家庭妇女。南菁中学现在还在，是当地名校，我的母校，百年校庆还请我回去了的。"

章紫在南菁读到高二,日本人打进来了。"我们全家迁到上海,我在扬州中学读完高中,考取了中法大学药科。日本人又占领了上海,穷凶极恶,我们尽量躲着他们。好在我们住在静安寺路(抗战胜利后改为南京西路)英租界,碰不到日本人。我们租的房子,是个阁楼;老家的大房子,已被日本人占了。父亲在几个学校兼课,工作到深夜,改卷子、备课,以补贴家用。"

章家老宅位于江阴城内大毗巷,靠近东门。从章紫现在美国的堂姐画的老宅平面图看,前街后河,从大门到后门,包括大门、天井、老厅、新厅、对厅、藏书楼、花园等八进院落。"大门口有一块匾,上面写着'太史第'。解放后,这里成了公安局家属宿舍。有一年,我回去看,现在已没有了,原来后门那条河,都填了。"

重庆

日本人打到江南,章家举家迁移上海。章紫说:"在上海,我们也不想在日本人手下过日子,不舒服。于是,家里又计划往重庆迁移。家里五兄妹,三儿两女,我是老三。父母叫我和哥哥、弟弟到重庆投奔叔父。父母带着小弟在上海,大姐去了成都青年会。我和哥哥、弟弟分头陆续到达重庆,从上海坐船到宁波,再从宁波坐汽车到桂林,然后从贵州进重庆。一路上,日本人的飞机有时飞得低低的,看得见上面的膏药旗;还有湖匪的抢劫和拦路敲诈的地痞恶人。我跟着一个熟人,在路上走了一个月,才到重庆,好像是民权路20号,见到叔父章楚。"

章楚是章紫父亲的弟弟,早年在美国获哲学博士,抗战时任新生活运动促进总会副主任干事,1949年后任联合国总部译员;夫人屈锦琴是他在密歇根大学求学时的同学,医学博士,后来任南京市妇幼保健医院第一任院长兼国立中央助产职校校长。"婶婶他们学校也迁到重庆,在歌乐山。我就到歌乐山国立药专去读书。家里想我学医,我怕见死人,就改学了药。哥哥去遵义的浙大分校读书,弟弟在九龙坡的上海交大重庆分校(在四川美术学院黄桷坪老校区)读书。"

国立药学专科学校在歌乐山高店子附近。"药专原来在磁器口,遭日机轰炸后,才搬到歌乐山。在山上,我们看得到日本飞机,但没看到投弹,它一般只轰

章紫（前排左1）和丈夫何庆钵（后排右6，高个肩后）抗战时在重庆歌乐山国立药专同班就读

炸市区。我是插班生，没考试，我在中法大学读药科考试都是一、二名，重庆这边的学习水平还差些，老师就对我很好。1940年，我20岁，也没有多少抗战报国这些想法，糊里糊涂，埋头读书。"

在班上，后来成为她丈夫的男生何庆钵，是四川西充人。老太太风趣地说："我们一个班，但最初我瞧不起他。我们有些课的老师用全英文讲课，他成绩一般。他们家跟民盟的鲜英家关系好，后来败落了。1943年毕业后，我被分配到磁器口的药苗种植场，我们学校的教授当场长，种植颠茄、洋地黄，都是麻醉类药用植物，战争需要。合川还有一个麻醉药品管理处。"

1945年抗战胜利后，章紫先后到歌乐山的上海医学院和重大理学院化学系当助教。"石头房子是工学院，砖头房子是理学院。药专的郑兰华教授是我老师，他的儿子叫郑履平。药专1936年在南京创办，1937年抗战后内迁武汉、重庆，平安到达，所以给儿子取了这个名字，他后来当过重医院长。郑教授跟重大校长

1940年代章紫、何庆钵夫妇结婚照

张洪远很好,抗战胜利后,张要他留在重大教书,郑就没回上海,我是他的助教,也留了下来。但我还是回上海探了亲。"

而章紫婶婶屈锦琴携婆母和三个儿女从重庆飞回上海,则是一次家破人亡的惨烈之旅:1946年3月19日,他们搭乘中航由美式C—47运输机改装的139号客机,在四川小凉山峨边团岩山不幸坠机,30名乘客和3名机组人员无人生还,是中航战后首次大空难,婶婶一家只剩下章紫叔父章楚一人了。

1947年,章紫夫妇在董家溪创办幸福化工厂,她成了厂里的技术人员。给毛纺厂搞氨水,搞高锰酸钾,生产给铁轨防腐的氟化钠。"我们搞技术的人,对政治不感兴趣。国民党也好,共产党也好,对我们影响不大。但药专同学蔡善瑛,对我很好。有一次她从学校被抓去,在文化宫附近的监狱里关了几个月。在学校,她的行李堆在另外一个地方,我帮她把行李里面的文件包好。我晓得她的中学老师是重大教授谢立慧,他们都是安徽人,我决定将文件包送到谢那里。我晓得她是共产党,对这个问题彼此心照不宣。她出来后,大家不谈这些,但关系还是很好。"

1953至1966年任重庆市三人民医院副院长的胡永芬,是地下党员。"我们是邻居,谈得来,她有几个箱子托我们保管,我保管了。解放后,她当院长,我就送去还她。她的妹妹胡启芬，是周恩来的秘书（此处不准确。胡启芬1945年12月随周恩来率领的中共代表团赴重庆参加政治协商会议，在邓颖超领导的妇女组工作，并不是担任周恩来的秘书；1948年胡启芬被捕时任重庆市工委妇委书记）。她的房子，在特务头子谈英彰楼下。她被抓了，胡永芬来找我们想办法。我们找到特务头子，他说：'你们不要管闲事。'特务头子的妈妈过生日，我们还是带着厚礼去打点。我们不懂政治，只是出于义气帮朋友。要解放时，特务头子给我们说：'我们要跑了，共产党要来了。'他叫我们跟他去西昌搞毒品，我们才不去搞这些。"

何建明所著《忠诚与背叛——告诉你一个真实的红岩》一书称胡启芬是"户主周恩来名下的女烈士——胡南"，印证了章紫所说。

> 在重庆红岩革命历史博物馆里，女烈士'胡南'的照片下有一份珍贵的简历："户主姓名：周恩来。姓名：胡南。性别：女。教育程度：中学。职业：政。服务处所：中共代表团……"这份简历，是她1946年在南京中共代表团工作时的户口册页上的内容。……胡南，原名胡永萱，又名胡启芬，在渣滓洞监狱里，她的名字又叫胡其芬。……在被捕之前，她当时的真实身份是中共地下党重庆市委妇委书记。1945年任中共重庆市委妇委书记。1948年被捕，关押在歌乐山渣滓洞，1949年11月27日牺牲。

章紫后来是位于董家溪的重庆皮胶厂的工程师。"明胶就是猪牛皮在石灰水里浸泡、净化，用热水溶化处理，可以做成装药的空心胶囊。但在当时，主要用于火柴头火药的粘合剂。有一年，四川省轻工厅的郭厅长，把我叫去成都，要我们厂保证供应火柴厂的明胶定量，因为火柴关系到千家万户的生活，必须保证。"

汪曾祺

讲完上面这些经历，章紫进里屋拿出一叠影集，翻检老照片给我看。翻着翻

章紫保存的关于高中同学汪曾祺的悼文剪报

着，她顺手翻出一叠剪报复印件，指着上面的一张肖像，可能以为我不认识或觉得跟今天的访谈无关，就有点犹豫地说："嗯，还有这个，看看你知不知道这个人，他是我高中同学。"我接过一看，大名鼎鼎、如雷贯耳，差点没坐稳：天哪，这不是我的偶像——湘西凤凰沈从文大师傅一脉单传的著名作家汪曾祺老先生吗！

老太太很高兴，话匣子又打开了，她说："汪曾祺是苏北高邮人，我们南菁中学有名，苏北人就慕名而来。抗战前，1935年，我跟他高中同学两年，苏北人嘛，也不大瞧得起他。我有个好友叫夏素芬，是一个中医的女儿，汪曾祺对她有点意思。高二，有天上学，我们一进教室，就看见黑板上有人给夏素芬写了一黑板情诗，不是新诗，是旧体诗，是汪曾祺写的。他跟我们一起看，看了之后，他自己把黑板擦了。当时不开放，学校不赞成这种事。他成绩不好，人也不帅，性格也不活跃，但有才华。"

汪曾祺和女同学章紫通了多年的信。"夏素芬在江阴沦陷区，我在重庆读书，汪曾祺在西南联大读书，我们都出来了，读大学很无聊，就写了很多信，他跟我写的要多些。妈妈知道我在跟一个苏北男生通信，还警告说：'你爸爸不喜欢苏北人。他知道了，会不高兴的。'通信的内容，反正都是大学生，天东地西，瞎扯一通，我都记不起了。"

但汪同学信里面有两句话，女同学章紫记忆犹新。"有一次，他在信里写了一句，我印象很深，他说，'如果我们相爱，我们就有罪了'；还有一次，他信里最后写了一句，'握握你的小胖手'。当时，我手胖，班上的同学都知道我的小胖手。我们通信多，但我们并没谈恋爱。他信里这句话都这么说了，我们确实没相爱，没谈过恋爱。'小胖手'这句我记得，是因为我信多，看了就随便搁在桌上，同寝室女生看了，大家都觉得好笑。"

多年以后，在北京，汪曾祺在家里握着章紫的手，就是当年在信里隔空而握的学霸女同学的小胖手。此时，1980年开始名满天下的文豪同学，已垂垂老矣。章紫说："那一年，我到北京去他家做客，他住在北京蒲黄榆路，他爱人施松卿（1918—1998，福建长乐人，生于马来西亚，新华社对外特稿部高级记者。1939年和汪曾祺同年考入西南联大，先后就读于物理、生物和西语系。在校期间两人并不认识，毕业后因同在昆明郊外建设中学任教而相识、相知、相爱。1947年订婚于上海，1949年5月结婚于北京，育有三个子女）跟还没结婚的女儿在家。他很会做菜，是个美食家。他悄悄对我说：'当年学校的事儿，不要多说。'可能是指他跟夏素芬的事吧。"

至此，汪老爷子的形象在我心中就完美无缺更亲切了。汪老1940年代西南联大中文系出身，老底子；1960年代出任现代京剧《沙家浜》主要编剧，一折《智斗》中"老子的队伍才开张，拢共才有十几个人，七八条枪"和"垒起七星灶，铜壶煮三江；摆开八仙桌，招待十六方"的唱段，老把式，家传户诵；1980年代初以两个短、中篇小说《受戒》和《大淖纪事》重出文坛，大器晚成，惊艳江湖，而此时汪老爷子已届六十耳顺之年，老来红，好像从没年轻过。

今天碰到其高中时代的章紫女同学出来"呈堂证供"，才晓得老爷子也曾"当时年少春衫薄"，郎骑竹马，心如撞鹿，跟我们一样淘气可爱：小时候公开给女生写诗写信，长大后几十年如一日为老婆孩子入厨下，洗手掌勺做羹汤，老来还"悄悄地"怕怕老婆。

但他的几十封信，章紫一封都没保存。"因为我爱看书，就看到了他写的文章，才晓得他后来那么有名，夏素芬也晓得。我们一个同学是医生，还告诉我说：解放后，汪的父亲，在镇江医院挂号。汪曾祺给我写的信，全都丢了，我哪晓得他后来那么有名呢？丢了就丢了，无所谓。当时同学写信多，后来都丢了。"

汪曾祺跟章紫同岁，1997年病逝，享年77岁。我想到比他们大13岁的英国大诗人奥登《名人志》里写的那个女人，名人给她写了"大堆出色的长信"，她"回几封……一封也不保存"。

最后，根据我从前在中小学班上蹉跎多年的江湖经验，男生都有一个惨不忍听但又金光闪闪、直冲云霄的绰号，就问汪老爷子小时候在班上有什么绰号没有，老太太笑了笑，用纯正的江南软语欢快地叫起来，像一道闪电："汪癞子！就是瘌痢头。"

（章老已于2018年5月13日因心肌衰竭逝世重庆，享年98岁）

6 / 重庆外语学校俄语班往事（上）
入学考试，我唱的是《哈瓦那的孩子》

口述人 谢亚非、钱勇
重庆外语学校俄语班校友

1963年7月，由于国家急需外语人才，周恩来总理和陈毅外长决定创办一批外国语学校。除北京已有的两所之外，教育部通知上海、南京、长春、广州、重庆、西安6市各新建一所"从小学三年级开始学习外国语的外国语学校"，全国共8校，重庆外国语学校应运而生。半个多世纪后，我在重庆碰到该校1963级俄语班的阿辽沙和娜塔莎，跟外语有关的校园往事和时代风云如在目前。

考试

阿辽沙和娜塔莎坐在我对面，像他们当年顶着这两个典型的俄语名字，坐在重庆外语学校俄语班的教室一样。阿辽沙叫钱勇，是重庆市外经委轻工进出口公司退休干部；娜塔莎叫谢亚非，是重庆电信局退休会计。回忆9岁那年走进外语学校考场那天的情景，恍如昨日。

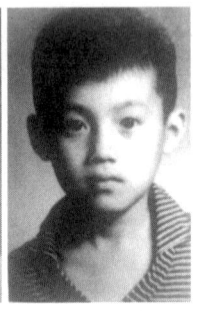

谢亚非（娜塔莎） 钱勇（阿辽沙）

周总理和陈外长的意图，最终是通过一个个考场来实现的，重庆考场设在人和街小学。钱勇说："考试的消息，是通知的家长。我爸是市计委副主任，他叫我到他的办公室去。我记得那办公室很大，在二楼，说叫我去考什么外语学校。我不清楚，我老爸也不怎么清楚，只知道外交部要培养外语人才。我在巴蜀小学读二年级，学校去了四个人，全部考上了，但有一个不愿去。"

亚非在七星岗中一路小学读书。她说："我是老师叫我去的，我去考了之后，录取了，我妈才晓得。我妈妈在妇幼保健院工作，我爸在电信局工作，都是一般的财务人员，是老师选我去的。可能是因为我在班上大大方方，学习成绩好，语速比较快，有点伶牙俐齿吧。"

他们不知道，考试从他们走进考场那一刻就开始了。亚非说："有三个老师在前面坐成一排，我们跨门走进去，他们就在看你的仪表和走路的姿势。走拢了，听你自我介绍，还唱一个歌，朗诵一首诗。然后，他们说了一段英语和俄语，让你跟着说，看你适合哪个语种。"

亚非唱的是《我爱我的台湾岛》，钱勇唱的是《哈瓦那的孩子》。他说："俄语最难的是大舌弹音，我原来没有弹过，老师一说，我马上就会了。我弹音弹得很好，早晓得，我就不弹那么好，就分去学英语了。没有笔试。我出去的时候看见外面还排着几十个人，由老师带着。各个学校都选的成绩好的、长得乖点的娃儿。"

他们是在1963年要放暑假的时候考的。钱勇说："暑假中，录取通知来了，'你已被录取到外语学校，什么时间在什么地方集合'。9月1日全市开学，我们去外语校报到读三年级，原来学校的同学们才发现我们不见了，还很羡慕。我们是全国第一批小学生就去读外语校的。"

多年以后，钱勇耍朋友谈恋爱，这次考试学会的大舌弹音派上了用场。"我女朋友是学法语的，法语最难的是小舌弹音。"他俩的交谈和接触，就成了一场大舌弹音和小舌弹音的对决和交流。

学校

外语学校建得太晚，还没来得及有校舍，就租用凤鸣山重庆煤技校的教学主楼办学。钱勇说："那个教学楼隔出一半给我们，共用操场，但食堂和宿舍楼分开。煤校的哥哥都是中专生，他们在楼那边拉二胡、吹笛子闹得不得了，我们都是三年级的小娃儿，安安静静的。巴蜀、八一、树人小学都有住读的，但离市区比较近，像我们跑到这么远去住读的还是比较少，很孤独。"

牛角沱汽车站是市中区娃儿每个周末的集散地。"每个星期六下午，生活老师会带我们坐车到牛角沱放人；星期天下午，我们从各区到牛角沱集中，生活老师又带我们坐车返校。19路公共汽车从牛角沱到上桥；18路从牛角沱到凤鸣山。"

小崽儿就打起了车票钱的主意。钱勇说:"我们就想把一两毛钱车费省下来,去买冰糕、棒棒糖。星期六下午要回家了,在学校操场集合:两路口的,解放碑的,沙坪坝的,点名。我们就先去应个卯,然后东梭一个,西梭一个,梭进寝室、厕所躲起来。生活老师带起大部队刚走,我们就拱出来,走路回家。从石桥铺老街穿过,经过大坪、鹅岭公园、两路口回家,要走三个多小时。"亚非说:"我们女生走得少。有一回我走回去,就生病了。"

除了省钱好吃,男娃儿走回家,还有别的好处。钱勇说:"路过石桥铺,有很多田,田里有荷花,还有很多桑叶。我们喂蚕子,摘点桑叶,拿个帕子打湿,把桑叶包上,拿回去喂蚕。走路回家,也图这个。"

1965年后,他们有了自己的校园。钱勇说:"在石桥铺一个山坡坡上,一个石坝坝,是个采石场。学校操场中有一个大水坑,里面还有点鱼。周围一棵树都没有,光咚咚的几栋楼房,还有专家楼。周围全是农村,一片蛙鸣。从学校大门出去大概200来米,就是石桥铺老街。一条石板路弯弯曲曲的,中间还有一沟溪水,还有一根大黄桷树。"

镇上的农民娃儿,看见山上突然来了一群城头的娃儿,躲在大铁门里面,吃得又好穿得又整齐,嘴巴里面还叽里咕噜的,好奇,就想进去看。钱勇说:"我们学校称外面人民公社的农民娃儿叫野娃儿,不准我们出校门;农民娃儿上来,又不准他们看,把路拦起,还发生冲突。他们一冲上来,我们就扔砖头、瓦块,把他们轰下去。"

1967年,这种冲突更大了。"附近省团校对面石桥铺中学燎原战斗队的娃儿,提起钢钎冲到校门口,我们初中部有些军队干部的娃儿好斗,就和他们杀起来,冲过去。"

对子

才进校的娃儿,都有点傻戳戳的,什么都摸不着。老师考虑得很周到,搞起大帮小,结对子。新生疙瘩和一个大哥哥或大姐姐结成一对一、一帮一的关系,大的在生活和学习上关照小的。

钱勇说:"有天晚上,我们正上晚自习,门哗地大开,吓我一跳:一群大哥哥大姐姐冲进来,来找对子。看到哪个面善,哪个很乖,就找哪个。双方签名介绍,以后他会带你出去耍，去学习。有两三个结一个的，也有一对一的。我结的是一个大哥哥，但现在我已记不起名字了。下课了，他就带我去操场坝。可以踢足球，但球太重我们踢不来，就在边上坐一下，又走一下。看见什么，大哥哥就教我们用俄语说。在生活上也帮助我们，女生有些衣服洗不动，大姐姐还来帮着洗。"

钱勇妻子那边，也有外语校的校友。钱勇妻子说："我嫂嫂的姐姐是高年级，她叫玛琳娜，可能是亚非结的对子。因为她记得谢亚非是班上女生成绩最好的，也记得到她叫娜塔莎，她小时候外号小公主。"

"小公主"亚非回忆说："那阵不管英语班还是俄语班，每人都要取一个外语名字。现在，我们俄语班同学有一个微信群，群里大家还用着当年的名字：娜塔莎、阿辽沙、别佳、卡佳、伊万。"

7 重庆外语学校俄语班往事（中）
我们是按同声传译来培养的

口述人 谢亚非、钱勇
重庆外语学校俄语班校友

同传

　　重庆外语学校1963年奉周恩来总理和陈毅外长之命开办，学生都是按同声传译的方向培养的，前程似锦。该校1963级俄语班学生钱勇说："我们俄语老师的老师是川外的教授。有一次，他到学校视察，给我们老师透露：你们俄语班的，以后上大学就直接到莫斯科大学留学，英语班的都到英美。"

　　同声传译简称"同传"，又叫同步口译，起源于二战后德国纽伦堡纳粹战犯大审判，是翻译的最高境界，极难，门槛也高，被誉为"翻译金领"。钱勇说："所以我们上课以听、说为主，不强调读、写，不背单词，注重口语。一进校就用那种进口的大录音机，按一下开关'哐'地一声，有两个旋转的大磁盘。文字教材好像有《三只小熊》《列宁和卫兵》等，这是情境教学法，后来很流行，我们当时就有了。老师也很棒，我记得殷敬汤老师，高个子，很有风度，唱歌一口美声嗓子。多年后我们下乡去当知青的时候，他去新的外语学校当校长。我们的辅导老师王吉明，扎着两根长辫子。俄语老师是黄厚琼，班主任黄玉琴是教语文的。"

1965年，重庆外语学校小学部俄语四年级乙班全家福
第1排右2谢亚非、第2排左2钱勇

175

除了学俄语,像谢亚非这种能歌善舞的女生,出演很接地气的文艺节目,也很活跃。我国爆炸了第一颗原子弹,钱勇说:"我们美术课画画,就画原子弹爆炸了,美国'纸老虎'炸死了,还排练了《纸老虎》的节目到市文化宫去演出。"

选角的时候,外号"小调皮"的钱勇比画了几下大反派"纸老虎"垂死挣扎、周身发抖的样子。"几个老师一看,'纸老虎'非我莫属。但我不干,戴着那种纸壳壳面具演纸老虎,遭革命群众指指戳戳,还要遭踩在脚下,我觉得很丢脸。叫我'小调皮'可以,叫我演'纸老虎'坚决不干。我不想演,可能还因为我这种'小调皮'要去出席大场面,还是有点怯场。"

谢亚非演那个踩踏纸老虎的正面人物。她说:"后面站着一排合唱队,我和'纸老虎'在前面,我现在都记得,唱的是'纸老虎啊纸老虎,张牙舞爪气呼呼。表面上是一副吃人的相,肚子里头肚子里头吖吖呜。'钱勇不演'纸老虎',我就踩的另一个男生。"

但钱勇还记得另一个爱护粮食的节目:"我是一粒米,不要看不起。农民从早到晚冒着风雨,忙呀忙呀忙呀忙,费了多少力。就为我一粒米,就为我一粒米。"

乐园

"小调皮"钱勇有一次从学校图书馆偷了一本书。"好看的书《林中小猎人》《小布头奇遇记》《大林和小林》,我都在图书馆借来看过。有一次把《小公鸡喔喔》偷出来,晚上熄灯后躲在铺盖窝头用手电筒看完,过几天就去还书。都要走拢图书馆了,突然想起这是偷来的书,哪敢还!就借给所有的同学看。后来大家都看得不想看了,就到处藏,有时就藏在床垫下面。早晓得恁个麻烦,打死都不偷了。"

有天晚上,谢亚非她们女生,以为发现了小偷。"学校周围都是农田,我们晚上看见有些奇怪的人在田里活动。最先我们不晓得他们在干吗,我们就守在寝室窗边远望,以为他们是在偷东西,结果是一些农民打着电石灯捉黄鳝。"

男生爱捉迷藏。有两间寝室没住人,堆着夏天不用的草垫。钱勇他们就把草垫掏一个空洞,上面盖着一层薄薄的草。"一个同学蒙着眼睛,你敲他一下,摸他一下,他就来抓你,你就把他往空洞那个地方引,然后看他摔落洞中。有个姓彭的同学,一边逗人家,一边后退,退到窗边了,不晓得,还退,一屁股把玻璃窗撞开了。我只看见他的双腿在空中飞了一下，人就不见了，摔到楼下，在地上摊着。马上送医院抢救，好在只是二楼，无大碍，只是有一段时间，走路有点跛。"

学校还在上桥煤技校时，两层楼的教学楼，屋檐下全是麻雀窝。钱勇说："我们从天花板爬上去，伸手一抓就是一把麻雀。小麻雀很乖，就放在'红岩'墨水瓶盒盒里养起。吃饭的时候，剩点饭拿回寝室喂它们，喂几天都不得死。有个同学林家俊，掏了个小麻雀，喂了几个月都没死。喂大了，盒子放不下，他就拿一条绳子把它栓起，在寝室里面飞来飞去。后来遭老师发现了，就把它放生了。"

一到夏天，校园就成了孩子们、金龟子、萤火虫、红蜻蜓的乐园。钱勇说："我们外面有一个花园，花丛中有很多金龟子，我们捉起来用铺盖线拴起，挂在蚊帐里，看它呜啦呜啦飞。最好耍的是天黑尽了，把墨水瓶洗干净，去捉萤火虫。捉几十个，放在瓶瓶头，回到寝室放在帐子头。9点半熄灯以后，瓶瓶头的萤火虫，这个熄了，那个亮，同学们的蚊帐里，都是一闪一闪的。因为不能打开，打开就要飞，所以只能活一两天，瓶里的萤火虫全死了。"

钱勇他们的"捉萤帮"包括林家俊、魏景川、洪长生。"洪长生是农家子弟，他最会耍这些，晓得怎么玩。他最绝的是用铺盖线拴起一个蜻蜓，到荷塘边去，在空中舞动，不一会儿，就有一群蜻蜓，跟着他飞。"

退学

1966年的校园动荡不安，包括重庆外语学校在内的全国八大外语学校全部停办。此时，重庆外语学校共有小学两届、初中三届学生，几番折腾，最后全部退学。哪里来，哪里去，大多数都回到原来的学校。

钱勇和两个从巴蜀小学考来的男生，回到巴小："我们回去准备参加小学毕业考试升初中，但学校已找不到我们的档案，连名字都没有了。只是原来的同学们还在，很稀奇，似曾相识的样子。跟几个调皮娃儿很熟，一下子就对上了，但一般成绩好的同学，反而认不到了。我们就在巴小毕业，对口分到41中读初中。"

他们还是以重庆崽儿的调皮和机智，开了一个荒唐的玩笑，小小地报复了一下。钱勇在外语校有个同学刘晓晶，是从人和街小学考来的。他本该退回人和街小学，跟人和街小学对口的初中是42中。

"我们三个陪他去看42中，觉得学校很差。他如果退回人和街小学，以后

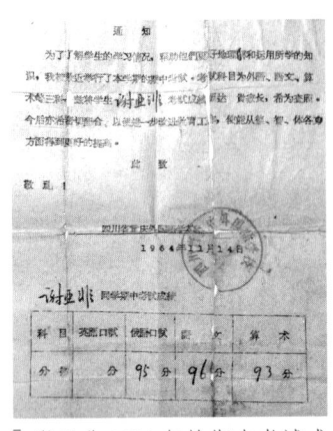

谢亚非1964年的期中考试成绩单

必定读42中。我们三个以后都读41中，就觉得他也必须读41中，就决定把学给他转了。于是我们三个带起他，拿起外语校的退学通知书，一起回巴小，说我们四个都回来了。学校说：好像他不是？我们说：是，肯定是！反正学校已经没有档案了，只听我们说，就认了。就恁个，我们几个伙起伙起，就让刘晓晶跟我们混回巴小，再混进了41中。"

谢亚非至今后悔没跟"小调皮"钱勇他们吃麻麻鱼混进巴小。"我回到七星岗中一路小学，回去就在家耍起，没读几天书，后来通知说我们全部读捍卫路民办中学，就升学了。"

中学毕业后，接下来就是上山下乡的戏码。"当时有支边的了，我得了黄疸性肝炎，我们班主任很好，觉得我很可惜，就用圆珠笔给我写了一个休学通知，把我下降到75级她爱人当班主任的一个班上，就可以不支边了。初中毕业该下乡，又碰到4%升高中的机会，我考起了，读了高中，没下乡。但高中毕业，又遇到下乡，还是躲不脱，去了两年半。后来，我爸他们单位电信公司招工，我就去当了一名财会人员。"

重庆外语学校有小学部和初中部。小学部大部分人退学回原校继续读书，后来只有少数人参了军。钱勇说："参军的，初中部多一些，因为军干子弟较多，比如七医大、总后渝办、八一兵站的子弟。还有小学部的一些工农子弟，后来都招到部队了。中学部的人，最后大多还是从事的外语工作，但我们小学部的人，只有少数和外语打交道。回想起来，这个外语学校，我们考进去是懵懵懂懂，退出来是稀里糊涂。现在唯一感到有点骄傲的，可能是当初考试的时候，很多人去考，只有少数人考上了，大家都很羡慕我们。"

招到部队去的那些同学的故事，我们下一篇再说。

8 / 重庆外语学校俄语班往事（下）
那一年，在部队，我23岁

口述人 曹明兰
重庆外语学校俄语班校友

神气

重庆市北碚区检察院退休检察官曹明兰,是重庆外语学校俄语班1963级学生。当时,教室天天书声琅琅,但还是压不住有时候从伙食团那边传来的狗的惨叫。"民间说吃了狗肉不流尿,学校就打狗炖给我们吃,补身体。打的时候没看到,但是能听到。"

在外语学校招生考试上最后高喊的口号,她也还记得。"我是重棉三小的,班主任老师很喜欢我,叫我去考,说你肯定考得上。班上去了两个人,年级去了十几个人。"

考场设在重棉二小,考官在上面坐了一圈,考生很多,坐在下面。"我们人小,都有点害怕。自我介绍、唱歌、朗诵,跟着老师说一句英语、一句俄语。我考得不错,但主考那个老师嫌我声音有点小,考完之后,他叫我喊'毛主席万岁',我使劲喊了几声'毛主席万岁'。"

三年级开学前,班主任到家把通知书发给她说:"明兰,你考上了!""第一年学费好贵哟,32块钱,爸爸是重棉一厂的印染工,月工资才35块钱。我爸爸一看学费这么高,就说不去!妈妈是纺织工,有点文化,她说这是娃儿自己考起的,要不去的话,她会埋怨我们一辈子。"

妈妈就在厂里去"结汇"(即民间互助储金),带她去城里买了一身漂亮衣服:"一条小白花花的连衣裙,一件蓝色雨衣。妈妈说,到这种学校读书,不能怠慢了娃儿,'不能让别人看不起我们'。还配了一个包包,那个包包好漂亮哟。因为家里困难,我没有书包,是婆婆在垃圾堆捡了一个布包,给我缝个带子当书包。我穿着新裙子,背着新书包,好神气!"

受气

　　1966年，外语学校停办，全部学生退回原校，曹明兰的神气，就变成了受气。"当时，在我们那种地方，你好的时候，大家羡慕你；你一落难，就整你。我又回到我原来的班上，跟大家一起升到光明中学。原来，我根本看不上的一些同学，都开始欺负我。"

　　这天，一个成绩很差又老是流鼻涕的女生，放学后跟她一组打扫卫生。"按规矩，一人扫一溜。我把我那一溜扫了正要走，那个同学拦着我，故意欺负我，要我把另一溜也扫了。我不干，她个子高，抓住我的头发；我个子小，就拿起扫把打她的脚。她控制不住，把我头发一松，哇的一声就哭了。我自尊心受到伤害，但我没哭，扔下扫把就走了。"

　　回到家，她还在生气，但外婆一句话，让她喜出望外。"外婆说：'明兰，今天有个解放军找你，说要你去新疆当解放军。那个地方冷，问你怕不怕。'我说：'不怕，我心里高兴惨了。遭外语校打回来，大家看不起我，我心头一直很郁闷。'"

　　当年，大家都很崇拜解放军，曹明兰也是梦想成真。"在那之前，我经常这样想，我要当解放军，我要让你们这些人对我刮目相看。平时，外婆在灶边煮饭，我在旁边烧火，心头就想，突然有个解放军跑到我们屋里来对我说：'明兰，去当解放军，去不去？''我要去！我要去！'想不到心想成真了。"

　　那个年代，只要负有特殊使命的军官走进一户人家，这家人的命运，一般都会发生巨大变化。"过了几天，那个解放军又来了，跟我爸爸谈话，叫我几号去检查身体。他是啷个晓得我的呢？原来他去外语学校翻花名册，翻到我，就找来了。"

　　1969年3月，新疆军区奉总参之命组建技术侦察大队，急需俄语人才，从我军唯一的外语学院——洛阳解放军外语学院招了一批毕业生，还到重庆川外招教员，又到已停办的重庆外语学校翻查俄语班档案，凡是工农兵家庭出身，"一网打尽"。

　　重庆外语学校共被招去了20多人。"初中部去的多些，我们小学部只去了两个女生。在我走的头天晚上，同学们都跑到家里来送我，跟我打架的那个女同学还一个劲给我道歉。我在想：这个时候给我道歉，我心头早凉了；我要是不当兵的话，你还会把我欺负成什么样子啊！"

进修

1970年1月,在重庆警备司令部,15岁的曹明兰和重庆外语校的新兵穿上了没有帽徽、领章的军装,出发前往到乌鲁木齐新疆军区。初中部的师兄师姐集训半年,就直接上机开始侦听;他们小学部的娃儿,进了外语训练队进修一年半,洛阳外院的毕业生教他们,后来还给他们发了一个中专文凭。这次进修是一段难忘的时光。

那一年半,他们好像又重回校园读书,但更艰苦。看电影不是《地道战》就是《地雷战》,吃菜不是土豆丝就是土豆片。"早上要出操,半夜三更要紧急集合。吃得很差:包谷羹、水煮白菜、土豆,牛羊肉很少。还要种地、打猪草、喂猪;还要扛100斤一包的水泥修营房,十五六岁,累惨了。地方上又来拥军,老百姓到晚上就请我们去看露天电影,我们坐在背包上看。冰天雪地,穿着皮大衣、大皮鞋冷得双脚跳。我们那个班全是小娃儿,看着看着,就在雪地上东倒西歪睡着了。"

毕业

"不怕流血和牺牲,学好本领上前线。"一年半进修毕业,曹明兰就从乌鲁木齐分到伊犁前线。这里是世界上最好的牧场之一,也是当年林则徐的流放地。在伊犁,他们住的是窗口很大、房间很宽的苏式营房,紧急集合时可跳窗而出。

一到春天,他们就带着电台沿边境线游走,离边境线越近,信号越好。"我们坐的卡车开到信号好的地方,就停车搭帐篷,在稍高的土坡上架起电台工作。跟着我们的有警卫班、炊事班、油机员、医生。油机员给我们发电,有一个油机员就牺牲在那里了。他们在地窝子(当地一种坑式民居)发电,把门关严了,中了小型柴油机废气的毒。有一个油机员爬到地窝子门口,呼吸了一点新鲜空气,就救过来了;由于长时间吸入柴油机废气,坐在里面的那个油机员趴在桌上牺牲了。"

伊犁很漂亮,但当时不觉得。"我们成天在草原上到处跑,薰衣草的味道,到处都是。20多年后,我回新疆,到处都成了旅游风景区,薰衣草还成宝贝了!

我们在山上搭帐篷，女兵嘛，洗头洗澡都不方便，就跑到山下河沟里面，用桶打水，太阳晒热，再洗头洗澡。那个水，洗了头发很光滑。"

他们和少数民族相处得很好。"有一次我们在塔城草原值班，正在照相，一对哈萨克牧民夫妻，多远就骑马过来，边跑边喊'解放军！解放军'，要我们给他们照相。他们很喜欢解放军，尤其是女兵，他们觉得都是医生，一看到女兵就来找你给他看病。我们有随队医生，就给他们看。"

爱情

在新疆，冬天才是最大的劲敌。"冬天要来了，我们就要'冬备'，就是挖地窖储存蔬菜、肉类等各种生活物资。冬天到了，大家就在营房窝起，一到春天才开起车子出来跑。"这一年，部队冬备的时候，也给曹明兰备下了一场热烈的爱情。

有一个重庆帅哥张忠荣，先到巴中当知青，后来又招到新藏线当汽车兵，来到乌鲁木齐，配属给曹明兰他们部队拉物资。"他听说我是重庆兵，就跑来找我耍。一问之后，才晓得我们差不多大。他是北碚的，妈妈是重棉五厂的；我是沙坪坝的，妈妈是重棉一厂的，都是纺织工人。又是重庆的，又是一年的，我们就悄悄约起出去耍。耍着耍着，两个就耍起了。"

瘦高瘦高的汽车兵，就从"配属"配成了家属。部队的男女比例，难得扯平：有的男兵多，有的女兵多。"有一次，我们几个女兵执行任务，借住在伊犁边防团。我们每天过上过下，团部的男兵都把我们几个盯到：我们担

1978年夏，曹明兰（左4）和战友、哈萨克牧民在北疆塔城草原上

水的动作,我们走路的动作,哪个是这样子,哪个是那样子,他们都记得一清二楚。"

女兵多的地方,看见男兵,画风也差不多。"我老公说的,他们有一次配属给一个通讯总站拉东西,全是女兵。他们把东西拉拢,卸了货,那些女兵正在集合,他们正好经过,全部女兵都盯到他们看。一个漂亮的司务长,热情惨了,还把他们拉去,一顿好吃好喝。"

1982年3月,27岁的曹明兰告别了12年的新疆军旅生涯,以正连级转业到北碚区检察院。跟她没有参军的同班同学钱勇、谢亚非一样,从前重庆外语学校如花似玉的少男少女,俄语早已从他们身上退潮,但当年班上的小公主谢亚非,还能用俄语唱《我们是共产主义接班人》,其中"不怕困难,不怕敌人,顽强学习,坚决斗争"四字句,俄语的金属质感,让歌者也犹如铿锵玫瑰。

当年班上的小调皮钱勇,唱着"美丽的哈瓦那,那里有我的家"考进学校,苏俄情结重:他晓得重庆洲际酒店哪个角角,买得到古巴烟丝;还晓得在罗汉寺旁边一家俄罗斯人开的小店,买得到正宗里海鱼子酱。

班上的军妹曹明兰,还保存着一张老照片:她戴着1975式军装开始配置的女兵夏季无檐帽,瘦瘦地坐在营房一台胖胖的军用录音机前,翻着一本厚厚的俄汉词典。她当时在照片上方用钢笔写了两行俄文,最后,她用温柔的俄语,阿赫玛托娃的俄语,卓娅和舒拉的俄语,为我们读出:"那一年,在部队,我23岁。"

9 重庆崽儿杨典（上）
重庆是我的根源和影子

口述人 杨典
诗人、作家、画家、古琴家

开头

杨典扫了一眼我书房里塞得满满的书,淘气地说:"塞不下了吧,再给你添两本。"他从包里掏出来,"这本《山水手记》是柏桦送给你的,是他最新出的诗集;这本《肉体的文学史》是我的,香港出的;林克翻译的那本《特拉克尔诗选》终于出版了,他叫你给他打个电话,你如果没有的话,他给你寄一本。"

2011年5月,从北京到成都以琴会友之后,已有妻女的杨典转身回到已没有亲人但有老友的家乡重庆,就这样给我带回了当初从重庆移居成都的几位老友的书和口信。杨典掏书和谈书的样子,好像他还是17年前在重庆和这帮朋友混在一起的最小的兄弟,而不是已成为新锐作家、诗人、画家和古琴家的一个重庆崽儿。

杨典生于重庆,长在北京,吸取了双城精华。他出生于音乐世家,在中央音乐学院的王府大院长大。曾赴日生活,把三岛由纪夫的诗歌翻译得很漂亮。他编剧的电视剧《二十九天半》曾在全国各地电视台热播。他还是窦唯的朋友和队友。

他出版了古琴独奏专辑《移灯就坐》,他还在中央美术学院开过画展,他的画是最古典的线条在最现代的画

杨典古琴光碟《移灯就坐》(北京环球音像出版社,2015)

布上漫游，像古色古香的《天工开物》和《本草纲目》里面的插图一样迷人。

跟韩寒一样，杨典也没有上过大学；跟韩寒不一样，杨典的赛车就是放在双手和心灵之间的古琴。

三地方

杨典说："我对重庆三个地方最有感情，归元寺、八一路歌剧团、上清寺。归元寺是我的出生地，一个斜坡上去就是一个坝子，到处都是黄桷树、木板楼。"

父亲杨宝智是中央音乐学院教授，是首任院长马思聪的得意门生，也是重庆音乐界的老前辈，现居香港；母亲谢伊丽为重庆文坛1980年代的知名作家，在《花城》发表过中篇小说《准备就绪》，现居上海；杨典现居北京，一家三口分居三地。

不能说父母不爱他。对他1972年出生时的哭声，父母就录制过一段磁带，杨典珍藏至今。三岁时，老爸就教他学拉小提琴，还找木匠做了一个实心木头无弦琴给他练习指法。

杨典是最后一批读五年制小学的孩子，读到小学最后一年，父母离婚，妈妈从爸爸歌剧团的房子搬了出去。从此，从重庆、西昌、上海到北京，杨典中学时代转过7次学。他好像不是为了读书，而是在研究一门可以称之为"学校比较学"的学问。

透过八一路良木缘酒吧的落地玻璃窗，杨典看着窗外他少年时代的街道，指着对面好吃街数码城说："那里原来是一个杂货铺，里面有一种单晶冰糖，形状像没有炮塔的坦克。我们买起来耍。当然，这种坦克最后的归宿，是我们的肚子，我还专门写过一首诗《坦克冰糖》。"

有几年，他每天早上从八一路歌剧团出发，坐315路车到上清寺六中（现重庆求精中学）上学，早上5点半就得起床。"车站上的人，黑压压的一大片。我人又小，挤上去，都挤成相片了。"有时放学，他就去看看妈妈，她在好吃街拐弯处财贸俱乐部的一家报社上班。

2007年，杨典对《新京报》的记者谈到重庆："北京与重庆的关系，对于我，就好像人与影子的关系。北京的阳光越强，重庆这个'影子'就越深。"

一张琴

杨典和恩师——虞山派古琴名家吴文光先生

杨典的古琴生涯最早可追溯到跟父亲客居上海的日子。"父亲也许是第一个将戏曲、民歌、古琴、三弦和琵琶与小提琴音乐嫁接,并把川江号子写成小提琴协奏曲的人。当时,他想把古琴曲改编成小提琴曲《广陵散》,经常放来听。"

多年以后,杨典古琴独奏专辑《移灯就坐》,名字就来源于《广陵散》中的一段慢板"移灯就坐"。重庆是杨典音乐和创作的根源。杨典说:"我是江苏虞山派的,也算吴音,由于我的老师吴文光先生琴风高古激烈,对我也有影响。其实所谓吴音,并不一定清婉,蜀声也不一定躁急。你说秋瑾和周树人都属吴音,他们清婉吗?"

在《移灯就坐》一套两张 CD 中,杨典分别用钢弦和丝弦演奏了《流水》《广陵散》《关山月》《鸥鹭忘机》《忆故人》《梅花三弄》《酒狂》《潇湘水云》等 20 首传世古琴名曲。

杨典坚持琴心剑胆的琴人传统,琴风有时相当激越,正如他在一篇随笔中所说的"古琴就是古代的重金属音乐。当然,它也可以是清微淡远的山林音乐,当它宁静的时候。虽然是五声音阶,但古琴的内在精神性有非常激烈的一面,就如嵇康其实很'摇滚'"。

杨典怀抱唐朝雷威所制古琴"九霄环佩"

几本书

难道还要我重新出现在凌晨,你才能看到/稠密的云,还在成群地繁殖着晴朗/伤心的光芒舒卷过杂草地/透湿地披在我热爱的妻子身上

17岁那年的雨季，杨典就在老牌诗刊《星星》发表了一首名叫《辫子》的较长的诗，这是那根"长辫子"的头一节诗句。

杨典本色是诗人和飞翔，重庆是他最初的根据地。"当时，我一个人住在观音岩舅舅家的三楼上，金刚塔巷52号。整个冬天，我都在读书并看窗外的远山、水塔、河流与别人家错落的屋顶。"

20岁那年，他还写过：

> 握在手里的小手，放在嘴唇上的嘴唇
> 动人的是马匹和海鸥的年代
> 一些事物在奔跑，另一些飞翔

杨典《孤绝花》（工人出版社，2007）、杨典新版《琴殉》（西泠印社出版社，2010）

早年如此纯净的抒情诗，是一个少年最初的苏醒，才情汹涌，就像漫过河床的春潮。只有如此纯净的开始，杨典的潮涌才会更强烈，他飞得更高，已出版禅学随笔集《狂禅》、书评集《孤绝花》、短篇小说集《鬼斧集》、琴学与戏剧随笔集《琴殉》。

《孤绝花》的原型是最初发表在家乡《重庆晨报》"读书"版上的"我的珍本书"随笔专栏，杨典向我们展示了他深厚的文化家底和逼人的绝对才气。

杨典短篇小说集《鬼斧集》（新世界出版社，2010）、杨典禅学随笔集《狂禅：〈无门关〉镜诠》（当代世界出版社，2005）

《鬼斧集》包括《冷艳锯》《丝人》《菊瓣儿》，是杨典独创的"新聊斋"文本，把博尔赫斯式的神秘和中国历代文人笔记和民间野史熔于一炉，非常奇艳。

著名诗人、学者柏桦，曾在一个论坛里在杨典的作品后面如此留言感慨：

> 杨典，我认识他时，他仅12岁，一个过分敏感而深藏秀丽的爆发力的少年。当时，我是他父母非常要好的朋友。他

16岁时，已写出相当惊人的诗了，接下来，他以不停的变之魔法令我吃惊。他不仅是一位相当隐秘且内行的诗人，也是一位散文及小说里手。另外，他是一位奇异的画家，我个人非常喜欢他的画。他是一位极有造诣的年轻古琴大师，在北京设有琴馆并授徒百余人。这个杨典，我可是看着他成长的，可想而知，他也是历经沧桑。

结尾

杨典回来那几天，因为是高考考场，母校六中成了禁区，他不得进入。小时候住过的七星岗归元寺、八一路歌剧院、观音岩金刚塔老巷子，可以说都是"最重庆"的地方，现在只有金刚塔巷的塔幸存。

杨典说："故乡只在梦中、心里，在兄弟情谊里，在回忆里，在琴声和故事中。"故乡还在书中，他的下一本书，是一部以重庆为题材的长篇小说，这样的写作是杨典回到重庆的另一种方式：

> 一张大书案、一盏老灯，堆满在周围的书籍、电脑与手稿……这是一个人最小的帝国。写作时没有人能帮助你，代替你——周围都是黑暗，而这也正是你最接近神的时刻。

这是十年来我读到的关于写作的最好的言说。这样的人，他的书房和琴室，像雨后的林中空地一样芳香、干净；这样的人，他怀抱古琴的样子，就像一个从天而降负有特殊使命的兄弟。

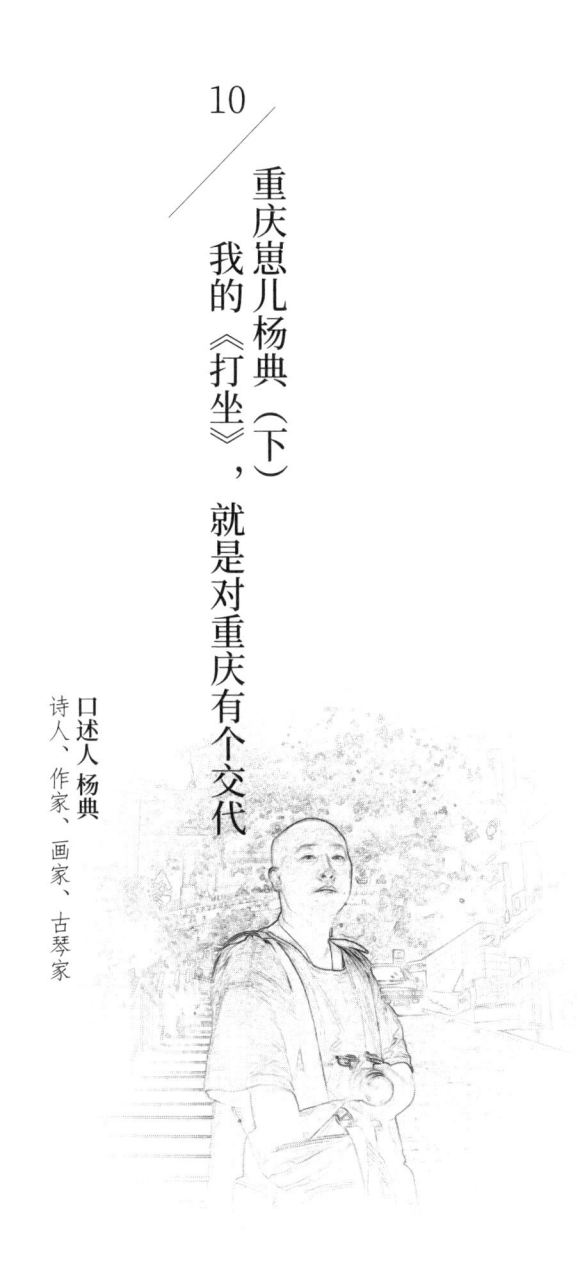

10 / 重庆崽儿杨典（下）
我的《打坐》，就是对重庆有个交代

口述人 **杨典**
诗人、作家、画家、古琴家

2012年秋天以来，现居北京的重庆籍作家、琴人杨典跟我在电话和网上时有交流。他因一篇对俄国女诗人吉皮乌斯回忆录《那一张张鲜活的面孔》的书评《彼得堡的萨福》，促成远在海外的传奇翻译家、诗人荀红军（菲野）的"归来"。他们在网上"风月大地"诗歌论坛中的"菲典对话录"已持续一月，纵论诗事，成了诗坛的一大事件。

话说那荀红军，是1980年代诗歌江湖上天外飞仙般的翻译高手，为我们引入了俄罗斯白银时代两大偶像。他翻译的曼杰施塔姆"黄金在天空舞蹈，命令我歌唱"和帕斯捷尔纳克"二月，墨水足够用来痛哭"这些诗句，跟李白的"床前明月光"和杜甫的"两个黄鹂鸣翠柳"一样，早已成为几代中国诗人心中最基本的教养。

这就是杨典的日常生活，读书、写书和出书。虽然读书和写书很幸福，但出书充满坎坷。这几年，杨典先后出版了不少随笔集和音乐专辑，随笔集《打坐——我的少年心史、人物志和新浮生六记》最初在重庆一家出版社已通过初审，但最后却阴差阳错而未成。好在最后由出过莫言和麦家许多作品的著名出版公司精典博维推出。对此，杨典说："我写家乡重庆的《打坐》没能在家乡重庆出版，我很遗憾。"

舅舅

《打坐》是对重庆的一个交代，因为杨典的亲情、友情和最初青涩的爱情，都是在重庆的守护下展开的。《打坐》纯黑护封中间洞开的圆孔，透出纯白封面上倒置的书名"打坐"，杨典对此的解释是：婴儿在妈妈子宫中就是这样头朝下倒起的。27万字的《打坐》收录了29篇随笔，有一半篇幅都很重庆。第一篇也是最长的一篇"自传"《十七岁的獠牙》原名就是《子宫中的獠牙》。从出生地重庆写起，重庆也是孕育他的子宫。

其中《纸月亮》写于2008年10月3日，这天是杨典舅舅的祭日。他去世整整13年后，杨典发愿：我若不让他在我的文章里永恒，我便是罪人。这位从前住在观音岩金刚塔巷刘胡兰幼儿园上面的舅舅，到老都保持着黄埔军官笔挺的腰背。据说，当年黄济人写他后来名动朝野的《将军决战岂止在战场》，有时写不下去了，只要爬上金刚塔杨典这位舅舅嘎吱嘎吱的阁楼，看到老人笔挺的坐相，就又找到了感觉。

▎杨典《纸月亮》所写的舅舅的帅照

▎杨典小时候和舅舅在四川西昌

住在刘胡兰幼儿园梯坎上面的舅舅，就像马尔克斯《从来没有人给他写信的上校》中的老军官，终生潦倒孤独，但衣着、面相和气质却是真正的绅士风范。有一年，我和杨典去看他，他小小的黑白电视机里正放着一部战争片。看着看着，他就气得哮喘起来，一拍桌子："你们不要信这个，我们不是这样的，我们不是这样的，我们是中央军、正规军，我们怎么会抢东西！"

舅舅的心理空间停留在1930年代，因为那是他最好的时光：

　　舅舅一生最爱战争与美人，所以他屋里的照片是一个大杂烩：有浙江亲戚、我母亲和我的照片，还有香港美人挂历、孙中山、费雯丽和他早年初恋情人的照片……那些照片都被他镶了镜框，挂满了四面墙壁。我总说他不懂音乐，因为他一辈子只会唱一首歌，就是电影《魂断蓝桥》里那首插曲。老掉牙的好莱坞影片是他们那一代人的核心记忆。他不懂音乐，而我不懂人生。

风烛残年，贫病交加的舅舅终老浙江老家10多年后，家族里的小仙女核桃从天而降。《打坐》里面的《核桃》是杨典献给女儿核桃的生命赞美诗，从妻子怀孕前期就开始写，一直写到她出生：

> 等到核桃长大一些，我就会教她识字，绘画，带着她咿呀学语，蹒跚学步，在每一个宁静的夜晚为她弹琴。在星空下，和她一起坐读《搜神记》和狐狸精，给她讲从基督到佛陀的传说，从美人鱼、珂赛特到豌豆姑娘的故事……告诉她种族和家族的历史、文明的衰落、爱情、玄学和大地上的苦难；带她认识每一朵花的姿势、每一片树叶对称的奇迹，游历天下名山大川，看云蒸霞蔚、雨雪风霜、人间百态、鬼神渊源……所有这一切都将在自然中度过，就像朝霞一样每天存在。

兄弟

《打坐》里面《第一个诗人》则勾画了1980年代传说一般的友情：

> 1987年夏天的一个黄昏，我遇到了子午。他是我少年时代的挚友，他可以说是我投入写作生涯之后，在精神上遇到的第一个人。第一次看见他时，他戴着黑框眼镜，留着浅浅的、柔软而黝黑的连鬓胡子，像影子一样瘦弱。他穿一件白衬衫，背着旧军书包，胸前还挂着一串钥匙，十分书生气。他爱读童话、俄罗斯文学、古诗，及一些罕见的写景著作与偏僻的怪书。他也做得一手精绝的水煮肉片和川菜，通中药学，爱放声大笑，喜欢街谈巷议和奇闻怪事。我对他的朴素立刻有一种来自血液的好感。

▎1989年，15岁的杨典（中）和诗人子午（左）、作家费声（右）在海南岛

杨典说："虽然我早就开始读书，但一直是自己乱读，庞杂无边。而子午教会了我什么是真正的阅读。有一天夜晚，子午站在我们住的露台上，面对海南的天空，教会了我一个壮美雄浑的伪科学：识别星座。我在那里第一次知道了南十字星座、北冕座和天蝎座；也第一次完整地注视雀斑一样密集的银河系。"

正是源于那个年代的星光，照亮着杨典和他的兄弟们走到今天。

美人

《心不在焉》的第一句话是"要不断移动你的身体"，因为只有这样才能碰到姑娘和爱情。在《十七岁的獠牙》中，杨典从北京把身体移动回重庆，就碰到了姑娘，是一个朋友的姐姐，典型的泼辣重庆姑娘，在图书馆工作：

> 她性格尖锐，直截了当，总是说："我就喜欢胭脂和钱，厌恶男人。"据说上中学时，她经常和别人打架，那时，她整天背着个军书包，里面揣着一把刀，穿着布鞋。哪个男的要是

敢惹她，她就立刻暴打。但我很难在她身上找到这种痕迹。她平时很柔和、端庄，看不出有什么暴力倾向。这是我第一次真正和女性接触，我很陶醉、幸福，总觉得有说不完的废话。但我们那时仍然和同时代的孩子们一样，本能地注意到异性的吸引和诱惑，却又本能地排斥这种感情。一切人心中最美好、最伤感和最细腻的东西，对于我们来说竟然是酸的、可笑的。重庆人都有一种准英雄主义和冲动倾向，不自觉地排斥柔情，包括女孩子。所以，尽管我感到我越来越依恋她的存在，但她却对我是无所谓的。她可以说是我少年时代遇到的第一个真正的美人。

对话

马拉：《打坐》写了好久？现在要出一本好书有多难？

杨典：基本上是最近五六年写的，但日本那篇《小帝国写照》，有十几年了。出版前后花了一年多。

马拉：《打坐》的出版，在你个人生活中有什么意义？

杨典：主要能让我对一些人有个交代，如对舅舅，对友人，对父母和一些老同学等，这些人加起来，就是对重庆有个交代。

马拉：《打坐》最后没能在家乡出版，有无遗憾？

杨典：肯定遗憾。

马拉：你想在故乡打坐，但已找不到地方。

杨典：对。精神还乡这个词很好。中国人现在故乡情结少了，很多家乡被拆迁，只有方言没有，这就是语言的伟大。我的书也是对重庆方言的一次追忆和致敬，虽然里面写方言的地方不多，但骨子里是如此。

马拉：其实现在孩子们的方言也不纯正了。

杨典：现在重庆人未必对重庆有感情，故乡就像健康，失去了才晓得好在哪里。这句话是密茨凯维奇（波兰19世纪大诗人）说的，只不过他说的是"祖国就像健康……"。故乡是最抽象的现实，在其中是感觉不到的，百姓日用而不知……

马拉：就像空气，这就是故乡最珍贵的地方，从时间上看，童年、已经逝去的时间，都是这样的故乡。

杨典：我对重庆的少年情绪和追忆，开个玩笑，就像一个远在美国的黑手党人对西西里的怀念一样。《教父》电影里就有这一段，帕仙奴杀了人，回到意大利西西里去躲事，那种伤感的美太牛了。在故乡，他重新开始恋爱，看山水，回忆……

马拉：——在那里获得成为教父的力量，重庆就是你的西西里？

杨典：哈哈，可以这么说。

马拉：那我们就有一个好标题了——"重庆，我的西西里"？

杨典：这个要不得，要遭，我现在就把它毙了，哈哈！

伍 陪都·战时首都的活色生香

1 / 范绍增家族往事（一）
1949年，何妈带我和八姐逃出范庄，飞往香港

口述人 范之维
范绍增三子

2017年3月5日,江湖人称"范哈(傻)儿"的著名川军抗日将领、起义将领范绍增先生(1894—1977,四川大竹县清河镇人,川军第27集团军第88军军长)逝世40周年。

这位传奇人物出生于四川大竹,成长于重庆,混战于西南,抗日于鄂浙赣。在40年前的3月5日,逝世于河南郑州,过完被家乡百姓誉为"军威义胆,走遍天下"的83岁传奇人生。现居重庆的范家三少范之维先生,对我讲述自己亲历的范家往事。这篇先说说1949年,他跟何妈和八姐的逃港故事。

范之维先生位于重庆大礼堂对面的家,一室两厅居住面积64.4平方米,显然跟一站开外的上清寺小时候家里的15幢98个房间的范庄不能相比,但也整洁明亮,书画芳香。特别是他站在墙上身着军装的父亲照片下,神形酷似,仿佛回到了1949年11月的那天。父亲叫七个太太中最年轻的何蜀熙带着家里几乎全部钱财,和13个儿女中的三娃、八妹,逃出范庄,飞往香港。

1930年代范绍增公馆范庄,位于重庆上清寺街边(今人民路256号),后改为重庆市府第二招待所,现部分已拆除,改建为市级机关综合办公楼

逃港

1949年11月,重庆,刘邓大军兵临城下,24岁的范绍增夫人何蜀熙带着13岁的八女范之慧和3岁的三儿范之维,形迹匆匆,从上清寺范庄出发,赴白市驿机场起飞,最后降落在

香港启德机场。

来接他们的，是5月刚从上海逃到香港的杜月笙派来的人。范之维说："我记得到机场接我们的，是杜月笙的一个管家，他也是司机，还有一个保姆。我老汉跟杜月笙是拜把子兄弟。杜比他大6岁，所以杜看到我何妈非常热情，一口一个弟妹，很亲热，让我们感到宾至如归，不是那么陌生。"

逃港前，范之维、八姐和他俩的养母何妈，跟父亲住在上海杜美路家中。"我的名字是父亲专门请一位佛门长老起的：'维'是佛门居士维摩诘的名字，据说含义很深！我现存最早的照片，就是在杜美路家中照的，父亲养了一条大狼狗，还把我的腿咬伤过。"

1949年9月，范绍增被蒋介石委任为重庆挺进军总司令，但他无心内战。前景未卜，就回重庆清理家财，把自己后半生最看重的身家对杜月笙尽数相托。范之维后来读过一篇父亲的口述，由前军统大佬沈醉执笔、整理（因为范绍增写不来字）的《关于杜月笙》，才知道两人交情："杜月笙抗战期间逃到重庆去，我老汉热情相待，好吃好喝好住好耍，还给零钱花。他觉得我老汉这人很重情义，在那期间，两人结拜为兄弟。后来临快解放了，我老汉不愿意跟共产党打仗，就跑到了上海。"

多年以后，在河南郑州，父亲还给从香港回来的范之维摆过一个段子："他亲口跟我说的，有一次他跟杜月笙打牌，打梭哈，一些书上好像也有这个段子：他输完了，大概是输了他银行一半的存款。我老汉说自己头上的汗水都出来了，还给杜写了欠条。打完牌，杜拿起那张欠条，当着他的面烧了。"

▎ 范之维约三岁时在上海家中

杜家

杜月笙在屋头很少说话，脸上也不经常有笑脸，但对范家母子，却另有表情。

"他给我们打招呼，给我们说话，吃饭的时候给我们夹菜，总是一张笑眯眯的脸。看得出来，他很在乎我们住在他家里舒不舒服，怕我们有不习惯的感觉。不过他对子女要求很严。当时就一个儿子，一个姑娘跟着他。都是住校，只有星期天才回来。吃饭也不能跟他同桌，在另外一桌吃。但我和我姐姐就跟他一桌吃，他在桌上谈笑风生，对我们确实是很亲切。"

住了一年多，基本相安无事。"杜的四姨太姚玉兰跟我何妈相处得很好，她们有时穿旗袍，有时穿便装，经常一起打麻将。出去消费购物，何妈看到的东西，她绝对不要何妈拿钱，全是自己买了送给她，对我何妈相当好。"

杜家的人，可能也是想以这种方式让年轻的何妈开心一点。因为她虽然身在香港，但惦记的还是远在重庆那边的当家人。"何妈带我们出来，一直惦记着我老汉的平安，因为什么消息都听不到，她的心情和思想一直不愉快。杜经常安慰她，说：'弟妹不要慌，总会有消息的。一有绍增的情况，我应该是知道的，我会给你们说。三娃和八妹你们放心地在大爹这里，想住多久就住多久，其他生活问题，你们不用考虑。'"

搬家

有一天，范之维至今记得很清楚，何妈脸色相当难看。"她回到屋里偷偷地哭，我才四岁多，不了解什么事情，看见姐姐也在哭。后来我才知道，他们得到消息：我老汉在重庆遭共产党枪毙了。这事在我们三人心中引起了很大波澜。"

在杜家也引起了微妙的变化。"这里面，我还要说一个关系。我这个何妈跟杜的四姨太关系好，但她跟五姨太孟小冬处得不太好。可能姨太太之间也有矛盾，何妈跟四姨太处好了，五姨太自然对她有意见。我在那里的感觉是，孟小冬没姚玉兰得宠。姚玉兰笑嘻嘻的，孟小冬不怎么逗我。"

有一天，杜月笙不在家，姚玉兰、孟小冬和何妈在一起吃饭，孟小冬说了一句相当明显的话，相安无事的局面就挑破了。"他们也听说我老汉被'枪毙'了，孟小冬就在饭桌上说怪话。她说：'有些人，现在那边的事情都了结了，还住在人家屋头，要准备住一辈子呀？'这话听起来相当难听。我何妈相当漂亮，杜对我们又相当好，我估计孟小冬也可能有点多心了，这是我现在猜想的，姨太太的心理可能有点防备的味道。"

何妈是何等厉害的女人，手上也不是没得钱，哪受得了一个唱戏的盐咸醋酸，就决定搬出杜家，另谋住处。"没多久，何妈就跟杜月笙提出，我们要找地方搬出去！她话说得很委婉。当时，蒋介石要求将军们都把家眷移居台湾，说是保护，实为人质。我何妈就说，既然老头子走了，台湾我们就不去了，就在香港安家。八妹也要上学，三娃也快5岁了，不想多打扰他们。杜是何等聪明的人，他知道这里面的各种关系，先是极力挽留，但何妈去意已定，他也没有办法，只好同意我们搬出去。"

何妈之所以这样硬气，是因为范绍增在香港早给他们做好了几手准备。"我们到香港有两个地方可去：除了杜家，还有国民党上将上官云相（1895—1969，山东人，保定陆军军官学校毕业。抗战期间，任第三战区司令部总参议兼第三十二集团军总司令时参与制造"皖南事变"。1949年赴台，1969年病逝于台北），"皖南事变"他曾围阻新四军。他在高等华人别墅区青山道11号买了一个房子，他住在台湾，太太们住在那里。他们都欢迎我们去长住，但由于有杜家这种情况在先，何妈决定不再寄人篱下，我们搬出去租了一层楼，开始了自己生活。就这样，我们在杜家住了一年多，再未回去过，不到一年后，杜月笙就去世了。"

离家

1956年，何妈心灰意冷，丈夫范绍增已被传"枪毙"几年了。香港、大陆处于消息封锁状态，无法证实。她的精神支柱倒了，好在带着八妹和三娃，从杜家出来自立门户，由于经济充足，日子倒也过得下去。

但家里开始出现了一些变故，起因是何妈有一个老相识来找她了。范之维说："这人原来是国民党的一个青年军官，叫蔡文进。他来了之后，我何妈相当高兴，精神各方面都很愉快。何妈专门留他在我们屋头住，我跟姐姐都喊他蔡叔叔。不久，就我这个年纪都看得出来，他跟我何妈的关系不一般。"

这种不一般，最先是姐姐看出来的，她还因此被"逼"出了家门。"但当时已传说我父亲去世了，何妈还年轻，她要有些什么选择，我们也不好拦她。但我姐姐对范家和父母固有的感情相当强烈，所以她偷偷考上了香港泰山电影公司，这是一个比较进步的影业公司，亲共。她对我何妈很客气地说，她长大了，要离家自谋生路。何妈很伤心，但也拦不住，姐姐就走了。"

姐姐走了,把三娃留在家里又待了一年多,三娃长大了,也看不惯了。"他们的关系越来越明显,我尽管小,但家族意识、维护父亲名声的意识,也很强烈,所以我也相当反感。有天,不知什么原因,蔡想责罚我,我一气之下就离家出走,跑出去开始了一段另外的生活。"

小小范三娃,离家之后怎么样,我们下一篇再扯。

2 / 范绍增家族往事（二）
我在香港离家出走，
去老大昌当门童

口述人 范之维
范绍增三子

小圆帽

1957年初,香港,11岁的范之维一气之下,逃出养母何妈的家。与早他一年离家的八姐联系不上,无依无靠,颇似当年父亲在四川老家大竹清河场的处境:因为顽劣,舞枪弄棒,差点遭爷爷活埋,幸好被叔公救起。但小崽儿毕竟是江湖大爷之后、将门之子,好个范三少,决定独自在香港闯荡。

他饿着肚子,晃荡到了香港铜锣湾太子道一家名叫老大昌的西餐馆门口,碰到了机会。老大昌是1937年流亡上海的白俄创办的西餐名店,旗舰店在霞飞路法租界(今淮海中路558号)。美国汉学家、上海城市史家卢汉超教授曾说:"上海著名的老大昌,一楼卖蛋糕点心,二楼是咖啡座,里面坐的大多仍是那些被称为资产阶级的遗老遗少。"

范之维一岁时在上海杜美路家中

上海女作家张爱玲1988年(去世前7年)在洛杉矶写的随笔《谈吃与画饼充饥》两次提到它:一是她当年中学附近的兆丰公园(即现在中山公园)店,她最喜欢吃一种"半球型,上面略有酥皮"的小面包,"下面底上嵌着十字托子,这十字托子大概面和得较硬,里面掺了点乳酪,微咸。与不大甜的面包同吃,微妙可口";一是她1960年回香港,忽然在一条僻静的横街上看见一家老大昌分店的招牌,"店伙与从前的老大昌一样,都是本地华人。

我买了一只俄国黑面包，至少是他们自己的东西，总错不了"。

范之维1949年逃港之前跟父亲住在上海，说不定就吃过老大昌的点心。他说："香港那个老大昌，老板是一个香港人，他需要一个门童，当时门童叫'boy'。我去应聘，他见我长得眉清目秀，也没其他什么问题，就把我留下了。先干门童，每月工资港币20元，管吃管住。公平地讲，生活上没有什么后顾之忧。20港币，现在看来不值钱，但在当时不低，对我来说相当可以。"

1970年代上海淮海中路老大昌

穿上一身白衣服，戴个红边白圆帽，范家三少才晓得锅儿是铁铸的。"当门童，那真是教育我。每天早上5点钟要出去送一趟外卖面包。作为一个11岁的娃儿，这是最苦的。因为晚上，我当门童要当到2点钟。早上送到8点钟回来睡觉，中午12点吃饭，下午3点我又开始上班了。作为一个未成年的少年，最辛苦的不是走路、出汗，最辛苦的是睡眠不足，站着都打瞌睡，那是一种说不出来的惩罚。"

阿姐跳

在老大昌打工，除了站在门边拉门，迎来送往，他还要经常送外卖，接触了底层港人：小商贩、黑社会马仔、小市民、打工仔……他还认识了一个姐姐。"她年龄不超过20。我不知道她的姓名，她也不知道我叫什么，就用广东话叫我阿弟。我笑嘻嘻的，每次送饭总在她门口大喊：阿姐，饭来了！那个时候，鸡蛋叫波蛋。她每次都要订一份西餐，我把餐递给她，她就把钱给我，还给我一'斗零'（港币5分钱）小费，亲热地摸摸我的头。时间长了，我对她就有了很好的印象。因为那时候送饭接触的人不一样，有时候送晚了，汤洒了，饭凉了，有的点餐的家伙就对我乱骂！阿姐就不一样！"

每次阿姐都打电话要餐，但有好一阵，也就三四天，没看到阿姐叫外卖。"我感到有点不正常，不知出了什么事。有次，终于听老大昌饭店另一个工友说，

阿姐给的"斗零"小费,五仙硬币即0.05港元,1989年停止流通,"斗零"是老派广东、香港人对五仙硬币的习惯叫法

那女的跳楼自杀了!我好难受。那个工友又随口说,那个阿姐是'鸡',活该!当时不知怎么回事,我竟与这个比我大,还高我一头的工友打了起来。我失了理智,在狂怒之下把对方打倒,几个人竟没拉住我!"

阿姐长得漂亮,香港当时没高楼,六七层就算相当高了。"阿姐住的地方都是贫民窟,跳不了,她是找的一座六层楼跳的。后来,我再去她住的地方送外卖,听说阿姐死得很惨,'肝脑涂地'……阿姐干这一行,生活所逼啊!她爸爸因病过早抛下了她们母女,阿姐面对已重病的妈妈,面对香港那个社会没有任何办法,只有出卖肉体……听她姐妹讲,她跳楼是因为她从黑社会借了钱没按时还,钱用来给她妈看病了。来了几个马仔,把她拉到街上拳打脚踢……阿姐想不开,就跳楼了!阿姐的死对我震动很大。到现在,我在香港的生活有很多都记不起来了,唯独这件事情我忘不了。多少年了,有时候,我内心深处会透出一些混账念头,但我想起她,想起了阿姐在生活重压之下那张无助又痛苦的脸,我就会一切归于平静。"

兄弟费

范家三少痛打骂阿姐是"鸡"的工友后,大家开始对这个一贯腼腆的小弟另眼相看了。有人盯上了他。"那人公开身份是香港《星岛日报》足球俱乐部经理,一个礼拜总有好几天,会在我们饭店喝下午茶或者吃西餐。他与老板很熟,与工友也扯得很近,我们叫他董叔。他在我们20岁左右的工友中发一种本子,印刷精美,上面写着'三民主义青年团'字样,有国民党的党徽。不用说,这家伙是个特务!他跟我套近乎,每次进门都要给我比旁人更多的小费。他知道我的家世,也知道共产党'枪毙'了我父亲。他经常对我说:'阿弟,等你到了年纪,我就介绍你加入三青团。你有基础,前途无量!今天想起来,我离自我毁灭就差一步!"

三少爷还要给"14k"帮会交一种名叫"兄弟费"的保护费。"1950年代的香港黑社会相当有势力，港人都叫它'第二政府'，香港的上层社会都有人出来替它说话，可见它的影响。在太子道老大昌饭店那条街的黑社会是'14k'，我每月工资20元，但要在账房留下2元，那叫'兄弟费'。如果不交，碰到麻烦，有人欺负你，就没人出来替你'讲数'（主持公道）。底层港人十之八九都入会交费，因为你讨生活想不'抱团'就找到饭吃，是妄想。这种社会心态促进了黑社会的发展。香港底层生活的人都明白这个道理，当时我也跳不出这个怪圈。"

"兄弟费"这种叫法，很有文献价值，因为我们知道的一般叫"保护费"，没想到香港黑社会对"保护费"还有这么一种水泊梁山式的叫法。"夜总会、色情场所、酒吧、赌场，叫保护费。对打工仔，叫兄弟费，意思是，相互之间有个依靠，有个支持。出了毛病，有人出来给你担事情。2块钱，对我们来说，也是不少的一笔钱呀。交了'兄弟费'不是什么好事，交费的人实际上成了黑社会的马仔。没事便罢，一旦有事，你就要放下工作去充当黑社会的打手。"

香港毕竟是一个商业发达的社会，"兄弟费"有点无奈而可恨。但当时服务生得的小费收入，也很可观，能冲抵"兄弟费"的支出。"香港人那时把小费叫'贴士'。老大昌饭店对小费有个管理办法：所有客人给的小费都统一入账，月底按个人情况差额发放。我一个月大概可以拿十几元，差不多是我工资的一半还多。"

家姐来

范家三少自己闯荡，小日子可能比父亲早年逃出清河场初闯江湖要滋润。叫外卖的那个阿姐走了，他累得忘了家里还有一个阿姐，但阿姐可没忘记他。

"一天，我正站在店门边给客人拉门，突然，我八姐和一帮衣着光鲜的人来吃饭，把我碰到了。她离家出去工作后，也忙，和家里少有联系。有一次回去看我，何妈说我跑了，不知去向，反而找八姐要我，怪她把我藏起来了。但八姐确实不知道，着急惨了，但又无法找我，想不到在这里碰到了，一把抱住我，生怕我又跑了样。问了情况后，她说等两天就过来安排我。"

过了两天，姐姐来接他，他本来需要向老板辞工，但又出现了一个戏剧性的状况，让他把这个程序省了。"我们店里有一个岁数与我相近的童工。他晚上偷吃了店里的西点，名叫泡芙，不是圆的那种，是长条的。第二天，老板发现了，问是哪个。只有三个童工，有一个就把那个娃儿举报了。老板又问我，我说不知道。实际上我知道，我想到，我跟他的关系不错，没必要把他给报告出来。老板就说，你不说的话，你就跟他一起走。我脾气也犟，走就走，恰好八姐来接我了，我就跟她走了。"

范家三少找到八姐之后的故事，我们下一篇再说。

3 / 范绍增家族往事（三）
我八姐成了香港『长城三公主』

口述人 范之维
范绍增三子

三公主

1957年底，离家出走后正在香港老大昌饭店当门童的范之维，碰到失散已久的八姐范之慧，八姐给他带来了一个好消息：父亲范绍增在重庆并未像谣传那样遭枪毙了，而是起义参加了解放军，后任河南省体委副主任。八姐已改名李嫱，成了香港电影明星，跟闺密夏梦、石慧并称"香港长城三公主"，即长城影业公司三大当家花旦。范之维至今记得他从老大昌回到姐姐家，第一次看到几大花旦一锅烩的场面。

"八姐把我带回家里头几天，在八姐他们的公司——香港长城电影制片厂引起了不小的轰动。大家都知道李嫱把她走散的弟弟找了回来。我记得夏梦、石慧、陈思思、鲍方（鲍起静父亲）、傅奇等长城公司的骨干，都到家里祝贺我姐，来看我这个调皮的弟弟。石慧、傅奇两口子还专门定了个大蛋糕祝贺。我姐与夏梦、石慧私人关系特别好，与夏梦合拍了越剧电影《王老虎抢亲》《三看御妹刘金定》。《王老虎抢亲》是由我姐夫胡小峰和金庸联合执导的，八姐还和石慧合拍了《大儿女经》《映山红》等片子。"

八姐是个大美人，读书时还

李嫱（左）和夏梦《王老虎抢亲》（1960）剧照，该片由李嫱丈夫胡小峰和金庸联合执导

是个小才女。范之维和姐姐同校过,记得她当年学霸的气场。"我是5岁上的小学,1951年就读小学了,香港青山道有一个教会学校,名叫圣士提反。何妈送我去那里上学,是高等华人子弟的学校,学费很贵。我姐姐读的是一般学校,香港同济中学附小。上了两三年,为了节约开支,我也到同济附小跟姐姐一起读了。但那个时候,我姐姐已升到同济初中。我记得每一次学校年终开会,校长都要表扬优秀学生。校长用广东话念'范之慧',与我的名字'范之维'很难分辨。所以,每次表扬我姐姐,我都以为是在表扬我,但大家都知道是在表扬我姐姐。她学习相当好,我也不错,在同济附小三年级参加全港小学生演讲大赛,得过第二名。不过,我的学习还是没有姐姐好,她经常辅导我。"

混血儿

范家子女和其分别隶属的生母或养母妈妈,现在看来,是一种大数据,外人很少能数得清。范之维说:"我们屋头兄弟姐妹是分开排的:4个男娃儿,8个女娃儿,一共12个娃儿。分别排在陈文兰、张绍芬、叶绍芳、房世民、赵蕴华、何淑兰、何蜀熙7个妈妈的门下。大哥的母亲是我父亲的原配,在大竹清河场,姓陈,至死都没出过清河场。我们家这么多兄弟姊妹,说白了都是同父异母,但我们都相处融洽,比如我跟我二哥、七姐、十姐,逢年过节都要彼此问候。"

其中有些娃儿,是妈妈们抱养的,属于范绍增的养女。"我那个大姐是赵妈抱养的,赵妈后来得痨病死了。大姐跟八姐一样,对父亲感情也很深,对我们弟弟妹妹也是亲如手足,胜于手足。我八姐就是典型的例子,她是

范绍增八女李嬬是个中葡混血大美人

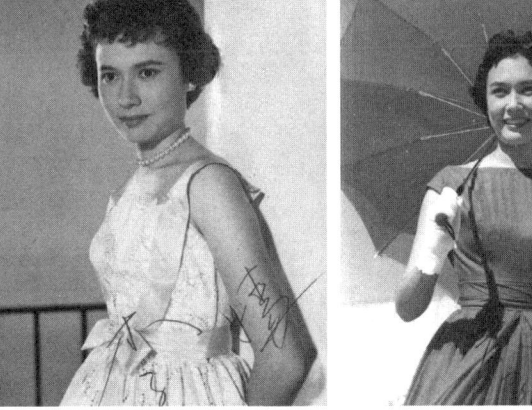

在重庆抱养的，但父女感情很深。八姐是个混血儿，是葡萄牙跟中国的混血。她出生后，生母把她弃养了，我老汉本就喜欢小娃儿，听说这个娃儿长得漂亮，叫人抱来一看，果然如此，就把她抱养了。"

在范家女儿里面，她是第八个，所以排第八，取名范之慧，一般叫她八妹。"在8岁以前，我八姐身体很弱，有肺结核，当时这是不治之症，一支盘尼西林比黄金还贵。我父亲花了很多钱，终于给她治好了，所以她非常感激父亲。"

泰山电影公司是个小公司，老板是1930年代上海联华电影公司的著名导演卜万苍。1927年他执导了阮玲玉的银幕处女作《挂名的夫妻》，从此阮玲玉踏上星途。后来他把香港泰山公司卖了，投身电视业，包装了"民歌皇后"奚秀兰。"八姐考上泰山电影公司后不久，老板就把泰山公司卖给了长城，八姐也就去了长城。当时长城电影公司推自己的三大花旦，第一个是夏梦，第二个是石慧，第三个就是我八姐了。我姐演了很多电影，古装的多一点，姐夫还领我去看过一些，姐姐真是漂亮。"

饼干箱

八姐从小就知道她是范绍增的养女，但对父亲的感情相当深厚。当时从重庆到香港去，就是逃难，大家的理解就是逃出去就能活命。范之维说："为什么我老汉这么多子女不选，偏选了八姐呢？就是因为我老汉喜欢她，虽是养女和养父，但和亲生没区别。他们父女之情，确实很深。我姐姐也把这个记在心里头。"

"自然灾害"时期，食物即厚礼。1961年，八姐各方托人，不断从香港往河南老爸那里寄食品、寄衣服。"她每个月给我们寄20斤饼干，5斤装，10斤装，我们吃舒服了。是一般的饼干，不能太好，太好了不允许寄来。她心很细，寄的时候，还分几个人的名字寄给我老汉，表示不是一个人寄的。其实都是她寄的。"

1957年，全国青年积极分子代表大会，八姐作为香港代表团成员之一，和夏梦一起到北京开会。"八姐他们受到了国家领导人毛泽东、刘少奇和周恩来的接见，还集体合影，照了一张有一米多长的大照片，这个照片可珍贵了！1975年，她又回来了一趟，专门到郑州看我父亲。老爷子很高兴，想到没有白喜欢她一场，八姐看到我也高兴。她把那个照片送给我们了，后来不知怎么就搞丢了。"

八姐为什么要把那张珍贵的照片送给他们呢？"因为在文革中，她的传说很多，她把那张照片送我们，就是证明我们的海外关系是干净的。那次回来，八姐看上去有点发体了，她告诉我们，她嫁给长城的著名导演胡小峰，生了大儿子胡学民就淡出影界了。原因是生大儿子时打了一些针，这些针有激素，会把人催胖。"

那次回河南，八姐带着老公和两个女儿，还带了好酒、好烟、食品和衣服，孝敬父亲。"海内海外，一家八口，三代同堂，挤在老汉那套30多平方米的房子里，过了几天非常温馨的日子。是我们范家1949年后挤得最满的一次，以后再也没有聚齐过那么多人了。"

好八姐

范绍增一生烟酒不沾，河南体委好些烟杆（老烟民），都盯到她女儿带回来的那些烟酒。"他们都晓得他不吃烟，他是高干，每个月有烟票，可买高级香烟。别个就说'范主任，你又不抽烟，烟票送给我们嘛！'他说'我屋头老太婆要抽烟，没得法。'对的，我叶妈要抽烟。八姐带回来的烟酒，他就给我叶妈吃了。叶妈是个好人，照顾老头子和我们，也很辛苦。"

三年后，1978年，香港都市轻喜剧片《巴士奇遇结良缘》公映，八姐在里面演一个配角福婶。从当年的长城花旦，变成了长城老旦。"她身体已变形了，胖得不行，演个卖菜的小摊贩，我们看了电影，几乎认不出是她！八姐在香港受长城电影公司的影响，思想比较进步。后来香港回归，她没回来！这个我们也搞不清楚。听说在香港回归前几年，她到加拿大定居了。他儿子胡学明我是很熟悉的，据说现在在香港影视广告界相当出名。八姐跟我七姐同年不同月，七姐比她大几个月，八姐今年（2017）也是八十了。"

在范之维心中，银幕上的八姐形象，不是《巴士奇遇结良缘》中

1960年，香港长城电影明星在新加坡
左起：傅奇（长城小生，石慧丈夫）、石慧、陈思思、李嫱、夏梦、平凡（长城小生）

的那种，而是他小时候看到过的样子。一位名叫小宇的资深影迷去香港电影资料馆看老电影，在博客中评价《三笑》大导演李萍倩执导、李嫱和长城英俊小生平凡主演的《华灯初上》（1961），认为该片堪称香港版《魂断蓝桥》，只是女主人公最后没有跳桥——"《华灯初上》开始，昏暗的舞厅，在摇摆大乐团的爵士音乐中，李嫱一袭旗袍，优雅地走入了舞池。她如一颗耀眼的珍珠，散发着含蓄而大气的脱俗魅力。乍看，竟有几分英格丽·褒曼的味道。"

范之维还记得八姐当年为自己的成长操碎了心。她带着他从香港坐火车到广州，去读黄花岗七十二烈士墓旁的华侨小学。"我读的住校，八姐全额支付费用，她准备负担到我长大。但读了不到一学期，1958年底，我父亲专门跟我八姐商量好，不准备让我一个人在广州上学，要求我回河南。"

范家三少回到河南父亲身边的故事，下一篇再说。

4 范绍增家族往事（四）
重回父亲身边，最后含泪送别父亲

口述人 范之维
范绍增三子

火车站

1958年底，12岁的范家三少范之维，正在广州黄花岗七十二烈士墓旁的华侨小学读书，是八姐送他去的。八姐在香港长城电影公司当演员，被誉为"长城三公主"；父亲范绍增在河南省体委当副主任，大家叫他范主任。范之维说："我们一家人分在三处，我老汉也很想我，不让我一个人在广州上学，就专门跟我八姐商量好，要我回到河南他的身边。"

1956年11月启用的郑州火车站

八姐把他送上广州到郑州的火车。"我父亲知道我马上要回去，想我想得心切。我在火车上坐了三天四夜，看了第一本我们中国的长篇小说《林海雪原》，故事情节写得好，很神奇，印象很深，很震动。"

坐着绿皮火车，读着《林海雪原》，郑州到了。"长大后，我和老汉没再见过面。但姐跟我说，他腿受过伤。我看见站台下面，一个老人，一跛一跛的，到处喊我的名字'范之维！范之维！'。我就过去了。我说'伯伯，我是范之维！'他说'老三啦！老三？你是老三？'一把抱住了我。这是解放后，我们父子第一次见面，还是在火车站。我情绪很激动……"

体育场

　　三少爷看到父亲走路，左脚明显有点跛，他的右手也有问题。"后来才晓得，1933年跟贺龙在洪湖打仗，他遭打丢了一个团，手臂重伤。本来要截肢，杜月笙派人到汉口接他去上海，找了个英国医生才治好。手是保住了，但写字歪歪斜斜，没力。我老汉文化不高，1958年去北京上了个马列主义学院，才学会用钢笔、毛笔写他的'范绍增'三个字。你当个体委主任，文件送过来，不会签字不行。虽然文化低，但在见识方面，他不比哪个差。"

　　洪湖一仗后，范绍增和贺龙暂无交集。贺龙1949年后出任西南军区司令员，1951年开建新中国第一个甲级体育场——重庆大田湾体育场，1952年在重庆兼任中央体委主任。1953年，50军高参兼第148师副师长范绍增，被任命为河南省体委副主任后，和贺龙再次交集。"我父亲在体委这一段，相当辛苦。贺龙表扬他，说他做工作很用心。'自然灾害'那几年，他想在河南建一个体育场。当时大型的体育场，只有北京、湖南、重庆有，其他地方要建，想都不要想。他去找贺龙，贺龙这时已调到北京，喜欢他，就拨了300万。他马上盖起河南省体育场，可容纳万人集会。1955年落成，2000年才拆了。"

　　1960年代，贺龙遭"打倒"了。范绍增作为贺龙从前战场上的对手和后来体委系统的下级，北京下来三个穿军装的贺龙专案"外调"人员，到河南找到他。"为了消除我父亲的紧张，他们特准可以有一位家属陪同，父亲就叫我跟着他到省体委政工处。三个军人对父亲很客气，叫父亲回忆贺龙都跟他讲过哪些话，两人有没有关系。我父亲说：'我和贺龙有关系，但那只是上下级关系。因为我是他的下级，他在工作上关心我很正常，谈不上死党。我在党外，他在党内，总是有距离。群众批判我和他是"酒肉朋友"，这话不假，因为我们在北京初见面，他就用狗肉请的我。'我家老头子虽然没文化，但我觉得他的见识和说话水平，可以当外交部长。这次外派调查贺老总的事，他就这样三言两语搁平了，对方还没得脾气。"

　　既保全自己，也不出卖兄弟。在关键时刻，范绍增身上那种能化险为夷的生存智慧，往往帮他转危为安，他对儿子也传授过。"文革一开始，我正读高三。有一天，父亲叫司机开着车，我们坐到郊外。他对我说：'老三，你要起来写一张揭发我的大字报。'我不明白，不愿意写。他说：'你不写的话，就要遭打成右派。如果你当了右派，这一辈子就完了。你也不要写多了，就骂一下我吃吃喝喝的旧军阀习气就行了。'我只好写了，题目是《打倒父亲的资产阶级生活方式》。可能也是因为这张大字报，父亲和体委另外三个主任一起受到批判。三个月以后，体委觉得范绍增改造有进步，叫他回家自学，继续改造。体委那三位主任都扣了工资，有一位主任后来更是分文不发。父亲还好，由始至终，工资分文没有扣过，可能因为他是起义人员和党外人士吧。"

叶妈

范绍增夫人叶绍芳像

范绍增可能也为社会上流传的他的太太数量大数据而困扰，以至于1957年有一次他在河南省委统战部召开的民主人士座谈会上发言时，谈了工作之后，还专门辟谣："另外说一下我私人的一些事情，有人说我过去有17个老婆，实际是7个，那是旧社会的事情。总的说来，我这个人受旧社会腐化，没有把旧思想丢掉，我希望整风再把我整一下。"

17个老婆的说法，来源于1950年代香港《大公报》编辑周榆瑞化名宋乔写的一本官场小说《侍卫官杂记》。里面写了一个名叫樊劼曾（谐音范绍增）的川军军长，"他的太太姨太太起码有30个"。在小说里活跃的，是樊劼曾轻浮放浪的十七姨太。

范之维说："河南一些干部也看了这本书，就问我老汉'范主任，你有17个姨太太呀？别个书里面都写了的。'我老头子很生气，但回答得很风趣：'是有呢，有一个就是写书的人他妹子。'"

1949年后，范绍增后半生妻妾星散；1964年后，经河南省政府安排，他从前的七妻之一叶绍芳，从四川老家大竹清河场来到河南郑州，照顾他的生活。"我叶妈是苦出身，对人相当好，对我们这些子女也相当亲。她就是喜欢喝酒，解放前染上了鸦片瘾，解放后就再没有吃了。当时，我父亲已进入部队，根据国家政策，只能一夫一妻，多余的妻子都要遣散。对有子女的妻子，我父亲都给了一笔解散费。这个钱从什么地方来呢？上清寺原来我们有个范庄，我父亲要捐给重庆市政府。邓小平说：老范你这个不能捐，你一捐外面就要说我们'充公'了。对你这个起义人员不能这样，我们必须给你一笔钱。我老汉就用这个钱做了遣散费，每个妻子都得了一点。当时的那种情况下，只有我叶妈没有地方去，她15岁就跟着我父亲，对父亲很有感情，她不要钱，就回到老家清河场。"

范家三少对叶妈感情很深。"叶妈真是好人，传统妇女那种好妈妈。要知道，1970年代是没有洗衣机的，河南的冬天冷得刺骨，叶妈在冷水里洗我们一家人的衣服，还给我们洗袜子、洗内裤。没过几年，她老人家的指关节都变了形！她生活上没有奢求，三天一瓶8角钱的老白干，一天一包2角5的'黄金叶'纸烟就行了。我和弟弟对她念念不忘。"

也正是叶妈，在范绍增去世后，告诉三少爷："我们原来都说你亲妈去世了，是哄你的，你亲妈并没有死，还健在！"

亲妈

为什么范家三少在范家没有亲生母亲呢？因为他亲妈性格倔强，从来不进范家门。"我1946年12月26日生于重庆，叶妈告诉我真相后，我后来找到亲妈，扯起当初我进范家的事，才晓得自己的身世。我亲妈本在学校读书，我外公跟我老汉是大竹同乡，是朝天门码头的一个大爷。他那个大爷当然没我父亲嗨得大，说白了也是想巴结我老汉，就把我亲妈介绍给他，不久生下了我。但我妈晓得我父亲屋头姨太太有点多，不肯进范家门。最后，还是外婆把我抱进了范家。"

三少爷生母的娘家家事奇特。"我外公是大爷，现在罗汉寺对面小商品市场那一块，当时都是他的房产。我舅舅是个老革命，1936年就入党，当过面包师傅，在重庆有天晚上遭抓了。我父亲给我说，他第二天上午就把我舅舅保出来。父亲对他说'你要是共产党的话，你就走；你不是共产党就继续给我烤面包。'当天下午，舅舅就走了。解放后，他是邓颖超那一届全国政协的秘书长，部级干部。我母亲有初中毕业以上的文化，一笔小楷字写得相当漂亮。解放后，她自己去考干，考到云南个旧市粮食局，后来退休回重庆，我一直照顾她到1983年去世。她脾气相当怪，自强自立，犟得很。因为和我老汉的关系，曾经遭剃个光头，在牛棚喂猪。她对我老汉不太感冒，说一辈子没享到老汉的福，尽受些老汉的罪。"

落幕

1992年刘德一主演的四川方言电视剧《傻儿师长》播出之前，范之维并不晓得父亲有个外号叫"范哈（傻）儿"。"他从来没给我说过，我是看了刘德一的《傻儿师长》后才知道的。一般看不出他过去是个军长，也不晓得四川军阀还抗了日的。他说话一辈子都是四川口音，原来我一嘴的广东话，普通话也说得不伦不类的，1958年回来后，跟老爷子住在一起，又把四川话学会了。刘德一演出了另一个活的范绍增，抗日将领，我们一家相当感谢他。大家看了电视剧觉得他诙谐、好耍，但我看到的真的范绍增不是那么回事，别个是省体委副主任，11级高干，不可能那么好耍的。"

范老爷子原来爱听川戏，在河南那边，就听不成了。"他下围棋和打网球的爱好，在河南还是保持了下来。他原来麻将打得很好，那阵社会上还没兴打麻将，也就找不到角。在家里，就我俩下下象棋、围棋。体委干部来找他喝咖啡、下棋他都很喜欢。旧军官的习气，有些他一辈子也改不了。老头子人缘好，解放以后共产党对他也特别好，原来的河南省委书记、军区政委刘建勋，跟他处得很好，见面一口一个'绍增、绍增'，碰到礼拜六，就派车来接他去下围棋。平日在屋头，就像现在年轻人唱歌一样，他各人唱各人的川剧。他一哼，叶妈就逗他'哎呀，老头你别唱了，大家都在吃饭，你恁个一唱，大家都吃不下去了。'他就说'你们不懂，我唱，别个想听还听不到，他还洋洋自得。'"

范绍增戎装照　　范绍增追悼会遗像

1977年3月5日晚上11点20分，范绍增因败血症在郑州河南省人民医院高干病房去世，享年83岁。范之维说："当时我父亲右脚长了脚气，起了一些泡，叶妈好心，就用针给他挑了。他又去澡堂大池洗澡，就遭感染了病毒。父亲带着安详的神态永远离开了我们。"

3月12日，河南省体委组织了814人的追悼会，范绍增半年多前照的一张戴帽照片，作为遗像挂在灵堂正墙上，跟他中青年时代风云际会、河山纵横的照片相比，看上去就是一个非常普通的居家老爷子。官方悼词有"范绍增先生在中国共产党的领导下，能够参加政治学习，接受思想改造，在无产阶级文化大革命中，表现是好的"的句子。

范之维说："这几句悼词再一次肯定了他对党和人民忠肝义胆的人生大节，我们亲属听了都很感动。我的童年先是在大富大贵的显赫家庭里面生长，后来我父亲送我去香港，以为在那边大有发展，结果我反而吃了很多苦。只有回到河南后，我们范家和国家一起，才蒸蒸日上了。父亲尽管是一名抗日将领，但在中国的历史长河里他老人家只是一叶扁舟，而我们作为他的后人更是微不足道。如果没有我们亲爱的党，没有我们今天强盛的国家，没有一直记住他的家乡人民，我家的故事早就不复存在了！"

范家亲属在追悼会上
右起：三子范之维、范妻叶绍芳、四子范秋生（后排）、大女儿赵曼薇、二子范之懿、七女范之超、外孙王帮正（后排，四女范之碧之子）、七女婿袁景桥

5 / 我爷爷，黄埔一期：在『凯歌归』『轰炸东京』

口述人 李满红
李岳阳之孙

李满红翻开一本封面烫着金字的李氏家谱，里面篇幅最多的是关于他爷爷李岳阳的事迹和照片。李岳阳先生出生于四川安岳，黄埔一期生，和国共名将孙元良、李延年、徐向前、左权都是同学。黄埔毕业后参加东征、北伐、淞沪抗战。曾和贺龙结拜兄弟，尔后因同室操戈之际曾放其一马，被老蒋撤职并撤销黄埔学籍。1940年代李岳阳在重庆改行，开了一家名叫"凯歌归"的餐厅，发明了"轰炸东京"的名菜。1982年，90岁的李岳阳病逝于台湾，葬礼由台湾"国防部"三军仪仗队用国民党党旗盖棺。抗日名将孙元良、空军"总司令"王叔铭任盖棺人，蒋经国题写墓碑"忠勤堪念"。

黄埔生

李满红已故父亲李任曾任重庆25中校长，1963年负责创办重庆外语学校，曾是陶行知的学生。李满红说："1944年，陶行知到爷爷家做客，爷爷拉着我爸爸的手说'犬子并非天才，而是地才，就跟陶先生去读书吧。'1949年，爷爷去了台湾。1982年，本来约定在香港和我爸爸见一面，但在台北出发之前，爷爷把腿摔伤了，只有婆婆到了香港，和我爸爸、妈妈、大哥见了一面。"

李任再未见到父亲李岳阳。李满红说："爷爷老家在安岳，但爸爸从小只说我们老家在泸州，因为婆婆是泸州人。他很少说爷爷的事，直到1982年爸爸到香港和婆婆见了一面，安岳老家也来人，对我说'满满，你爷爷了不起。'我才晓得自己有一个黄埔一期的爷爷。"

李满红这才开始从父亲和老家人那里"看见"爷爷。"爷爷最早是四川桑蚕学校的学生，后考入四川军官教导团。毕业后，从排长、连长做到团长。黄埔军校开办时,爷爷已在石青阳(杨沧白的学生,重庆大爷石孝先的父亲)的部队当了6年团长,他马上辞职去投考黄埔。别个一看他当过团长,要他当教官,他不干,偏要当学生,考入黄埔一期。他与胡宗南、曾扩情、韩浚四个年龄最大,同学都喊他们'老大哥',据说可以和教官一起吃小灶。"

李岳阳毕业后参加北伐,和黄埔同学击溃吴佩孚主力。占领武汉后,和贺龙一见如故,义结金兰。"爸爸小时候看过爷爷的一本相册,有很多他在战场上的照片,有些是骑马照。爸爸说,爷爷从小饱读诗书,是个儒将。他记得爷爷在照片下方配了一些字句,像啥子'斩将牵旗,追奔逐北''疲兵再战,一以当千''踏花归来马蹄香',很有诗意,很霸道(厉害)!"

北伐武汉和贺龙结成拜把兄弟后,贺龙参加南昌起义失败,率部转战,要通过李岳阳的防区,这给李岳阳出了一道难题:一边是江湖兄弟情,一边是老蒋校长令。老蒋已密令他加强截击,不得让贺龙通过。"最后,我爷爷还是偏向了结拜弟兄,和贺龙商定,你们半夜偷偷通过,我睁只眼闭只眼。老蒋后来觉得爷爷负了他,本想严惩,但又念师生名分,就只将爷爷黄埔一期的学籍和团长职务撤销了,永不重用。解放后,贺龙带了一件黑色的呢子大衣送给我爸爸,爸爸后来捐给了老家安岳博物馆。"

凯歌归

1984年,曾在台湾爷爷身边陪护的一个隔房侄儿,从台湾绕道日本、香港,回重庆找到李家。李满红这才晓得,爷爷当年到重庆后,既然"永不重用",也无意宦海,干脆开了个大馆子"凯歌归"。爷爷这个隔房侄儿李平禄,就是凯歌归的首席堂倌。

李满红说:"李平禄当时60多岁,在台湾帮馆子,当厨师,已退休,家人都在台湾,父亲在安岳。后来他多次回来,就住在我家。他说,最先他在老家放牛,吃不饱,爷爷回去看到他,就说'我在重庆开馆子,差个跑堂的,你干不干?'他就跟到爷爷去了,啥子都要做,他说'尿罐都是我在倒'。婆婆有个使唤丫头,后来也嫁给他当老婆。"

军统大特务沈醉在其回忆录《军统内幕》中提到过那段时间的"凯歌归":"邹容路有名的四川餐馆新味腴隔壁另一家有名的川菜馆凯歌归,为黄埔一期毕业的李岳阳集股开设,是国民党高级军官常去的地方,已和军统打成一片。"

重庆足球界前辈黄振惇先生是李家亲戚,他说:"抗战时,我们在永川老家太平寨躲飞机,回重庆就住在三孃(姨)家里,就在凯歌归边上。凯歌归介于国泰和颐之时之间,是川菜馆,但很洋气。楼脚是舞厅,晚上吧台坐有舞女,《夜上海》和《野玫瑰》的唱片,放得叮里当啷的。"

美国大兵也是常客,黄振惇说:"碰到美国兵,就给我们发口香糖,像现在阿司匹林那种白色药片。掏出来,抠一颗给我们,还从包包头摸出一颗一颗的甩炮发给我们。"

1940年代李岳阳于重庆

李满红回忆:"李平禄当时只有十五六岁,他说那阵的警察还用警徽换他们凯歌归的员工牌,别上这个员工牌,看戏不要钱。我爷爷脾气好,爱讲笑话,但有一次,他一进门就扇了李平禄一耳光。李平禄说'幺叔,我没做啥子,你啷个打我呢?'我爷爷说'我不打你娃,我打哪个嘛!'李平禄晓得,我爷爷心头苦!"

从黄埔一期变成"凯歌归",李岳阳心头本来就窝火,一旦听到从前的黄埔兄弟伙前方传来的战况就郁闷。所以,凡是黄埔同学来吃饭,一律免单。他们叫他老大哥,李平禄听到幺叔很不好意思地说"啥子老大哥哟,你们在前方拿枪杆子,我在后方拿锅铲子;你们在前方杀敌,我在这里杀鸡杀鸭。"他把餐馆取名"凯歌归",就有祝愿黄埔同学浴血抗战、凯歌归来的意思。

"轰炸东京"

抗战重庆名店云集,各有名菜。比如小竹林的蒜泥白肉,白玫瑰的纸包鸡块,醉东风的口袋豆腐。李满红说:"我爸爸记得,凯歌归的名菜最先有樟茶鸭子和肝膏这些，后来推出三大名菜：一是'轰炸东京'，就是锅巴鱿鱼；二是'还我河山'，就是荷叶粉蒸肉；三是'凯歌归来'就是清蒸中华鲟，都跟我爷爷的抗战心情有关。"

"轰炸东京"的原型菜是锅巴肉片，本是一款传统川菜，又叫响堂肉片。该菜被李岳阳包装成"轰炸东京"后，成了"战时首都第一名菜"。据重庆市政府参事室文史老前辈陈兰荪先生《重庆旧闻录1937—1945（官场钩沉）》中《李岳阳开"凯歌归"餐厅》一文所述：1944年6月16日，李岳阳和白玫瑰餐厅的老板唐绍武，正在凯歌归闲聊，政府防空处（李岳阳当时在该处挂职）主持日常工作的防空专家丁荣灿少将兴冲冲地跑来说：美国B29超级空中堡垒轰炸机，已于当天零点从成都基地起飞，首次轰炸日本本土的钢铁中心八幡市。

重庆遭日本飞机炸够了，这是我们第一次反炸日本。李岳阳和唐绍武这些美食家，就想以菜报国，表达心意。想起他们原来有一款锅巴海参或鱿鱼的名菜，就是把炸得酥脆的锅巴放在大盘中垫底，堂倌端上桌，再把一大碗热滚滚的海参汤居高"淋"下，酥脆锅巴一遇热汤，立马溅起一阵嚓嚓作响的"轰炸"之声，色香味俱全，以声夺人。

▎川中名士赵熙题写的"凯歌归"匾额

李岳阳他们把这个老菜重新命名为"轰炸东京"，并宣布凯歌归和白玫瑰餐厅从即日起，此菜赠送三天。堂倌一边上菜，一边报菜名，"轰炸东京了！轰炸东京了！"讨个口彩，火遍重庆。

凯歌归后来开到上海去了。李满红说："上海吃紧前一年，1948年，婆婆在台湾高雄和台北开了两个凯歌归。在上海，门外炮都打得叮叮咚咚的，我爷爷还在给他的凯歌归搞装修，安吊灯。但最后只能穿个衬衫，坐最后一班军舰逃回台湾。高雄那个凯歌归，最后卖给了海军'司令'桂永清办海军俱乐部。爷爷花了9根金条买了个日式小平房，一家人住，艰难度日。蒋经国上台后，日子好过些了，去世被追认为中将。"

现在，川中名士、荣县大文人赵熙手书的"凯歌归"匾额还放在台湾婆婆家里。开过馆子的李满红有一个心愿："我一直在想，好久去台湾跟婆婆和台湾那边的亲戚们商量，我们下一代是在台北或在重庆，再把爷爷创下的老字号凯歌归开起来？"

6 / 京剧名丑厉慧森，老来提笔写家史

口述人 厉慧森
重庆京剧团名丑

2016年3月，我见到了89岁的厉慧森老爷子。家里客厅墙上，在他踢足球的照片旁边，贴着他临摹的清代名画《同光十三绝》：清代同治、光绪年间"徽班进京"的十三位京剧名家，生、旦、净、末、丑，天天罩着他。客厅饭桌边的墙上，挂着他抄写的文天祥《正气歌》和范仲淹《岳阳楼记》，书风介于魏碑和隶书之间，像老爷子的身板和脾气一样硬朗。

卧室还挂着母亲的黑白玉照和他画的马。他说："我是照着徐悲鸿的马画的。当年徐悲鸿送哥哥一匹大马，送我一匹小马，抄家时都丢了。"书房玻璃书橱里放着一套著名的清代戏曲剧本集《缀白裘》。"都是昆曲本子。"1960年代抄家给我抄了好多书，都没还，后来我又走一处置一处，把它补上了。"

厉慧森著《京剧厉家班小史》（中西书局，2015）

正是在这个像一位大学者的书房和戏曲的空间里，史上名动江湖的厉家班第二代传人、"厉家五虎"健在的最后一虎——重庆京剧团一代名丑厉慧森老先生，吭哧吭哧用手写出40万字的家史——《京剧厉家班小史》。

父亲

厉慧森的父亲厉彦芝是厉家班的创始人。"我们厉家是满族旗人，老家在卢沟桥边上的宛平县，后来爷爷当兵，调到北京德胜门当了个守城小头目，但家里还是很穷。父亲后来喜欢上了京剧，爷爷说是'下三滥'，不同意，就打他。他就躲到干妈家里，偷偷学习。后来，清朝完蛋了，他唱戏一个月能挣到两百块钱。他到天津去唱戏两天演四场，拿了钱回家说：清朝过去了，唱戏不是'下三滥'了。爷爷高兴了。"

厉彦芝又闯上海唱戏，后来因倒嗓，改为琴师，给名家金少山、孟小冬都操过琴，也给李万春吊过嗓。后来组建了厉家班，成为京剧教育家，但当时的科班时代，京剧教育家的教育基本靠打。

"1935年在南京，当时是首都，父亲要我扮个宫女，我不肯扮，老头儿就打，拿板子打。我老头儿不主张打嘴巴子，他给班里的老师嘱咐，男孩儿打手打屁股，女孩打手不打屁股。他做了红木板子大中小三号，根据你犯事的情况来施行。我哥厉慧良屁股打得流血。"

父亲把钱抓得很紧，孩子们身上都没钱。"说起来没人信，我算是厉家班三少爷了，跟大哥到米亭子书店去买书，我想买本《三国演义》的钱都没有。老穿哥哥的旧衣服，我想买一件衬衣，没有钱。抗战初期过年，父亲不说话，我们不敢去拜年磕头，因为磕了头，他就要给红包。我过年另外收了一些红包，他就说，

1948年重庆全家福
前排：厉彦芝、韩凤奎夫妇怀抱长孙女蓝田
后右起：慧森、慧良、慧斌、慧敏、薛慧萍、慧兰

搁你那儿要掉,我给你存起来吧,就'充公'了。"

当时大家怕老头怕到什么程度呢?"他住在剧场,我们住在外边。有次我一进门儿,看见他在写信,我扭头就跑,跑得叮叮咚咚的。他听见了,追出来,叫我站住,骂我:'你看见我就跑,我是阎王呀!'我心想,但不敢说:'你比阎王还厉害三分。'哥哥姐姐开始也怕他,后来要好一点。他们的待遇也跟我一样。"

当时的厉家班,在没有东家没有赞助的情况下,坚持到1949年也未散,后来改制为重庆京剧团,也许就得益于老头儿管得严吧。"那些最大的科班,像富连成,出过马连良、裘盛戎、筱翠花,不得了,但垮了;中华戏曲专科学校,还是国家办的,程砚秋、焦菊隐当校长,也垮了;我们厉家班没垮。那些垮了的科班比如富连成,也是家族班子,但他们在管理上没我们老头儿厉害,子弟都去上海挣大票子,就散了;我们啊,去上海?下海都不行,都在这儿泡着吧。所以有人问老头儿:'你怎么管得这么严?'他说:'要是不严,人不都走了吗!'"

母亲

跟很多戏曲班主一样,厉彦芝也讨了两房太太,所以"厉家五虎"是同父异母(一父三母)的一个戏曲青春天团。厉慧森说:"老头儿在北京跟我大妈结了婚,第二年生了大哥厉慧斌。后来,他又闯南方,跑江南杭嘉湖平原,搭上了一个科班,班主叫韩玉山。韩玉山买了一批女娃儿,不是亲生的,都是农村里养不起的。我父亲又能干,又会拉胡琴,班主不放他,就招他为女婿了。"

班里有两个女角最好,一个是唱老生的韩凤奎,一个是唱旦角的韩凤英,虽非同胞,但情同姐妹。厉彦芝就跟姐姐韩凤奎结婚了。"二妈韩凤奎生了慧良、慧敏,后来生了慧兰、慧庚。'厉家五虎'里面,厉慧斌是大妈生的,二妈生的四个孩子里面,良、敏、兰三个是虎。"

第五个虎厉慧森,是厉彦芝和旦角韩凤英生的。"我的妈妈韩凤英,跟她的姐姐,也是我的养母韩凤奎,感情最好。但我是不受欢迎的人,因为我的母亲不肯与父亲结婚,她愿意用艺术来唱戏挣钱吃饭。她把我看成包袱,觉得生了我,她就唱不了戏,所以不喂奶,话也不给我说一句,糖也不给我吃一个,我是喂羹羹长大的。"

韩凤英后来还是出去结婚了,在上海嫁给了孟小冬家族一个名角。"在她结婚的那天，我父亲专门把我带去参加她的婚礼，就是气她羞辱她。但我们离开后，她的慈母心又犯了。我们到杭州演出时，她从上海赶来，抱着我睡了一晚上的觉，我才第一次领略到母爱。"

抗战胜利那年，妈妈也到重庆了，她本是上海滩的京剧名角，但这时也过得不好了。"她在南岸河边沙滩上买了个木房子，很小，摆个摊儿，卖袜子手帕这些。那年，我们到水泥厂演出，发大水，沙滩一片汪洋。我一看妈妈的木房子没了，我就流泪了，第二天一早去找小木房。过了江，在一个山坡上找到了小木房，她刚搬到这里，正清理烂家具。解放以前有枪声，我不放心，就把她接到城里四德村。解放以后改制，我的工资是50元，我有钱了，生活有保障了，就把她接到一川大戏院旁边，我们住在一起了。妈妈没有工作，1958年京剧训练班成立，就把她请来当了老师。"

写书

厉慧森五岁登台，七岁正式演戏，连小学都没有上过，但他一直坚持自学。学教科书，读《古文观止》，坚持写日记，坚持练字，坚持看书。"有好多人，包括外地的、重庆的，想写厉家班史，还采访了，但都没能写出来，因为没有亲身感受。厉家班影响越来越大，我想你们写不出来，不如我自己写。最初我就埋头写了3万多字，刚好《重庆晚报》创刊，就拿去连载了30篇。"

从1980年代初开写厉家班，到2015年出版《京剧厉家班小史》，厉慧森成了厉家班的首席历史学家。得知我还没有此书，老爷子双手拍桌，一声大叫，非常可爱："哎哟，这不是憋得我非要送你一本喽！我这本书现在在网上很俏，因为这书不是我去投稿的，是上海戏曲学校的校长到家里来把稿子拿去出版的，还给我稿费和一些书。这本书原先我写了67万字，我觉得太长了不好出版，就压缩到现在的40万字。我提供了120张照片，书局又提供了80张照片。我们这是一套'菊坛名家丛书'，俞振飞父子一本卖38块，盖叫天一本卖38块，我这本卖58块。"比这些如雷贯耳的京昆大名家的书卖得还贵，老爷子像京剧折子戏《柜中缘》中那个名叫淘气的顽童一样得意，天真烂漫，爽声大笑。这时，你才晓得：什么叫一代名丑！什么叫厉家三少！

（厉慧森先生已于2017年6月30日病逝于重庆，享年90岁）

7 《何日君再来》哪里来（上）
《何日君再来》，是重庆人写的歌

口述人 李明忠
作家

重庆铜梁作家李明忠为铜梁籍音乐大师刘雪庵立传的长篇传记小说《何日君再来——刘雪庵传》，2014年由重庆出版社推出时，离刘雪庵逝世之年1985年，已近30年。刘雪庵是1940年代著名作曲家，写过《何日君再来》《长城谣》等流行金曲。由于历史的误会，本来是一首爱情歌曲的《何日君再来》，曾先后或同时被互相敌对的各方势力禁唱，刘雪庵因此蒙受了多年不白之冤。刘雪庵当年写《何日君再来》的歌曲，李明忠现在为他写《何日君再来》的传记，成了献给2015年刘雪庵先生110周年诞辰的一份厚礼。两个铜梁人，就由一首同名的歌和书隔空相连。

兜风

在铜梁土生土长的重庆作家李明忠，多年前着手搜集同乡刘雪庵的资料并发愿为其立传时，他并不知道这本书何日能出版。2014年2月，重庆出版社推出32万字的《何日君再来——刘雪庵传》，让他松了一口气。从此，再听到《何日君再来》这首歌，他就不会对刘雪庵心有歉疚了。

1977年9月，即1924年刘雪庵考取成都私立美专离开铜梁53年后，出身于富农家庭的乡村才子李明忠，考进了当地最高学府铜梁师专。他说："我祖父是道士，旧社会给人看风水，家门口拴着很多人家送来的大公鸡。解放后，家庭成分成了炭圆（烫手、恼火）。1977年，风水转了——可以参加高考了。一进考场，我没做好久就出来了，监考老师骂我：'你崽儿冒（冒失、出风头、夸张）嘛，也不多检查一下卷子，这要决定你穿皮鞋还是穿草鞋哟！'"

结果，他考上了大学，穿上了皮鞋。他的考试作文也被学校当成范文油印出来给学弟学妹看。接下来,他留校任教,教了20年的书,后辗转宣传部、报社和电视台,曾任铜梁县文广新局副局长。"我52岁开始创作小说,我嘲笑自己是'左倾盲动,急躁冒进'。我是个急性子,找到一个线索,就一头扎到北京,去找刘雪庵的小儿子刘学苏。刘雪庵的晚年,就是他长期相伴。"

但走到刘家门前,刘学苏却拒绝采访。原来,李明忠采访提纲中有一句话,激怒了他。李明忠想了解当年国民党空军司令周至柔驾机载刘雪庵上天兜风的事。"刘学苏说:'我家老爷子为这个,当年差点被打死,你还来提这个?'我笑答:'周至柔载雪庵兜风,是对他写航空学校校歌的最高奖赏,那是一般人做梦也得不到的,证明你家老爷子了不起!'学苏沉默了,于是再约采访,就成了!"

李明忠著《何日君再来——刘雪庵传》(重庆出版社,2014)

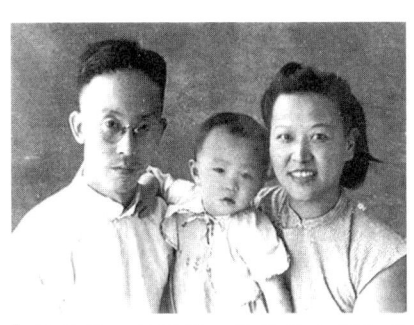

李明忠买上等茶叶去看望他。"学苏感慨地说:'我们这些底层人啊,从来没人这样对我。'他从此主动得不得了,为了父亲的事,有时每天几十个长话打来说,突然回忆起什么,又打,我就获取了很多研究者都没采访到的资料。他大小脑萎缩,走路老摔,2700度近视,总问我:'你什么时候来北京?'他想我带他去户外走走、吃个饭、透个气。"

1942年,刘雪庵、乔景云夫妇和长子刘学达在重庆青木关国立音乐学院

红豆

2007年有一天,李明忠从北京大翔凤胡同刘雪庵的女儿家里采访出来,这处房子是刘雪庵1957年被中央音乐学院扫地出门后的落脚点。在附近后海的旧书摊上,李明忠翻检了一堆旧歌本,每本上面都有一两首刘雪庵的歌曲。

"我已经有了一本他的歌曲集,所以那些歌本就不打算买。但一本江南出版社1951年出版的论文集《在音乐战线上》,我一翻开,血液都凝固了。里面一篇《从

刘雪庵《红豆词》，周小燕唱（上海百代公司 1947）

〈红豆词〉的色情倾向说起》，正是我做梦都想要的。我晓得当年很多人写文章骂他，在开会时，还把这些文章翻到他面前刺激他。但他们是怎么骂的，不很清楚，现在终于找到一个样本，把我脸都笑烂了。看到我的表情，那书商就敲我的棒棒，一本小册子，硬卖了个高价。"

《红豆词》是刘雪庵1943年在重庆璧山国立社会教育学院教音乐时，为曹雪芹《红楼梦》诗词配的曲，"刘学苏说：'当时父亲写这个，是和社教学院的女生爆出了火花，家里也闹起来了。'有他小儿子这个话，我就把《红豆词》这一段写成师生恋。我开玩笑说，是不正确的恋爱观发挥了作用。他小儿子训我：'李明忠，你挖绯闻呀！'"

1980年代出道的新锐作曲家王立平，1987年为电视剧《红楼梦》作曲时，《红豆词》也是一道坎。1949年以后成长起来的作曲家，已经写不来"靡靡之音"了。"我看到一个资料，王立平自己也说，当时找不到感觉，就去听听刘雪庵的《红豆词》，是周小燕唱的版本，低回婉转，他就受了刘雪庵风格的影响。"李明忠说话，常常带着有趣的铜梁方言儿化音；高兴了，还习惯说"把我脸都笑烂了"。我在想，刘雪庵说话，是不是也带着他们铜梁人这些"风格"？

有些珍贵的史料近在身边，但也传奇。写作中，为了精力充沛，有时铜梁巴岳山上还有积雪，他也坚持冬泳。"抗战时，刘雪庵从重庆临江门《战歌》编辑部回到铜梁，在巴岳山上躲飞机轰炸，在山上还生了一个女儿，可惜战时条件差，病死了。寒霜压倒杂草，我一直坚持冬泳，上岸周身泛红，觉得自己是一个英雄，所以创作极顺。"

冬泳"英雄"李明忠，真的就在铜梁河中当了一回英雄。2004年有一天，他在河边看见有人跳河，就冲上去救起来。"跳河的那个女同志有60多岁了。重庆文艺界几个损友，在电视新闻里面看到我英雄救'老'，专门打电话来表扬我：'想不到你李明忠这个假把式，还阴到（暗中）是个好人呢。'"

好人有福报，这天，李明忠在一家打印店打印刘雪庵的资料，旁边有一位老者来打印家谱。"他看到我打的资料，就说，你打印的刘雪庵，是我恩师呀！我抬头一看：'你女儿是我救的。'原来这是党校退休的阳老师，92岁了。当年，我下河救的那个女同志，就是他女儿。必须要说一句：河水不深，但很臭。"

想不到阳老师当年是刘雪庵在苏州社会教育学院（即国立社会教育学院，抗战胜利后迁至苏州）任教时的学生。"他们出了一套100万字的校友回忆录《峥嵘岁月》，有很多非常珍贵的史料，我正差这个，阳老师全部送我，把我脸都笑烂了。"

有朋友送来日本NHK电视台的一个传记片，拍的是唱过《何日君再来》的李香兰。"没有翻译，我急惨了。太巧了，楼上一对'80后'的小两口邻居从日本留学回来，我们一起看。他们给我一句一句地翻译，有时候，小两口还要就某句解说词争论一番。一写刘雪庵，我就顺风顺水，大家都在成全我。"

初恋

最初，命运也在成全刘雪庵。1930年9月，刘雪庵离开铜梁，进入上海中华艺术大学求学，校长是《共产党宣言》首译者陈望道。李明忠说："第二年他考取了上海国立音专，1936年从音专毕业后，第二年写了一首慢四拍的探戈风格舞曲，后用贝林为笔名为它填上'好花不常开，好景不常在'的词，恰好歌舞片《三星伴月》来请他写插曲，他就把这首《何日君再来》交了出去。此后，百代唱片公司灌录了唱片，由刚演完《马路天使》的'金嗓子'周璇首唱。"

当时上海滩的音乐江湖上，前辈和同代作曲家，均已名曲压身，都是百代出品：黎锦辉1927年的《毛毛雨》、《人面桃花》；李叔同1936年的《送别》；贺绿汀1937年的《天涯歌女》、《秋水伊人》。32岁的刘雪庵此曲一出，火遍上海十里洋场，从此跻身这些当红作曲家之列。"他成了百代公司的特约作曲家，为航空学校写校歌，奖金200大洋，当时可供8口之家生活两年。蓝苹（江青艺名）前夫唐纳，曾为情跳海，被救起后就借住在刘雪庵公寓里，刘雪庵为他抚慰、疗伤。"

周璇1937年17岁首唱《何日君再来》之后，1939年当红影星黎莉莉在香港拍的上海抗战电影《孤岛天堂》里，扮演一个暗中相助邻居东北抗日刺客的东北舞女，成为第二个唱《何日君再来》的女歌手；第三位唱《何日君再来》的明星，是出身辽宁的日本籍歌手李香兰。在上海滩七大歌星里面，她和另外五位——龚秋霞、白光、姚莉、白虹、吴莺音屈居"金嗓子"周璇之后，被称为"银嗓子"。

241

李香兰灌录的《何日君再来》唱片

李香兰以熟女声线翻唱《何日君再来》并收入唱片，"银嗓子"险胜"金嗓子"周璇的"小妹妹"小萝莉味道，以至于《何日君再来》就成了李香兰的标签。

曾被列为"黄色歌曲""汉奸歌曲"No.1的《何日君再来》，最初究竟是一首什么歌曲？据李明忠考证，这其实是刘雪庵的初恋曲。"我觉得，这是他初恋的墓志铭。刘学苏听贺绿汀讲过，老汉在上海音专和女同学孙德志恋爱过一阵。后来，孙德志不幸病逝，刘捧着恋人的遗照，在中国殡仪馆和她的父母还照了一张'全家福'。恋人的父母在世时，刘雪庵每月定时给二老寄去二十元生活费，几十年从没间断。"

《刘雪庵文集》中也有一篇《孙德志女士传略》，是用文字为恋人画像；而在 1936 年 9 月孙逝世不到一年于 1937 年 4 月创作的《何日君再来》，则是用音符为逝去的恋人谱写的"恋曲 1937"。刘雪庵抗战和 1949 年后的故事，我们下篇再说。

8 《何日君再来》哪里来（下）
战歌和『黄歌』，都是他的歌

口述人 李明忠
作家

上篇说了诞生于1937年并流传至今的流行金曲《何日君再来》，出自重庆铜梁籍音乐大师刘雪庵之手，这首老歌实为刘雪庵献给早逝的初恋女友的恋曲。这篇，我们讲一讲他抗战时在重庆的故事和1949年后的遭遇。

战歌

1937年4月，32岁的刘雪庵在上海滩以一曲《何日君再来》名动江湖，万家传唱。4个月后，就像34年后1971年的京剧老旦沙奶奶，在革命样板戏《沙家浜》里面唱的那样"'8·13'，日寇在上海打了仗，江南国土遭沦亡"——史称"淞沪抗战"的"8·13事变"，日军的枪炮声打断了《何日君再来》的浅斟低唱，刘雪庵的母校上海音专也毁于战火。真是"好景不常在"了，悲愤的作曲家，风格为之剧变。

李明忠说："1937年10月1日，刘雪庵自费创办了《战歌》周刊，这是全国唯一专发抗战歌曲的刊物。第一期有他写的《中国空军军歌》，第2期有他写的《长城谣》。《长城谣》刊出十几天后，11月12日，上海沦陷，刘雪庵带着《战歌》辗转武汉，最后到重庆，落脚七星岗通远门外的康宁路十号，这个临时的寓所也成了《战歌》编辑部。"

在重庆，刘雪庵是在郭沫若执掌的第三厅挂少将军衔的音乐家，军衔高于后来被誉为"人民音乐家"的冼星海，星海挂的是上校衔。此时，刘雪庵在上海写成的《长城谣》已传遍全国，虽然此谣曾被1938年赴延安后写出《黄河大合唱》的红色作曲家冼星海批评含有"伤感情调"。

1942年4月，郭沫若的《屈原》在国泰大剧院公映，《新华日报》的广告说是"郭

刘雪庵（左1）与郭沫若（左2）于立群（左3）夫妇1940年代在重庆张家花园（郭沫若女儿郭平英供图）

沫若先生的空前杰作，音乐和话剧的空前实验"。李明忠说："这个戏是诗剧，情节简单，动作少，独白多。六首歌曲加上全剧配乐，特别是长达10分钟的独白《雷电颂》，模仿莎士比亚《李尔王》。音乐好，烘云托月，就可以把场面撑起了。就怕没有音乐或音乐不好，导演陈鲤庭担心，演员演起来留不住观众。"

他这个担心，让刘雪庵解决了。"郭沫若拉他来给《屈原》全剧作曲，但时间只有三天。刘雪庵硬是三天三夜搞定，最后证明，《新华日报》的广告说《屈原》是'音乐和话剧的空前实验'，真的没夸张，但《新华日报》也没说全：《屈原》配乐，也是刘雪庵的空前杰作。"

刘雪庵把自己写的《离家》《上前线》和张寒晖的《松花江上》合成"流亡三部曲"，和他的《长城谣》及其根据古曲为岳飞配乐的《满江红》，共同构成了抗战时国民音乐生活的家常菜单。

抗战歌曲虽然劲爆，还是没能完全盖过《何日君再来》的流行，"好花不常开"开始像噩梦一样缠绕着刘雪庵。"1939年，《何日君再来》就流传到日本了。日本女歌手渡边浜子后来到中国前线劳军，带着日本陆军部作为心战武器的《何日君再来》，在正面战场用中文版对我军播放，把'何日君再来'改为'贺日军再来',还将'贺'字唱得很重。日军轰炸重庆,空投这首歌的歌谱和唱片,作为对华心战的软性武器。蒋介石动了雷霆,把这首歌打成淫靡颓废、麻醉同胞的汉奸歌曲,下令全国禁唱。"

奇怪的是,李香兰在沦陷区上海兰心剧院唱这首歌时,也惹下了麻烦。"李香兰唱这首歌时,穿着一身红旗袍,身后是蓝幕布。上海工部局的日伪警察一看,这不是国民党的党旗'青天白日满地红'的效果吗?'何日君再来'的'君'就是'军',这不是想国民党军早日打回上海吗!正因为如此,在上海,作为抗日歌曲,这首歌遭到了日本占领军的禁唱。"

百乐唱片李香兰专辑广告,含《何日君再来》

1949年,国民党军空军司令周至柔、海军司令桂永清,都劝为空军和海军写过军歌的刘雪庵去台湾,飞机、轮船随他挑。但刘雪庵做了此生最沧桑的一个决定:留在大陆。

再来

1949年后,刘雪庵保持"战歌"状态,拼命努力,想成为新时代的人民音乐家。他还把长影厂1960年拍摄的"在伟大的抗美援朝岁月里"的反特故事片《铁道卫士》片头曲《全世界人民团结紧》(原作词曲由东北文教队集体创作),改编成混声四部合唱:"嘿啦啦啦啦嘿啦啦啦/天空出彩霞呀/地上开红花呀/中朝人民力量大/打败了美国兵呀/全世界人民拍手笑/帝国主义害了怕呀。"

李明忠说:"刘雪庵心里明白,和同时代的音乐家比,他没有聂耳、冼星海的红色背景,没有老同学贺绿汀在新四军工作的经历,也没有瞎子阿炳的底层平民色彩。他既写过被敌人利用的《何日君再来》,又成了学院派的代表人物,就成了一条苦瓜。"

1985年,刘雪庵在北京去世,享年80岁。此时,继周璇、李香兰的版本之后,

《何日君再来》已迭代为邓丽君的版本,再次覆盖大街小巷、千家万户。到现在,这位重庆人的《长城谣》《何日君再来》,跟冼星海的《黄河大合唱》一样,都属于中国和世界最优秀的音乐遗产和音乐经典。

9 / 他是《大公报》名记，一篇报道撤掉一个县长

口述人 张炳富 《大公报》记者

2015年10月的一天,《大公报·重庆版》资深报人、百岁爷爷张炳富,笑眯眯地坐在家里的轮椅上。几天前,四世儿孙,欢聚一堂,给他过了100岁生日,还给他印了一盒"百岁老人张炳富"的名片,红彤彤、喜洋洋,派给大家,让小的们都沾点老爷子的福气。报业老前辈耳聪目明,思维和谈吐都非常清楚。我们交谈的时候,3个多小时,他连水都不喝一口,我生怕把他累到了,但他说"谢谢你"。一代大公报人的风骨和精气神,尽在老先生的百年沧桑中。

糠头火

张爷爷从小家里娃儿多,他排行老三,小时候《黄河大合唱》里的唱词"张老三,我问你,你的家乡在哪里",他也唱过。每次自己唱,每次听别人唱到这句,就觉得像是在问自己。他的家乡在重庆江津金刚沱。他说:"从小在家里种水稻,春秋两季种红苕,水稻不够半年吃,还得靠父亲在街上摆个小摊维持家用。我十二三岁去宜宾钱庄当学徒,干了两年不到,就回家了。父亲知书识礼,要我多读点书。隔壁邻居说风凉话:张新甫要他儿子读书,结果还是回家来烤糠头火。农民种庄稼,分旺季和淡季。冬天无事,农村娃娃就提个灰笼烤火,里面烧的木炭,火不能燃大了,就用谷糠壳壳盖在上面保温。他们这话的意思,是说我读再多的书,也没得出息。我听到阴到有点怄气,就想到重庆去。"

张家有个长房哥哥在镇上中白沙街上开了一个"泰和春"中药房,当时,三天赶一场,他们赶场天有时在那里寄放油壶、雨伞。"后来他走了,到重庆《渝江晚报》搞发行了。当时一般不说'发行'这个词,叫'派报'。我写信求他找工作,他说工作不好找。但他这个人很仁义,和另外一些大报也有交流,就经常把他看过的重庆报纸《新蜀报》《商务日报》寄给我,启发我。我求职心切,又不断写信。他说现在找工作确实困难,干脆你来重庆等起,我再想办法。他说他认得《新蜀报》办公室主任陈冶安。我到重庆后,找到陈主任,他说自己无用人的权力,得找总经理。"

大人物

张炳富和妻子1930年代在四川内江结婚照

一找到《新蜀报》的总经理,张炳富就碰到贵人了。总经理周钦岳先生比他大16岁,南岸人,重庆近代史上的大人物。在北京大学理科读预科时,就参加过"五四"火烧赵家楼全过程。1919年10月,周钦岳赴法国勤工俭学,跟赵世炎、李立三、陈毅、蔡和森是同学。后因"闹事",和陈毅等人被法国政府驱逐回国。1922年春周钦岳回重庆,被聘为重庆《新蜀报》主笔。后来周出任总编辑、总经理。1949年后,任西南军政委员兼秘书长,文化局局长、重庆市副市长。

"在白象街,他西装笔挺哟。绅士派那个味道。他先不谈工作问题,只谈他的新闻事业计划,反复谈《新蜀报》要如何发展,要迁到解放碑去,要建一个高耸入云的楼,装上霓虹灯。最后才问我为啥想来报社工作,我说只求有碗饭吃就行。他说,很遗憾,我们现在不差人。他看我一下子为难了,低下头,就说这样好不好,我现在不进人,但我可以给你30份报额。不收费,给你去发展,你发展了,再交给报社。他指名让我去内江,是成渝的交通中心,有发展前途。他说你去了,万一有困难,再打电话给我,我再想办法。说他非常同情年轻人,失业的痛苦,他晓得。"

张炳富去了一个月,才推销了3份报纸,微乎其微,维持生活都不行。"我就打电话回去，他说你回重庆，我们再想办法。我回去找到他，他把新的总编杨丙初叫来说，你每天报纸出来后，把本市国际国内大事摘要成三条，给内江张炳富打长途电话，他根据内容发《新蜀报》号外。我又回内江，天天接到重庆的长途，就用毛笔和大白纸写几张，贴在内江重要的街道上，相当于后来的大字报。因为当时内江看重庆的报纸，要晚四天，等邮车到内江，新闻都变成旧闻了。这样做很好，一个月下来，我销到了20份报纸。当时，一个月报费连邮费要1元2，而1元钱可以包一个月的饭。1元2报费，报社得7角，我得5角。"

大公报

张炳富给《新蜀报》搞发行搞得好。内江有读者问他，你能不能帮我订《大公报》？他就顺手给《大公报》也搞起发行。他说："结果比《新蜀报》还发得多，大家都叫我派报娃儿。我是'七七事变'前去的内江，才20岁左右。我发行搞得好，引起了《国民公报》的注意，就要挖我。我给《大公报》搞发行，没给周钦岳讲。因为我没申请，《大公报》也没委托，只是帮个忙。《国民公报》要我去，我去请求周钦岳，他说好呀，你在我这里是编外人员，不是正式员工，你过去了，就是正式员工，发财了！他的态度是人往高处走，不自私。"

一到《国民公报》，派报娃儿就整大了。"他们给我视察员的名义，相当于发行科主任的职务，在四川所有县上的学校、书店设分销点。当时有100多个县，我跑了一半以上，发行量增加了接近1000份。当时重庆上千份的报纸很少。回到报社领工资，就听到有老同事说风凉话：张炳富，地皮子都没踩热，就成了《国民公报》的天之骄子了。我并没有这样的表现，但他们觉得我的待遇跟广告发行主任相当，就对我不友好了，我没反击。星期天到七星岗民生路售珠市街营业部，找《国民公报》的发行主任李清芳摆龙门阵，顺便说到这件事，我并未说你帮我找工作，他自己就跟《大公报》重庆版的发行人曹谷冰经理说了。曹经理说：如果他愿意到我《大公报》工作，请他明天上午来见我。我自我衡量了一下，资历浅薄，又没读过新闻专业，但《大公报》名气太大，我还是去了。"

《大公报》还是派他去内江，那里有基础，人又熟，要他去把《大公报》内江分馆的牌子挂出来，新闻采访、报纸发行，一人担任。他马上去邮电局，向交通部申办了新闻电报执照。有了这个执照，重要新闻到邮电局用电报发回重庆报社，可以不交钱，由报社总结算。他马上就把几单重要新闻发了回去。

"冯玉祥到内江宣传抗日，当地士绅献金买飞机、大炮，在街上游行，走到大洲坝开大会。各机关的人走后头，我和冯玉祥走在前头，忽前忽后交谈。街上看热闹的人说，这个派报娃儿好受器重哟，跟冯老大走在一起。冯一身军装，是国民政府军委会副委员长，他晓得我是《大公报》的记者。"

内江食糖专卖局成立，他住在南街仰风书局，离专卖局只有20分钟不到，"但他们曹钟直局长派他的小轿车来接我去开会，流线型的黑车。街上马上围起好多人，内江人没见过。'他就是那个派报的娃儿嘛？还有车来接他！'我有生以来第一次坐轿车，也改变了内江人对我的看法。我走在街上，到政府机关去办事，都有人跟我打招呼，跟我握手，再也不叫我派报娃儿了，改叫张先生、张记者。"

张记者

张记者在《新蜀报》还不是记者时，就开始写大稿子了。他说："内江制糖业和蔗农，在收购价格上的矛盾，由来已久。每年县参议会开会期间，都有几十上百个蔗农，打起横幅请愿游街。每年县参议会都说纠纷解决了，其实只是制糖业老板找县参议员拉关系，把蔗农的问题压了下去。蔗农口服心不服，实际问题并没解决。我为他们着急，但我还没具备记者身份，好在范长江在武汉成立中国青年记者协会，我是会员，有证。所以《内江日报》记者拉我去参加县参议会会议，这个证给我壮了胆。"

会后他没发一般的新闻稿，而是写了一篇两千字的新闻述评《糖的问题在哪里？》用电报发回《新蜀报》。"当时报社并没委托我写稿，但马上在二版用倒头条的版位发表，署名'炳富'，姓名没写全。内江当地人看了，拿起报纸到处找我，问报差，这个'炳富'就是你们说的那个派报娃儿吗？啷个这个娃儿还会写东西呢？"

炳富其文，追问为什么糖业老板和蔗农年年发生矛盾，为什么蔗农年年请愿："我就从下种、施肥、锄草帮他们算一笔细账。我是不平则鸣：为什么农民不服，因为你不合理。应该怎样对待？你还是要给农民利益，我还是帮农民说话。农民和厂里按我的算法沟通了，第二年，就没有发生请愿了。"

正式成为《大公报》记者后，报社给他分配的采访范围是内江、自贡、威远、荣县、隆昌、荣昌六个县。"有一年（1942），荣县发生大水灾，死了几百上千人，尸体都流到自贡釜溪河了，像木材一样漂浮。大暴雨，引发了民间说的那种竹筒水。当时，没得报纸报道，我打电话给《大公报》管外地外国稿子的贺善蘅请示去不去，他说应该去。我去一调查，县长黄希濂（1905—1951，字佛生，出生于资中县归德乡书香世家。1941年5月任荣县县长。1942年荣县大水灾因整座县城排水系统堵塞淹死1000多人而被撤职查办；1951年被镇压）有责任，之前荣县县城外修了大桥，设计不合理，桥洞小了，导致排水不畅，大水拥堵，淹城一半。虽然洪水无法预计，但大桥在设计上存在客观责任。"

《大公报》的子报《大公晚报》发了他写的3000字的报道《请看荣县大水灾》。"我说了县长的责任，说新建桥在工程设计上不合理，提了一下，但没完全责备他。成渝两地都没有报纸登，只有《大公报》登了，四川省政府就把他撤职查办了。"

当时，张炳富没有见过这位县长；过了几年，这位县太爷居然官复原职，还调到张炳富常驻的内江当县长，真是不是冤家不聚头。"他到内江，没经过论证，就叫工人扩街，拿起锯子，把小西街（内江当时主要商业街，店铺林立，即现在的天津街）两边的屋檐瓦角锯了，很粗暴。我又写了一篇，说他在荣县造成不好声誉；三四年后，又调到内江任县长，下车伊始，不征求百姓意见，为所欲为。《大公报》也登了。"

派报娃儿又给县长过不去，县长晓得他还在内江，就想平息这事。"他就设宴招待成渝两地新闻界，也请我去。但他地方选得不好，在内江县府里，我没去。你搞鸿门宴这一套，我坚决不去！《内江日报》的同行劝我去，我也不去。地方不对呀，你要招待记者，公共场合多的是。过不了几天，一个姓龙的警佐设家宴请我，其妻与我妻是沱江中学同学，因为这个关系，他请我吃饭，我就去了。席上，他说，有些事，请张记者多关照。我想可能是县长托他来说的，但我没有证据。"

（张炳富先生已于2017年11月30日病逝于重庆，享年102岁）

10 / 我爸是抗战飞行员，参加重庆空战，三次受伤

口述人 龚绍英
龚业悌之女、辽宁省广播电视大学教授

  1940年9月13日发生在重庆璧山上空的中日空战，是中国抗战空战史上规模最大、最惨烈之战，史称"九一三璧山空战"。湖南湘潭人龚业悌（1914—1996）在此战中英勇负伤，惜别蓝天，在大地上收获了爱情。

  在一份中央航校（杭州笕桥）早期同学录上，龚业悌的家庭住址是"湖南湘潭城内广大香巷二号"。后来，他经常驾机从家乡上空掠过，"万里赴戎机，关山度若飞。"1936年10月12日，他以中央航校六期一班第一名的成绩毕业，22岁，旋即加入国之重器——空军第四大队，驻防南京，翼展江南，拱卫民国核心地区——京沪杭，直到1946年退伍。

  从准尉见习官、中尉分队长到上尉副中队长，龚业悌执行战斗飞行任务183次，空战轨迹遍布全国各地、大江南北，参加过杭州、安徽、上海、武汉、重庆大空战。多次随队轰炸和掩护轰炸日舰，个人单独击落日机3架，与战友协同击落日机6架，击伤日机无数，自己也在重庆空域重伤3次。

  1996年，龚业悌82岁病逝于沈阳，中国最大的民间航空行会——北京航空联谊会（会员包括抗战飞行员）的悼文，称他是"少数参加抗日空战最早、击落日机和负伤次数较多的传奇式英雄人物之一"。

  2014年4月和2018年10月，璧山空战近80年后，我对曾在重庆生活三年的龚业悌女儿龚绍英女士，进行了两次访谈。其父在重庆三次养伤

龚业悌著《抗战飞行日记》（长江文艺出版社，2011）

期间，与空军医院护士长聂夔君相识、相爱。2011年，龚业悌当年手写的《抗战飞行日记（1937—1938）》出版，成为迄今为止中国抗战空军史唯一的私人战地记录。

该书70多万字，我发现其编排结构"骨格清奇"：每翻开一页，左面为副页，双数页码，是抗战史、抗战航空史料辑录和个人影集，图文并茂；右面为正页，单数页码，是龚业悌日记全文，字字珠玑。主页和副页互相呼应，犹如长机和僚机配合默契，构成一部凌空振翼的中国抗日空战史诗。

女儿

"金瓶似的小山，山上虽然没有寺……"电话座机的彩铃声响过一阵后，龚业悌大女儿龚绍英声音从远方传来。老太太是沈阳辽宁电大退休教师，70岁了，声音清亮，语速很快，谈到父亲时还是小儿女一样一口一个"我爸"。她说："小时候，跟我爸在重庆住过三年，我现在还能讲四川话。"

龚业悌在重庆养伤和妻子相爱，后来一起去成都生活。龚业悌不能再飞了，养伤失业，生活困苦。"我爸妈1941年在成都结婚，我1942年在成都出生。我妈在成都九堰桥裕华纱厂当厂医、护士。我们没房子住，亲戚家养鸡的房子我们都住过，还住过草房，有门无窗。我爸的战友去看了，都掉眼泪。1946年底，内战爆发，我爸正式办了退伍手续，脱离了空军。"

1949年，建国前夕，龚业悌全家辗转到重庆，"在重庆也没房子，好在王若飞（贵州安顺人，老一辈无产阶级革命家，1946年4月8日由渝飞延安，因飞机失事与同机叶挺、博古、邓发等13人全部遇难，为史称"四八"烈士之一）的亲妹妹王若芬是我妈的堂嫂，我们就住的王若飞的妈妈和妹妹的房子。当时，王若飞牺牲三年了，但大家没敢告诉老太太。"

在重庆三年，全家住过珊瑚坝机场、重庆新村、大坪西南军委民用航空局民航新村。"因为和王若飞的亲戚关系，还有我爸的大哥龚依群（河南省社科院原副院长）是在延安鲁艺工作过的老革命，所以我小学读的巴蜀学校。刚解放，我的同学里有很多高干子弟。抗战八年，我爸前四年打仗，后四年养伤，之后就失业了，1946年退伍到民航。我爸的历史是非常清白的。"

最后，龚业悌夫妇落脚沈阳航空工业学院（现沈阳航空航天大学），"我妈当校医，我爸搞基建。我爸参军前就喜爱工业建筑专业，转了一大圈，才干上了自己喜欢的"。战时执行轰炸，战后从事建设，龚业悌一直没闲着。

从照片上看，女儿龚绍英很漂亮，综合了父母的优点。她说："我像我父亲，父母相比还是我母亲漂亮。在我们这一片，我妈比我爸名气大，因为她当校医，帮助过很多人，大家都知道她。"

日记

像家庭主妇都爱拎着一个菜篮子，飞行员人人都拎着一个皮夹子。龚绍英说："那是他们的飞行日志，每天一页，从哪飞到哪、时间、任务，都得记，上面还有中队长的签字，当时每个飞行员都有。非常侥幸，我爸的飞行日志，现在是唯一幸存的抗战飞行日志了。"

1985年，龚业悌将这本珍贵的《飞行日志》捐献给北京的军博。这只是他的飞行日志，他还有两本私人日记，是中国抗战空军史唯一的私人战地记录，也很珍贵。从这两本日记中，我们可以看到：在不飞的日子，在大地上，逛书店和进电影院，是文艺青年龚业悌最喜欢的生活方式。

1937年2月27日，星期六，晴，在武昌，龚帅哥在"交通路'开明''生活'两书店选购了几本书，即趋'维多利'影院看《凤凰于飞》，片为珍妮麦唐纳及纳尔逊埃第主演，歌喉婉转，情意动人，悲处令人欲泪"。

第二天的日记，他记下了昨天的书目：丰子恺《缘缘堂随笔》、巴金《点滴》、朱湘《中书集》、蒲风《钢铁的唱歌》、臧克家《烙印》。三天以后，还在买书："走过商场，买一本巴金的《生之忏悔》和朱湘译的《番石榴集》，这些都是近来爱看的"。

他的书单上还包括外国作家易卜生的《集外书简》、梅特林克的《蜜蜂的发怒》、小仲马的《茶花女》，"这书里情意缠绵悱恻，事实亦极度凄切，深情人读之，终不禁有感而泫然矣"（1937年4月17日）。还有德国一战步兵作家雷马克写的一代反战名著《西线无战事》，引起了龚业悌这位二战飞行员的兴趣："他在这部书里对战争、对这一代人的命运和真挚的友谊写得极其真切而生动感人，表现出了他卓越的才华。他的书完全是在不经意中涂写出来的，而且多半是一些自己亲身阅历和经验。"（1937年7月9日）

从小由做过小学教员的父亲"课读",打下了扎实的国学基础,长大后又泡在新文艺的诗书里,龚帅哥日记的文笔,不好都难。1937年3月14日,晴,在南昌:

> 踱至平台上,看攻击机低空掠过城垣和一簇烟树,越过宽广的河川,怪有趣的。春日暖和的阳光,使我身上轻盈而温暖。回到房中,翻阅昨天接到的两封天真的来信(兴弟和涤妹的家书),心花愉快地怒放了。

3月21日这天的日记摘录了写给一个朋友的"极长的信"中的几段:

> 我搬进这院里的第一天,便倚在枕上听凄风摧着落木的沙沙声和雨点无情地打在窗框上的响声,苦闷了一夜。
> 几天里,在梦寐中消磨,三月的江南,春意是初透了,我一点也未觉到,读你的信后,我探首窗外,我才惊异地看到野草已青了,垅中的树已萌着新绿的嫩芽,我被这明媚的春华唤醒了,我得深深地谢谢你。

1938年1月16日,大雪,在兰州:

> 我拿着书倚在床上读,将《重游》《败北》《舞女》和冰心的《繁星》都一并读完。这些都是好的作品,可是我从没在心上留下一些印象,我怀念牺牲者的泪珠未干过,看书不过是掩着,不让同伴们看到我的这种难堪的情景。

"牺牲者"是去年12月14日在南昌空战中牺牲的好友晴舫——战友们一直在牺牲。在此之前,1937年8月23日的日记,龚业悌就记下他们的英名:"夜宿新生社,至安乐酒店。悉李传谋于十五日轰炸上海迷途,迫降常熟机场,再起飞时失速下坠,机毁身殉,心底悽然。连日有阎海文同学失踪,任云阁中弹牺牲,殷沛被击落,我们应该不要忘记为他们复仇。"

1938年5月20日,12架飞机出发,9架没能飞回。他在5月23日这天的日记中写道:"自开战以来,一直到现在,我们期的同学已牺牲 20 多个了,加上失事死的整整 30 人。"

这是一位情感细腻的飞行员。1937 年 4 月 21 日,在赣南机场,听到母校中央航校七期学弟们在钱塘江上,因气候转变而疏忽大意,导致"长机坠毁""僚机互撞"两起事故,龚业悌不禁在当天日记中感叹"四五月对飞行真是个极危险而撩人的季节"。

1937 年 7 月 15 日,还是赣南机场,他观天气而哀人世:"下午,天气剧变,乌云满布天空,狂风大作,暴雨倾盆,象征着民族垂危的景象。"

龚业悌的文笔,像他的飞行技术一样好,不输写过《夜航》和《小王子》的法国飞行员作家圣埃克絮佩里。他比这位法国同行小 14 岁,但早其三年加入空军。他在中国空军第四大队第 24 中队飞驱逐(轰炸机),法国同行在法国飞侦察机。圣埃克絮佩里 1944 年 7 月 31 日,起飞执行第 9 次空中侦察任务时失踪(可能被德军击落),这时的龚业悌已永别爱机,在成都养伤。

1937 年 9 月 18 日,龚业悌他们从南京起飞。到上海轰炸敌军在汇山码头一带沿江的军火囤积处和仓库。他这天的日记写道:

> 黄昏,第一批 6 架"霍克Ⅲ"起飞,每机携带炸弹 8 枚,于七时四十分,我们经过了许多灯火辉煌的城镇到了上海战区。
>
> 战区极其凄凉。在 5000 呎高度下望,能看到空中两军交流发射枪弹的火光和几处村落燃烧的火焰。我们关小油门悄悄地绕到了浦东,朝敌人的阵地飞去。敌人已发现我们,便用密集的高射炮对空盲目地射击,高射炮一团团的火花都爆发在我们的前面。
>
> ……
>
> 在途中,我每到一个城镇,即按原来预定的信号,将飞机指示灯开关三次,表示是自己的飞机,这种联络很有效,我每到一个城镇,灯火都是通亮的,指示我正确的航向。

但还是有很多飞机回不到基地。1937 年 8 月 17 日,龚业悌他们大队从南京起飞到上海轰炸日本兵营,"下午,第五大队也出发轰炸上海……我同班毕业的阎海文同学失踪。"这是其日记第一次记载阎海文失踪一事。60年后，1997年，他在《"八一四"空战亲历记》（原载北京航空联谊会《"八一四"抗日空战胜利六十周年纪念文集》）中交代了阎海文的下落："8月17日，五大队阎海文在上海空战中飞机着火跳伞落入敌阵。敌人喊'抓活的'！他举枪射杀了前来缉捕的几个敌人，剩下最后一颗子弹自尽。敌人被他的英勇行为感动，将他入殓掩埋，并为其立碑，上书'支那勇士之墓'。"

龚绍英说："我爸究竟牺牲了多少同学，中国空军最后的牺牲人数，估计抗战胜利后他就知道了。家里还有他统计的名册，就是他多年搜集，去各档案馆抄录、整理的《空军飞行人员名册》，包括中央航校1931年到1937年的783名、地方航空学校1913年至1929年的513名毕业生，共1296人。"

龚业悌晚年细数同窗，清点名单，曾回忆说："仅中央航校和我同班毕业的33人中，抗战时期就牺牲了24人，有8人受伤致残。"龚绍英说："中央航校六期一班飞行科共毕业103人。学驱逐的33人牺牲24人，学轰炸的46人牺牲20人，学侦察的24人牺牲9人。我统计过：我爸他们飞驱逐机的生存率最低。但班上还是有个飞行员没死没伤，父亲跟我说过，但我不记得名字了，是被保护起来送往外国学习。也许，他有什么关系和路子吧！为什么会保护起来呢？"

高志航

1939年5月，25岁的空军少尉龚业悌随四大队转场重庆，护卫重庆领空。此前他已参加过安徽广德空战、上海罗店空战、武汉空战，每战均有斩获，总共单独击落日机3架。

龚业悌毕业于中央航校、飞在第四大队，在空军属于出身豪门，因为空军"四大金刚"高志航、刘粹刚、乐以琴、李桂丹/梁添成，均出自第四大队。其中刘粹刚、乐以琴是中央航校第二、三期学长，梁添成还是龚业悌第六期的同学。同学和战友们都经美国飞虎队著名"老飞"陈纳德调教过："顾问陈纳德上校试飞霍克下来，对我们讲投弹要领：成队时两机距离须1000呎，间隔不超过两机，俯冲角度须在八十度以上。"（1937年7月19日，杭州筧桥机场）

中国抗战空军第一次击落日机，首开记录那天，即1937年8月14日著名的杭州筧桥空战，龚业悌和高志航都曾参战。龚业悌当天的日记就已记载："今天是我们最光荣纪录开始的一天,也是中国空军最光荣胜利的一天。""后来到晚上统计,一共击落敌机4架,高志航首开记录。"

龚业悌"八一四"空战当天的日记和60年后1997年他写的近7000字《"八一四"空战亲历记》,重现了当天自己的经历:他正在笕桥机场边等待加油,一架日军96式轰炸机从云层俯冲下来,投下2枚炸弹后向东逃去,放在机场空地的两桶汽油被炸中,起火燃烧。"我立即驾机起飞追击,一直追到硖石,眼看敌机即将钻入浓云,我扣动扳机向它发射机枪子弹。可惜距离太远,射程不够将其击落⋯⋯敌机再也没有飞出来,而我的飞机因燃油耗尽,发动机停止了运转。我只能靠滑翔,迫降回机场,情形危险且侥幸。"

龚绍英说了一个精彩的段子:"我爸曾是高志航的僚机,杭州空战,高志航还向我爸借过飞机。高志航上了自己的飞机,但发动不了。我爸刚上飞机,高志航说'老龚,把你的飞机让我飞。'"小时候从老爸那里听来的这事,实际发生在"八一四"次日,也属笕桥空战。龚业悌《亲历记》称"八一四"第一天空战为"激战笕桥",第二天为"再战笕桥"。

8月15日,早上5点,他们每机都挂了1000磅炸弹,准备起飞空袭停泊在温江口外的日军航空母舰龙骧号。突然,空袭警报响了。日军首批96式轰炸机来袭,正好5点半,大家只好摘下炸弹,准备迎敌。

四大队起飞21架"霍克Ⅲ"迎战。"高大队长指定我当他的僚机,我们一同跑向停机线上了飞机,他发现他的飞机气缸在昨天攻击敌机时被击中3弹,暂时启动不了。他跑过来,命令我将飞机让给他飞。我迅速帮他把飞机发动,他立即起飞,其他飞机也跟着他离场升空,飞向指定空域集结。"此役共击落敌机10余架,我机无一损失,只有高志航在进入敌机火力网时,左手掌受轻伤入院治疗。

中国空军驱逐机部队司令兼第四航空大队大队长高志航,是中国抗战空军头号英雄,比龚业悌大7岁,既是队长,也是教官。龚业悌是他手把手带出来的。

"八时至机场,奉命和高志航大队长飞福克式飞机。大队长说:'今日的目的在感觉你们的基本动作,将来好定飞行计划。'做些特技下来,评我动作柔和,惟小处犹须注意,将来对射击和战斗要特别努力。我们一直谈到午餐时分。在谈话中,我们学得了很多飞行的经验。"(1937年1月13日,洛阳机场)

3天后,高志航又对他提出了批评:"高大队长个别对我们讲评。我飞时,机翼稍偏，这是绝大毛病，日后须确实改正。成队的标准位置，僚机螺旋桨与长机横尾翅平，上翼间隔约2呎许。"（1937年1月17日，洛阳机场）

三个月以后，1937年4月12日，一场打靶训练后，"胡对我说，高志航大队长对你的评语极好。""在地面，高志航大队长对我讲解射击要领，极其详细。航线进入、追随瞄准及发射时期，和我实施的都大同小异。"（1937年6月30日，赣南机场）

龚业悌保存着一张自己当年手写的便条："我空中射击连中两次43发时，高大队叫我和他同打一靶，各中41发。据通讯员日后称，高大队长连续去三天练习空中靶射击。"龚绍英说："这张便条是我爸什么时候在什么地方写的，已不可考。但可以看出他当年跟着高志航一起苦练杀敌本领的情景。高大队长牺牲后，我爸就把它一直珍藏着，作为永远的纪念。"

高志航的名字最后一次出现在龚业悌日记，是1937年10月20日，在兰州。"日来，高大队长和新任的董队长已来兰州。高大队长从杭州负伤后在广济医院住了一个多月，又搬到南昌一个法国医院住了好久。伤愈后到南京又曾击落敌犯京的96式驱逐机1架，他的英勇是足以领导我们大队和中国全体空军的。"

1937年9月28日，龚业悌奉命飞兰州。到1938年2月7日飞西安之前，他在兰州待了4个多月，接受了苏联空军专家的培训，没有作战任务。龚绍英说："我爸1937年的日记，记到10月23日就没有了，刚巧那个日记本也记到了最后一页。所以，他现存日记里，没有高志航最后牺牲的记录。"

1937年11月21日，高志航奉命赴兰州接收苏联援华战机，转场至河南周口机场，遇日机空袭。他正欲驾机起飞迎敌，却牺牲于日机轰炸，时年30岁。为纪念高志航，第四大队被命名为"志航大队"。

两个多月后，龚业悌为高大队长报了仇。1938年2月18日，日军26架驱逐机护航12架轰炸机，空袭武汉。1月14日刚升任中国空军第四大队大队长的李桂丹，率龚业悌在内的3个中队29架驱逐机起飞迎击，武汉空战爆发。

龚业悌这天日记写道："今天，一个极可歌颂而荣耀的日子，在武汉的苍穹，我们大队的同伴和敌机展开了一场激烈空前的空战……我们都混战在一团，数十架飞机上下一串串地连着，在历史上，在东亚，这种伟大规模的空战是空前的。"

在缠斗和巡战中，他击落了前方"一架惊魂未定的敌机"。他写道："在测定已准确到达我的机枪400公尺有效射程时，就开始扣动装在左右机翼上的两挺斯卡斯机枪，向敌机不停地猛烈射击……准确地击中了敌机座舱，击毙了日机座舱内的日飞行员。敌机一震，突然翻滚，在空中便失踪了。这是我击落第三架日机的记录。"

此役共击落日机 13 架，伤 4 架。我方 5 人阵亡，损机 5 架，伤 5 架，大队长李桂丹牺牲。继高志航之后，四大队再失大队长。

重庆

龚业悌 1939 年 5 月转场重庆 8 个月前，1938 年 9 月 20 日，飞过一次重庆，那是他首次从空中鸟瞰山城。当天，他们从四川梁山（今重庆梁平）机场奉命和苏联教官乘运输机，经重庆到成都转飞西北。"我坐到副驾驶的位置，衣服都淋湿了，风镜差不多被雨淋得看不见东西。半小时后，好不容易我们横穿过长江到了重庆机场。"

刚下机，他们又换上史汀生飞机直航成都。"重庆的市街，从我们的右翼下擦过。看来市廛商业都是极繁荣的。我们应歌颂这万顷的江流，不是她，在这万山穷壑固住的城邑不会有这样的景象的。"

这可能是重庆有史以来第一次被一位飞行员从空中鸟瞰并描写，他想不到，7 个多月后，这里马上就会成为空中战场，有龚业悌日记所附《战绩报表》为证："1939 年 5 月 3 日，参加重庆空战，追击敌机至丰都，攻击 7 次，射击敌机 2 架冒烟，我机中弹着火，跳伞失伤。证明者：领队王远波。奉会令记功一次，颁伤荣臂章一方。"

"五三"大空战是中日空军在重庆上空的首次对决，中国空军损失 4 机、牺牲 2 名飞行员，击落日机 2 架。龚绍英说："我爸的飞机翅膀和尾巴都打掉了，大腿受重伤，右臂也断了，这是他第一次受伤。他右手无法拉动降落伞的开伞拉环，在空中坠落了几百米后急中生智，左手托起已断的右臂才打开了降落伞。"

鬼城丰都人民太淳朴了，龚业悌一口湖南口音，硬是遭误听为日本鬼子。老百姓一拥而上，衣物搜光，五花大绑，搞了半天才晓得是中国飞行员，搜去的衣物才一一归还。第二天，丰都县医院派出他们最好的交通工具——滑竿，抬起英雄。坐惯苏式 E—16 驱逐机的龚业悌，第一次坐上这种离地三尺同样有点云里雾里的东西，不知当时坐感怎样？

途经闹市,丰都人民夹道欢迎,鞋子都挤落了,只为看看在天上打鬼子的中国飞行员,仿佛当年阳谷县的乡亲们争看从景阳冈打虎下山的好汉武二郎。"当天,丰都机关、学校放假一天,满城尽说飞行员。这可能是丰都抗战期间最热闹的一天。我爸离开时,丰都也是倾城出动欢送。如今仍健在的老人家,对当时的情景应该还记得。我爸对那时市民高昂的爱国热情难以忘怀,每次讲到这里都很激动。""第二次受伤是1939年10月13日,我爸驾伊—15从梁山机场起飞,执行警戒任务。空中巡逻,飞行时间1小时20分,最后发动机发生故障,迫降回梁山机场,头部受伤,口唇裂伤。"

1940年9月13日,重庆璧山大空战爆发,龚业悌驾机迎敌。这天,离他随队从武汉转场重庆,刚好两周年。

重庆璧山大空战是中国空军抗战史上最惨烈之战,堪称世界空战史奇观。日本三菱重工推出当时世界最先进战机——零式,转弯半径小,速度快,航程远,堪称"一代杀器"。9月13日,为36架轰炸机护航的13架零式战机,在重庆璧山空域遭遇龚业悌在内的34架中国空军战机迎击,我机被击落击伤24架(全毁13架、损伤11架),阵亡10人,伤9人,日本零式战机伤4架。

龚绍英说:"我爸和他的苏联座机E—16—7533多处中弹,都受了伤,但他还是坚持把飞机开回了遂宁机场。这是他在重庆的第三次受伤,从此,身体失去了飞行条件,不能飞了。"

璧山空战,包括龚业悌伤情在内的我机伤毁情况,在《空军第一路军司令官毛邦初关于敌我空军交战情况的战斗要报》(1940年9月13日)之"参战伤亡人员及损毁飞机详表"中有记载:"我军共计:人员伤9员,亡10员。飞机伤11架,毁13架"。

龚绍英说:"我现在回忆,父亲驾飞机单轮着地撞断肋骨,就是璧山空战。他曾告诉我:他驾驶的战机一只轮子被打掉了,为了保护心爱的战机,他冒险用单轮迫降。着

龚业悌在重庆空战中三次受重伤住进空军医院,与护士长聂夔君坠入爱河

龚业悌、聂夔君夫妇1941年在成都结婚照

龚业悌、聂夔君夫妇1996年10月在沈阳合影，两月后龚业悌逝世，享年82岁；妻子10年后逝世，享年91岁

陆时，操纵的舵杆撞断了他胸部的肋骨，肺部出血，险些毙命，但飞机保下来了。经过多次住院，直到抗战胜利后退伍。1996年，他最终由于肺癌而去世。"

爱情

1938年9月20日经重庆飞成都时，龚业悌第一次空中鸟瞰重庆。他不知道，他会在这里因三次负伤而遭遇爱情。

龚依群在胞弟《抗战飞行日记》序言中写道："日记中写了3次拒婚（谢绝家庭的安排、战友的介绍、女朋友的追求），两次战前留下遗书。"龚业悌1937年2月5日的日记提到那次对家里的拒婚：

> 父亲来信，告我令娴姊肄业湖南大学化学系，未成家，嘱我假中归去，同意即可订婚。我从未轻交异性朋友，我感觉前程虽然远大，生命却如飘萍，我绝不愿陷害一个这样有望的女子。

当时的空军军官，都是美女追逐的对象，更何况龚业悌这样的大帅哥，其长相酷似后来在电视剧《水浒传》中扮演武二郎的英俊小生丁海峰。无奈落花有意，流水无情，1938年8月14日，他的日记是这样写的：

> 连续四天，每天总有三两个仅面熟的女友，找我们来

玩。……这些人中有像大家闺秀，相貌娟丽的，也有形似浪漫的。她们乐意找飞行员相处，我则毫无兴趣。

璧山空战后，龚业悌再也无法飞上蓝天。但在重庆疗伤期间，想不到在地上照样碰到天使。1939年到1940年，龚业悌在重庆三次受重伤，三次都住在同一家空军医院，三次都碰到了护士长聂夒君。也终于碰到了一个他一生里有能力保障她能得到终身幸福的女子。他早在1937年3月16日日记里写下的社交拒婚文案，顿时作废：

我的生命是宛如飘萍，我可怜世间一切的可怜的女子，我不能使一个可怜者更陷于可怜的境地，在这一生里，我没有能力保障一个女子能得到她终身的幸福，所以我只能做到一般朋友的境地……

龚绍英说："我妈12岁时，父母全病逝了，她成了孤儿，靠舅父救助，学了护士。她学习很勤奋，毕业那年参加全国统考，考了第一名，因此被保送到北京协和医院进修，后留在协和医院工作。日本人占领北京前，随医院撤退到四川。先在红十字会医院，后到重庆郊区的空军医院当护士长，认识了我父亲。我爸三次受伤，都在那里养伤，最后一次待的时间很短。碰上院方有人贪污伤员伙食费，我妈检举，被开除，大家很气愤。我爸和我妈后来就到了成都。"

龚业悌和他的护士长在重庆相爱，在成都结婚，在沈阳终老，一生相依相爱。1938年3月9日这天的日记，记载了他在一座江南名城中央戏院看米高梅公司的《天长地久》，他的影评是"一部风流哀艳、热情的巨片"。

今天，我们也可以借用这个片名和这句影评之意，献给这位仪表高贵、内心丰富的男人：他在战火中翱翔，在祖国的碧血长天中抛洒热血，飞度青春。

陆

老兵·还是不打仗好啊

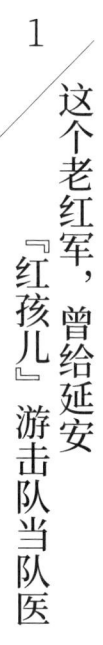

1 这个老红军，曾给延安『红孩儿』游击队当队医

口述人 吴昊
吴天继之子、作家

2011年9月30日，《重庆日报》为庆祝建党90周年、新中国成立62周年推出了对开版《铭记这些面孔——我们的老红军》。和吴天纵一起在上面露面的，是重庆市当时还健在的30位老红军。他们的近照和简历排在一起，"重新展现一段波澜壮阔的历史"。

2013年9月1日，生于1918年的原重庆医药高等专科学校副校长、重庆卫生局离休老干部吴天纵，在病床上迎来了自己的95岁生日。在吴老之子、资深新闻人和作家吴昊先生的帮助下，我们走近已难于言语的吴老爷子，分享这位1936年入党的老革命的传奇人生。

大足

在他们那一代老红军里，吴天纵参加革命前的身世，不是那种放牛娃或吃不起饭、名字都写不来的情况。吴昊说："我父亲家可能属于小康之家，他本人属于小资阶层。我爷爷吴南亥，到北方参加过新军，后来厌倦军队和官场的腐败，回老家大足城关镇龙岗生活。他读过私塾，有点文化，代人写状纸，在当地是个'大爷'。"

吴天纵他们隔壁是川大教授杨明照的家，那时杨明照还在读川大。小十来岁的吴天纵以他为榜样，欲将自己培养成一个知事理、有教养的人。在大足中学毕业后，1937年3月至12月吴天纵在大足县司法处当录事，算是找到一个公务员之类的好工作。同年，18岁的他在大足结了婚。

这时，大足已有中共地下党活动了。1936年8月，1928年入党的武汉人张晓峰卧底上海国民党军界。为了打入川军，派人去大足发展地下党组织，张晓峰请示中共上海临时中央局特委批准，建立中共大足特支。大足特支由刘文哲任书记，梁洪等任委员。

吴昊说："刘文哲就是当时我父亲前妻的哥哥。经他考察，我父亲属于抗日救亡的热血青年，信仰坚定，敢于提起脑袋干革命，就和梁洪一起介绍他入了党。梁洪 1938 年冬赴延安学习，解放后任内蒙古大学校长，刘文哲解放后任河北师大校长。"

重庆老派方言为了强调某种决心，往往推出珍贵的舅子来打底子，爱说"死个舅子都不干"或"死个舅子都不敢"，但吴天纵老爷子有时开玩笑说，自己当年是跟着舅子闹革命。吴昊说："我父亲结婚不久，刘文哲就带他到成都开创局面，派遣他潜伏成都市警察分局，任户籍员。后来，他又进入成都新闻界，先后在《成都时事新刊》《成都新民报》担任校对和主任校对，还在成都市战时民众教育学校任主任，宣传抗日救国。1938 年，他地下党的身份有所暴露，党的领导车耀先叫他转移，送去延安。妻子后来在家里病故。"

延安

延安在吴天纵面前横现的第一面，在他多年前跟儿子的同事和老友、青年学者张育仁闲聊的段子中，可见一斑。吴天纵说，他们走到延安外围的关卡，跟很多去延安的青年人一样，先由边区自卫队拦下盘问、审查。边区自卫队的人问：'你是怎么到延安来的？'吴天纵说他回答的是走路来的，就被刨到一边；他发现那些说自己是坐火车来的青年，被刨到了另一边……

延安诗人柯仲平 1938 年就在延安《解放》周刊发表过长篇叙事诗《边区自卫军》，描写他们抗敌锄奸的故事。当时确有汪伪、军统、中统派出的间谍、特务，混入奔赴延安的青年学生中，还做了不少案子，难怪边区自卫队筑关设卡，如临大敌。

延安办了不少虽在一本线以下，但也相当新锐的大专院校，如鲁艺、抗大等名校。吴天纵 1939 年底进入延安泽东青年干校学习。1941 年至 1942 年，历任延安中共中央管理局财经处、办公室、359 旅 717 团供给处秘书。

搞财经，搞供给，就是给大家找吃的、穿的。吴昊说："由于延安位于西北，土地瘠薄，加上老蒋的封锁，有几年缺吃少穿到揭不开锅的程度，所以毛泽

吴天纵一家全家福,1966年摄于重庆江津,前左1为儿子吴昊

东才搞起了'自己动手,丰衣足食'的大生产运动。在大生产运动中,老爷子的工作是被派到陕北跟山西交界处,用延安出产的烟草,和阎锡山的人换美国罐头。当年,他吃罐头吃惨了,落下一个终生的特别嗜好——到现在都喜欢吃扣肉罐头,典型的肉食动物。罐头早被环保人士斥为垃圾食品,但他不吃身子就会消瘦。"

当时延安,男的多,女的少,宝塔山、延河边有一片桃林,像公园。吴昊说:"星期天大家都来逛,我们老汉说他们有时还可以碰见延安一些有名的美女来散步。延安找不到媳妇的光棍们太多,眼馋,就把'桃林'二字减笔去边:'桃'字去一点,'林'字去一捺,就成了'挑材'。大家私下里戏称'桃林公园'为'挑材公园',意思是说延安为数不多的美女和过剩的光棍们,可以在这个公园互'挑人材'谈恋爱。"

红孩儿

从1945年开始,吴天纵的工作开始向他后来从事一生的医疗卫生业靠拢:先在边区政府独资经办的延安保健药社总社工作,后又去延安桥儿沟西北医学专门学校学医,兼任队长。1947年,胡宗南来袭,他又到陕西和山西之间撤退搬运保健药品,参加游击队。吴天纵2006年为重庆市老干局"党的85周年纪念征文活动"写了《撤离延安,收复延安》一文,回忆了加入边区"红孩儿"游击队的惊险经历。

1947年,刘戡、胡宗南进犯延安。原边区政府秘书长李景林要吴天纵到他的游击队当队医。吴天纵写道:"我奉李景林决定,最后一批撤离延安。撤离前乘势抢购了一批陇东撤退的中药材,由原来的脚夫于3月17日晚上运往河东的柳林。毛主席和党中央是3月18日晚上撤退的,次日清晨,延安失守。"

1980年逝世的李景林,陕西清涧人,化名"红孩儿",1927年入党,是刘志丹时代的老革命。1935年1月迎接中央红军,为毛泽东做地方话翻译,协助毛泽东了解陕北地方情况。1941年至1943年任延安市委书记、市长,新中国成立后曾任宁夏回族自治区第二书记。

李景林化名"红孩儿",也曾被传成"红鞋"和"红鞋女妖精",誉其游击战术神出鬼没。吴天纵到李景林游击队后,李景林骑在马上,指着远方波涛般连绵起伏的山头对他说:"敌人在哪里活动,我们都看得一清二楚。如果他们要向我们进攻,总得要一天半天吧?你看我们早已转移了……"

内战的大地,满目疮痍。"到处都在冒烟,光秃秃的树上传来呱呱呱的叫声,一群老鸦扑来,争抢死人的肠子,一阵阵血腥臭气迎面扑来;小溪流水潺潺,也冒出一股股血腥气息;野狗在那片荒凉的土地上寻吃死人骨头,要是一不小心,脚下会轰然惊起一片蔽日蚊蝇……这些都是敌后烧杀遗留下的惨状。"

"红孩儿"的枪手,在每个关隘路口,都抢先占领两边的山头高地,保护大队人马迅速通过。可偏偏有条陕北大汉不在乎,经过时大大咧咧像在逛公园,其作风不像革命队伍中人。吴天纵很纳闷,就去问李景林这家伙是谁,李说:"此人就是边区大名鼎鼎的土匪头儿边老三。敌人到处贴招贴,要重金聘他对付我们。我先下手为强,把他请来做客,我自有管理他的法子。"

在后来的战斗中,吴天纵和"红孩儿"失散,在第五后方医院当军医。"秋冬之际,蒋介石派其'铁军'李昆岗旅押送秋冬军需物资,驻屯在盘龙。不想,在我军运动战游击战中,李昆岗部队被消灭,李昆岗本人被活捉。缴获的物资被当地群众当作年货分发光了。"

167旅少将旅长李昆岗,号称胡宗南手下"四大金刚"之一。他被押送至第五后方医院看病时,跟吴天纵还有一次一支金笔的交易。"他愿意拿出自己的一支高级金笔,给我们换一盒葡萄糖注射液,以保住他的命。大家商量着以我的名义向医院借出一盒来换那支金笔,完了由我买一盒还给公家。因为大家都晓得我从保健社来,身上有余钱。"

(吴老已于2014年9月28日病逝于重庆,享年96岁)

2 / 这个老八路说：我打过仗的地方，我都记得

口述人 任书旺
重庆市司法局新犯转运站
离休干部

2015年9月3日，87岁的重庆市司法局新犯转运站离休干部任书旺家中，频频来客。"那天，先是单位上来了四个同志，区上民政局又来了三个同志，送纪念章和奖金。"他满意地点点头说，"可以！"

洪洞县

任书旺祖籍河北省大名县，即《水浒传》里北宋梁中书的大名府，有名的地方。他们家住在金滩镇东龙花村，虽然有"金"有"龙"有"花"，但穷得不得了。任书旺说："平时仅可糊口，一遇荒年，只有外出逃荒。1932年，大灾，我3岁多，我爸一个独轮车推着全家老幼，外出逃荒。狼多得很，它们也饿呀，专门吃小孩。我六叔娃儿，都六七岁了，在后面走，就被狼拉去吃了。"

在外逃荒，没地方住，就住荒地破庙。"一次，我和哥哥住进一个小庙，早上起来，门打不开，就使劲喊。正好有下地的人听见了，才把门打开，不然，我们就饿死在里面了。"

任书旺现在一听到谁在唱"苏三离了洪洞县……"这一口，就会流泪，想到当年和哥哥讨饭的一幕。"哥哥也惨，逃荒回来，经过山西洪洞，在一个财主家门前，喊婶子大娘，拿点吃的。我紧紧跟着他，哥哥在前面护着我。两条狗，比狼还大，看见我们，冲上来抱住我哥的腿就扯，扯下的都是肉块块。我们只好又住在破庙里面，扯点草药，把伤养了再走。"

回家后，父亲给地主打长工。"他在南李家庄给地主扛活，犁地、赶车、喂牲口，我去看过他几次，要走20多里。我们村里有两家地主：马家在村中间，李家在南边。李家在村里办了一个小学，李家少爷李书桐，20多岁，在村头的小岗下面,教学生唱'大刀向鬼子们的头上砍去'。我家穷,哪上得起学哟,就天天去跟着唱。"

八路来

1939年,八路来了。"八路喜欢穷苦人。看村里我家最穷最苦,就叫我父亲帮助他们征兵。当时不能抓壮丁,要动员大家抗日打日本鬼子,听共产党的话。"任书旺说,"我爸首先把我哥任书合动员了,他1939年参军,去大名县县大队打小日本,第一仗就九处受伤。他在部队上,有时骑马路过村子,我能看见他;有时,他也回家住一晚才走。1941年他是侦察排长了。我哥后来到北京军区,转业在乌兰浩特电力系统,2007年去世,活了84岁。"

哥哥九处受伤那一仗,在大名北边沙疙瘩镇打的。"日本人,凶哟,猖狂得很,把我哥哥那伙人包围了。我们村的任正华回来讲:'晚上鬼子走了,我们去埋死人,抬起一人,他还在动,我一看,是你哥。他中弹倒下,躺在死人堆里。日本人心细,还上去一个一个用刺刀戳,看死透没有。戳到他,他忍着,不敢动。我背他回来,在营镇的后方医院医治。'"

小书旺一听,眼泪哗就下来了。"我还记得那天刮黄风,就是现在的沙尘暴,20多里路,我一边跑一边哭,一跑到有伤兵的地方就问:'我哥呢?我哥呢?'我哭得没办法,找到哥了,还在那里哭。大家都笑我'你这个小兄弟,找到哥了怎么还在嗑瓜子?'我们当地土话把哭叫'嗑瓜子'。我怎么不嗑瓜子呢?看见哥哥周身上下,都绑着绷带,我哭得更厉害了。我在医院住了两天,馒头饺子,比家里吃得好多了。"

当八路,有粮吃。"哥哥当八路,区里面每年要给我们200斤优待粮,父亲每年两次,就推着小车到张集的区上,推回来。1942年春,华北又闹大饥荒,我六叔全家在外逃荒,我爸一人出去找,最后我爸病死他乡荒野,尸首也没找到。"

1945年以前,书旺在村里很活跃,像民兵一样。"1945年5月,八路又来征兵,我跟妈说,共产党对我们家好,我要跟他们走。区里的武装干事对我好,我到他办公室去玩,我说'我跟你们走,好不好?'他说好啊!但我妈呢,她说'好是好,两个兄弟都走了,我怎么办?'她拿不定主意是否同意我去当兵,我还是去了。我们家又增加了一个军属,当时叫'抗属',我们家是'双抗属',很光荣!"

手榴弹

1945年5月，差1个月才满16岁的任书旺，成了八路军晋冀鲁豫军区冀南军区22团1营3连战士。"我们那里有一条小滩河，哥哥在河西23团，我们22团在河东。鬼子这时候气焰已不高了，我们攻打了高唐、肥乡、聊城等中小城市。"

打高唐是任书旺打小日本的第一仗。"没啥枪，我和村里同时参军的李信，就想办法。我们到老百姓家，找铡草用的大铡刀，一人一把。记得是夏天，鬼子在护城河里面堆有树，得用刀砍开，后面的人才上去。日本人当时没宣布投降，但也要败了，没气焰了。后面用机枪掩护，我们光着膀子砍，砍了就跑。"

打肥乡用铡刀就不行了。"打了很久打不开，里面的日伪比较顽强，后来改办法从南门下面挖地道，找几个棺材，把炸药塞在里面，炸开了南门，才进去。现在想起来很奇怪，南门炸开了，但还是有些人是用梯子爬上去的，我就是爬上去的。"

打聊城，大地方，碰到硬茬了。"冬天，日本虽然已宣布投降，但城里的鬼子还没放下枪，还得打。一片白雪天，为了隐蔽，我们的衣服都翻过来穿。城大得很，周围护城河里的水全结了冰，我们一人扛一根树杆，放在河上，踩着过去；再用梯子靠在城墙上，但还是上不去。上面的手榴弹一把一把地扔下来，我们一上去就垮下来。弹片把我左肩膀拉开了一个口子，留下一个伤疤，现在都在。这一趟，我们没有打进聊城，大家的脚冻得连路都走不动了。我也受了伤，到临青的后方医院治好了。"

到重庆

1949年4月，渡江战役打响，任书旺随大军渡江，攻打安庆，这时他是二野第10军28师82团1营2连排长。"打安庆，我们打的是国民党了。我们连长明燕平，山东泰安人，也是我的入党介绍人，一颗炸弹炸断一条腿，那时我还是1排排长。我说'韩有泉，快把连长背下去。'韩有泉后来跟我一起到的重庆，当过北泉派出所所长，他把连长背到战地医院后，我们再未见过连长，可能也牺牲了。"

他们从西门打进安庆，接着往东转，再往南打。"在一个城门楼子上，敌人有1个连的部队，甩手榴弹。我是代理连长，我上去扯起嗓子喊话：'你们炸也没用，打也打不赢，投降算了。再不下来，我马上用炸药炸你们。'不一会，100多人下来投降。"

打下安庆，他们住在东边的飞机场。"本来上面已安排我去7连当副连长，师里的宣传科科长王秀峰（1949年后曾任重庆市沙坪坝区委书记、重庆市副市长）下来对我说：'7连你不去了，另有任务，我们要去接管大城市。'我们十几个人，就跟他坐登陆艇去了南京。"

在南京下关集训了半个月接管大城市的经验，他们就被分到各区警察局和派出所接管防务。"我分到下关分局保善街派出所当治安干警。下关很乱，大白天，蒋介石派出的飞机，还来轰炸下关的发电厂。"

9月底，他们接管南京这座大城市已管得有点眉目了，马上又要开拔。"邓小平一声令下，叫我们都回去。我们住在国民党农林部大礼堂，邓小平给我们做形势报告，说我们已解放了好多地方。国民党跑到西南，我们下一个目标是解放大西南，需要干部。"

1948年10月1日，蒙蒙细雨。"我们是西南服务团（即"中国人民解放军西南服务团"。1949年夏"二野"为接管西南大城市而组建，由招收的上海、南京大中学生、青年职员和选调军队、地方的新闻、邮电、财经、公安等干部组成）公安六支队，走路到下关火车站，乘车经徐州、郑州、武汉、长沙、常德，住下休整，再走到涪陵。没地方住，就住到船上，睡到天亮，不知过了多久，睁眼一看，朝天门到了。重庆原来听说

任书旺1950年在南岸千佛寺楼上，时任南岸玄坛庙派出所所长

任书旺收藏的二野 10 军 1949 年 4 月颁发的《战时党员守则》

过的,到大地方了。"

1949 年后,任书旺先后担任南岸公安分局玄坛庙、石桥派出所所长。1954 年调重庆市公安局五处工作。1957 年 9 月被开除党籍、停职、降级,辗转缙云山农场、歇马场柑研所、歌乐山渣滓洞公安五七干校劳动改造,1978 年平反。

老爷子身材高大,不怒自威,乡音未改。他翻开一本 1989 年版的《中国交通图册》,这是他最喜欢的东西。"我打过仗的地方,我都记得,现在我眼睛不好使,不然我给你全部找出来。我受过伤的地方,我记得特别清楚。"

3 / 这个新四军说：还是不打仗好啊

口述人 陈道元
重庆沙坪坝区文化馆离休干部

2015年90岁的沙区文化馆离休干部陈道元，是一位新四军老兵，老家江苏盐城。1938年，日本鬼子打进来了。"我12岁。父亲是城里头织布的工人，就是用那种木头做的土织布机。盐城是中等城市，东、西、南、北四个城门，我们家住在西道街，是最繁华的商业街。日本飞机来轰炸，我们就逃到乡下，城里的人几乎跑光了，炸死不少人。大火烧了几天，父亲兄弟三个，两家草房烧了，留下我们一间瓦房没烧。我们在乡下躲了三个月，回城挤在瓦房里住了几个月。日本飞机又来炸，我们又跑，这次跑，就一直在乡下，借住在农民的草棚里，再没回去。抗战胜利也没回去，我们两兄弟参军，因为是军属，分了两间房和土地。"

参军

陈道元1942年1月参加新四军3师8旅（名将张爱萍曾兼任该旅旅长）盐城总队，1943年11月入党。盐城总队后改为盐城独立团，1946年5月并入新成立的华中野战军10纵，1947年改编为华东野战军12纵。1949年2月，华东野战军改编为三野。

"我参军时，舅爷是地下党、农会副主席，他有个儿子在新四军当班长，就送我们去了新四军。当时'皖南事变'不到一年。事变前，新四军军帽上有青天白日帽徽；事变后，双方都成了敌人，新四军就把帽徽扯了。1945年毛主席到重庆谈判，我们又发了一个帽徽。"

新四军在"皖南事变"前的4个支队，事变后改为7个师，名将如云。老兵陈道元对7个师的师长和防区，至今如数家珍："1师粟裕，在苏中；2师在安徽南部，师长张云逸，他是副军长兼师长，副师长是罗炳辉；3师黄克诚，在苏北盐城，就是我们这个师；4师彭雪枫，在淮北；5师李先念，在湖北；6师谭震林，在苏南，《沙家浜》就是演的他们；7师张鼎丞，在安徽西南方向。"

陈道元参军后，盐城总队化整为零打游击，抗击日伪。"我先干的是区队，灰布军装，夏天两套单衣，冬天一套棉衣。打汉奸、土匪，还有海匪。盐城靠近黄海，水网地区，无船不行，中农以上都有船，有的家里还有几条船。那里海匪也多，抓到海匪，我们没监狱，该杀的杀，该放的放。"

日本人占领盐城后，又逐渐占领了周围的重要集镇。"鬼子十多里修一个据点，15多里修一个炮楼。小据点一个排，大炮楼一个连、一个团。鬼子有汽车，是机械化，要修路。你前头修，我后头挖。老百姓吃苦哟：白天，日本人强迫老百姓修路；到晚上，我们又带老百姓去挖。鬼子要通车，又抓老百姓来修；修好了，我们又去挖，挖成坑坑。我们不挖，老百姓挖，我们负责警戒。鬼子一出动，我们就放枪。挖路的老百姓听到枪响，就散了。我们一般不跟鬼子硬拼，拼也拼不赢。"

除了破路，他们还拆桥。"有河就有桥，一般是木桥，我们白天在屋头隐蔽，晚上出去破路拆桥。我在区队半年，一套便衣，一套军衣，鬼子扫荡，就穿便衣。后来到县队，就穿军装了。区队只有3个班，后来升为盐冈游击队，是县队，我们去了，共7个班，七八十个人。我们的伙食很差，一个班有个炊事员，一天1.5斤大米，5钱油、5钱盐，1斤小菜。八一建军节、春节才打一回牙祭。"

打狗

吃不到猪，有的人嘴馋，就打狗来吃。陈道元说："当时农村的狗，多得很，影响我们晚上的行军和军事行动。我们走一处，狗就咬一处。鬼子听到哪里狗咬得凶，就知道哪里有新四军在活动，就打枪。狗起了鬼子义务情报员的作用，讨嫌。苏北区下令打狗。开始，老百姓哭，伤心，舍不得他们的狗。我们给他们宣传，讲道理，后来还是理解了。我们用棍棒打狗，一般都埋了。有的肥的、嫩的，也留下来吃。我也吃过，但没佐料，没油，狗肉腥味大，不好吃。"

狗还是打不完，也成了新四军的路标。"我们是地方部队，有的人，家就在附近。有时请假回家，走时问队长，'两天以后我到哪里归队？'队长也不清楚。两天后，归队的人只能问老百姓，'昨天晚上哪里狗咬得凶？'说西面方向，我们的人便往西南去，准找得到部队。好笑的是，鬼子晓得我们在打狗，他们就保护狗，不准老百姓打狗。因为打狗实际上就是在帮我们新四军。"

新四军的装备奇差。"我们的枪，都是老套筒（德国 1888 式委员会步枪或仿制枪）、汉阳造（武汉汉阳兵工厂仿造的德国步枪）、广东造、俄国造、捷克式、三八式。一个人最多 10 发子弹，最少 5 发。但最多只能打 3 发。打了，还要把弹壳捡起来回队报销，再领新子弹，如果没有，就算了。"

也不是人人都有枪。"缴到枪才算你的，少数人都是打空手。我开始也没有枪，后来发了一杆老套筒。可以装 5 发子弹，但一般只装 3 发，装了 4 发，枪栓就拉不动了。三八式步枪也是这样，说的装 5 发，一般只装 3 发。"

他们这种地方游击小队，和装备精良的日军打，非常困难。"一般不正面打，要吃亏。后来一有情况，连长就要问：有鬼子没得，有就跑；没有鬼子，就打。鬼子实力雄厚，老兵枪法准；伪军好打，枪一响，他就跑。我们叫他们豆腐军，是混饭吃。他想，我拿这点钱，给你卖命，打死了划不着（不值得）。不像我们，是革命军人：3 发子弹，还要留 1 发给自己，不能当俘虏。指导员给我们讲过，碰到鬼子包围，一定要突围；突不出去，就自杀，反正不当俘虏。当俘虏不得了：有的遭鬼子抓去，活埋；有的遭倒（浇）上汽油，活活烧死。我们宁死不当俘虏。"

1945 年正月初四，入党才一年的陈道元在一次跟日伪军的遭遇战中，差点丧命。"在盐城西南的大冈，有个据点，有一个团的日伪军。那天，老百姓跑来报告，他们出来抢粮了，说人少，只有几十个人。连长一听，就把队伍拉上去打。枪一响，就晓得遭了，对方至少 100 多人，火力比我们强多了。一梭子子弹，把我帽子打了几个洞，帽子都打飞了。连长一看，不能拖时间，对方人多火力猛，只好撤退。又是一梭子子弹，打在我右腿膝盖弯上，好在没伤骨。晚上，找块门板，农民把我抬到后方医院，医院离后来拍电影《柳堡的故事》那个地方很近，住了几个月，伤口好了才归队，先后在 3 连、6 连、9 连、便衣队、特务连干过，一直在本团本县调来调去。"

谢司令

抗战胜利后，1946 年，陈道元他们地方部队编入华中野战军 10 纵，他先后任 10 纵司令员谢祥军（湖北大悟人，1930 年参加红军，后在涟水保卫战中牺牲）、司令员陈庆先（湖北黄陂人，开国中将，曾任南京军事学院副院长、济南军区副司令员）、12纵副司令员常玉清（河南商城人，开国少将，曾任江苏省军区副司令员）警卫员、警卫班副班长，打过著名的"苏中七捷"。

"苏中七捷"即1946年夏的苏中战役，解放军名将粟裕指挥华中野战军，在江苏中部宣泰、皋南、海安、李堡、丁堰、邵伯、如黄路（如皋—黄桥公路线）七地连胜国民党军，史称"七战七捷"。最后两捷，是一个"围魏救赵"或攻点打援、两地开花的连环战，几乎同时落子，同时收官。

战后华野司令部印发的"发至团止"的秘密文件《苏中七战七捷的概述——九月廿五日粟司令在干部会上的报告》，现藏江苏省档案馆。1946年9月25日，战后不到一个月，"七战七捷"操盘手粟裕在这份报告开头就说："同志们：我们自卫战争，从七月十三日到八月二十七日，恰好是一个半月，总共打了七仗，都得到了胜利。"

陈道元说："第6捷（邵伯保卫战）是我们打的，我们10纵，四个团，一个警卫营，打国民党黄百韬25师，打的阻击。黄开始说三天拿下邵伯，没拿下；又延长一天，还是拿不下来，只好撤退，我们又追。我们有五千人，国民党有好几万。黄百韬后来在淮海战役自杀了，还是没有跑脱。仗打过了，我上去看，敌人好多钢盔，都打穿了的。当时打仗，戴钢盔，远的还有点用，近的就不行，机枪打起来，照样打穿。我们也有钢盔，1师、6师、主力部队都有。打扫战场，好的钢盔，都捡起走了。我是警卫员，没捡。"

"苏中七捷"之后就是涟水战役（又称涟水保卫战）。粟裕带兵迎击国军"五大主力之首"张灵甫整编74师，血战14天。陈道元说："我记得是10月下旬，谢祥军司令喊我去拿了两包东西、一封信，给他老婆送去，要送到七八里外。信折成一个纸条，又折成一个小方块，没有信封，当时哪来的信封？他老婆钟毅，在后方医院生孩子。我送去，天黑了，正在生产，我交给医生就走了。第二天，我回到部队，空气变了，平时我们警卫班打打闹闹、嘻嘻哈哈的，这天一个二个脸都不对。参谋长吴肃（四川遂宁人，1964年授少将军衔），眼睛都哭肿了；政委刘培善（湖南茶陵人，开国中将）眼睛也是红的。我一问，战友悄悄说：谢司令牺牲了。谢司令派我去送的那两包东西，是纸包起的，我用手一摸，一包是白糖，一包是枣子，是红枣、黑枣不晓得，当时很不容易搞到。一个司令的老婆，生孩子就这点东西。"

涟水战役打响后，谢祥军拿起望远镜去前哨观察敌情。"我们军长遭敌人的狙击手打了冷枪，就牺牲了，只有32岁。最先，他没死，子弹打进他的小肚子，子弹头没出来，在肚里。他口渴要喝水，我们警卫员说不能喝，但医生说打了针，可以喝。结果喝了，尿拉不出来，胀死了。为这事，卫生部部长后来还遭撤了职。谢司令牺牲了，我们就在财主家买了一口高级棺材，深更半夜找个地方埋了，上面还搞有伪装，只有县委书记晓得，怕国民党扒他的坟。他老婆生的是儿是女，不知道。他要是不死，1955年最少也是个中将，因为他的政委刘培善，就授的是中将。"

谢祥军牺牲后，副司令陈庆先继任10纵司令员。陈道元说："涟水战役打的时候，不要望远镜都看得到：部队一上去，一下子就垮下来了，兵败如山倒。敌人的炮火猛烈，陈司令叫我去传令，喊下面各级干部，把部队带回去又打。我去找到连长，连长说你找营长；找到营长，营长说你找团长，一个推一个。战场那么乱，怎么一下子找得到这个长那个长。大家都不想打了。所以，第一次（1946年10月"一战涟水"）赢，第二次败（1946年12月上旬"二战涟水"）。

后来，陈道元调去给12纵副司令员常玉清（河南商城人，开国少将，曾任江苏省军区副司令员）当警卫员。他说："给司令当警卫员，首长两匹马，一匹

1949年南下重庆途中在安徽蚌埠，陈道元（前排右1）任曹荻秋的警卫班班长。

骑，一匹驮行李；两个马夫，还有个挑夫。警卫班12个人。团长有1个警卫员，师长2个，军长1个班。"

陈道元的幺儿（小儿子）、沙区文化馆研究员陈小明说："1960年代，我们三兄弟都只有下乡当知青，当时参军是躲避下乡、解决就业的一条最好的出路。我们都晓得解放战争期间老汉给三个司令员当过警卫员，要是请老首长把我们弄一个去当兵，就可以减轻家里一些经济压力。记得有一年，我老汉回江苏老家探亲，老首长常玉清已是江苏省军区副司令员了。当年一个警卫班的老战友，劝我们老汉说：'你走到这方来了，顺路去拜见一下老首长，拉一下关系嘛……'但却被我父亲婉言谢绝了。我们三兄弟也晓得，我们老汉是一个讲原则的人，重感情、知书达礼，也没责怪他。我还听他说过：他们警卫班南下后的一个战友，后来回上海担任了普陀区的公安局局长，后托人到重庆叫我父亲到上海去耍，但我父亲最后还是没去……"

到重庆

历经1948年淮海战役、1949年渡江战役后，陈道元调任西南服务团第1团（上海团）团长曹荻秋（1909—1976，四川资阳人，曾任华中野战军10纵副政委，重庆、上海市委书记、市长）的警卫班班长，南下接管重庆。他说："先是解放南京，再解放上海，再到南京。1949年6月从南京出发，经武汉、长沙，到常德，在常德住了几个月。11月底又从常德出发，坐车到重庆。淮海战役后，有汽车了。我们跟曹荻秋坐的小汽车，美式吉普，1949年底到重庆。"

陈道元1950年初转业到重庆市公安局第15分局（南岸区黄桷垭分局）任干事。1950年5月任南岸区汪山派出所所长，再任海棠溪、弹子石派出所所长。他说："我最先在汪山。附近是黄山，蒋介石住过的。汪山黄山，解放后统一改叫南山。我们一开始的工作，就是镇压反革命。'镇反'凶得很，有问题的，在国民党里面混了几天的，'军警宪特会道门'，怕得很。宣传车高音喇叭一吼，心惊肉跳。有些反革命，吓都吓死了。"

派出所是镇反的基层执行单位，陈道元记忆犹新。"1951年'3·31'大逮捕（重庆著名反特悬疑小说《一双绣花鞋》作者况浩文也参加过这次行动，并在逮捕南岸一个会道门'一贯道'点传师的场景中获得其书灵感）我参加了的。重庆和成都那边，都约在这一天动手。我在汪山派出所，分了组的，三个抓一个。有的派出所人手不够，军人也来协助。川东军区司令部，就来人配合我们。我在屋头坐镇，晚上抓了几十个人，第二天，走山路押到山下分局。当时汪山不通车，只有走路。"

当时，陈道元一个小小的汪山派出所所长，其辖区地面，也管着一些大人物的住户。比如因打仗凶猛而外号"王疯子"的开国中将王近山（电视剧《亮剑》李云龙原型，任川东军区司令员兼重庆警备司令部司令员、政委）就住在汪山。"有一次，我碰见王近山吃了晚饭，出来散步，1米7的个子，后面跟着几个警卫员。"

陈道元（后排右1）1950年任南岸区汪山派出所所长，腰佩勃郎宁手枪

从1950年随曹获秋到重庆后，陈道元在这里度过了大半生。"军装不脱，衣服上还挂着中国人民解放军的牌牌，但改行搞公安，到1956年正式通知我转业，才办了转业手续。后来我又去沈阳国家公安部办的公安干部学校读了大半年，学了点文化。1970年，调到沙坪坝磁器口电影院当经理。"

他不喜欢看战争片，因为战争的噩梦，多年困扰着他。"年轻的时候，特别是解放后那些年，我经常做梦，梦见打仗，打败仗，鬼子在后面追，我们的枪打不响，枪栓拉不动。一急，就醒了，一身大汗。打仗，上去的时候，不怕；打下来，怕。尸首摆在那里，眼睛鼓起，嘴巴歪起，刚才还是你的战友，你差点也这样了，你不怕？不怕是吹牛！当伤兵也害怕，有的胳膊没有了，有的腿没有了，你要不是运气好，也遭了。所以，战争片我不大看。打仗就要死人，不是你就是我。后来，直到现在，我没做那种梦了。和平年代，还是不打仗好啊！"

（陈老已于2019年11月26日病逝于重庆，享年96岁）

4 / 老兵杨光：我们换上英式军服，到达印度兰姆伽

口述人 杨小波
杨光之子

口述人 骆振宇
杨光侄子

在抗日战争的中印公路上,他运用美军教会的驾驶技术,开着美式卡车冒着日军的轰炸转运国军物资。

2013年1月5日,90岁高龄逝世的重钢退休员工杨光,是一位参加过抗日远征军的传奇老兵。当年,1月2日,我们通过他的侄儿和他联系。老爷子正在住院,约定出院后再访谈。3天后,他侄儿的电话一响,我就预感不祥:老爷子走了!带走了战争的回忆,这是我们永远的遗憾。"头七"这天,在大溪沟老兵杨光离去的家中,妻儿和亲友们在其葬礼之后重新聚集,追思老兵。

参军

根据杨光1954年11月5日填写在中央转业建设委员会印制的"中国人民解放军回乡转业建设军人证明书"上的"入伍前简历"和亲友们的回忆,我们大约可以还原杨光最早的经历。

杨光祖籍四川南充,1923年生于重庆,父亲是民生公司职员,母亲是小学教师。1929年到1937年在重庆涪陵、长寿等地读小学。因父亲在民生公司船上当水手,随父漂泊,经常失学,加起来总共读了3年书。小时候,跟父亲坐着民生的小火轮从重庆运米到上海去卖,从家境看是个小康之家。

1938年到1940年,杨光在民生路的上海杂志公司当店员,1个月几块钱,管吃管住,还认识了很多前来买书的名人,如郭沫若、胡风等。1941年到1942年,他在重庆做疏散老百姓的工作。

这个时期正处于1938年至1943年日本对重庆的5年半战略大轰炸中。杨光从事的疏散工作,跟大轰炸有关。但无论怎么疏散,全城还是一片火海。连

右：1940年代穿着英式军装的杨光
左：1945年12月25日杨光在重庆国泰相馆留影，上面有钢笔字迹"圣诞礼物"

他工作的地方和家里的房子都被炸成一片废墟，全家流落街头。他已是一个有文化的热血青年，对日寇恨得咬牙切齿，恨不得马上参军打小日本。

1941年12月23日，中英在重庆签署《中英共同防御滇缅路协定》，形成中英军事同盟，中国组建远征军出兵滇缅，这是甲午战争以来中国军队首次出国作战。远征军1942年8月在盟军中国战区参谋长史迪威的指挥下，在印度兰姆伽接受美式训练，学习使用美式军械，改编为中国驻印军。

杨光在重庆《大公报》上看到远征军的征兵消息，就和数千重庆青年一起，排着长龙报名。通过严格的目测、文化考试、体检，1942年5月，他终于收到了远征军的入伍通知。这年，他19岁。两年后，当"一寸山河一寸血，十万青年十万军"的征兵口号从重庆响彻全国时，他已是中国驻印军的一名"老"兵了。

印度

在中国远征军云南联谊会2012年编印的《奔驰在中印公路上的辎重兵健儿——二战中印缅战区英烈名录史料汇编》一书中，杨光在"驻印军总部直辖暂汽一团二营"建制栏目中，提交了自述《抗战老兵的亲历》。

当年奔赴战区的路上险象环生，他这样写道："我们先坐汽车从重庆到泸州，经川滇公路到昆明。在昆明巫家坝机场乘美军四引擎的'空中堡垒'飞机，经过保山和喜马拉雅的驼峰航线时，日本鬼子的高射炮响彻云霄。我们的飞机迅速高升，左躲右闪，真是大难不死，平安到达了印度的打江。打江是部队的转运站。我们在美军指挥官的指引下，脱去旧军装，换上英式军服，经过短暂休整，乘火车，转轮船，再乘火车，到达兰姆伽。"

兰姆伽是印度东北部一座荒凉的小镇。干旱的河滩和贫瘠的山谷之间，一座第一次世界大战遗留下来的战俘营，成了中国远征军训练营的主体建筑，也是史迪威美式军训的中心舞台。因此，兰姆伽也被誉为"中国第一支现代化军队的摇篮"。

杨光属于最早抵达兰姆伽的中国军人和重庆崽儿，他回忆道："我被分配到驻印战车部队战车第3团2营2连，学习坦克驾驶和射击、通讯。后又在驻印美国汽车学校学习汽车驾驶。美国教官上午教我们怎样开车，教学工具是一辆美式道奇车，从发动、换挡、加油、刹车，直到战地自救等，晚上吃过饭就看译成中文的教材影片。美国教官和助教不厌其烦地教我们学会了开车。"

二战中印公路上的美制十轮大卡车车队，杨光开的就是这种卡车

从兰姆伽"毕业"后，杨光几乎开过美援的所有主流车型："当时我们会开GMC十轮大卡车、斯蒂贝克十轮卡车、大道奇，从此投入运输工作，把军用物资往国内转运。我和助手把武器、弹药和汽油等军用物资经甲地、乙地一段一段地送到国内后方。这样工作几个月后，后来又送昆明到广西百色地区的军用物资，准备反攻日本。"

杨光的回忆也是一部第二次世界大战军车小史。他提到的"GMC十轮大卡车"，即美国通用汽车公司的CCKW-353，中文简称"吉姆西"。从中印战区到诺曼底登陆，它都是盟军的主力卡车，被誉为"二战胜利的象征"。著名作家邓贤的父亲也是中印公路上的一位参战老兵。据邓贤回忆，老爸当年开着这种载重量2.5吨、实载可达7吨的吉姆西，撞坏过日军小坦克式的4吨重九七式轻型战车。

至于斯蒂贝克十轮卡车，是美国STIPEIK公司出产的全驱动越野运输车。苏联红军就是乘着这种美国大量供给的卡车攻克柏林，他们著名的喀秋莎火箭炮，就是装在斯蒂贝克上的。

在印度，前重庆民生路的上海杂志公司店员杨光，还保持了一个书店店员的文化作风，他很爱写家信。据其侄儿骆振宇先生回忆："我舅舅郑立农当时是民生公司的职员，杨光经常从印度写信给他，谈前线的生活情况。舅舅就根据他说的内容，写成'前方来信'，用笔名欧阳风，发表在《新华日报》和《大公报》上。"

回家

1945年8月15日，日本投降。8月29日到10月10日，虽然毛泽东和蒋介石在重庆谈判，但全国最有头脑或最敏感的知识分子和军人都知道，国共一战，不可避免。杨光这样的职业军人，两党都没参加，只想战后回家过小日子。1945年12月，他以"开小差"的方式，向自己的和平目标折腾了一把。

他在自述中写道："我开着斯蒂贝克十轮大卡车回到重庆，年底，部队通知我准备到东北接收日伪产。我不想去，就开小差离开了部队，逃回了家。5天后，我家里来了几位国民党军人，把我押上船，说'把日伪财产接收完你才能回家'。我们乘船到上海，休整了半个月，又乘船到青岛。因苏军和共产党部队占领了青岛，不允许我们上岸，我们的船只好又开向秦皇岛，转乘火车到北京丰台。部队改名，我被分到战车3团6营2连。"

像杨光这种技术兵种里面的业务尖子，各部队都需要并倚重。所以，这次"开小差"虽然表面上并没给他带来什么惩罚，但实际上却把他往自己最不愿遭遇的内战险境推得更近。

1946年夏，他升为连事务长。因为内战风声紧，有理由脱离军队的人，都陆续办理了退伍手续，很多人都走了，杨光也想走，但他的好技术又"连累"了他，还升了官："连长严逸梅觉得我诚实可靠、技术好，推举我到张家口汽车1团任副排长。连长是赵洪，对我很好。一天，国防部长白崇禧到张家口动员傅作义将军打内战。在机场检阅部队时，通知我去开检阅车。检阅车上，只有白崇禧、傅作义和我。我明白，要打内战了，赶快申请退伍回重庆老家。"

调羹

在儿子杨小波对老爸杨光的回忆里，远征军那段经历对父亲的影响，曾经几十年都不能言说。但这种影响通过实物的方式，在这个老兵的生活中一直存在。

家里有一把老爸专用的不锈钢美军调羹，手柄背面冲压着凹形的USA（美国）字样。"解放后那段时间，爸爸怕别个认出来要遭，用錾子把 U 封口成 O，把 S 封成 8，USA 变成了 O8A，安全！"

还有一个设计精良的两件套军用水壶和饭盒：水壶和饭盒贴身一面都有相同的弧形，壶身略小于饭盒，因此可以插在饭盒里面。饭盒带有一个金属搭扣：饭盒当锅在火上加热时，搭扣就成了手柄；饭盒当水瓢在河里舀水时，搭扣就成了瓢把；用完之后，搭扣又可紧扣壶身。"好像是军绿色的，后来甩了，现在想起好可惜哟！"

杨光使用过的二战美军两件套军用水壶和饭盒

还有一件美式橄榄绿呢子大衣更可惜，是从头裹到脚的大翻领大衣。那种样式和色泽，在当时是绝对异样。"老汉又怕遭，就自己买染料染成蓝色的。哪里染得好嘛，染得麻麻杂杂的，把大衣都糟蹋了，但当时就图个安全。"

还有一块美军军毯，因为一直暗藏在床单下，所以得以保全至今。杨光老伴苏公贤去里屋床上抽出来给我们看：一床宽幅的军绿色羊毛斜纹薄毯，质地有点像现在坐飞机时搭在腿上的那种薄型线毯，看上去还像新的那样。

1947 年，从印度战区带回的美制军毯和不锈钢调羹，皮实耐用。老兵杨光到 2012 年逝世之前，都在使用。杨小波说："那把调羹，他还带到了医院去用。可惜他走后，混在一些他用过的杂物里，掉在医院了。"

柒 大厂·从兵工厂到冰糕厂

1 / 我在望江造枪炮，也晓得桃花和万年青的浪漫

口述人 邓兴禄
重庆望江机器厂员工

"今年2014年，我72岁，吃73岁的饭了。"跟国营大厂的很多老师傅一样，生于1942年的邓兴禄，腰间挂着一串当当响的钥匙；不同的是，他腰间还佩着一块绿玉，是本命年儿子送他的。

说起他1962年从江北下横街16中参军，打过印度，他马上翻出一本红彤彤的《前进——原陆军第55师老兵情志实录》。这是老战友们为中印边境自卫反击战50周年而编印的纪念画册。

当兵时，邓兴禄是经常给《解放军报》写新闻稿的军中才子。现在我军一位上将，还是他当年的战友和文友。他说："当时他和我一样，都给报纸写豆腐干文章。后来我转业了，他留在部队；我在兵工厂干到退休，他在部队一直干到上将。最后，我看央视《新闻联播》，他因为贪腐落马，进去了；我小民一个，但自由自在，想去哪里，就去哪里！回看我一生，都与国防有关，当兵扛枪，待过两个兵工厂（后来调到重庆建设机床厂），一个造枪，一个造炮。"

望江

1968年，在部队是一级技术能手的报话员邓兴禄，由青海西宁某部队退伍回渝进入望江厂，好多人羡慕他。邓兴禄说："当时进望江这种国防厂，政审很严。街坊邻居要是晓得哪家儿子进了望江厂，都会感叹：国防厂哟！高中好多没有参到军，又没考起大学的同学——女生有的分在重百，有的分在新华路五金小店卖灯泡、螺丝，男生分到广阳坝农场当农民，我转业回去看他们，柚子请我随便吃。他们住的是土房子，人又晒得黑，看见我进了望江厂，大家抱头痛哭。"

他转业时，6年军龄可算作工龄，一进厂就直接套二级工，工资38块5角。

邓兴禄1969年5月进望江厂后留影

结婚后，他的小家安在大坪肖家湾。"我上班从家里出来，坐2路车到解放碑，走路到朝天门，再坐上下水的轮渡到郭家沱望江厂，船大约要开1个多小时。有时洪水封渡，回家只好翻汪山，走到南岸玄坛庙五院坐船到朝天门，再走路到解放碑坐2路车回家。"

从解放碑到朝天门也通了公共汽车的，但他选择走路。"走路要走20分钟，但能节约8分钱车费。走路还可以在街上买点菜，给娃儿买点电动小车之类的玩具。十天半个月才回一次家，也让老婆娃儿高兴一下。"

回一次家，也不简单。"周末只耍1天。我周六中午不休息，开起机床上班，做到下午2点，大家都上班了，我就给班长请假，坐4点的船；有时，也坐5点多的收班船回重庆。"下船时，天黑尽了，朝天门一带已是华灯初上。

军品

望江厂1938年抗战时从广东清远县浈江口迁到重庆江北区郭家沱，定名为"第五十兵工厂"；1957年，改名"国营望江机器制造厂"。地处长江铜锣峡口，西靠铁山坪林场。翻砂车间正在峡边，另外几十个车间，沿一条旱河两边排列，最远处是打靶场。1949年后，望江厂生产了许多火炮。

邓兴禄的军品记忆，是进厂年后的1969年，他们生产了一种"防滑帽"。他说："坦克的钢板外形有弧度，我们的枪弹穿不透。子弹打在上面，就飘开，就滑了。我们厂做了一种戴在穿甲弹上的帽子，打在坦克钢板上面，就吸在上面，穿甲弹才打得透。"说着，他把给我泡茶的纸杯，从塑料杯托中取出，把空空的杯托扣在我的膝头上，紧紧抵着拧动，做了一个"防滑帽"的效果。

"'防滑帽'是金属的，经过热处理，发蓝，是穿甲弹的一个附件。其他工序是哪些厂做的，我们不知道。反正大家都叫'防滑帽'，学名和代号是什么，已搞忘了。我们26车间做过，其他有车床的车间都做过，运到前线起了作用。开会时，领导传达好消息，第一句话只有三个字'打穿了'，我们高兴惨了。"

邓兴禄不但是军工，还是厂里的哲学家。"1960年代，全国到处都在学哲学，厂里军代室和厂党委向工人征稿，谈学哲学的体验。我写了一篇《'啃得动'和'啃不动'》，被厂里选起，巴（贴）在厂里饭堂边。"

这是一种荣誉。他写的是小组里开刨床刨"海37"（舰用37炮）部件的王师傅。"他外号叫王缺牙巴，'啃得动'和'啃不动'是他生产中的经验，是我帮他写的。做生活（工厂里指所要加工的零件）时，正确选择刀具很重要：刀子选得好，硬度好，咣咣咣，铁屑几下就刨下去了；如果刀子选软了，就刨不动，刀子还可能遭打断，得合适的硬度才行。这就是哲学。"

大厂车间里的哲学多的是。"我们都是液压机床，不是数控，全靠手感。冬天热天，白天晚上，液压的机油油温都不同：热天要稀一点，冷天稠一点。有时，夜班和白班倒班时，你还得给机油调温才行，很麻烦，也很哲学。"

农品

军工们都是造炮高手，生产农产品，也是一把好手。邓兴禄说："在铁山坪，望江每个车间都有一块地，叫'五七农场'。从农村出来的转业军人，分去三五个守地、种菜，还喂了四五头猪，当时流行'一工一农，辈子不穷'的说法。厂里面这样做，也是给职工一点福利。从厂里到农场，要走几十分钟，一个车间200多人。上班时间，就抽调人手轮流去农场挖红苕、栽包谷，过年时杀猪，大家一起吃刨猪汤。"

平时，食堂还可以，每天都有肉菜卖。"荤菜从8分到2角，8分的里面只有两三片肉，1角2分的多一点，2角的最多。有些家在农村的转业兵，比如合江的几位，还是很节约。自己做一个煤油炉，用厂里的机床废旧冷却柴油，自己在宿舍做饭菜吃。"

青年工人星期天除了打牌、睡大觉，晚上大家还去铜锣峡边散步。有时，过江去南岸大兴场赶场，在码头上看打篮球。解决耍朋友的问题，一直是大厂的重头戏。"厂里有时把重棉一厂的纱妹和重庆卷烟厂的女工，用船运来望江厂俱乐部，和我们的人搞活动；或者组织两边的人到市里的文化宫去联欢。每回都有二三十个人，反正是能成一对是一对。所以建设厂、望江厂有不少工人都是纱厂老婆。当然，后来也想办法从纱厂调到厂里来了。"

这样的相亲集会，1950年代的女娃儿还有穿布拉吉（连衣裙）的。"1960年代就没有了。男娃儿都是青蓝二色或白衬衣，女娃儿都是花花布衬衣，扎个翘鬏鬏。穿皮鞋的人很少，一般都是布鞋，我们青工都是一身劳保服，一双翻毛皮鞋，还是很格式（高端大气上档次）。"

桃花

在望江工作一年后，经朋友介绍，邓兴禄认识了沙坪坝梨树湾市政工地的一位库管姑娘。"她到我家吃饭，我也去见她的父母，她的工地上我也去了。那天我海魂衫打底子，一件白衬衫大翻领翻起（他起身示范了一下，原来是把白衬衫从第二或第三颗扣子解开翻开，就形成特大的翻领），穿个白网鞋，很霸道。他们建筑工地的人，修马路，灰扑扑的，肯定比不到我们大厂的人，都觉得我很不错。"

回到厂里，他收到姑娘的第一封信。"我把信拆开一看，两朵粉红的桃花，压扁了，没拆散，夹在信纸里。我一看，好有诗意，好浪漫，好情调。我想，一定要对得起和盖得过她的桃花。我专门过河到大兴场，翻过汪山到南山，扯了一枝万年青尖尖，也不拆散，也压扁了夹在回信中寄给她：你的桃花美丽，我要给你万年青的感觉。"

这种情书像一个谜语，谜底是"情"，但通篇不着"情"字。"我在信里只说：收到信，收到给我的花；这周，我回来不了，我去登南山，同样扯下万年青表示我的心情，我们两个的友谊永远'万年青'。——当时耍朋友不说爱情，只说友谊。"

当时寄信，全国邮局的规矩都是市内邮票4分钱，市外8分钱。4分钱的粉桃花和万年青，就这样在10公里的重庆山水间传递。婚后两人很好。"我们住在肖家湾。有天，我出去买东西，马路边一个野女娃儿坐在栏杆上，认都认不到，对我说：'哥哥，耍哈（一下）撒！'我们刚从部队转下来的人，老实，哪看得来这些嘛。我回家就对老婆说：'肖家湾这里的女娃儿是些啥子人哟，认都认不到，就喊哥哥耍一哈。'她说：'这些人是恁个的，你不理就是了！'"

10年后，《爱你一万年》这种歌开始流行，邓兴禄这段因桃花和万年青结缘而有儿有女的婚姻，遗憾煞搁，劳燕分飞。他说："虽然我们两个最后还是没有走到头，但桃花和万年青可以证明，年轻的时候，我们还是晓得浪漫的人。"

2 "照蛋的姑娘打蛋的妈",
肉联厂的厂谚你懂吗?

口述人 陈泽清(左)、司绍先(右)
重庆肉联厂干部

在 1956 年落成的茄子溪重庆肉联厂苏式办公大楼的会议室里，85 岁的司绍先和 80 岁的陈泽清两位老爷子，笑眯眯地坐在我面前。他们都是这座国家"一五"计划修建的大厂的元老。老家在河北的司绍先，是 1947 年入党的老干部、老八路、二野老兵，筹建时期的工程科科长，后任办公室主任；陈泽清筹建时期当过通信员、秘书，后任厂办秘书、团干事、业务科调度。他跺跺地板说："当时我们厂好阔气，苏联专家设计的，市第一建筑公司修建的。你看这个木楼板，半个多世纪过去了，还是那么格式。"

选厂址

茄子溪肉联厂全称重庆肉类联合加工厂，建厂时叫西南财经委员会重庆冻肉厂，是西南最大的肉联厂，作为国家"一五"计划期间苏联援华的九大肉联厂项目之一。"一五"计划期间苏联援华项目原有 141 项，最后追加 15 项，共 156 项。建厂时正值中苏蜜月后期，苏联专家从选址开始就已介入。

司绍先说："我们和苏联专家坐小汽船在长江两岸选址。风急浪大，苏联人说，要是这个船翻了，我们就完了，他说的是对的。最先选址在王家大沟，就是现在杨家坪体育馆附近，但火车上不去，而且离市区太近，今后没得发展前途，就废了；还有的地方，我们钻探四五个眼，钻头都掉下去了，下面是溶洞，也不行。"

最后选中茄子溪陈家坝长江边一块叫留神坡的台地，比长江最高洪水位 196.17 米高得多，成渝铁路顺江而过。陈泽清说："这里本来是一片旱涝保收的良田，只有两个单位，西南建工局木材综合加工厂和国家一个储备仓库。选址那天，走着走着，跟我们在一起的苏联专家和翻译突然都不见了，负责保安的西南公安部的便衣着急了，到处找他们。原来，苏联专家带着翻译跑到旁边山坡上去了，往下一看，这里有铁路，下面又是长江，就定在这里了。"

从成渝铁路专门接一个肉联厂专线到茄子溪，加上水路、公路，这是一个建肉联厂的理想地块了。但苏共二十大后，中苏交恶，肉联厂的计划受阻。司绍先说："我们的办公大楼和福利大楼都已落成，宿舍和厂房都平基了，但还没建起。从上面陆续传来消息说：苏联专家不来了，还撤走了图纸。我们还搞不搞？如果按苏式的设计大规模搞，不行；不搞，也不行。"

选址、建厂两个环节都有苏联人参与，后面的就只有自己干了。司绍先说："国家最后决定：不大搞，中搞。肉联厂按苏联设计的大型厂改成中型厂，日宰1000头猪，冷库规模1200吨。1958年后，农业生产的猪多得不得了。猪儿多，我们又扩建车间，最多时能达到日宰7000头猪。冲洗、麻电、放血、开膛、摘取内脏心肺，我们是半机械化的流水线，只有取内脏这种细活，机器做不了。最后头脚去掉，两块白条猪就是出厂的成品。当时，拉猪来屠宰的车，从厂门口一直排到刘家坝，四五公里长。"

苏联人

来茄子溪肉联厂的苏联专家，有鲍尔德列夫、索罗维约夫和斯杰潘诺夫。司绍先和陈泽清都没见过鲍尔德列夫，但和后两位比较熟。陈泽清说："我还给司绍先取过一个苏联名字叫'司莫罗斯科'，当然，是开玩笑的。"

苏联专家索罗维约夫和斯杰潘诺夫，都是苏联乳品和肉类工业部设计院的工程师，也都是参加过卫国战争的二战老兵。陈泽清说："斯杰潘诺夫是地质专家，大个子，索罗维约夫是建筑设计师，是个瘦老头。我去范庄（位于人民路256号，原川军将领范绍增公馆，后改为重庆市府第二招待所，现部分已拆除，改建为市级机关综合办公楼）给斯杰潘诺夫送他要的资料。我们的办公室在公园路20号，重庆饭店附近。专家开会研究图纸，下午也研究。他们的午饭，是市里面的交际处（1949年后全国各省市均设有负责内外接待和具侨办功能的交际处，源于延安时代中共边区政府接待机构。重庆市府交际处后来并入市机关事务管理局）用车子送来，装在很讲究的桶桶里，刀刀叉叉的。我提上去几回，但不晓得里面装

1954年9月,苏联专家斯杰潘诺夫同志与重庆肉类联合加工厂办公室全体同志留影

斯杰潘诺夫对重庆的广柑和咸鸭蛋情有独钟。陈泽清说:"他把咸鸭蛋放在高脚玻璃杯里,把鸭蛋的脑顶门皮皮剥开,开一个小口,用勺子舀起吃。我去帮他买水蜜桃,在八一路现在好吃街解放军剧院右手边的一个水果店,江津广柑、水蜜桃,他都很喜欢。吃完了,还要舔手指,我看了觉得好笑。"

1956年初,苏联专家完成选址和设计后,司绍先护送他们回北京。司绍先说:"我陪他们坐船先到武汉,再坐火车到北京。当时哪晓得他们不会回来了,所以气氛很友好,双方都配合得不错。我们坐的长航的船,碰上发大洪水,船找不到方向,开进了洞庭湖,水天一色,一望无际。苏联专家对所看见的,非常好奇,通过翻译问东问西的,看来他们也没怎么坐过大船。"

押运员

1958年7月1日,重庆肉联厂开工投产以后,白天晚上都忙着生产冻肉。生产好了,就往满洲里那边拉,这让有时兼任押运员的陈泽清很好奇。20个车皮的白条猪码在车厢里,押运员的工作很枯燥。陈泽清说:"上车时,我会去街上买十几个大饼,再到厂里副产品卤肉车间拿点卤肉,用布袋装在一起,甩到冷藏车上的冰仓里,半个月不会坏。铁道部生活局发了证,我们押运员可到沿途的铁路食堂吃饭。在车上,卤油渗透到大饼里,在炉子上一烤,那个香哟!车长是北方人,拿几根大葱出来,我们裹起吃,特别香。"

押运员的工作特别险,因为要爬到车厢上面检查车厢的冰化了没有。"重庆市商检局驻肉联厂的代表小熊,就这样被高压线电死了;我们厂的押运员王文礼,也是这样殉职的。我们厂还有哟:饲养工段的工人雷得芬,滚进饲料池烫死了;

冻库电梯上到顶楼，夏代忠，没看见，一脚跨进去，摔死了的。"

好在陈泽清一路无险，他说："押运的车皮从厂里铁路专用线出发，沿途加水，经成都、广元、西安、郑州、天津、锦州、沈阳、四平、哈尔滨、满洲里，往右走就到了绥芬河；到西安走同蒲铁路就到了二连浩特。"

好福利

重庆肉联厂出品的肉，当时主要是专供还外债、外贸、国防储备，重庆市民还没有多少机会可以吃到。但肉联厂职工，吃得到。一些老职工回忆，"三年自然灾害"时期，全厂没得一个职工及其家属得过浮肿病。食堂的回锅肉和甜馒头，是肉联厂职工子女最美好的回忆之一。

司绍先说："职工食堂卖的肉，叫副品，就是检验时不合要求的肉，比如颜色不好，就刷下来，高温处理，叫高温肉；还有一种叫检验肉，检验时割了一块下来，那块肉就不能出口了，这些肉在职工食堂可以吃到。有时，职工义务加班装车，还可以领到夜餐票。厂里还有一个不对外的冰糕车间，职工可以发牌牌去领冰糕。我从来没吃过，要高温工种才吃得到。"

最忙的时候，工人是"提起刀刀打瞌睡"，边打瞌睡边杀猪杀鸭。厂里还有鸡鸭工段、宰兔车间。陈泽清说："大家最怕的是下班时检查刀具。哪个的刀尖尖缺了一点，无论多忙多累，哪怕肉品已装车，都要全部卸下来检查，找出那块刀尖尖。"因为肉品是出口的，混进一个刀尖尖，太可怕了。这就是肉联厂谈虎色变的"翻箱"。

肉联厂水电气都有国家补贴，所以就大手大脚敞起用。司绍先说："我们厂是大渡口地区第一个用上天然气的；自来水是自提（自己生产），免检；电也是敞开用，有一条专线，从不停电。供电局如果要停，还得先跟我们商量。"

肉联厂的媳妇都漂亮，这是肉联厂的另一种流水线。陈泽清说："解放碑、江北的妹儿，好远哟，都往肉联厂嫁。生了娃儿，就在厂里读书，可以从厂幼儿园一直读到职工大学。一个月的婴儿，就可送到厂托儿所的婴儿室去。一排娃儿坐起，嘴巴张起，阿姨用一个调羹舀起饭菜，一路喂过去，当时也不怕交叉感染，都长得白白胖胖的。每周六，娃娃们都要吃肥肉海带汤，还发个包子。"

除了回锅肉，厂里食堂，破了的鸡蛋，1分钱一个，骨头汤不要钱。司绍先说:"生产军需品蛋液罐头（罐头里面装的新鲜蛋液）的车间，涮罐罐的水，里面残留着一些蛋液，食堂就搜集起来，做成蒸蛋，叫蛋豆腐，5分钱2斤；兔脑壳2分钱一个。"

肉联厂还流行过一句著名的厂谚："照蛋的姑娘打蛋的妈，运输队的是干爸爸。"说的是小姑娘，眼睛尖，所以被派去对光检验鸡蛋坏没坏；大嫂子些，手脚快，所以只管打蛋；运输队的人，有一个方向盘，大家都要求他，所以牛气冲天。

3 / 重庆冰厂（上）
一支支『青鸟』是怎么飞起来的

口述人 何长贵
重庆冰厂员工

2014年85岁的何长贵老先生,是厂史可追溯到1936年的重庆冰厂"硕果仅存"的两三位老员工之一。他们厂曾生产重庆人记忆里非常亲切的青鸟牌冰糕和汽水,其前身是1936年诞生的重庆美华汽水厂,后来发展为重庆冰厂、重庆饮料厂,出品一代名饮"天府可乐"。

何长贵历任重庆饮料厂饴糖、果糖车间和调度室主任、生产计划科科长。这几年,坊间传闻疑似李耀庭公馆的储奇门邮政局巷40号"卜凤居"老洋房,即重庆冰厂旧址。我把图片发给他看,他说:"周围拆得烂杂杂(乱糟糟)的,看起有点不像。"为了核实,他打电话问了住在老厂附近一个师弟的娃儿之后,肯定地对我说:"拆了,早就拆了,不在了。"

老幺

18岁那年,何长贵从川北老家广安关盛乡何家石坝逃"抓壮丁"来到重庆之前,从没见过冰。他说:"我是拉壮丁逼出来的。当时规定'三拉一',我家三兄弟,要遭抽一个。我是老幺,我走了,家里就活了。我拿起二哥一件蓝布衫,就怎个下来了。在路上碰到一个鸡贩子,就帮他挑鸡,一人挑一哈,他管我吃住。路上一天一夜,在清溪口幺店子歇了一晚上,早上天不亮就起来走。"

他一到重庆,就去投奔在张家花园派出所当警察的大哥。"当时叫警察局,大哥穿一身黑衣服,大盖帽,是他写信叫我下来的。大嫂在派出所旁边摆个摊做点小生意。最先,哥叫我去一家水果店当学徒。我跟到老板去临江门码头买从合川下来的广柑,去船上讲价。他们讲价,不明说,两边的人伸手在袖口里面用手摸,你要是明说价,他不理你。"

一个多月后，大哥又叫他去警察训练所培训。"就在现在重庆宾馆那里，培训一个月后，分到各派出所。但我没去，我不想当警察。好在一个姓唐的老乡，介绍我到管家巷去学印刷，老板姓陶，南京人，只有一台机器，印点商标、《七侠五义》一类的小说书面、格子本子、表格。"

在印刷铺当学徒，又要挑水做饭，还要帮师傅踩两个滚轮的圆盘印刷机，一直踩到1949年。"已经打起来了，我送大嫂回乡，半月又回到印刷铺。第二年几个私人印刷铺合成一大厂，叫文峰印刷厂，印发票。我的工资20多元，抗美援朝捐款，我认购了200元，我是自愿捐飞机大炮打美国，都是年轻人，爱国热情高。200元每月从我工资里面扣一点，扣了一年多，扣完为止，加班费也拿进去了。"

1953年，文峰印刷厂垮了，何家老幺也失业了。"我耍了半年，有时在较场口米亭子的印刷铺子干点临时工。当时我已是团员了，在将军坟的市中区团委听到介绍说：青鸟冰厂要招人，你去不去？"

冰厂

来青鸟冰厂之前，还在水果店当学徒时，何长贵有生以来第一次在重庆见到了冰，也见到并吃到了冰糕。"以前在老家没见过冰也没得冰糕，那天路过七星岗，看见冰贩背了个方箱子，帕子包起，在喊'冰糕'。天热，渴得不得了，就忍痛花了一分钱，吃了一次。包装纸上没得商标，是白的，不是青鸟。"

"青鸟冰厂"的牌子，挂在储奇门双巷子河边一幢独立的青砖四层楼大门边。楼型方方正正，就像一块冰砖，挨到城墙边。"我一去是临时工，三个月转正，那阵已经改币制了，我的工资人民币14块钱。我在冰库发冰糕，周身从上到下，棉帽、棉袄、棉裤、棉鞋，深蓝色的。冰贩来取冰糕，我们就进库去提出来。进库撑不了多久，太冷了。生意好，一天来回要进去几十分钟。"

那是个小冰库，已经做好的冰糕放在木箱里，一箱100支。"来批发冰糕的冰贩，差不多都是穷苦人，没固定工作，半烟子（年龄半百）老婆婆、老头儿，都是临时性的。最先，谁都可以来批发，后来好像要街道、地段介绍才行。解放前，冰糕箱各式各样的，后来统一了：青鸟的冰糕箱有一个背篼大小，画起青鸟的商标，里面是白铁皮，上面用棉垫盖起保温。"

青鸟冰厂的主打产品是三款冰糕,也是重庆人记忆中的"老三样":香蕉冰糕 4 分、豆沙冰糕 5 分、牛奶冰糕 6 分。"我们发出去的都是批发价,香蕉好像是 3 分一支,卖的人,一支冰糕赚得到 1 分钱;豆沙、牛奶可能要赚到 1 分 5 的样子。我们的成本,一支要投到 2 分,牛奶要投到 3 分。"冰糕包装纸套(重庆人叫"冰糕纸")也印着青鸟的商标:一只嘴巴张得像夹钳的呆萌小鸟。

青鸟

何长贵的儿媳当时在中华路小学读书,她们每周有一节劳动课,就是打青鸟冰糕的包装纸套。香蕉冰糕纸套上的商标是红色的,豆沙的是咖啡色,牛奶的是白色的。她说:"学校有十几台缝纫机,一二年级的就折冰糕的纸套,四五年级的大娃儿就上机打纸套。低年级娃儿已经折好的纸套,有一个边是整的,不用打;还有三个边,要剩一个开口,所以缝纫机只要打两条边就行。我们踩起机器,打一条线再拐一个弯,就行了。好像 1980 年以后,冰糕太多,就懒得打了,再也不用线缝边,一张纸一包就行。"

在冰库搞了几个月发货,何长贵又被派去开升降机。冰库在二楼,升降机通过一个竖井上下,进货和出货都靠它。后来,他什么都干过。一支青鸟冰糕的诞生,最先是从糖房把糖提出来,溶化、提炼、打渣、放入香料,再放入料桶。

"锅炉把水烧开、冷却,注入料桶搅拌后,再用瓢把糖水舀进用白铁皮做的一个个冰糕模具盒中,30 支或 48 支一盒。抱起模具盒把里面的糖水摇匀后,就把盒子放进一个盐水池底一盒一盒排起,底下是走氨(供制冷剂氨流动)的无缝

1960—1970 年,重庆青鸟冰糕纸套正面
左起:牛奶冰糕、香蕉冰糕、豆沙冰糕

1960—1970 年,重庆青鸟冰糕纸套背面
左起:牛奶冰糕、香蕉冰糕、豆沙冰糕

钢管。盐水刚好打齐盒口，但又不能淹进去了。盐水主要是让温度保持零下18摄氏度，让盒内冰水冻结更快，也使模具盒和池底之间不结冰。不然，到出冰糕的时候，你根本提不起来。"

当盒内冰水的底部有点打硬了，就要马上插进冰糕手柄（重庆人叫冰糕块块），不然过一会儿，就插不进去了。"冰糕块块是从茄子溪木材加工厂运来的，莫看冰糕块块小，木材假了，还不得行，有一个节疤都要断。"冰糕块块韧性还好，重庆小崽儿从街边一块一块捡起来，手巧的能编一把木头扇子；有的捡起来凑多了，可以早上当发火柴。

不久，就有一个头儿走进车间去查看，他看到整块冰糕都打硬了，就大喊："扯冰糕了！"这时，等在车间外面的人，一拥而入。他们的手脚，都用高锰酸钾消过毒，手部还要用70%的酒精擦一遍。他们穿着围腰、白色短袖，趿起工作鞋——板板鞋进去。"每人两双板板鞋，车间一双，出门一双，要是穿错了，要遭！平时车间到处都是板板鞋呱嗒呱嗒的声音，吵死人了；晚上，更糟糕。石灰市那个厂的食堂，在街面上。晚上11点，我们厂的人出去吃夜班饭，板板鞋穿到街上，呱嗒呱嗒的，邻居都晓得是冰糕厂的人出来了，泼烦（很厌烦）我们惨了。"

他们把一盒一盒的冰糕从盐水池搬出，放在旁边一个已经用蒸气烫热的小水池中瓷（沉浸）几分钟，冰糕和盒子的关系就松动了。"大家抱起盒子，哗地一声倒在白铁皮的分拣案板上。冰糕一大堆，有些互相之间就粘起了，大家围着桌子，伸出手，像洗麻将那样把它们薅开。"

下一步包装纸套，也是个手艺活。"纸套是一种蜡光纸，和冰糕不粘。包装工左边有一堆纸套，他左手拈起一个，拇指和食指轻轻一捻，纸套张口，右手拈起冰糕上的木块块，一下插入。纸套光滑，开口有时一下捻不开，还得多整一下。"

包装好的冰糕就从案板上推过去，对边有一个人接着，一支一支放入箱子，再放在升降机拉上楼去放入冷库，一支支青鸟就飞起来了。"冰库零下15—16摄氏度，包装冻手，车间地下到处都是水侉侉的，我们的职业病都是手脚风湿。我原来也有点，这几年没有了。"

4 / 重庆冰厂（下）：一个冻在最冷的冰里，一个泡在最热的水中

口述人 何长贵
重庆冰厂员工

当年，何长贵老先生他们重庆冰厂推出的青鸟牌冰糕，把我们爽过之后，早已随两江之水流入脑海和上海；而位于储备门双巷子12号的重庆冰厂，也已拆毁。但在重庆人的城市记忆深处，冰糕穿肠过，青鸟心中留。这一篇，我们来看看他们一手制冰的好手艺，了解一下不做冰的季节，他们做什么。

冰艺

香蕉、豆沙和牛奶冰糕是青鸟冰厂的三款主打产品，三种冰糕的工艺都不一样。何长贵说："4分一支的香蕉冰糕最便宜，也最好做，基本上是白开水加糖加香蕉香料；豆沙冰糕5分一支，口感最好，最难做，太费工了，先要把饭豆（红豆）煮好，倒放在料桶上的大筲箕里，像揉面那样用双手揉。细细的豆沙浆漏在料桶里，漏不下去的豆皮皮，就不要了。"

6分一支的牛奶冰糕虽然贵，但吃不惯牛奶的人依然吃不来，做起来也费事。牛奶场把牛奶拉到冰厂，烧开才能用。"最费事的，还数三色牛奶冰糕：一支冰糕像鸡尾酒，从上到下分三层颜色：最上面是白色，中间是胭脂红，靠近木柄的是大红。三色冰糕因为每种颜色都要单独做一次，所以做一支三色冰糕的工序和时间，是单色冰糕的三倍。你必须等第一种颜色的冰层冻硬了，才能往里面加第二层颜色的料。三种颜色的冰层，要均匀，哪层多了少了，都不得行。"

由于费事，三色冰糕卖得最贵，7分一支；也因为费事，这种冰糕做得最少。跟三色牛奶冰糕这种冰中小资妹儿相比，厂里出产的大冰，就有点像江湖抠脚大汉了！冰厂在石灰市现山城羊肉馆边上21中门口，还有一个车间，进进出出的学生娃儿，喜欢围观大冰出"炉"的大场面。

装有大冰的白铁箱，从盐水池底起出，得用行车吊。"行车甩下两个挂钩，把铁箱口两边两个眼眼钩住，吊起来沉到一边的自来水池，把铁壳壳'烫'热，冰和铁就松开了。运冰工穿起棉衣、棉裤，袖套和围腰都是皮子做的，因为皮子不粘冰。他们两手抱起铁箱，右手弯起，左手一扣箱底，25斤一坨的大冰，就从箱中滑出，嘭地一声在木搁板上滑出好远。对面的搬运工再抱进库里码好冷藏。有人来买，又从库里抱出来。抱大坨坨冰这个工种，很费力，一般都招的是大汉。"

　　大冰一块，最初块（一元）把钱，后来涨到十几块钱。一块大冰25斤，最少可以切成两坨卖。来买冰的人，有时都从冰厂门口排到较场口了。人们用板板车（两轮平板货运人力车）把大冰拉去做酸梅汤、冻肉、冻鱼；逝者停灵，当时没有电冰棺，也拉去冰镇防腐，重庆冰厂的大冰，就成了当时重庆人最后的陪伴。

汽水

　　重庆人当时还没有全年吃冰的习惯，所以重庆冰厂的冰糕生意，只有做半年吃一年，一般都是5月到9月的夏秋季做几个月。有时，10月小阳春碰到天气热，也做点。其余时间，就是冰厂的淡季，为了度淡，做冰的人只好憋得啥子都做。

　　何长贵说："解放前，碰到淡季，资本家只留最重要的配料员和开氨压机的技术员，其余工种的人，都放回家；解放后，碰到淡季，留的人多些了：配料员、技术员、行车工、库工，都是正式的；只有包装、搬运是季节性的临时工，包装工女娃儿多些。"

　　1936年创牌的"美华汽水"继续生产，是厂里度淡的拳头产品，车间在纯阳洞。"美华汽水"瓶身中间鼓起，就像一颗炸弹，俗称"炸弹瓶"。"纯阳洞只有一台汽水机三个灌装头，是白汽水，1角5一瓶。一瓶250毫升的汽水必须灌进3公斤压力的二氧化碳，最低2.8公斤，喝起来才够劲。二氧化碳和着水一起喝下去，胃肠不会吸收，二氧化碳马上就会冲上来，把胃肠里面的热气也同时带出来，人就很爽。工厂来订货的加盐汽水8分一瓶，成本较低，只有2.5公斤压力，但还是有些人喝不惯，觉得冲鼻子。"

　　做汽水对水的要求比做冰糕要高，非常费事。"一般的自来水有钙镁离子，叫硬水，去掉之后成为软水，做出来的汽水才不会有沉淀物。做汽水，先在冷开水里面，加石灰水、氯、硫化亚铁搅拌、沉淀，经活性炭纸等过滤，再加糖、二氧化碳，最后半机械化封瓶盖。"

俗称"炸弹瓶"的汽水瓶，在封瓶工序中，有时确实会炸瓶。"工人上班一直光脚穿板板鞋。一炸瓶，手上、脚上全是鲜血。当时已是李培泉当厂长了，好像是1978年，他一看，这不行，从此，板板鞋才换成了橡胶筒靴。"

在纯阳洞，冰厂的度淡产品还有橘柑油和柠檬油。"我们每个人都担起挑挑上街收橙子皮、橘柑皮回来榨油。橘皮收购7分一斤，广柑皮3分一斤，收起来打烂做油。我们一个女工庹淑碧，1951年进厂，比我还早2年。打橘柑皮子，她手指遭机器皮带绞了，断指头还在手套里吊起，我赶忙把她送到外科医院去医，但没接起。收橘柑皮，高兴的事情也有，厂里的人都笑我：何长贵收橘柑壳壳，还收到个老婆。"

老婆

何长贵"收到个老婆"的地方，是1954年重庆冰厂在磁器口摆设的一个收橘皮摊摊。"我就守这个摊摊，就在现在磁器口码头下河坝的梯坎右边。摊摊就是搭的个席棚，避风；上面盖了一层油毛毡，防雨；里面还有一个木炭灶，炕（烤）橘皮。我们旁边是毛血旺的席棚，供销社的杀猪场隔得不远，现杀的猪血旺，一块一块划进骨头汤里面，和饭豆、白萝卜煮成一锅。清汤白水，只放点盐，吃的时候，碟子里才放海椒，5分钱一碗，真正的毛血旺，那才叫鲜！跟现在的不一样。"

一个早年在云峰印刷厂的工友，跟他有缘。"他当时上班的四贤巷八一印制厂，就在石灰市我们冰厂边边。他已经结婚，家在磁器口，我也在磁器口，有时忙不过来，就请他来当临工帮我称秤。"

这个工友的妈妈和一个结拜的姐妹，都是磁器口岩脚河边金沙街重庆丝纺厂的缫丝女工。工友就把妈妈那个结拜姐妹的女儿，介绍给何长贵。"他把

1958年磁器口，何长贵（后中）全家福，李明荣（右）、姨妹（左）、岳母和儿女

我们两个喊起，在他家里吃了顿饭，也算是相亲吧。我看她人还老实，放心；加上又是好友介绍的，也不好推托，就成了。"

上门女婿何长贵，1955年在磁器口结婚。"我们都穿的是一身蓝布衣服，都穷，工资都是二十几块。买了点糖，办了一两桌酒，买了点旧家具，床、桌子，简单。老伴他们全家住的是一间买来的棚棚屋。父亲早逝，她跟妈妈和妹妹住在一起。她八九岁就跟妈妈在丝纺厂当童工，但做家务事不得行，结婚后还是我教她炒菜这些。"

1980年代，何长贵（后排左1）和天府可乐化验室同事欢送安徽蚌埠糖厂外援专家岳老师（后排左2）

婚后，他每周回家一次。1964年后，天天回家，因为老伴一直有气管炎，岳母高血压，他要回家陪护。"我上班，早上5点就要起来，坐从磁器口到临江门那种烧煤的小汽船，汽笛咚咚咚地叫。下水几角，上水要1元，要开一两个钟头。后来，工会资助，买公债抵押了100多元，就把原来的棚屋修成了两室一厨，前后坝儿，打三合土，镶石板。周末回来，我请人和我一起整。"

1978年，重庆冰厂的纯阳洞饮料车间迁到石坪桥，成立重庆饮料厂，作为软饮料用水的软水处理专家，何长贵也一起去了石坪桥。在建新厂平地基时，他左手无名指被石磙筒压伤，送到医院缝了七针。"我们搞果汁、柠檬汽水、猕猴桃酒、芸香汽酒，都是1.8的压力。汽加大了，瓶子遭不住，成本也高。这时，厂里的汽水机已达到五六十个灌装头了。"

1981年，他们跟南岸的四川中药研究所研制的"天府可乐"问世，老旧的重庆冰厂，进入可乐时代。"主要成分是白芍药、生地、当归这些中药材，开始有点咖啡因，后来不准了，怕娃儿吃了上瘾，就没加了。"

1976年，老伴李明荣，这个和何长贵生育一儿一女的缫丝女工，辛劳一生，因肺气肿去世，才38岁。何长贵说："她们上班缫丝也苦，手边有一个小盆盆，盆盆头是蒸汽加热的水,茧子在里面煮起。她们用一个谷草编的扫扫儿(小扫帚),在茧子上面扫,把丝头子扫起来缫丝。手经常在热水头泡起,职业病就是湿气重,手指头白咔咔的,起皱皱。"

何长贵在冰糕厂,老伴在缫丝厂。两口子的手,一个冻在最冷的冰里,一个泡在最热的水中。

捌 妙手·一双妙手安身立命

1 / 汪子美：黄桷坪有个隐居的漫画大师

口述人 郑显荣
重庆市委党校教师

汪子美先生是1940年代活跃在上海滩的漫画大师，擅长时政讽刺漫画和明星漫画，和阮玲玉、蓝苹、胡蝶等电影明星都有交往。抗战时在重庆以时政讽刺漫画展《幻想曲》轰动一时。1949年后，担任西南美协、重庆美协副主席。1958年被开除公职，"发配"四川峨边劳动教养。1961年11月劳教解除后，回重庆分到四川美术学院工作。1978年恢复名誉，1980年任四川美院图书馆馆长。2002年在重庆逝世，享年89岁。川美院长罗中立主持葬礼时，称他为大师。汪子美被誉为"中国现代美术史上一位卓越的漫画家"，2013年是他100周年诞辰，谨以此文纪念这位曾隐居重庆黄桷坪的漫画大师。

上海滩

漫画大师汪子美

重庆市委党校教师郑显荣，在汪子美先生晚年，和他结成了相当"铁哥们"的忘年交，成为1949年后最早"打捞"汪子美的人。当时，这位从前上海滩的大漫画家，已成了中国美术史上的失踪者。

郑显荣说："1985年夏天，为纪念抗日战争胜利40周年，我想到了汪老师抗战时在重庆开的《幻想曲》画展，写了一篇《一次轰动重庆的画展》，托毛峰（时任《重庆日报》美术编辑）老师在《重庆日报》上发表。"

据郑显荣研究，山东临沂人汪子美，从小酷爱绘画，为天津的旅行社、美术馆、茶叶公司和展览会画商业广告和海报。后来为《天津午报》每周的"星期二

1935年，汪子美为电影《大路》创作漫画
画中演员左起：黎莉莉（当时"电影皇后"）、金焰（当时"电影皇帝"）、郑君里、张翼、陈燕燕、韩兰根

画刊"作画，同时《北洋画报》《益世报》也向他约稿，汪子美从此开始了他的漫画生涯。

1933年7月，他考入上海国立美专。1935年8月毕业后，在近代报刊和漫画之都上海大展身手。郑显荣说："他应沈浮邀请为《联华画报》定期画明星肖像漫画，金焰、王人美、黎莉莉等明星，他画得惟妙惟肖、生动幽默。在上海，他还结识了叶浅予、鲁少飞、万籁鸣这些中国漫坛元老，绘画技艺突飞猛进。"

到抗战前，汪子美在上海著名的漫画刊物《电影漫画》《中国漫画》《时代漫画》《独立漫画》《漫画界》《上海泼克》发表了很多漫画，成了漫画界的青年明星。《鲁迅奋斗图传》《漫画界重阳登高》《鸟语花香仕女彷徨日，神哭鬼号灾民呐喊年》，都是中国漫画界的经典之作。

全国美协副主席、著名版画家王琦先生，是汪子美的学弟和迷弟。2002年，他在《怀念汪子美同志》一文中，勾画了汪子美上海时期的形象："我和他相识于1934年。那时，我在上海美专是西洋画系一年级的学生，而他却是已毕业的老学长，在上海漫画界已是相当有名气的画家了。我常常在报刊上看到他发表的有关社会生活的漫画，给我印象最深的是他笔下塑造的一系列电影女明星的漫画肖像，简略几笔便能抓住那些人物活灵活现的神态。他常来美专和老同学叙旧，他西装笔挺，留着少许胡子，两手插在裤袋里，嘴里还经常哼着抒情歌曲，风度翩翩，他在当时是很引人注目的一位潇洒人物。"

黄桷坪

1949年前后汪子美的形象，是一个准备迎接新政权、新时代的革命画家。郑显荣说："在重庆解放的第二天，他就赶去还在燃烧的'中美合作所'现场采录资料。用了不到一个月的时间，完成了以照片和漫画为主的大型图册《如此中美合作所》的编辑出版任务。"

这样的态度和业绩，使他在新中国的美术界占有了重要地位，担任西南美协常务副主席兼创作部部长、重庆市美术家协会第一副主席。不过，从前在上海滩练就的时政讽刺漫画和明星漫画两大绝活，在"讽刺"和"明星"同时消失的新时代用不上了，他改画国际讽刺漫画和国内劳模：如讽刺朝鲜战场上美军和李承晚军的《会"师"》；1950年还为《人物》杂志封面画劳动模范的肖像素描。

1960年代，汪子美被打成"右派"劳教回渝分到川美后的形象，著名书画家毛峰（四川美院国画系特聘教授，曾任《重庆日报》美术编辑、《重庆晨报》副总编）是目击者。毛峰1960年进美院附中就读后升入美院直到本科毕业，他回忆道："汪老师一口普通话，带有重庆口音。一副金丝眼镜，头发油光锃亮，穿西装，打领带。米黄色的风衣，里面是咖啡色的西装，一般都是咖啡色调子，色彩不明快，沉闷，但色调控制得很好。总之，看上去很洋派儿，跟工农兵形象不沾边。"

在学生心中，汪子美是秘密的偶像。毛峰说："我们晓得他有本事，崇拜他，对他没得恶感。虽说晓得他有问题，但别个从前是上海的漫画家。他当时在图书馆做事，我们有时碰到他，就说：'汪老师，听说你本事大，漫画画得好，我们想看你画画。'他就说：'你们都是国家的希望，把你们腐蚀了啷个得了！'当时，要是他跟我们这些学生娃儿接触多了，就叫'跟无产阶级争夺红色下一代'，他怕别人这样说，他心里怕。所以，你不主动招呼他，他不会主动接触你，所以我们一直没见过他画画，也没见过他原来画的画。"

小屋子

汪子美晚年的形象，在郑显荣心中永远难忘。1984年，他从部队转业到省第二党校后，结识了老画家林军。林军是汪子美共患难的老朋友，身体不好，就托郑显荣去看看他。郑显荣说："他住的是一间小屋子，1985年春，我一推门，白炽灯红闪红闪的。我说：'林军老师托我来看望你。'老爷子一听说林军，就高兴了。屋子里面一塌糊涂，满地堆着涪陵产的'百花露'空酒瓶，一地烟屁股，到处都是烟灰。"

"百花露"是一种棕色的祛风除湿药酒，成了老爷子的饮料。"有时晚上不想上厕所，他也把尿撒在空酒瓶里。我就帮他搞卫生，每次差不多从10点搞到12点，两小时。10来平方米的屋子，垃圾要装一大箩筐。学校安排了人给他做卫生，他不要人家动他的东西，怕打乱他的生活，就不放人家进门。"

老爷子这种让酒瓶"物尽其用"的习惯，使我联想到魏晋"竹林七贤"之一嵇康致另一个"竹林七贤"山涛《与山巨源绝交书》中自述的"头面常一月十五日不洗，不大闷痒，不能沐也。每常小便而忍不起，令胞中略转（膀胱快憋不住了）乃起耳"，实乃名士风流大不拘。

他也跟美国诗人、作家布考斯基（被誉为"美国当代最伟大的写实主义作家""美国最优秀的诗人"）短篇小说集《苦水音乐》里面的《大诗人》同款：

> 我去见他，他是个大诗人。他是杰弗斯（美国诗人）之后最伟大的叙事诗人，还不到七十岁，举世闻名……"听着，"他说，"我好几个小时前就想要小便。给我一个空瓶子。"那里有不少空瓶子，我拿了一个给他。

郑显荣每月去看汪子美一次，就搞一次卫生。"每次打扫完卫生，12点左右，肚子饿了，又没饭吃，也没水喝，他自己喝'百花露'，也不叫我喝，和我一吹就吹到下午4点。他喜欢跟我聊上海滩的事情，他跟蓝苹（江青艺名）很好，她的电影，还请他去看。他说这个女的当时不坏，坏是后来的事；说到阮玲玉，他拍案而起，'含血喷天'，站起来在屋里走来走去，说是别人坏了她。"

老爷子和阮玲玉很好，曾说抗战前一个著名女演员追他到重庆，但他不同意。"我们分析，这个女演员可能不是胡蝶就是阮玲玉。他有领带120条，说都是进口的，要送我几条，我没要，我哪是打领带的人！"

当时汪子美已患有白内障。"看书时，只隔一个拳头近，看人模糊。他不做饭，饿了，就上街去吃碗抄手，跟自己兄弟姐妹也不往来。重庆博物馆的一个朋友在旧杂志上找到他的两张漫画，照成照片，我带给他看，他一眼就认出，很激动，问是从哪里来的。他自己的作品，一张也没有了。他落难的时候，家里有个保姆，觉得就是这些东西把先生害了，就把他1947年在成都画的一箱山水画，一把火烧了。那是他爱人保证他每天二两猪肝，他一口气画出来的，是他那10年的巅峰之作。"

1986年，在亲友的劝说下，汪子美去做了白内障手术，可以看很远了，才第一次看见帮自己打扫房间的忘年交郑显荣小弟是什么样子；而汪子美老去后的形象，酷似另一位历经沧桑而风神依然的老先生——"西部歌王"王洛宾。郑显荣说："我还把他接到我家里住了几天，给他相亲。是一个女公务员，我们都觉得不错，但他嫌人家文化低了。我最后悔的是，没有早一点叫他去做白内障手术，不然，他可以画好多画了。老爷子两次落难，对我谈起的时候，没一点怨言。对毛泽东、共产党，有感情。他淡泊名利的包容之心，对我一生影响很大。"

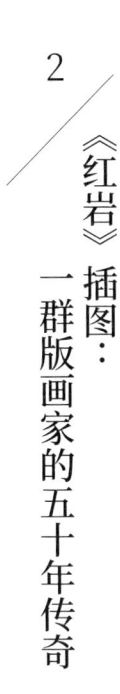

2 《红岩》插图：一群版画家的五十年传奇

口述人 李焕民
版画家

口述人 宋广训
版画家

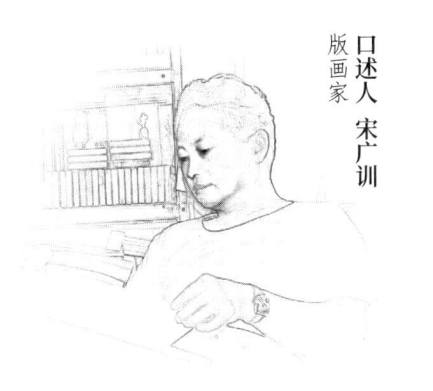

五十年

2011年5月,重庆国画家吴融大姐在给我的来信中,提供了五十年来长篇小说《红岩》版画插图第一次完整结集出版的信息。其信字里行间对父辈们及其作品的殷殷之情,拳拳之心,使我对重庆儿女几乎是与生俱来的"红岩情结"有了最新的认识。其父吴凡,著名版画家,在重庆生活了六十多年,后居成都,既是创作一代名画——水印木刻《蒲公英》(获1959年莱比锡国际书籍艺术展览会版画比赛金奖)的名家,也是《红岩》版画插图《江姐就义前》的作者。

《江姐就义前》(吴凡作)

长篇小说《红岩》一直是重庆的名片。据《红岩》封面设计者、著名版画家宋广训回忆证实,"红岩"这个书名,还是担任过"左联"秘书长、中共重庆市委书记的任白戈亲自取的。宋广训说:"我平常写字喜欢临习魏碑,魏碑端庄浑厚,和《红岩》这部书的风格协调。封面上'红岩'两个标题字,就是我从魏碑中集的。"

后来五十年的历史证明,"红岩"这两个魏碑一样沉甸甸的字,是一个响当当的漂亮名字,有些时候,它甚至成了重庆的代名词。

给《红岩》作版画插图的8位画家,都属

《红岩版画——〈红岩〉原著版画插图五十年》封面

于中国当代美术史上一个赫赫有名的画派——四川版画。这个画派的血统最早可溯至以鲁迅先生为总推手的"中国新兴版画"运动。

三封信

马拉，你好！

非常高兴看见你在晨报开的"城与人"专栏。有一个活动信息告诉你：今年是《红岩》小说出版50周年。5月14日在重庆渣滓洞要搞一个《红岩版画——〈红岩〉原著版画插图五十年》一书的首发仪式，届时版画作者要从成都来重庆参加，因为50年前他们就是在嘉陵江边创作的这套插图。如今，8个作者走了3个，其余几位也老了，我父亲是作者之一，他生病也来不了。这本书的内容丰富，有全部的插图，烈士的历史照片，插图作者的回忆文章、老照片等。书是重庆红岩革命历史博物馆和四川美协联合编的，马识途写的序，编委会主任是厉华，李少言的女儿李咏玫是责任编辑之一，我是特约编辑之一。现在我手里有一本样书，我想给你看看，不知你有没有兴趣？

作者来重庆的有李焕民、徐匡、宋广训，他们会签名售书。李少言等走了的作者，他们的家属会来。曾经创作插图的化龙桥那个院子现在已经不存在了，那里修了大桥……

希望你有兴趣，和我联系！

吴融
2011年5月6日

融姐好：

谢谢你提供这么好的线索，到时我一定去配合你。

我有点激动，因为我的藏书中有一本1961年中青社《红岩》初版精装本，和《红岩》精装日记本，上面都有老爷子们精彩的插图，我经常翻看：你父亲画的江姐最后梳头那张，非常传神，后来我再也没看到过这么神气的江姐；宋广训画的那张小萝卜头放飞蝴蝶的复印件，我装进一个小画框，一直挂在我的书房里。到时一定要请老爷爷们在我的初版《红岩》的插图上签名留念哟！

　　我的专栏要写他们的故事。他们当年，围绕着一本书，实际上已建立起了一个神秘的插图共和国，遗憾的是，如此高超的插图传统，后来中断了，中国的书，再也没有优雅的插图了。

　　那个已被开发抹掉的画家村的故事，我肯定也要去写一篇，听说搬出来的林军老爷爷，现在仍坚持在家里开他的小型画展，这个事情结束了，请融姐一定带我去看看他。

　　下周一我再给你联系。

　　祝好

马拉
2011 年 5 月 7 日

《红岩》插图画家李少言（中）、吴凡（右）、李焕民（左）在画室

马拉，你好！

　　谢谢马拉为红岩感动！

　　但不是配合我哈，应该是我们为历史做一点应该做的事情。

全面介绍这组插图，以前没有过，以后更难了，因为当事人走的走，老的老，病的病。这次做这个事情才搞清楚这套插图的准确幅数，因为从1961年开始创作，陆续到1977年。1977年后，小说增加了周总理的内容，我父亲又创作了一幅插图……每次再版用的插图都有不同，这次才是全部与读者见面。这个背后的很多情况在《红岩版画》这本书里讲到了，都是不为人知的故事。这本小说再版了近百次，但8个插图作者没有拿过一分钱稿费，这次他们还要将原作捐赠给红岩革命历史博物馆。

你保存的第一版太珍贵了，我们编书时一直想看，但没有地方找，完全找不到！届时一定请作者给你签名，真正的知音啊！记着还要照相哈！

你说的采访计划，我一定全面协助你。因为这也是我愿意做的事情（我已经退休，自由了）。我现在将《红岩版画》这本书送到较场口你们报社收发室，周一你上班就能看到，目前全重庆就此一本，14日后重庆就有卖了。

让我们共同努力！

吴融
2011年5月7日

两位爷

现居成都的李焕民、宋广训老哥俩都是北京爷们，电话那头中气十足，仍听得出他们当初创作《红岩》版画插图时激情的回响。

宋广训说："我跟焕民既是校友同学，又是同事，同时入党，同时结婚，现在都是80岁了，都成了'80后'了，哈哈哈！我们老哥俩是中央美院的校友，1951年一块从北京来重庆，在《新华日报》办的《大众画报》工作。我当时来重庆，还是焕民点名相邀的。解放前夕，我们都是进步学生，大家知根知底。我们了解旧社会，解放前的白色恐怖，我们都经历过，所以搞起《红岩》插图，我们既有激情，又有体会。"

2005年，四川美协画家（其中有部分《红岩》插图画家）在化龙桥画家村合影留念。他们身后即《红岩》插图创作地原址——重庆化龙桥南华村48号重庆美协办公楼
第一排（左起）：宋广训、吴强年、黄德珍、安琳、吴凡、傅文淑、阿鸽、牛文、李焕民、徐匡、林军。第二排为画家家属及美协工作人员

除了封面设计，那张小萝卜头放飞蝴蝶的《飞吧，你飞呀》，也出自宋爷之手。他说："在学校画过小人书，当时我的儿子也出生了，我对孩子有体验。就把小萝卜头画成大眼睛、大脑袋，营养不良但眼睛很有神的样子。后来拍《烈火中永生》的水华导演，来采访了我们画插图的每个人。他们选演员，都参考了我们的插图。"

封面设计的灵感，来自重庆的山水。他说："当时我们住在化龙桥江边，早上推窗一看，太阳已把河对岸的山岩照红了，我们背后的山叫虎头岩。我是北方人，如果没有在重庆的生活体验，画不出来。"

1948年7月，中央美院前身国立艺专开除了包括李焕民在内的8个进步学生，其中4个被捕，在监狱里面受了很多苦。李焕民说："我没有被捕，地下党通知我，要我回家，这就是说我上了黑名单，要我到解放区去的意思。我扮成一个修理自行车的工人，揣着地下党办的一张假身份证，还有发给我的两块银元。地下党的人把我一站一站往下送，最后送到沧州，就是当年林冲发配的那个沧州，是

刻画小萝卜头的《飞吧，你飞呀》（宋广训作）

已经解放了的县。当时，我18岁。身后是白色恐怖，前面一片光明。我们逃到解放区的人，都高兴地唱呀跳呀，打心眼里高兴，但很多烈士却没有等到这一天，这太令人惋惜了。"

这些经历，对李焕民画《许云峰在地牢》的插图，大有帮助。李焕民说："我看了关'许云峰'的那个地洞，不深，也没拐弯，没有铁门，但我把画里的场景处理成坚固、幽深。只有这样，才能感到烈士的坚强和毅力。许云峰人很瘦，但眼睛却像利剑，我画的是他一个转身对特务说'给我带路！'的瞬间。后来《烈火中永生》的电影美工师，仔细问过我是怎样设计这个场景的。"

《红岩》版画插图8位画家，是一个亲如兄弟的团队。李少言和牛文，都是老革命，是《红岩》版画的带头大哥。回首当年重庆画家村的兄弟们，李焕民如数家珍："少言比我大12岁，牛文比我大8岁，吴凡比我大7岁，宋广训跟我同年，正威比我小2岁，吴强年比我小7岁，徐匡比我小8岁。我们来自五湖四海，是一个画风一致的团体。"

《许云峰在地牢》（李焕民作）

（宋广训先生已于2013年病逝于成都，享年83岁；

吴凡先生已于2015年12月6日9时20分病逝于成都，享年92岁；

李焕民先生已于2016年4月3日19时20分病逝于成都，享年86岁）

3 / 《金子》编剧隆学义（上）
茶友说：『假感情要钱，真感情要命』

口述人 隆学义
川剧剧作家

辞章华美、名动江湖的川剧《金子》的编剧隆学义先生，有一箩筐豪华头衔：国家一级编剧、重庆市川剧院文学总监、重庆剧协副主席、重庆首届学术技术带头人、享受国务院特殊津贴专家、中国戏剧文学奖金奖、中国曹禺戏剧奖剧本奖、中国戏剧家学会奖获得者。2015年，71岁的隆学义对我说："我从娘胎里就开始坐茶馆，坐了71年"。由此，我发现了老隆另一个隐秘头衔：老茶客。从小家里就是开茶馆的，所以他的戏剧人生，也相当于茶馆人生。

泡茶馆

隆学义的父亲隆海合11岁那年，从川北岳池县平滩场隆家湾流落到重庆，形同叫花子。父母早逝后，虽然民间说'金广安，银岳池'，意思是广安出包谷，岳池出大米，但也养不活这个小男孩。到重庆后，他最先在朝天门担水卖钱；在机房街学纺织，当学徒；后来在上清寺嗨大爷，开茶馆、烟馆。

隆学义说："我父亲为人善良，外号龙善人，是个闲大爷。有个叫花子得了伤寒病，他把他引来家里住起医。叫花子要医好了，流泡尿，打湿了床铺。我哥哥不晓得，睡了叫花子睡过的床，也染了伤寒。叫花子刚医好了，我们又医哥哥。医好哥哥，家里在牛角沱交通巷（现牛角沱立交桥下）买了临街的房子，穿过马路就到河边。我经常跟妈妈到河边去洗衣服，听到跑船的喊号子，很好听。"

家里开的第一间茶馆，是1930年代美专校街的海山居，较小；1940年，在上清寺现在的口腔医院那里，家里又开了一间精忠茶楼。"下面一层吃茶，中间一层听曲艺。重庆曲艺团一些名老艺人，都在我家茶楼坐过馆：唐心林唱金钱板，他也是重庆车灯的发明人；邓碧霞唱清音，她也是我现在的太太马光华的恩师。"

没电扇，就整一个"土电扇"。"屋梁上悬挂一个大木框，框中绷着一块白布，框上垂下一根拉绳，手拉绳动，带动布框来回晃动，场中就有了一点风。母亲怀起我，父亲已在精忠茶楼开业，我就成了'胎教茶客'；生下来后，茶馆的布风扇又成了我的手动玩具，各路艺人的精彩表演，清音、扬琴、竹琴、花鼓、评书，都是我的'耳边风'。"

精忠茶楼有十多张桌子，算是大茶馆了。"木楼梯踏板边沿，嵌着亮花花的防滑鱼形铜条，茶种有沱茶、香片。"

有时也遇到踢馆的天棒。"战争时期，有些伤兵来茶馆，我父亲用水瓢舀茶给他们喝。本是想让他多喝点，为他好，结果伤兵以为是侮辱他，把茶馆的桌子、板凳都掀了，惹不起，凶得很。1949年后，茶馆的铜元、银元存了几箩筐，有一些哑板（劣币），吹不响。不管响不响，都是鲜公公铸的钱。"

那'鲜公公'，即上清寺"大地主"鲜英，特园主人，民盟巨头。1921年任川军总司令部行营参谋长兼重庆铜元局局长，先铸铜元，后铸枪弹。也是老隆前妻鲜述文（小名海伦）的祖父。

"我父亲开茶馆，租的鲜公公的房子，当时哪个晓得他就是海伦的祖父！我父亲曾跟鲜公公夫人金竹生（海伦的婆婆）发生矛盾，鲜家还把我父亲逮去关了几天。后来，我和海伦谈恋爱，金婆婆说：'你是隆海合的娃儿？'所以我和海伦的婚事，鲜家倒没说啥子，但一开始还遭到我们家反对，说鲜家把我们爸爸关过的。"

这则大水冲了龙王庙的段子，至今也是鲜、隆两大家族的笑谈。1960年，父亲70岁逝世那年，隆学义考入了川大中文系。"父亲在茶馆里见到熟茶客就说：'我们隆家终于出了个大学生！'他很高兴，觉得儿子从此可以跳出老茶馆了。他想不到，儿子川大毕业后，回到重庆，又一头扎进了老茶馆。"

写茶馆

1978年，隆学义从成都市川剧院调回重庆市川剧院任编剧，临江门公路桥洞石梯下面河街的丁字口茶馆，就成了他的窝子。茶馆因位于一个形如"丁"字的三岔路口而得名，面积约五六十平方米，大门开在街上，吊脚那面推窗就是嘉陵江。

1960年代，老茶馆不准开。"很多茶馆就变形、萎缩，成了街道上的小锅炉'老虎灶'，划归饮食服务公司。解放前的老虎灶，还摆个摊摊，供人早上洗脸。但这时只能打开水了，两分钱一瓶。虽然茶馆没有了，但一些老茶客还是在打开水时，站在老虎灶边边端起茶盅，喝茶聊天。"

丁字口茶馆就是老虎灶兼茶馆，属于那种人少时，茶客喝通了，可以在下水洞解个小手的硬核老茶馆。"一个男服务员一脸络腮胡，像基督山伯爵，他对我特别好，专门给我留了一个位子，有哪个茶客要是坐了我的位子，他马上就会走上去，毫不客气地说：起来！这是川剧院隆老师坐的。别个要写剧本！"

在这里，隆老师碰到三教九流各种稀奇人物。"有一个老头经常趴在桌子上，专唱哭丧歌，就是'哎呀我的妈哟'那种。他是收荒卖纸箱子的，生前街坊就盛传他有一大笔钱，果不其然，他死后，儿子好不容易才从家里夹壁掏出他藏的两千块钱，在当时，堪称巨款；还有一个茶客患有轻度小儿麻痹症，腿脚不便，以擦皮鞋为业，在旅游还没有成为一个行业的时候，就忾（软弱无力）起个脚脚，走遍了海南岛。"

隆学义《河街茶馆》（2011）剧照

有时还有骗子来"串场"，也很生动。"有个男的说他爸爸在涪陵病了，拿一匹布到茶馆来换点医药费，我出了5块钱，结果他拿了钱，也拿起那匹布，笑嘻嘻就跑了；还有一个唐酒罐，一颗胡豆，二两白干，可以坐整一天，屁事不做，但他老婆心甘情愿每天靠卖炸油条、糍粑块来养他。"

> 莫看河街茶馆小，你想吃啥茶我就卖啥茶。有重庆沱茶、云南普洱茶、西湖龙井茶、安徽猴魁茶、都匀毛尖茶、成都茉莉花茶、福建白毫银针茶、安溪铁观音茶、台湾冰冻乌龙茶。还有幺姨妈的玻璃茶，啥叫玻璃茶？就是白开水（一一指点）。巴一砣要吃滇红茶，才有气力把火罐拔。温猪子要吃普洱茶，

减肥好把肥猪杀。水烟客肝经火旺,要吃茉莉花茶。挖耳匠一天到晚到处走,吃过路茶。灯草客吃不起白茶就白吃茶。打更匠最造孽,熬更守夜,免不得要吃隔夜茶!搞抗战,年年难过年年过,四海为家处处家。我这河街茶馆炸漏了,自有天来补疤疤。

这是隆学义的方言话剧《河街茶馆》开场不久,女老板"幺姨妈"一段自报家门的说白,该剧2011年10月18日在重庆文化宫首演。此剧献辞是"谨以此剧献给故乡、亲朋及茶友"。以重庆大轰炸为背景的《河街茶馆》,被誉为"重庆的民俗百科全书",有名有姓的人物就有23个:开茶馆的幺姨妈、唱曲艺的门门门、拔火罐的巴一砣、巴一砣的女儿白矗头、喊号子的纤夫水哥、落魄文人酸酸客、码头大爷史大爷、搞稽查的黄腊丁……

这些三教九流的江湖人物,都是老隆从丁字口茶馆碰到的茶客身上推想出的。"我想象他们的父辈在战争年代中的样子。我是平民立场写戏,这些人受苦受压,身上有劣根,但一个国家的精英,是这些人支撑起的,是他们用自己的人生为大家垫了底。"

赞茶友

丁字口茶馆拆了之后,隆学义又在金汤街川剧院附近约20平方米的静韵茶馆找到了窝子。"老茶馆现在都变成了商务茶楼,只有磁器口、石桥铺、统景老街、通远门城门上,还有一点老茶馆和坝坝茶馆。石桥铺修立交桥,老茶馆也遭拆了;体育馆的其香居也不香了,最近我去了一回,迁到里面足球场去了。静韵茶馆原为一对母女所有,原来周二、五,我们去了才开门,后来转让给一位卖菜的。现在我们不去的时候,里面有人打牌,我们去,就喝茶。"

老隆最爱用"我们里头的人"称静韵茶馆这帮老茶友。"我们里头的人,对社会有独到的观察,堪称社会疑难杂症研究所,他们在社会底层挣扎,对社情民意了如指掌。"

有时,老隆得了一笔稿费500元,就拿出200元,大家在茶馆撮一顿。"馆主兼卖菜肉,我们里头有厨师,锅蒸烧白,不要笼笼,水焖,好吃惨了;还有把肉片、萝卜煮在一起的连锅汤，不摆了！"

有一位茶友朗诵的屠格涅夫散文诗《门槛》，把他弄哭了。"一个俄罗斯姑娘跨进一个门槛时，有声音问她：'你追求理想，跨进这个门槛，饥饿、寒冷、死亡、亲人反对、你自己后悔，可能死无葬身之地，世界不晓得你的名字，也不纪念你，你一文不名。'但这个姑娘还是说：'我愿意。'"后来我写京剧《江姐》时，就把这一段话搬了进去，彭咏梧问江姐：'你想跨进这个门槛来做什么……'"

隆学义和茶友们（李秋燕摄）

他们里头的人，还有哲人。"底层百姓惯于反向思维。比如我们里头有个从前开小面馆挑水面的哥子就说，大自然，不管你啷个保护它或不保护它，它都要自我调理，自我修正，各种灾害，就是地球在自我调整。"

老隆《金子》里面有两句横扫全国的台词金句，就来自茶友。"'起来早了，得罪老公；起来晚了，得罪公婆。'这是民间原来就有的；'假感情要钱，真感情要命。'这句话来自我们里头的舒远弟。他是标件厂的工程师，京剧和川剧票友，唱关公、打鼓操琴、制图开模、画画书法，样样行，大合唱也指挥。他死后，我的朋友就垮了半边。就像武生厉慧良死了，中国京剧垮了半边。我们这批人都走了，我们这样的老茶馆就关门了。"

这正是：二三茶友江湖老，河街茶馆藏金子。

4 《金子》编剧隆学义（下）
我的三人行：『海伦圣洁，光华纯正』

口述人 隆学义
川剧剧作家

2015年2月23日，农历正月初五，我在外地过年，接到隆学义先生手机发来的一条短信，打开一看，却是他当天早上6点与世长辞的消息，短信是其独子隆准用父亲的手机发的。

我跟隆氏父子都是老朋友：记得多年前，有一次好像是从市考古所神仙洞小楼采访出来，沿着枇杷山老街一路下行回较场口报社，同行的商报文化记者隆准刚刚认识，他笑眯眯地说"我们老汉晓得你，喜欢你的文章"。这样我就和同样笑眯眯的老隆，也成了朋友。

接到老隆手机的短信后，马上又接到隆准手机发来的同款短信，没说其父最后的年龄。我记得老隆是1941年生的，刚进入74岁，跟8年前我父亲走时差不多大，都走早了一点。

随即，我给隆氏父子的两部手机发回了我的悼辞："隆爷一代大才子，锦心绣口，温润如玉；辞章华美，名动江湖。悲金惜凤，归天为安。他跟海伦和马孃孃（阿姨）的双世情缘，告一段落，终成传奇。功德圆满，老隆安息。"

连锅汤

2013年9月，我的"城与人"专栏写了隆学义和他的茶馆人生故事后，老隆多次约我去金汤街川剧院附近的静韵茶馆，吃一台他们那帮老哥的连锅汤。有一天，我妻子开车，我们就去了。刚开拢，老隆就笑眯眯地出现在车左边一条斜坡上，引导我们稳当地把车停在路边一个空隙。老隆穿一件西服便装，满头银发，很神气，有点像1950年代来过中国的巴西大作家若热·亚马多的样子。那是我们见的最后一面，也是我第一次见到他跟我说过的那帮传说般的老茶友。

连锅汤是川渝民间一种吃法，肉和菜煮成一锅，连锅连汤端上桌，捞起来，蘸着油辣碟子吃。静韵茶馆现在是一个小菜店，老隆他们这天去了，就马上变成了小饭馆和小茶馆。

那天是老隆做东，他说，以他做东的次数多。说是连锅汤，其实还有满满一桌家常菜。主厨是菜店店家，我们围桌而坐，周围是店家水灵灵的蔬菜、小狗和女儿。七八个老哥都是老隆的老茶友，三教九流，市井奇人，也即老隆常说的"我们里头的人"。他介绍我跟老哥们一一握手：有从前开小面馆挑水面的哥子，有会朗诵诗歌和《独立宣言》的话剧团演员，有医疗费用可以全部报销的离休干部，但生了病偏不医，说自己衰朽了，免得浪费纳税人的钱。

我还记得老隆说："我们里头的人，已经走了几个了。我今年71岁，夫人65岁，我们这批人走了后，这样的茶馆就关门了。"

市井人生，烟火阑珊，老隆话音刚落，想不到这次是他走了。吃了老隆的连锅汤，见了老隆日渐凋零的老茶友，你才能感到，是他们成就了老隆。

丁字口

老隆的剧作诗文集《文心雕虫》，可能是他一生最完整的作品集，其中最后一辑是他1986年在重庆出版社出版的《川剧名戏欣赏》选文。他在最后批注了一句"此书写于临江门丁字口茶馆（今已消失，特此纪念）"，这句话也相当于其《文心雕虫》最后一行。

老隆在这个茶馆里的地位，相当于写过《茶馆》的老舍先生在北京老茶馆的地位。老舍常年坐的座位，没人敢占；如果有人不小心占了，就有人出来说，这是老舍先生的位子；在丁字口茶馆，老隆的"宝座"也没人敢坐。

隆学义先生曾对我说："我从娘胎里就开始坐茶馆，坐了71年。"开茶馆是老隆家里的传统生意，老隆想不到，隆家1940年在上清寺开的一间精忠茶楼，多年后，跟他先后两位夫人都大有渊源。

当年，隆家在上清寺开茶馆租的房子，房东鲜英有一个孙女鲜述文，后来成了老隆的第一任夫人；重庆曲艺团一些名老艺人，当年在隆家茶楼坐馆献艺，其中唱四川清音的名角邓碧霞，有一个弟子马光华，后来成了老隆第二任夫人。他先后跟两位夫人的姻缘，构成了一个丁字口的三人行。

三人行

老隆《金子》,是一个女人和两个男人之间两个小时的情节戏;老隆一生,是一个男人和两个女人之间50年的情感戏。他先后两位夫人我都见过,前妻鲜述文的家世故事,我的专栏也写过。

鲜述文当初和老隆的爱情,也有金子的疯劲。她高66级在上清寺六中毕业,隆学义川大毕业后分到成都市川剧院当编剧。21岁的她为了和老隆结婚,硬是把户口从家里偷出来去了成都。之后,老爸鲜继坚(鲜英五子)的右派问题差点让鲜述文读不成

1970年代隆学义(后排左1)和前妻鲜述文(后排左2)及儿子隆准(前排右1)与亲友合影

大学,隆学义一气之下,提笔给四川省教委申诉,她才读成了书。老隆后来又提起那杆当年为海伦鸣锣开道之笔,写出辞章华美、名动江湖的川剧《金子》之时,一对璧人已劳燕分飞。

第一次到老隆第二个家探访时,他轻轻推开夫人马光华的房门为我介绍。她好像有点感冒,侧躺在长沙发上休息,对我们笑笑。马光华是重庆曲艺界老资格的清音艺人,市级非物质文化遗产传承人,1960年代参加过中国青年艺术团赴越南的演出,在网上还能找到她唱的老版《秋江》。

不久,光华出来,听我们瞎侃。她坐在老隆身边,很安静,但一插话,就很活跃,又有见识。当老隆说起一个老茶友像李太白,像关公,她说:"像项堃。"

2013年,隆学义、马光华夫妇在家中

一个大帅哥的样子一下子就出来了;当老隆说有个方脑壳茶友忽发奇想,要把亚洲太平洋国家的各种货币统一成亚元,和欧元对抗。她插话说:"这些主意,要是让商家和大银行家听到了,不得了。"

老隆说:"我写《金子》,不是领导的任务,也不是剧团的任务。"夫人说:"是我给他建议,《原野》很适合改成川剧,他

川剧《金子》（1997）剧照

就去找海伦找《原野》的剧本。"

《金子》创作期间，她是后勤。"音乐找的成都舞剧院的李冰，演焦母的陈雪是南充曲剧团的，住我家，我给他们做了三个月的饭。"

和隆家打儿女亲家的张家的大姐、知名作家张娓说："小妹嫁入隆家十余年，逢年过节两家人都在一起欢聚。隆伯伯妙语连珠谈人生、说文化的情景历历在目。他鼓励唯一的儿子儿媳做丁克，但又对生活本身充满热爱和慈悲，熟悉家附近的每一家茶馆、豆花馆、小面馆，对出入这里的人深切关怀。"

老隆病中给家人最后的叮嘱是："妻贤子孝，人生无憾，请勿过度治疗。"张娓很感慨："他说的这个妻，既包括前妻、一生的灵魂伴侣鲜阿姨，也包括现任妻子——晚年生活伴侣马阿姨。他一直叫鲜阿姨'海伦'，她童年的英文名字。五十多年来，他在任何地方看到好茶好酒都会给她捎点。几十年才子佳人的情缘未能终老，令世人唏嘘，但他们一直是最好的朋友，精神上从未分开。离异多年，鲜阿姨仍然是他作品的第一读者，他龙飞凤舞的手稿只有鲜阿姨认识，并帮他一字一字输入电脑。"

老隆和前妻海伦离异之后，岁月流转，沧海桑田，他又飞回去和海伦成了好朋友。两个女人都知道对方的存在，三人非常和谐，共同成全老隆把曹禺的《原野》改编成了《金子》。

那天晚上，和老隆聊到9点半，他执意拉我去吃附近一家牛肉面。他说："无论是筋还是肉，都好吃。它这个面，有解放前的味道。"老隆穿一双白软皮鞋，出门时用鞋楦提鞋，动作老派。在这位老川大和梨园大才子心中，烟火气和市井味的曲艺，是他第一职业；寻常巷陌，浑黄茶水，才是最后家园。

我们走出面馆，老隆红衣白裤，满头银发，在街灯下很帅。我抹了抹嘴，抹去了"解放前的味道"，以小弟之心，度大哥之腹，问这位为一个地方剧种留下一部名剧的大家，对命中成就他的两个女人，有何评价。老隆也抹了抹嘴，不知抹没抹去"解放前的味道"，略一沉吟，吐出八字真经："海伦圣洁，光华纯正。"

这正是：市井烟火袅袅处，老隆海伦光华行。

5 / 漫画大家王君异（上）
红：他在李大钊手下入党

口述人 游江
王君异外孙、漫画家

职业漫画家游江在其古镇磁器口画廊，天天守着两个老头：一个是《红岩》的华子良，一个是他的外祖父王君异。华子良铜像站在画廊对面高石坎（石梯）上，左肩已被路人摸得闪闪发亮。现在磁器口游人如织，他若再次逃跑，更是如鱼得水；游江外公——京派国画、漫画大家、中国近代美术教育先驱王君异，待在画廊茶室进门右边的家族纪念墙上，从1920年代的黑白照片上，望着逃无可逃的、同为画家的这个外孙。

外祖父比华子良大13岁，1926年在北平中共创始人李大钊手下入党，比后来同样在北平入党的华子良早7年。两人虽无交集，但外祖父还算是党内前辈。我们将分三篇打望王君异先生红（革命）黑（笔墨）蓝（爱情）交织的传奇人生。这篇先说红，即他的革命生涯。

闹红

1915年，20岁升入重庆川东师范学习之前，王君异还是四川达州宣汉桃花乡的乡村少年。桃花开时一片红，在这里的人文地理上，属于川东最早闹红的红窝。所以他的文化谱系有两大来源：父系这边耕读传家的书香传统，祖父王子敬是清代秀才，父亲王宜三是清末童生，还读过川东最高学府川东师范的速成班；母系那边两个舅舅冉海舫、冉雨生，妹夫娄元亮与

王维舟1923年修建的四川达州宣汉清溪宏文学校工字楼

王君异后人及爱徒在现为王维舟纪念馆的工字楼前留影。左起：宣汉清溪宏文学校校长张小华、向本安、王君异爱徒向本林及夫人李自力、王君异幺女王能解、王君异二女王能静及丈夫游国民、儿子游江

其亲侄李家俊、表叔王维舟，一箩筐都是职业革命家，构成了他的红色源头。

带头大哥王维舟后来成了党史和军史上的大人物，其老家清溪场隔桃花乡不过一匹山。他青年时代到成都读警校，投身于辛亥革命的导火索——四川保路运动。游江说："王维舟1920年5月在上海就入了朝鲜共产党，1921年中共成立后才转入中共。所以，有一种说法，他是'入党比建党还早的革命家'。他曾经赴苏联学习，见过列宁，这在党内很少。后来又参加长征，当过红四方面军第33军军长，解放后当过西南军政委员会副主席。"

在宣汉党史上，当地红潮，是由王维舟掀起的。1923年，王维舟因母病回乡，修建工字楼，兴办宏文学校并任校长。现在犹存的工字楼是一幢非常漂亮的西式建筑，其工字造型不知是不是受了王维舟在苏联领受的"劳工神圣"理念。"他聘请了我外公的两个舅舅冉海舫、冉雨生和当地的宋更新老师教书，几个兄弟伙组建了当地第一个共产主义小组。"

在此之前，王君异从小在父亲出任校长的学校，经川东师范毕业的宋更新老师的启蒙，满脑子卢梭、孟德斯鸠的民主学说和孟子"民为贵，君为轻"的思想，一心想推翻皇帝。"1910年，辛亥革命前夜，宋更新组织我外公等师生在关帝庙召开群众大会，口号是'鼓舞兆民之英气，痛除奸宄之官吏，速组民众之武装，力遏列强之压迫'。"毕业于川东师范的宋老师虽名"更新"，但所拟革命口号却如此古色古香，没有后来红四军在川东北乡下到处张贴、石刻的"赤化全川"等革命标语那样直接醒目。

第二年（1911），辛亥革命当年，王维舟民间起兵，举旗造反，推翻了清王朝在东乡的统治。1915年，王君异20岁，考入宋老师的母校川东师范，学制5年。

愤青

进校不到一年，1916年初，袁世凯称帝，川东师范这样的愤青大本营表示不服。袁系北洋军阀、段祺瑞妻弟吴光新来弹压，川东师范被迫停课。兵荒马乱，王君异也不想上学，一路走回老家，那里有大场面在等着他。

游江说："我外公刚走到达县，碰到王维舟又拉起一支队伍，叫讨袁护国军川东第三支队，他是老大，下面全是亲戚和熟人：外公的小学校长王佐卿是参谋长，大舅冉海舫任参谋秘书。我外公就跟他们混了，当了一个书记（文书），跟着王维舟从达县出发，战开江，打临江寺，打开县，很打了一些仗。"

这年6月6日，袁世凯"驾崩"，吴光新也被王维舟他们的部队打败。讨袁大戏落幕，王君异这才想起自己还在读书，当天下午就出发赶回川东师范"复课闹革命"。"这时我外公21岁，满脑子民主革命思想，又打了几个仗，哪里读得进去书嘛，从此在学校里就只对政治斗争感兴趣了。"

1919年，北京五四运动爆发，全国愤青总动员，川东师范又是重庆愤青的带头大哥。"我外公参加川东学生救国团，号召城内联中、女二师、广益、求精等11所学校联合罢课。上千个学生娃儿在打枪坝游行示威，通电全国，声援北京的学生娃儿。"

从"五四"开始，青年们就抵制日货。据1998年6月第12集《宣汉党史资料》披露：王君异他们把日本三井洋行、联华轮船公司查封，把有名的五金洋货铺"马裕隆"等大小商店的日货烧毁殆尽，并捆着若干奸商游街示众。

重庆警察厅长郑贤书曾以警察厅的名义，公开拍卖其挪用4000多元公款低价购买的80多箱日货，学生们早已不满，也与之斗争过；这次他前来干涉，大家一怒之下，把他坐的拱杆轿子都毁了。

但川东师范并非全部学生都激进，校方和学生里面的书呆子，就自然形成保守派。两派先是打嘴仗，最后发生武斗。"我外公站在声援北京派这边，在一个深夜，该派狠狠打击了反对派。校方站在反对派一边，就以'性质粗暴、打伤学生'的罪名，开除了我外公等人的学籍。"

王君异在重庆走投无路，幸好又遇到他的贵人。"恰巧王维舟到重庆，马上给我外公巨大的鼓励和帮助。'此处不留爷，自有留爷处。'王维舟劝他到上海去升学，陪我外公顺江东下，一直走到开县，找了一百大洋给他，又送他到夔门登船去上海。"

一出夔门天地宽。1919年同年出夔门的，还有陈仲弘（陈毅）、聂荣臻；第二年出夔门的，则有邓希贤（邓小平）。"外公一路去上海，考入美专。他的二弟王君奇在北京大学读书，寄来路费，叫他去北平。这年中秋，他坐海船，经过天津到北京，考入国立北京美术专门学校，就是国立北京艺术学院前身。"

入党

到了北平，王君异这个县市级愤青在艺术和革命上，都遭遇了更高级别的场面和人物。在美术专业上，他师从国画大师齐白石、陈师曾、王梦白、姚茫父，画艺大增。同时，他饱读学校公开订阅的《晨钟》《新青年》《每周评论》等新潮报刊。这些报刊由北大教授李大钊、陈独秀创办并主笔。几年前，李大钊就在《晨钟》创刊号上发表《"晨钟"之使命》，副标题是"青春中华之创造"，对王君异这种愤青加艺青有致命的吸引力。

他不晓得来自湖南长沙的美专学弟方伯务和重庆江津的谭祖尧，早已是李大钊的人。后来，正是他们把他这个学长带入了北京大学李大钊那个"反帝反封建"的圈子和共产主义集会及游行。美专校长郑锦裳是一个安静的花鸟画家，对这帮闹腾的新派师生看不惯。"1923年夏天，我外公从美专毕业，卖画为生。1924年上学期开学，校方解聘了外公他们的老师陈师曾，还在校没毕业的方伯务、谭祖尧也看不惯，就闹学潮抗议，被校方挂牌开除学籍。"

王君异也看不惯，就以北平同学会的名义在报纸上刊登启事，声援两个学弟，"这一扳手（动作），就把学潮整大了。学生把校长室都占了，请新闻记者发布新闻，声讨校方。最后，惊动了教育总长马叙伦。他是个大书法家，大笔一挥，勒令学校停办一期，好像还撤换了校长。"

一年后，1925年10月，中共创始人李大钊在北平组织成立了中共北方区委。方伯务、谭祖尧被美专开除后，专职投入了李大钊的革命事业：谭祖尧任俄文秘书，方伯务负责顺治门马路以西革命传单的发放和张贴，分区分工都很明确，精准投放。

李大钊这两个小弟也差人手。经过几年的考验，1926年冬天，在北平西城大喜胡同22号，方伯务介绍王君异入党。"入党后，谭祖尧和他爱人李婉玉就把我外公带起，到苏联使馆与领导人李大钊会了一次面，李大钊对他做了一番鼓励，叫他好好工作。"

跟王君异同时入党的同学、同事王石之（1894—1990，字英之，国立北平艺专教授，著名画家、美术教育家。1938年至1945年任北平艺专留京分部——国立北京艺专校长；1958年后任内蒙古师大美术系教授），1986年11月30日在内蒙古师大给党组织的报告中回忆道："正当我年轻力壮，精力充沛，肩负五职重任，向进步力量靠拢时，李大钊的助手方伯务发展我与王君异两人参加共产党。当时，李大钊与方伯务已在北京艺术学院发展了20多名共产党员。活动于京畿道。"

1927年4月6日，奉系军阀张作霖派大批军警冲进苏联大使馆，将李大钊等60余人逮捕。28日上午，又将李大钊、方伯务、谭祖尧、张挹兰等20人处以绞刑。导师、同志和战友们壮烈牺牲，白色恐怖也波及王君异他们。王石之在回忆录写道："李大钊、方伯务被捕就义，我们相继被抄家。先是王君异被抄，整整抄了一天，对墙壁地板有可疑的都深挖，盘问不停。然而却被王君异机智沉着应付，丝毫没有破绽。搜查我时，正巧我外出。当晚回家得息，便将马列著作及秘密信件全部烧毁……回想这一切都历历在目。"

毕竟是从小在川东红窝泡过，并由带头大哥王维舟带出来的小弟，王君异临危不惧，机智应对，颇有职业革命家的风范。1949年，王维舟成为西南军政委员会副主席（主席刘伯承，其他五位副主席贺龙、邓小平、熊克武、龙云、刘文辉），王君异已回归故里教书育人12年了。大哥小弟，历尽沧桑，居庙堂之高，处江湖之远，各安其位。

6 / 漫画大家王君异（中）
黑：父母爱我俊，先生夸我勤，将来也是大国民

口述人游江
王君异外孙、漫画家

上一篇说的是"红",即王君异的革命生涯,这一篇说说他的"黑",即一个画家和教育家的笔墨春秋。

艺专

王君异的画画处女作,是他小学时画在教室黑板上的一幅民间婚庆图,这场展示堪称他一生最早的画展。重庆漫画家游江——王君异的外孙,也是家族的首席历史学家,他说:"我外公的大舅冉海舫画得一手好画,写得一手好字,是我外公的书画启蒙老师。后来,他转到清溪川东两等学堂(今宏文校)读书,校长王佐卿擅长国画,特别喜欢画山水、帐帘、竹帘、墨竹,对美术很好重,对我外公有很大影响,以至王君异平时就喜欢在小纸片上画《三国演义》的人人马马。有一次,他上学碰到娶媳妇,花轿、抬盒、打锣鼓、吹唢呐,很闹热;到学校,就用粉笔画在黑板上。王校长看了,'这娃儿画得好哟!'下令黑板一周不擦。"

1919年,王君异在川东师范因闹学潮被开除,赴京就读国立北平艺专第一届师范专业,齐白石、陈师曾、王梦白、姚芒父,名师如云;同学里面,也是大家辈出。"外公的校友,比如后来成为花鸟画大家的王雪涛、山水画大家的李苦禅,都是1922年到1923年进校的学弟,比外公晚几届。李苦禅读书的时候,晚上还要出去拉人力车挣点饭钱。"

王君异和恩师王梦白合作花鸟图(王梦白补鸟)

毕业后，王君异辗转北师大附中等中学教美术，1925年与国立艺专同学创办私立京华艺专（中央美院前身之一），曾任校长兼国画系主任。艺专师资阵容，极为豪华：章士钊任董事长，齐白石、张大千、黄宾虹、李苦禅、蒋兆和、王叔晖、任率英、王梦白、王雪涛、徐燕荪都是国画系教师；还有一个音乐系，教员有后来大名鼎鼎的电影作曲家雷振邦。

河南著名画家李霞生曾是艺专学生，在回忆录中，他说王君异老师"也是当时画花鸟的健将，他画的牡丹、荷花、鱼、鸭极为动人，胸襟开阔，笔墨淋漓。他还喜作漫画。夏天，我拿一个白折扇到他家里去。他就在扇上给我画了两个孩子，满头大汗，捧着瓶子喝汽水，颇觉有味。他还给我作了简单几笔的速写像，他说：'没画好，你的脸不中画。'同学们见了都很羡慕。王老师平时见同学好说笑话，语多幽默，他生活颇为窘困，手中没钱时便挥毫作画，拿到画店去卖点钱。"

画约

王君异一边教学，一边画画，国画、漫画两手来——国画出世，漫画入世，是京派画坛非常活跃的美术家和美术活动家，跟齐白石、张大千诸名家都有诗画唱酬。后来的中央工艺美院院长张仃、长安画派创始人赵望云，都是他的学生。中国新文化运动的大人物、北大的刘半农教授，也和画家们打得火热。1934年1月13日，其日记曾记："上午写条幅五纸，送美术专门学校充奖品，应张恨水之请也。"

著名小说家张恨水任董事长的这所美专学校，就是王君异的学生辈李霞生、张牧野（张恨水弟弟）办的北华美专。6月13日，刘半农和王君异见面，这天的日记可证："下午到……公园看北平美术学院成绩展览会，遇画家周养庵、王君异、王青芳，雕塑家王石之、储小石。"双方都没想到，这是他们最后一面。一个月零一天后，7月14

王君异漫画《赌徒》

1940年代,王君异(后排右1)、黄雪影(前排左1)夫妇和二弟王君奇(前排右1)与归来学校特班部全家福

日,北大教授、大语言学家刘半农为了完成他的《方音字典》和《中国方言地图》,在宁夏、内蒙一带考察方言方音,被虱子叮咬,染上回归热,回北平病逝,年仅44岁。

39岁的王君异对刘大哥的逝世,相当沉痛,因为他们还有一画之约。游江说:"我家里有张老照片,照的是外公画的仿古山水画《山溪图》。照片很小,黑白泛黄,但照片背后外公写的几排蓝墨水钢笔字,很清晰:'这是刘半农博士烦我作的,在他临赴西北考察方言的时候,嘱咐我赶紧为他画出,没想到为琐事搁下,及至噩耗传来,这画已作竟,如今看到这幅画,不禁潸然泪下。1934年9月7日感于开封。'外公记下这句话,离刘半农去世不到两个月。"

刘半农1920年的诗作《教我如何不想她》,为汉语首创"她"字,此诗后来由著名语言学家赵元任谱成中国最早的著名艺术歌曲。王君异因和刘半农之间的未偿画约而"潸然泪下",堪称"教我如何不想他"。

桃李

1937年"七七事变"后,抗战爆发,北平沦陷。华北之大,已安放不下一张平静的画案。王君异带着新婚夫人黄雪影和从北大毕业的二弟王君奇，回到四川老家宣汉桃花乡，从此退出京派画坛，反哺乡梓，成为一名乡村教育家。

游江说："我们老家姜家沟，因为家族从清末开始义务办学，当地人都叫它'大学堂'；对面有一座山像扣起的碗，所以我外公有一方'碗云山人'的闲章，还是齐白石给他刻的。"

王君异与夫人、二弟回家一看，族中亲戚未读书的放牛娃儿一大坝，各种年龄都有，就把他们归拢来，办了一个"归来学校"。"还是义务办学，不收分文学费。校舍就用自家的房子，个人出钱购置用具，在校学生100多人，分'特班部'和'小学部'。特班部开设文科、理科和艺科；小学部开识字、唱歌和劳作课，由特班部的学生轮流任教。"

还整了一首气吞山河的《归来校歌》：

中山崔嵬，中江萦回。桃花深处，学园归来。不迫不拒，亦小亦大，望洙泗仰止无涯；时乎不再，穿东西，汇古今，舍我其谁哉？沉浸新知，咀嚼旧文，蔚成国才。脚踏昆仑巅，气吞黄海潮。要复兴文艺，来，来，来；要光大国学，来，来，来！

第二年，乡绅向君卿以向氏宗祠和唐家祠堂为校舍，创办了私立精英中学（现宣汉南坝中学），礼聘王君异兄弟操盘。继京华艺专、归来学校之后，这是王君异第三次当校长。校长不好当，学校经费奇缺，还得自己找。王君异祭出北平职业画家的法宝，公开张贴《鬻画通告》。京派名家卖画兴学，一时慕名求画、感动支持者众矣，半年就得画润2500多元，全部用来购置学校的图书、仪器。

四年后，王氏兄弟为精英中学创作的1942年版校歌，虽不如《归来校歌》气吞山河，但其"有志青年共建新农村"的中心思想，至今仍显新潮。"左山鹿走，右观白云，浩浩前河绕精英。是宣汉膏腴，是南坝人文。看莘莘学子，通中外，汇古今，煽起五育洪炉，铸成六族长城。此时何时？倭寇氛氲。青年不能抗战沙场，亦当砥柱农村。我们同进，同进人类光明，同歌，同歌民族复兴。"

还有一首《桃花乡中心国民小学校歌》，乡景国运，世道人心；天籁之音，最是可亲：

我是桃花溪里人，活泼天真。看那四壁峰峦，三溪流水，姊妹兄弟欢娱一堂春。父母爱我俊，先生夸我勤，将来也是大国民。博爱平等，自由光明，复兴大业都在我们最后辈生。后生，一齐努力哟，前进，前进。

　　游江激动了，唱完"父母爱我俊，先生夸我勤，将来也是大国民"，他终于激动了。"这些歌都是我二外公王君奇写的词，他是北大才子，曲是我外婆黄雪影谱的。当然，也是我外公的思想，最后肯定经他审了的。唱起这些校歌，我不得不佩服他们那一代人从事的教育，更佩服他们的人文家国情怀，我们后生一起努力吧！"

调令

　　1949年冬，解放军开进宣汉，又开赴南坝。1950年，王君异二舅、教育界的地下党干部冉雨生，从"地下"拱出来，从他手上接管了私立精英中学，更名为南坝中学。游江说："这个有点好耍，相当于我外公的妈妈娘屋那边的人，把外侄儿办的学校接管了，我外公继续留校任教。二舅曾任红33军军部秘书，一直在老少边穷地区，从没去过北京。1951年国庆节作为地方代表到北京观礼，还见到了毛主席。"

　　土改、抗美援朝需要宣传，1926年入党的老党员、老画家王君异的画技又派上用场，他画的漫画非常专业，几笔就勾画出杜鲁门、麦克阿瑟、李承晚这些国际人物的大反派形象。

　　王君异，这位名字后来被收入《中国漫画史》《美术辞林》《中国当代艺术界名人录》的一代国画家、漫画名家、美术教育家，于1959年12月16日去世，享年64岁。

　　游江说："1954年，我外公由南坝中学调往达县师范学校任教，达县地区几批美术教师，都出自他门下。北师大和中央美院都先后来调过他，阴差阳错，没走成。后来，四川美院首任院长王颂咸，派该校教师魏传义，就是魏传统（开国少将、书法家、诗人，四川达州人，1928年入党，1933年参加红军）的堂弟，1959年持调令又来调他。他们碰到的，却是我外公的追悼会。"

7 / 漫画大家王君异（下）

蓝：在雪影之前，他结了两次婚

口述人 游江
王君异外孙、漫画家

上一篇说的是王君异的"黑",即一个画家和教育家的笔墨春秋,这一篇说说他的"蓝",即三次爱情和婚姻的故事。

第三次

现在磁器口开有画室的职业漫画家游江,是王君异的外孙。游江说:"当年我外公、外婆在北平结婚,是美术圈一件很好耍的事情。《北洋画报》还专门刊登了一篇《王君异结婚记》。我自认为还算是好耍的崽儿,但都耍不赢外公。"

1935年6月4日,王君异和黄雪影那场婚礼之另类,可证京城美术圈和餐饮业的耍法和风气,那叫一个"很团结,很活泼,不紧张,不严肃"。当天下午5点,天津《北洋画报》的主编冯武越,和其他200多位宾客按请柬上标注的时间到达新丰楼,却发现新郎官王君异像一个宾客一样,也刚刚到场,这不是有点离谱吗?但马上有人表扬:他没有忘记来,已经是表现很好的了。

创刊于1926年的《北洋画报》很有影响力,1928年该报上有一段文字,力捧新郎官:"王君异先生,蜀人,蜚声首都艺界,用笔奇古,魄力浑厚……自谓生平作画,毫无所本,一随兴之所至,发挥个性而已,世人之咒骂褒誉,在所不计。"

创刊于1926年的《北洋画报》

所以新郎官是懒洋洋的名士，风度大不拘，大家也懒得骂他。但还有更奇葩的事：这场婚礼，第一是没钱。游江说："摆一场婚宴，最后得结账吧，但是有人问他预备了多少钱开销，外公摇头说'一块钱也没有！'朋友们都抓狂，最后只好临时设法为他凑了些钱。"

第二是没定桌，朋友们问他"请了多少客人"，他答"不知道"；朋友们又问"十桌总够了吧"，他说"差不多"。"等新丰楼收拾了十桌出来，大家才坐下，又发现还有一半多的客人没得座。最后，等大家都坐下来再一数，共摆了二十多桌。"

第三是没礼金，当时婚宴一般都是送点礼品或包个红包，但王君异不要。"可能我外公怕婚礼落于俗套，或者怕客人们破费，提前打了招呼，所以当天的礼物，只有书画和摄影，还有几件糖制品：一朵糖花，一对糖制蘑菇，还有一双糖兔子。"

主婚人是著名小说家张恨水，他与王君异同岁，但已讨了三房老婆。张恨水上台致辞，连荤带损："王先生向来是抱'多交朋友不结婚'主义的。现在居然结婚了，大约是英雄难过美人关。"

张恨水说王君异"现在居然结婚了"，他是不晓得王君异虽然不像他那样同时有三个老婆，但这位画家还是先后有三个老婆。这次婚礼，是他第三次结婚。

头两次

王君异的第一个妻子，后来在王家家族史上，人称"党妈"。

游江说："据我妈回忆，党妈名叫党惠兰，是一个绅士家的闺女。我外公的二舅冉雨生闹红干革命，为了筹备枪支弹药，要从一个军阀那里搞资源。党妈本来和这个军阀订了婚的，但是二舅他们的游击队不管这些，或者故意为之，就把党妈抢过来跟我外公完了婚。婚后，我外公就离家去北平，党妈在家独守空房。她是大家闺秀，什么都不会做，但喜欢唱歌，还抽点大烟。婆婆不喜欢她。没过多久的一个晚上，居然神不知鬼不觉，连院子头的狗都没叫一声，党妈就从婆家大院消失了。第二天，二婶见太阳升得很高了，大嫂还没起来，走近一看，连嫁妆都没有了。这才晓得，她回娘家去了。"

党妈留在家族史上的印记，相当有性格。"事隔多年，党妈在中学读书，我外公回乡教书了。有朋友请吃饭，在饭局前，我外公就和党妈相见了。党妈故意拿出一条白手巾，放在茶桌上，原来手巾上是我外公当年给她画的画。我外婆看见了，当然不高兴。这种时候，党妈还大大方方抱起我妈就亲一口。气得我外婆当场拂袖而去。党妈回去之后，又给我外公找人带来一些新鲜板栗。外婆一看是党妈送的，全倒进垃圾堆，外公只好没得脾气。"

王君异的第二次婚姻，非常有戏剧性。"我二外婆是我外公的四川老乡，万县人刘晶白小姐，是在北京工作的知识分子。据说，我外公爱打排球，刘小姐是另所一学校的老师，也爱打排球。在一次联欢认识后，两个就打在一起，结婚住在一起。"

一年后，有一个小孩来找刘晶白，喊她妈妈。"我外公这才晓得，原来老婆结过婚。他认为她欺骗了自己，于是就离婚了。我妈曾经看见过他俩的订婚、结婚和离婚照。我外公有相机，爱拍照片，特别是那张离婚照，构图讲究，拍得很有意境：他俩背向一棵大树，各走各的路，可见是好说好散。"

在家族史上，刘晶白被称为刘妈。"我外公和刘妈，当年在租来的公寓安的家。家中有风琴、留声机，外公会弹钢琴、风琴，结果离婚的时候，两个人啥子东西都没要，各自拿着换洗衣服就离开了，搞了一个双双净身出户。也是有缘，多年后，外公在南坝二中教书，和隔壁教导主任谢老师关系很好，刘妈和他们谢家是亲戚。我外公还开玩笑说，谢老师是他的晚辈。"

黄雪影

王君异第三个妻子是伴他终生的黄雪影。他是穷山沟的土娃儿，而黄妹儿则是汉口大码头的姑娘。游江说："我外婆比外公小18岁，1912年生，家住汉口新市场附近，中医世家。初中在武昌一中，当童子军队长，和一位男生代表全校童子军去南京参加过全国童子军大检阅。蒋介石和宋美龄亲自接见，还宴请他们，我外公那阵还是土火（原指土枪，后喻没见过世面的人士）一枚，哪见过这种场面？"

黄雪影之父在新市场友人所开的戏院当过经理。一次，梅兰芳来唱戏，还到他家做客，送玩具给小雪影。"我外婆从小受到艺术熏染，初中毕业就到北京考上了私立精华美术学院音乐系，拜留法教授张惟之为师。她喜欢拉小提琴，在晚会上表演。我妈小时候看过她一张相片，相当优雅漂亮：外婆穿着长黑旗袍、白

1936年，王君异、黄雪影夫妇和长女在北平合影

高跟鞋，头上留着披肩卷发，弯弯的眉毛、细长的丹凤眼，在白净的圆脸上显得迷人可爱。"

王君异能讨到黄美女，也是乘"虚"而入。"外婆到北京读书，远离亲人深感孤单。1934年4月12日，她在送给她姐姐的一张照片后面，写了这样一首小诗：'可怜她异乡漂泊，面带忧愁心缭乱，满腔苦闷无处语，独自院中思命运。'可见小姑娘的心情。"

王君异的表妹跟雪影住在北平大振公寓，他去看表妹的时候，就与雪影搭上了。"双方均有好感。我外婆羡慕外公有才气，有名望，有风趣；我外公喜欢外婆年轻漂亮、温柔有才学。郎才女貌，而且都有共同的艺术爱好。"

他们碰到的最大阻力来自雪影的父亲。"结婚前，我外婆回汉口请求父亲同意她的婚事。外公不答应，一是双方年纪差得太多，二是外婆早已由她父亲定下婚姻。但外婆态度非常坚决，她父亲只能勉强同意，破费200元登报声明，还退去了十样金首饰，解除了原来的婚约。"

娘家有钱，雪影的陪嫁是200多个硬洋，可惜在火车上遭偷了。"但金戒指、金项链，两口皮箱、四床被盖、两网篮瓷器还在。据外婆后来对我妈吐槽：外公还嫌嫁妆少了，可他只有一床被盖、两件衬衫，可能外婆也是在说气话。我妈说，她姨妈出生时穿的衣服，全是外婆从娘家寄来的，都是绸缎。我外公还嫌土气，说要给娃儿穿西装。我妈说外公虽然爱穿西装，但也脱离不了土气。传说丁玲跟他相爱过，但嫌他不会说北平话，一口四川乡下的土话，难听死了。"

王君异、黄雪影夫妇1936年乘民生公司客轮回四川老家

363

在北平，雪影婚后住在西城鲍家街丙27号，日子过得清贫，但还是一个非常好的嫂子。"我外公的弟弟王君奇，也是激进青年，正在坐牢。两兄弟感情深，外婆就把自己的金首饰卖掉，给小叔子买好烟好酒去，还要给看守送一份。叔叔戴着脚镣手铐，为了减轻他的痛苦，嫂子还给他织毛衣裤。叔叔坐牢八个月，常受刑，嫂子在月子里还给他搓洗换回来的血衣裤。"

1936年，王君异带着雪影回老家，但没给她说最后到哪里，可能穷乡僻壤，说也说不清楚。走到万县大码头下船时，雪影以为到了。王君异的另一个弟弟来接他们，看着大嫂脚上还穿着那双曾令大哥怦然心动的白高跟鞋。"弟弟就说：'大嫂，你要换一双布鞋了，我们马上就要去乡下，你这种鞋子，走田坎不得行。'我外婆一听，这才晓得糟了：嫁到乡下当农民婆了。"但汉口大地方的姑娘黄雪影，从此安心陪伴王君异，相夫教子，教书育人。2000年，黄雪影病逝于重庆外孙游江家中，享年88岁。

8 / 山城凡·高熊吉炎：他画的车子还在开，水还在闪

口述人 查晓梅
熊吉炎之妻

重庆化工站工人熊吉炎（1942—2006）人称"山城凡·高"，是重庆民间默默无闻但又影响过一代人的画家。他自学成才，善用水粉，专画重庆街景，又叫"熊街景"。一生清贫，但坚持每天写生，他带过的一批重庆美术青年，现在都是画有所成的专业画家。

在江北龙山公园附近一幢没有电梯的旧楼家中，查晓梅坐在一幅打着"熊老师永远活在我们心中"字样的喷绘大照片下。丈夫熊吉炎满头白发，在照片上的青绿风景中，微笑着坐在小马扎上画画。查晓梅说："这是他们去成都写生，我们老头的学生邵常毅（著名画家、四川美院版画系主任）给他照的。"后来翻看他们的家庭影集时，我发现这张照片在熊吉炎葬礼上曾放于灵前，和徒儿们祭奠他的挽联"丹青染尽人生路，挥毫净袖舞长空，大师千古"一起，送恩师最后一程。

2000年，一号桥下熊家老宅拆迁后，他们才搬到这里。"搬家时，我们老头几十年画的画太多了，根本搬不走，我们就烧了不知有好多。还卖了一些，8分钱一斤，卖了几十块钱。"查晓梅指着几幅带江景老房子的油画说："但这些画我留到起的，画的就是一号桥下我们原来住了几十年的家。嘉陵江的水，原来这么蓝，碧绿碧绿的，'春来江水绿如蓝'，就是他画的这样。"

提货员

工人熊吉炎是重庆化工站运输科提货员。查晓梅说："他们每天8点半上班，他5点钟天不亮就起来到码头画画。这些码头我不清楚，但熟悉的人一看就叫起来：这是画的三码头，这是画的二码头。他正画着，码头的货来了，他提货，油漆、染料、烧碱这些；货车走了，他又在原处把画画完。老熊从不参加画展，他对我说，我如果社会交往多了，就没时间画画了。他每天两张画，有时还要多，执着得不得了。"

熊吉炎老家四川宜宾，父辈是重庆著名钱庄"宝元通"的创始人，所以一号桥下熊家老宅是一幢吊脚楼式的四层洋楼。"堡坎上面有个花园，一坡梯坎下到河边。耍朋友时，我们经常去游泳，看到船来了，就斗浪哟，水清亮。五月涨沙水，起来身上一层沙，但水一冲就干净了。80年代，下河，起来一身油腻腻的，手杆（手臂）上用指甲一抠，是黑的；原来下河起来一抠，是白的。"

熊吉炎写生，此照在熊吉炎葬礼上曾放于灵前

从巴蜀小学、中学一路读下来，熊吉炎考上四川德阳机械学校。读了一年，因患肺结核回家养病，养好后再没回校，就在化工站黑石子仓库当保管员。"他平时住在仓库，周末回家，先坐船，再走路。他是个老实人：当提货员时，客户要巴结他们，送烟送酒的，他不要；实在推不托，只要最便宜的红苕粉，所以他们还给他取了个外号，叫'红苕粉'。"

他一天到黑都夹起个板板在画画。"婚后从来没看到哪天他找过啥子借口不画画。有一次，他把腰闪了，尿都屙不出来，还要我把他扶起坐到凳子上画画。我们住一号桥时，滨江路上的桥才修起，公共汽车少，都是朝天门、菜园坝一线拉货的大卡车。我们老头就坐在桥边画画。有天下大雨，他一身湿透了回来说：今天我遭一个车夫骂惨了。当时，雨下得大，我心想，还有几笔就好了。一辆货车刹了一脚，车夫就吼我：你这个老头，不要命了。我天天看到你在这里画画，今天下恁个大的雨，收得秤（收工）了！"

熊街景

熊吉炎江湖人称"熊街景""熊小品"，因为他不画大画，画的都是我们这个城市的街景和身边风物。查晓梅说："他去农村少，就画城里的街景，画我们

熊吉炎、查晓梅夫妇 1970 年代在一号桥老宅

周围的房子。我们屋门口有一棵紫荆花,到河边游泳的娃儿路过,就爱折花。他心痛,就先折下来养在罐罐头,还画下来。有一年,在美院当写生课的代课老师,要带学生画写生画静物,他就先在屋头买了一批瓜果蔬菜来画,只要好看,就买回来。有人笑他'你这个藕都蔫了,怕是炖不粑哟。'他不管这些,只要画起来好看就行。我和老同学去南山秋游,也给他带回来一把野菊花让他画。"

很多学生慕名而来,拜师学艺。最喜剧的是徒儿何平拜师的段子。"有一天,我和熊吉炎在鹅岭公园,碰到一个小娃儿在画画,老熊忍不住去指点。小娃儿不服气,说'我们老师都是这样画的'。老熊就问'你们老师是哪个嘛?'小娃儿说'我们老师姓熊!'我们老熊好耍,就说'我就姓熊。'他又问'你们老师家住哪里?'小娃儿说'一号桥!'老熊说'巧了,我也住一号桥,我啷个认不到你们老师呢?'小娃儿说'你当然认不到哟,你懂都不懂!'"

没过几天,这娃儿就找到一号桥熊家拜师,进门一看到熊师傅,马上就哈(傻)起了!原来,这小子早就想来拜师学艺,还没来,就已打起熊师傅的招牌到处提劲。"何平刚来时,只会画固有色,红的就是红的,黑的就是黑的,要他画调子,他都画不成。"

他收学生一定要是自己找上门来的。"有个局干部的儿子,成绩前三名,画画认真。他父亲看到老熊画画,就要让儿子拜他为师。送我们去看武术表演的门票,都是 100 元一张的。当时,我们家一个月收入还不到 100 元。老熊说'你把娃儿托给我,我还要看他的素质行不行。'结果看了他的画,老熊说'你要考建院,水平绰绰有余;但你要搞美术,你画得太严谨,

熊吉炎《山城街景》

我不收你。'"

老熊这道看似有点不近人情的收徒关,其实也是为"小熊"们的长远发展着想。"凡是大人拿东西来帮到说情的,他不收;他只收自觉自愿自己想画画的,所以他的学生十有九个都画出来了,现在也都很好。只有我们这个老头儿,一辈子都穷,出门只坐公共汽车,要打个的,也没有钱。他从来没收过学生一分钱、一样东西。但他死后,丧事全是他的学生们办的。"

饭豆汤

查晓梅的爸爸当过鹅岭公园附近重庆印制二厂(1960—80年代,重庆著名印制厂,主打彩印)的厂长,能画几笔国画,写一点书法。这个原因,可能让查晓梅从小就喜欢画画的人。她在依仁小学、六中读完书,在四川石油局工作,因胃出血回到重庆。

"熊吉炎一个人住在一号桥,一大帮朋友,有时买个羊脑壳,箪(拌)一点凉面,大家吹吹打打、唱唱闹闹的,我们也就认识了。我们耍朋友之前,他就画得很好了。我爸爸妈妈反对,说他'要人才没人才,要钱没钱,政治成分也不好,你图他啥子!'他家也太穷了,他是个老二级工,每个月32块钱,我就没同意。他用铅笔画了一张全开(约76cm×106cm,属于最大规格的纸张)的素描给我看,画的是一棵折断的树。他说'我的感情就像这棵参天大树,被风折断了,你为啥子不和我耍了呢?'我想,我还是厂长的千金呢,你还敢这样问我。我以前耍的朋友,都是捧着我,我说东,绝不敢往西,但因此我也觉得这个人有性格,画画从没丢手。我喜欢他的画,还是跟他耍了。我们1975年结婚,结婚照都没照过,他32岁,我30岁。"

一张落款为"1973年4月25日吉炎"的水粉,相当于他们的结婚照,画上一对小儿女在河边沙洲岬角上放纸船。"我们结婚,这张画就挂在墙上的玻璃框里。前面是这张画,背面是我们的结婚证。我们都觉得这张画的意思很好,画的是我们屋下面河边经常看见的情景:夏天下午五六点钟,烟烟绿绿的人,在河边麻格格地坐成一片。你看,整整40年过去了,画里面河边那个水哟,还闪亮闪亮的。"

从一开始,查晓梅就晓得自己并不是丈夫的最爱。"我经常说吉炎'你一说就是好喜欢好喜欢我,其实你第一喜欢的是你的画,第二是你的书。'1978年,

熊吉炎结婚时挂在墙上的《放纸船》

婚后照顾关系，我也进了化工站。有一年，单位发半年奖，各发600元，以前都是20—30元，这回搞肥了！我指望他回来交给我，因为他平时关了饷都是全交。在单位上还流传着一个笑话：他有次来找我要2分钱，要买火柴。那天我等到晚上，他高高兴兴地抱回来一大包书，一本厚厚的《明四家画册》，奖金一分钱都没有了！"

熊吉炎白天出去画画，晚上回来就把画挂在墙边空框子里看，满意的放一边，不好的放一边。"他还喊我看。有一回，我说你今天这个山啷个画得像个坟堡堡哟。他说'画的时候，我肚子痛。'有时我觉得他哪张风景画得好，他就问'为啥子好呢？'我说喜气，像年轻妹儿一样。他说'我画的绿调子有一套，别个画画，红配绿丑得哭，我的绿调子不俗。'"

这个画家对画坛的态度，疏离而紧张。"他从不参展，说'哪个要是把我的画拿去参展，我会去展场将我的画抓下来'。但家里穷，有一次文化宫办画展，听说参展还有6块钱的参展费，我就偷偷拿了一幅吉炎的风景，用我的名字去参展。有人看到这幅画，就传重庆城出了个女画家，画得好好哟。但文化宫的画家雷著华（重庆市劳动人民文化宫美工，1970年代重庆跟熊吉炎齐名的同代民间画家，人称"山城列宾"，四川美院1977级油画班著名画家高小华的油画启蒙老师）他们眼睛尖，一眼就看出是熊吉炎的作品，就来开我们的玩笑。这幅画，画的一条船在河中走，浪很大，他们办展的人取的名字叫《乘风破浪》；我觉得应该叫《饭豆汤》，河头涨水，泥沙多，看上去就像饭豆汤。"

6万元

1995年，熊吉炎52岁。国企改革，单位上还没有大批放人，他可以不退休，但他对老伴说了一个重大决定。"他说：'查晓梅，我们画画的人，50到60岁是眼睛最敏锐、训练最好的时候，我想退了，趁这几年多画点。要不了几年，我就画成功了。查晓梅，原谅我，我负责二天要让你过好日子。'他内退工资300

元不到，我300元，全家总计约600元。他这个人为了画画，啥子都不顾。我不想为难他，就答应了。"

熊吉炎一生都画水粉，很少画油画。"因为油画画不起，要买画布，要买颜料。过去在单位上，广告色和纸，别个可以拼（送）他一点，退休后画水粉，纸都要自己买了。他这个人，很有信心，他说百年成就大师，塞尚、毕加索，不是年年出。'我这些画，最多五年就赶得上塞尚（法国后期印象派大师，一生清贫，被誉为"现代绘画之父"）。'他没说超过，是说赶得上。美院的老师，都尊重熊吉炎。这个人的毅力，我特别佩服，你要说我有好爱他，我也不好说，我敬重他占了80%。我的日子好苦哟，我的衣服没一件是新的，单位上的人都晓得，查大妈一年四季都是一身工作服。我这人一生不可能有啥子成就，但我能帮助一个人成就他的心愿，我也值了。"

最初，熊吉炎是因为脚痛风住进医院，但想不到再也没走出来。"医了一个多月后，那天我去医院，医生说，恢复得好，后天出院。我们老头也说：查晓梅，我今天在医院走了20分钟，一出院我就跟郑常毅他们去达县写生。"

2006年12月31日是一年最后一天，也是熊吉炎一生最后一天。这天晚上9至10点，他叫老伴早点回去，再晚就赶不到公共汽车了。"我从来不打的，我就回去了，让娃儿在医院陪他。我刚一到家，娃儿打电话回来说'妈妈，爸爸不行了，已下了病危通知书。'我马上跑下楼打的，我说，车夫停一下，我去救命。走拢医院，看到医生正给他电击心脏，但没用。打死我都不相信，老头白天还给我说他自己走了20分钟，晚上就死了！医院说是医疗意外。我心脏病又发了，我妈妈不准我打官司，说'你心脏不好，打官司累死人又气死人，你要是不在了，你儿和你妈啷个办？'最后，只好签了字不去告医院，他们给了6万元。这是当时医疗意外的最高补偿。"

2017年，查晓梅双腿摔伤，才想到了一个非常棘手的问题。"我想，这次我要是摔死了，老熊的画啷个办哟。到

熊吉炎《从一号桥老宅看滨江路桥》

邵常毅编著《艺术苦旅——熊吉炎作品集》（四川美术出版社，2017）

现在，他的画还保存得这么好，一张都没散，全靠我。我一想起他，看到这些画，心头就难受。当今世界上只有这一个人，找不到第二个了。"

博物馆和美术馆可不可能收藏他的画？"哪怕他画得再好，他只是一个普通工人，自学成才的画家，这些地方可能是不会收藏的哟？如果他们认为他真的画得好，可以很好地收藏保存他的画，我还是可以捐献。"据查晓梅说，熊吉炎的学生们正在想办法，给恩师出一本画册，办一个画展。对恩师的遗作，也在想办法妥善安置。

2017年4月，由从小跟熊吉炎学画的弟子邵常毅、翟渝生策展，著名批评家王林主持的《艺术苦旅——熊吉炎艺术回顾展》，在渝北区冉家坝重庆市文联美术馆推出；厚重画册《艺术苦旅——熊吉炎作品集》也同时首发。

这是熊吉炎一生第一次个展，他已去世11年。著名油画家、四川美术学院院长庞茂琨这样评价他："熊吉炎先生总是不厌其烦地描绘他所生存的这个城市，他用画笔记录着这个城市的每一角落。在熊吉炎的画中，上世纪的山城风景永远那么透彻纯净，那么细腻微妙。"

熊吉炎，一号桥下面的凡·高，他从来不赶美术圈"庆祝什么什么好多年""纪念啥子啥子好多年"或双年、单年展这些官方和专业沙龙的主题绘画场子，也从未卖过一张画，送人的也极少。他64年清贫一生得到的最大一笔钱，就是因"医疗意外"逝世医院赔偿的6万元。

今天，再也没人肯花一生的时间坐在街角一笔一笔画其街景的山城，是寂寞的。还好，在熊吉炎的画中，1970至80年代的山城风景永远那么干净，那么迷人。查晓梅用手擦了擦热泪涌出的眼睛说："我们没有好颜色，没有好纸，我们穷，但40多年了，你看他这些画哟，车子还在开，水还在闪！"

9 / 红英田坎捏泥巴，长大捏成个女雕塑家

口述人 杨红英
雕塑家

具有传奇色彩的女雕塑家杨红英，出生于重庆农家。从小在田坎上用泥巴捏鸡捏鸭，在竹林里的竹子上画人人马马，给村里的乡亲们用水泥塑药王和观音菩萨；拜师民间艺人，长大后到福建的雕塑工厂打工，练得一手雕塑绝活，后来进四川美院进修深造。她曾作为著名女雕塑家江碧波的得力助手，一起完成了朝天门重庆名人馆的重庆名人群像。

捏泥巴

杨红英从小就是苦孩子，1977年生于重庆长寿葛兰中华村鹅公堡生产队。她说："我们鹅公堡离镇上步行要一个半小时，全是田坎路。我上学经常摔到水田里，就湿起衣服上课。"

婆婆肺结核，妈妈心脏病。从小，杨红英手指尖对人体接触得最多的部位，就是妈妈的人中。"妈妈经常昏倒在地，我们马上就给她掐人中；严重时送医院。所有农活全是爸爸干；洗衣、做饭、养猪、养鸭、养鸡，全是我的事。鸭子要养三四年，直到它生蛋；又养到不生蛋，再卖。一年四季栽秧挞谷，杀个猪也留不到好多肉，亲戚朋友来了才吃一点。"

这样的苦孩子，也会遭遇神奇的艺术。9岁上三年级时，隔壁有个上高中的大姐姐杨敏，用铅笔把书上的"金陵十二钗"画在作业本上。"我很喜欢，叫她送我，但她很得意，不送。我想，不如自己画。陈晓旭那一版的《红楼梦》电视剧，邻居家的电视机搬到院坝放，我看了，最喜欢画林黛玉和王熙凤。"

杨红英（右）小时候和妈妈、弟弟

出去放鸭子，没得纸，她就在竹子上画。"田边地角，房前屋后，有很多可编箩筐的茨竹，上面有一层白粉的竹青，我捡起地上的瓦片在上面画，画的人物、动物，有很古的味道，大家都晓得是我画的。"

把鸭子赶下田，鸭子很好耍；但她在田坎上不好耍，就捏泥巴。"我们那里刚好是黄泥，上好的土黄泥，上面的遭水泡起，有点稀，把袖子挽高点，伸深点，抓起一把，黄桑桑的，无沙，看到鸭子就捏鸭子，想捏啥子就捏啥子。经常捏了就扔在田坎上，在哪里耍就在哪里扔。第二天干农活的人看到起，都吓到了。周末一天放鸭子，我要捏好多东西，田坎上密密麻麻的，像捏了一个军队。"

塑观音

那一年，她跟初中美术老师学了40天素描，老师已找不出她素描的缺点了。正好有一个寺庙找美术老师去画画，他走不开，就叫她去。这是离家半小时远的天台寺，她的任务是用油画颜料，在屋顶的脊饰陶罐上描龙画凤。杨红英说："当时，老庙要重建，住持是广智和尚，他还要我设计寺庙外观和园林景观。我从没设计过，但只要别人交的事，我都敢做。"

胆大心细、腿快手巧的红英姑娘做完活路，拿着1000元工钱正要走，庙里来了个做雕塑的师傅，她就不走了。"师傅是成都来的，是一个很斯文的民间匠师。他不熟悉环境，忙不过来，我就去帮他递泥巴，看他做。他休息时，我也捏一些，他觉得还可以。这是我第一次做佛像，回家后，天天画佛，捏佛像。"

半年后，有个人一路问起她的名字找来家里，就是那个师傅。"不晓得他是怎么问来的。他是但渡人，隔我们很远。他主动上门来教我怎么捏佛像，待了一个晚上。记得是收割小麦的时候，他专程来找我，看我在干啥子。我屋里随时都有泥巴，他教我捏佛像的先后布局，先捏头部外形轮廓，挖眼窝，再贴鼻子，再把嘴唇、眼睛加上去。头发搓成珠子像小汤圆一样，一个一个贴上去，再用竹片削出来。"

佛像最难捏的是眼神。"师傅说，佛的眼睛往下看，佛一般坐得很高，都是俯视，信众觉得佛在看你，也是宁静。"

红英在村里"捏泥巴"已小有名气了，父亲就带师傅去看她在村里的一些作品。"有个50多岁的孃孃，在水库边搭了个小屋。她信菩萨，找到我，晓得我会塑这些。

我给她捏了药王、观音、土地，算是水泥雕塑吧。她觉得很好，给了我400元，这是我做雕塑挣的第一笔钱。"

偷毛发

马上19岁了，红英觉得在家里没有出头之日。刚好福建泉州一家工艺品厂来招工，当时女孩出去打工少，但她偏要去。她说："坐汽车一路抛锚，三天坐成四天半。在厂里我做的是工艺品上色，相当于漆工，并不是我想要的。在这种厂里，雕塑工最重要，有时老板都得看一下雕塑工的脸色。我想当雕塑工，就去找老板换工种，但我没经过正规培训，不得行。我就多加班，挣学费，存了3000元。好不容易学费有了，但妈妈来信说脚上长了个小瘤子，要开刀，我就把3000元寄给妈妈医病。"

又挣了几个月，学费又有了，她就辞职，找了一个在外面承接业务的雕塑师傅学艺。"雕刻动物的毛发，是技术最难的，这个师傅不教我们。要做毛发时，他自己一个人做。有次他教他弟弟雕刻熊的毛发，我偷偷看见了，回去又练了一下。学了一个月，积蓄花光，我只好又去考一家工艺品厂，结果恰恰考的是做动物毛发，而且只考这个。"

偷来的技艺派上用场，她顺利过关，成为雕塑工，月工资3000元。但干了一年，她又想动一动。"老是动物、人物、圣诞老人、小天使这种产品，我有点烦了，想跑出来自己开个工作室。很多人劝我，说女孩子没得人自己去接雕塑的。我偏不信，辞职自己干了。我带着我的作品照片给客户看，还带了五六个徒弟。我不像前面那个师傅，我不藏一手，啥子都教他们。我每月按时寄200元回家，农忙寄1000元。小时候，家里炒菜不放油，现在好了，妈妈身体也好了，家里也有了电视。家里修房子借的钱，也是我还的。妈妈的手术后来没做，就用我寄回的那笔钱，还了房款。因为最后查出那个瘤子，其实是个鸡眼。"

江老师

2002年，杨红英觉得挣钱也不是自己的生活，就回重庆来圆一个梦。她说："我一年一变，回到重庆就先到川美雕塑系进修，交了15000元的学费。我不敢先回家，父母从出生到现在，都没一下子见过这么多钱。他们要是晓得了，肯定不许我。我交了学费，回家再告诉他们，他们吓惨了。但学费已交，没法了。"

这是红英第一次到美院。在王官乙、龙德辉这些雕塑系老教授的课堂上，她才晓得了什么是真正的雕塑。她说："雕塑和工艺品完全是两回事，工艺品做的是表面，雕塑雕的是灵魂。"

2006年进入著名女雕塑家江碧波的工作室当助手，使她的技艺更上层楼。"江老师看我做，觉得我做得还可以，就主动发我工资：第一个月800元，第二个月1800元，第三个月3000元。工作室的人发工资，都是从财务领；我的工资是江老师直接给我。"

朝天门历史名人馆做3000多年200名重庆历史名人雕塑，是一个大场面。红英说："这是又写意又写实的雕塑，对我才是收获最大的，每个人物都有正儿八经的身份，文人、军人，古代、现代，非常难雕，我跟到江老师学到很多东西。"

她的作品，江老师也认可。"她说我那个宋庆龄雕得很好。有一个老师看到我雕的，觉得没按他的方法来，就把脸铲了。要照他的方法，他来示范。但人也不像了，感情也没有了，感觉也没有了。江老师进来看到说，还是原来那个感觉好，啷个又动了呢？她以为我深入修改，改坏了。我不好说，只有自己改回去，但我雕不回去了，已经没有第一次好了。"

可惜结尾时，红英生病了。"我生病了也好，出来后，我就没回去了。江老师对我很好，但我还是要闯自己的艺术天地。"

杨红英经常去江老师家里吃饭，有一次，还陪她到金夫人相馆去照相。"当时一个杂志要刊登她的照片，请她去照的。但回家后，她还是觉得用老照片的生活照好，就抱了几本影集让我帮她找，说'你觉得可以的，给我翻出来'。我翻的时候，翻到年轻时叶老师（江碧波前夫，四川美院前院长、著名雕塑家叶毓山）的照片，江老师说'这是叶舟（江碧波、叶毓山之子）他爸爸，现在人老了，年轻时好帅好帅哟'。我觉得江老师埋怨之中有在乎，无论是艺术和人生，她都够得我学的。"

10 / 散仙人生柏林哥：流浪在 1300 多个速写本上

口述人 柏林

画家

好几年不见画家柏林老哥，2016年春节期间，我在微信上碰到他。见他的公众号开张，马上秒转并加了一个编者按：

> 今日大寒，攻克"柏林"：发现川美老板凳柏林大师的个人公众号"水墨速写日记"开锅了，可喜可贺！曾看见柏哥每到一处，甚至在会场、饭局，只要他色眼瞥见有意思的人物，不管是美女还是老头，掏出随身带的速写本就画，手落线出，神情皆好。他的几处画室，大得要用谷歌地图才能从空中看全——从川西坝子到西北高原，其实就是几个自然村落：天高地阔，飞鸟翔集；山河如梦，鸡鸭成群。他每天早晨起来，顺手从草丛中捡最新鲜的鸡蛋吃。柏大地主林大画家就这样过着墨香淡淡的散仙日子。

柏林坐在他的速写本上速写

不久，我看到柏林坐在他 1980 年代画过的几百个精选出来的速写本上，就像一个他们那一代画家小时候迷恋过的《金蔷薇》（苏联作家巴乌斯托夫斯基著名随笔集）开卷第一篇《珍贵的尘土》中搜集金尘的法国老兵沙梅。沙梅天天沙中淘金，他天天画画，就像一个散仙。形散神聚，寻墨追仙，我们来打望一下柏林 1300 多个速写本上的散仙人生。

考川美

跟《金蔷薇》里面的沙梅一样，柏林也是一名老兵。沙梅"在墨西哥战争时候，他在'小拿破仑'军团里当过兵"，柏林1978年考进四川美院工艺系之前，在云南我军11军喷火连当过兵。火喷得少，墨喷得多，因为他碰到一帮军中画家。"我是1970年的兵，后来又调去当文书，还画作战地图，给露天电影画幻灯片，什么烟熏法、水彩法，但最喜欢画油画，觉得很像。战友里面有一些画家，有些还是川美附中毕业的，画得很好；连我们从贵州山（川渝民间对贵州的俗称或昵称）来的排长，都写得一手毛体字。"

《解放军报》下来几个大画家到部队体验生活，陈玉先、董辰生，在柏林他们眼中，无不是神一样的人物。"他们飞起飞起随便甩几笔，在我眼中都不得了，我就想当画家了，开始每天画速写。"

1977年，部队不准考大学，他只好次年去，一去就考上了。77级3月入学，他们78级9月入学，上大课都在一个教室，两个年级有一箩筐后来非常著名的同学。"何多苓是油画系77级的，画得好腿（美院俚语，意为很棒）哟，腿得不得了，有一种忧伤的美。成都那边的和重庆这边的，有点两派的感觉，但我跟两边关系都不错，比如重庆的高小华，我们经历相似，都当过兵，一直关系好。"

川西坝子那泼（群）崽儿当时很抢风头。"何多苓又写小说，又踢足球，又拉手风琴；杨谦又会拉小提琴。成都崽儿文化品位高些，重庆的只晓得打架，罗中立会打篮球。我跟程丛林、罗中立都耍得好，他们的功底都很扎实，都画得很好。"

重庆这边的高小华，风头也足。"小华比较高傲，是全校第一个有录音机的，日本盒式的小三洋，当时叫'搓衣板'。我记

▎1979年，柏林（左1）和川美老师、同学在云南聂耳墓前

得我们放的第一盘磁带是'泡菜泡菜,来盘泡菜'。小华把录音机放在讲台上,砰的一声摁一下,录老师的课。"

高小华后来画出了名动江湖的一代名画《赶火车》。"他画《赶火车》的素材照片,还是我跟他一起去拍的。九龙坡火车站,有客车,有货车,从学校下去要十几分钟。当时美院只有坐4路电车可以进城,从杨家坪坐到山城电影院8分钱,我们一般走到滩子口再赶车,可以节约4分钱;还可以坐火车进城,在九龙坡火车站坐铁路上的通勤车,蹭到菜园坝。"

舔盘子

1982年,从美院毕业,为了磨炼自己,柏林当了一回叫花子。"我们到广州实习完了,回重庆那天,我和两个同学约定,今天把钱全拿出来吃完,一路讨口回重庆。结果他们在包包里头藏得有点钱,后来就坐车回去了,我还是决定一路画画,一路讨口回去。"

这个叫花子看上去很奇怪,身上背着一个当时非常贵重的相机,还背着一个画板。"一到吃饭的时候,我就到馆子站在别个后面,一等别人吃完,上去端起吃剩的盘子就一阵猛吃猛舔。也有人问我为啥子背个相机还讨饭,还建议我把相机卖了就有钱了。我不干,也没有说我是美院的学生,晚上就和真正的叫花子睡在街边边和车站。"

就这样一路讨到南京,实在没有办法,他只好找到码头上的人,说明自己是川美学生,要回去。"他们叫我去找领导,是一个副局长,他给我批了一个免票条子——五等散席,就是只发一床草席,自己到甲板上找地方睡。上水要七天七夜,我就天天拿起速写本画两岸走过的风景。"

副局长解决了船票,但没解决饭票。在船上,他继续舔盘子。"有一天,我到餐厅等别个把饭吃完了好去舔,有个女娃儿过来说他们多了一碗饭,要给我吃。她看我天天画画,头天没吃饭。我胡子长齐胸口,好久没洗澡,身上又臭又脏,但她没嫌我。"

船上的饭2角一碗,菜5分钱一份。"她是华西医大大二的学生,学医要读五年。她高大,漂亮,一身黑衣,戴着白花。原来她父亲出差,在南京遭自行车撞死了,他和哥哥、母亲过来奔丧,一家人就给了我一碗饭。"

在重庆下了船，他要回美院也没钱，只有先回北碚家里拿钱，但到北碚的车费也没有。"船上餐厅有个舀饭的，可能是炊事员，我没钱，他从来没给我舀过饭吃。但我下船的时候，他跟到我，走到票房买了一张北碚车票，1块2，又买了10支白冰糕捧给我，当时3分钱一支。"

一路上，他都在速写本上画各种人物。2012年四川美院77、78级校友30周年同学会上，他把同学们中的著名和非著名校友，每个人都画了一遍。"校庆嘛，大佬坐一排，程丛林一直没见到，这回又见到了，他已经是大神了，但还记得我。他讲完话，就把话筒拿给我讲。我说感谢院长给我们同学一个聚会，感谢程丛林把话筒递给我。我说我们当年在学校画画都很亡命，就像一群鸟，你飞得快一点，我飞得慢一点，但晚上都要回到黄桷坪这个榻榻（睡觉之地）。30年后，有的变成了鹰，有的变成鹦鹉，有的变成麻雀，变成麻雀的很多。变成靠画画养活自己的画家，不到20个人。现在多些了，一是退休了，有时间了；二是现在画画可以卖钱了。读美院都是画画的，但只有一半出去还是画家，这一半画家里面天天画画的，我算一个。"

散仙居

鹰、鹦鹉和麻雀，成了柏林画室的标配。柏林最大的画室，在四川合江。既是画室，更是一个散仙的村庄。"我是2011年去的，占地57亩，是一个废弃的学校。租了周围3亩耕地，种了两年谷子。雇农民拿牛耕地，120元一天，三犁三耙，一天给一包5元钱的烟，半斤酒，四顿饭。上午十点要打个腰台（也叫幺台。原指川渝农民栽秧挞谷季，在三顿正餐之间加的茶歇或简餐），要煮6到8个荷包蛋，加一瓢猪油。现在已涨到200元一天了，但牛草还是50元一斤。不打化肥农药，亩产只有400至500斤，绿色农业不得行，虫虫全来了。"

当年中学同学都"上山下乡"当知青时，他参了军；后来同学们都回城工作，现在差不多都退休了，他却来一个自我"上山下乡"，体验一下当知青的感觉。"山上，我去的时候光秃秃的，第一年种竹子，来得快；后来又种了香蕉、广柑、橘柑、橙子，喂了8只狗、100多只兔子、500只鸡，晚上，鸡全部上树。我吃素，朋友来了才杀鸡。鸡在草丛里面生蛋，过几天就带一群鸡娃出来了。"

他还扎扎实实养了几千只鸟。"我杀了一头猪切成块块，挂在树上喂鸟；种南瓜多了吃不完,就斩成坨坨煮了喂它们。生态越好,虫虫越多,雀雀也越多。我那里有一种鸟,名字叫'梁山伯与祝英台',尾长头小,灰、黑、红都有,成双成对。生下来三天就会飞,窝不高,蛋小,巴掌大的窝里面有四个蛋。我去看的时候,它们双双向我发起攻击,瞄准你,抛物投弹,一泡屎,刚好打在我眼睛位置,非常准。"

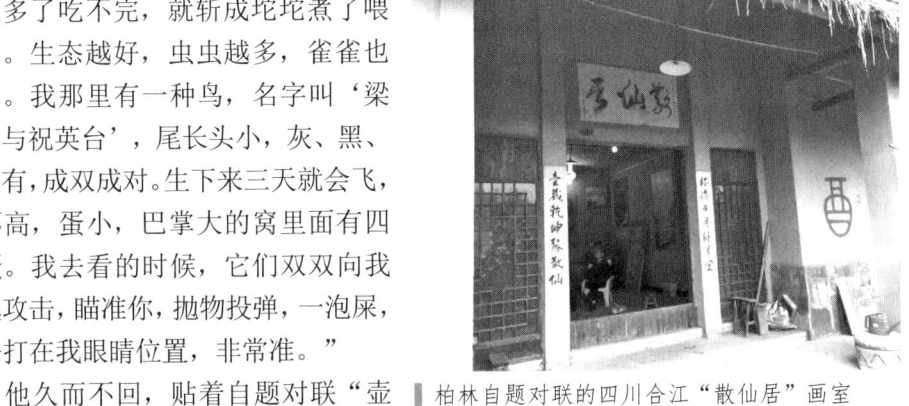

柏林自题对联的四川合江"散仙居"画室

他久而不回,贴着自题对联"壶藏乾坤聚仙气,杯隐日月卧草堂"的"散仙居"画室,经常是野花堵门、众鸟闹山。虽然他成了鸟司令,但是鸟儿和他还是保持着完美的警戒距离。"麻雀的警戒线是15米、白头翁20米、白鹤120米、山喳子200米、杜鹃400至500米、点水鹡鸰20至30米、相思鸟7至8米、隼4至5米、黑脸山雀3米、鹰300至400米、黄鹂300米左右。有些小山雀、驴粪蛋,又叫叽叽雀,我跟它们很近,它们都不飞。跟动物在一起,越到后来,就越不想跟人接触了。"

但在他的1300多个速写本上,除了鸟儿、花儿和其他风景,他画得最多的,还是人物。从甘肃白银会宁县一个已经消逝的村庄里几百个村民,到画室周围合江乡镇上的农民或村民,他最关心的还是人。

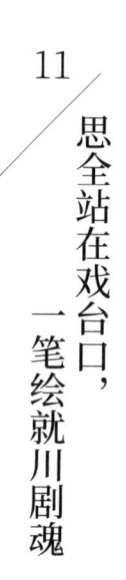

11 思全站在戏台口，一笔绘就川剧魂

口述人 龚思全
川剧脸谱及人物画家

重庆合川川剧团原美工龚思全先生,从小喜欢画香烟画片,曾在合川电影院画电影广告画。在合川川剧团当美工后,长年扎在舞台后面画川剧人物速写,练得一手绝活,成为川剧人物画大家。他大半生搜集整理川剧人物脸谱,完成了《川剧脸谱》("十一五"国家重点图书出版规划项目),属于川剧文化的重要文献。他也先后被评为"重庆市优秀民间艺术家"和"重庆市民间文艺大师"。

海报

龚思全1938年出生在合川一个小商人家庭,他的绘画生涯,是从临摹香烟小画片开始的。在合川城北凉亭子家中,他回忆道:"我老汉在塔耳门、苏家街都开过小铺买水烟、纸烟。我从小爱画画,当时的香烟,特别是香港、上海过来的烟,像'大前门'(英美烟草公司1916年推出的名烟)、'哈德门''老刀牌',烟盒里都夹了一张'洋画',像现在的名片大小,画的《三国》《水浒》《西游记》《封神榜》的传统故事。七八岁,我凑起了上万张'洋画',照着画。老汉打我,像打贼恁个打,他不晓得从哪里听说画画最不好,要灭门败家。他把我的'洋画'全部烧了,我哭了几天。"

初中毕业考起白沙的江津师专读了3年师范,1955年毕业到村小教书,又参军一年,龚思全1957年初转业回到合川久长街人民电影院当美工。"我是3个美工里面年纪最小的。电影院一年要画200多张海报,我一个人就画了190多张。画画既是我的工作,也是我的乐趣,我特别想画。"

龚思全从书房画案下面一个柜子里,抱出一摞1970年代的电影海报手绘小稿,都无片名标注,我们一起辨认:"这是中国的《青春之歌》(1959)、《红旗谱》（1960）、《尤三姐》（1963）；这是苏联的《母亲》（1926）、《乌克兰诗人谢甫琴科》（1951）、《静静的顿河》（1957）；还有法国的《红与黑》（1954）、南斯拉夫的《瓦尔特保卫萨拉热窝》（1977）。"

龚思全 1977 年临摹的《瓦尔特保卫萨拉热窝》电影海报小样

年代最近的当数 1977 年在中国公映的南斯拉夫游击队动作片《瓦尔特保卫萨拉热窝》。我非常激动，在我家里书桌上方，就挂着一张南斯拉夫波斯纳电影制片厂摄制、北影厂译制、中影公司发行的 1977 年原版条形海报。龚思全画的这张小样，是那张海报的主体部分，瓦尔特端着德式全金属结构的 MP40 冲锋枪，站在火车顶上向德国鬼子扫射。

临摹这些风格各异的电影海报，就像是龚思全的艺术课程，也相当于他最早公开发表的画作。"在色彩和造型上，苏联和东欧电影的海报，对我很有启发。当时的重点影片，要演一个月的那种，就画成两三米宽的油画；一般只演几天的片子，就画在纸上，要小一些。"

剧团

1958 年，龚思全调到合川川剧团，从画海报的电影院美工，成了画舞台布景的剧团美工。一个画家，就开始和川剧人物打成一片。戏外永远比戏内还要精彩，剧团比电影院水深得多，人物灵精古怪。他说："合川三江汇流，1949 年前，有三个川剧团常年演出。当时有一句话叫'北碚的电影合川的戏'，就是说有些电影，北碚比重庆都要先演；而我们合川，是川剧的一个戏窝子。"

川剧艺人的境遇也是两重天。"贫苦的演员，菜都吃不起，吃饭就要一碗咸菜杂汤喝。名角就不一样了，像罗素春，川剧名角傅三乾（1866—1950，川剧名丑，四川隆昌人）的徒弟，女小生，出门有自己的黄包车（人力车）。红火时，工资是一堆大洋，那个阵仗！当时，半块大洋可以包一个上等席。1949 年后，三个团合成一个团,她当了副团长。"

1949年后,合川三江还在流动,但角儿不再流动,就固定在一个团里。"川剧团一天演两场,票房还可以。有一年教育部门发不起工资,还找川剧团借钱。川剧团旧戏多,演的是伦理道德、因果报应。条纲戏也多,就是没剧本,只有一个大纲。比如说,书生上京赶考,病了打摆子,倒在别个大户人家的后花园,丫头看到了,就叫小姐来,小姐暗中相助,两人好上,遭老夫人发现,棒打鸳鸯。书生进京高中状元,打马游街,回来和小姐结成百年之好。演员就按这个条纲即兴表演。"

写生

龚思全从箱底翻出一大本临摹的舞台景片给我看,有话剧《万水千山》《上海屋檐下》《战斗的航程》《日出》的舞美设计。"1962年,重庆鹅岭公园开了一个西南舞台美术展,我就和团里的人,从合川上去参观、临摹。我没学过专业美工,特别珍惜这种学习机会。别人去会友,我背起面包、水壶,去展场临摹。当时没相机,要留点资料不容易,好在我喜欢画,就把自己喜欢的景片画了下来。"

20年后,他的偷师学艺有了结果。1982年,四川省首届"振兴川剧"调演,合川推的是一出新编历史剧《阚泽荐陆》,龚思全负责这台三国戏的舞美设计。"市里的人来审看,一问美工,只是个师范生,说重庆要搞这种大戏,美工都要从上海、北京请,你们这个美工,资格不行,建议干脆不要布景,演员直接演。但团里最后还是用的我的布景,重庆那些老几(哥们)着啥子急嘛!"

结果,这届川剧调演的两个舞美设计奖,一个给了自贡的《巴山秀才》,还有一个花

龚思全绘川剧人物《柴桑口》张飞

落合川的《阚泽荐陆》。"舞台美术一定不能画得花哨,画花哨了就把演出吞了,你的布景永远只能是配角,这是美工的本分。"

他还有一个"本分",就是站在台口边上,抱起一个速写本,画台上正在唱念做打的角儿。龚思全指着书架上层一叠尺把高的黄桑桑的纸页:"那些年画的上万张舞台速写,大部分都当发火柴烧了,只剩下这点点。"

梨园行有一句老话"唐三千,宋八百,写不尽的三列国",说的是旧戏题材之广;对龚思全来说,就是画不完的三列国。"平时我画了还给演员看,他们有时会说,这张穿戴不对,那张刀枪把子(川剧兵器道具总称"刀枪把子",操练这些道具的功夫叫"把子功")不对,下回我就画得更准确了。"

他的川剧人物画,一幅画一人,一人画一式,只一招一式,就得把剧中人物精气神传达出来。"画花脸,他一伸手的招式,叫虎爪,所以动作要画得大一些;画小花脸,和一些生角,就像现在流行的花样美男,可以画得闺媚一点。"

他曾经在家里挂了一面镜子,画的时候看看自己的表情和动作,揣摩人物的舞台感。有些人物,他只画了一个背影。背影其实是更神秘的表情,"因为我站在台口,只看得见演员的背影。背影更难画,我要画得让你看到人物的背影,就相当于看到了他的脸。"

脸谱

两大本宣纸精印的《川剧脸谱》共有800种脸谱,从几百位川剧老艺人处搜集而来,涉及几百出剧目,是龚思全大半生心血成果。他说:"五十年代(1950年代)有一天,我在《新观察》(杂志)看到有个介绍,洋人看京戏,花脸一上场,他们就兴奋。花脸的脸谱,他们太喜欢了。我就有了个心,开始搜集记录包公、曹操的脸谱,请教老艺人,为啥子这么画。"

他翻开《川剧脸谱》,随谱解评。"这是《飞云剑》陈仓女的脸谱,聊斋戏。陈仓是个宫女,吕后的丫头。吕后叫她杀韩信,最后成了个无天管、无地收的僵尸厉鬼,叫陈仓老魔。她是阴阳脸,一边是人,一边是鬼。她一出场,水袖遮鬼脸。川剧脸谱的脸色,也有讲究:红脸,忠义;黑的,刚直;绿色代表草莽;蓝色表示凶猛;金的银的,不是神仙,就是妖怪。以前的小说,一写到妖怪就是'面如蓝靛,发似朱砂',也是这个意思。"

1991年，龚思全到北京开画展，一位朋友鼓励他抱几张画去给著名文艺理论家王朝闻先生看看。"我晓得王先生，是个大人物。结果我去了，他很好一个人，喜欢我的画，鼓励我，还给我的画展题字'龚思全画川剧人物'。"

龚思全泡在戏里面，张口就是戏味。说到生活中的不甘心，也以戏曲人物打比方："我不服气哟，岳飞都要枪挑小梁王！我还要画下去。"从速写、水墨到脸谱，他的画，三江合流四季情，

龚思全绘制的川剧脸谱

一笔绘就川剧魂。当川剧的大锣大鼓和高腔垛板，被电影和电视的电声遮盖，他的画，为川剧收留和引渡无声的魂：十面埋伏楚歌乱，一声秋江打舟来。

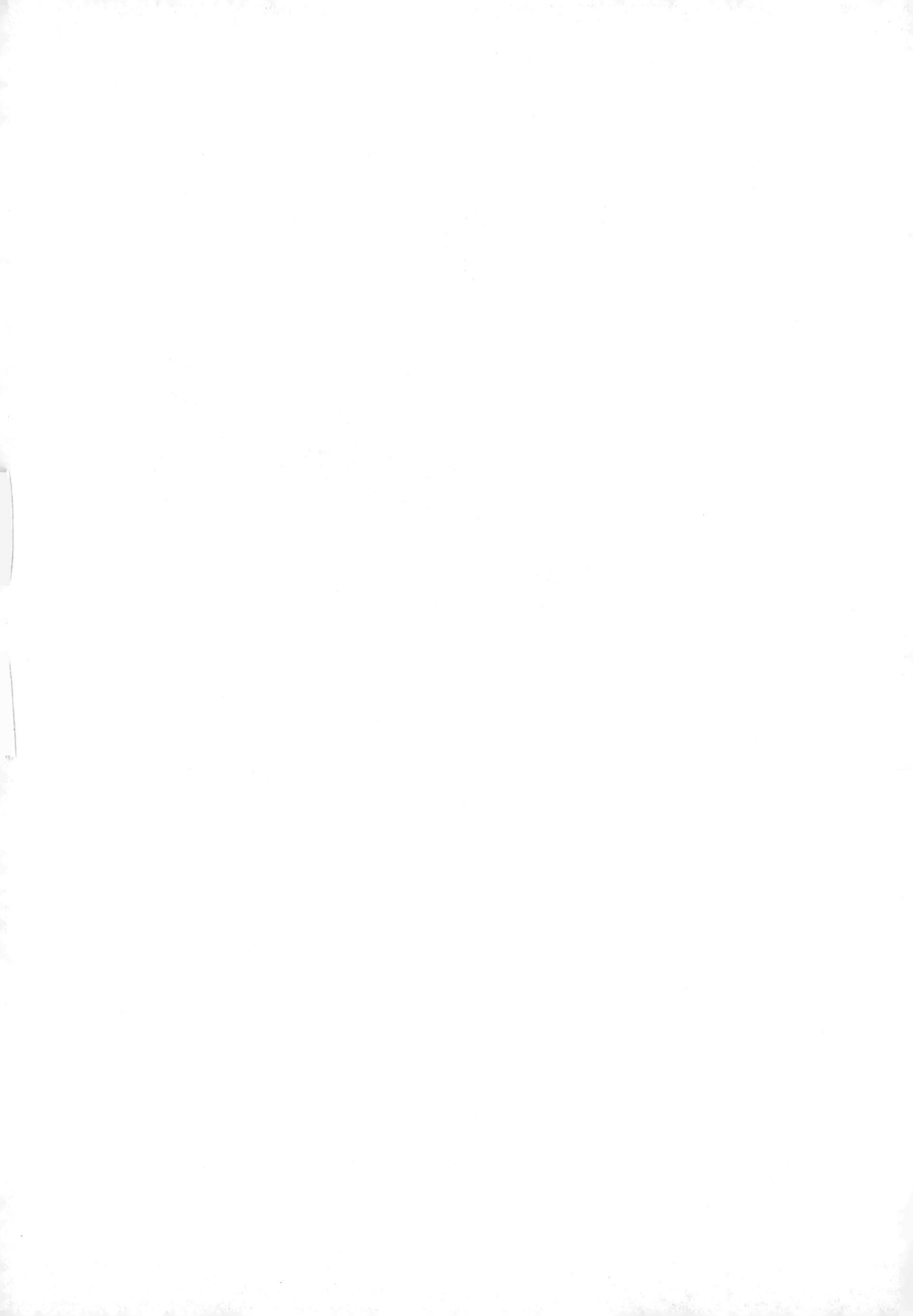

玖

江湖·巴山夜雨点点灯

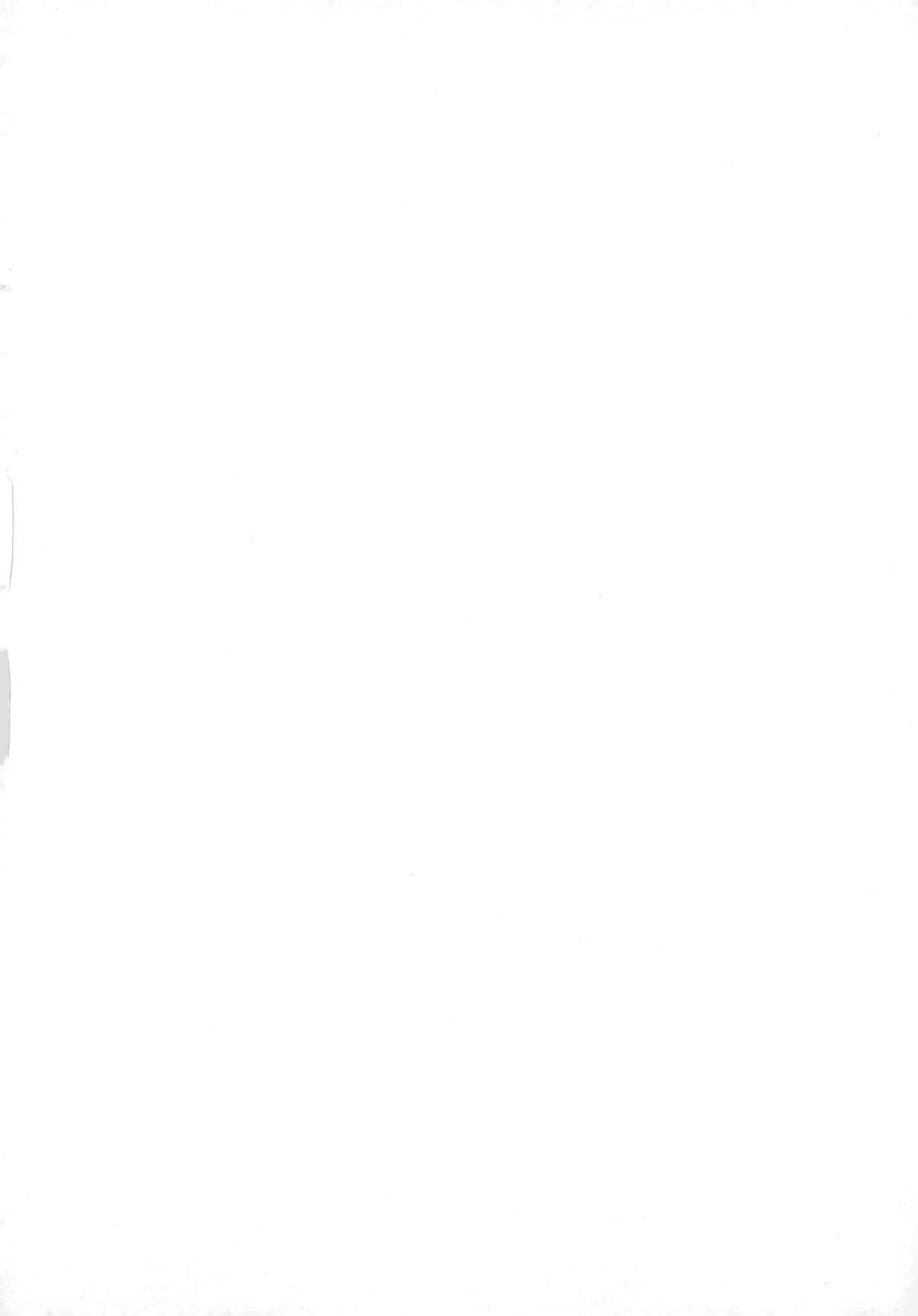

1 / 女抬工张素珍：下力也是一个技术活

口述人 张素珍
女抬工

86岁的张素珍婆婆坐在大儿子李正权（重庆知名作家、地名专家，著有《重庆地名杂谈》等书）家宽敞明亮的客厅里，抱着乖孙坤坤。谁也想不到，这位身材瘦小的婆婆，年轻时是临江门、朝天门码头能担扛200斤货物的女搬运工、女抬工。她说："我一辈子都是下大力。"谈起体力劳动的往事，她最多的感叹是"造孽"；最爱说"搞了好多名堂哟""要做才有，不做就没得"。张婆婆思维和记忆都很清楚，说话干净利落，性情爽朗大气。今天，从中学小女生到公司小白领都流行自嗨"女汉子"，哪晓得一位婆婆级真正女汉子的彪悍人生。

取名字

张婆婆的名字"素珍"是小时候自己取的，因为父母还没来得及给她取名字，就双双病逝。她说："我一岁，妈就害寒病死了，她大概二十几岁；我三岁，老汉也害寒病死了，大概三十几岁。寒病就是现在医生说的伤寒，那些年辰，寒病收人，多得很。发高烧，流鼻血，就那样死了，当时我们住在合川马鞍凼。十几岁的时候，我看别个都有名字，我没得，别人喊我张妹崽，我就给自己取了个张素珍，是不好听，但个个都恁个喊我了。"

父母走后，她跟着婆婆。六岁时，婆婆病死，家里再也没有人。李家院子的张婆婆看她孤女一个，就收留了她。"我就在院子各家屋头打流话王（打杂帮忙）。农村媳妇忙得很，年轻点的我喊姐姐、嫂嫂，老点的喊伯妈。那阵烧柴，灶门前离不得人，我帮她们烧火，她们就拿点饭给我吃。但遭她们妈、老汉看到了，就要遭骂，说'拿给她吃，你不吃呀'，还要给你倒了。那阵哟，老年人恶得很；年轻媳妇，没得恁个（这样）恶。"

有一天，院子头来了一个串门的李大嫂，她是本地人，嫁到重庆去了。大家就把素珍推给她说："这个妹儿乖得很，给她找个工作做嘛，到重庆去给别个带娃儿（当保姆）嘛。"

洗衣工

素珍就跟到李大嫂下来，没带娃儿，成了重庆最早的洗衣工。"我14岁，从合川坐半天下水船到千厮门盐码头上岸，就是现在南国大厦脚脚（楼底）。李大嫂的弟弟在千厮门认了一个亲戚，是一个广安的同姓大哥，我就跟广安大嫂在河边洗衣服。"

洗衣服得先去收脏衣服。"我跟大嫂去新兴市场（后来的群林商场）收衣服，过去都是长衫，也有短的学生蓝，那阵都是洋布了。一背篼一背篼背到河边，下那个新城门，梯坎好陡哟，站起好像都要倒下去。早上收了衣服就下河，要洗一两百人的衣服，晚上9点钟，都还在河头泡起。"

河边成了素珍在重庆最早的工作现场。"衣服在石板上摆开，刷子蘸一下肥皂脚子（细碎肥皂之液），挨一挨二刷。再把搓衣板搁在脚杆上，人就站在河头。衣服用手一搓，用水一透，就干净了。那阵的水比这阵的干净，不怕那个水，经常这里倒屎，那里倒尿，都比这阵干净。在河边洗衣服，冬天冷得很，所以我老了，双脚都疼，年轻时不痛。"

衣服洗完，背回去还要上浆晾晒。"做饭多掺点水，用米汤来浆衣服，穿起好看。浆了才晾，支起一根根大竿竿。那阵千厮门都是洗衣服的，一家一家的，晾起好多衣服哟。要是铺盖，冬天还要用枫炭火来烤干，因为别个要等到起盖。洗了两年多，我帮点忙，未必我还有工钱吗？大嫂收钱，我吃点饭，造孽得很，分钱没得。"

金箍子

带素珍到重庆的李大嫂有一个小叔子，在小什字一家漆器店做饭。大嫂见素珍勤快、聪明，就把她介绍给了小叔子。"我那个老头比我大十多岁，结婚那阵，他二十四，我十四。他老实，他哥哥嫂子说啷个，他就啷个。他分钱没得，结婚做酒的钱也是哥嫂出的,坐了十几桌。在中渡口(重庆沙坪坝嘉陵江石门渡口,现石门大桥下)做的酒。他哥哥还是好,我对他哥哥也好,后头他病了,我一直拿钱给他用。"

结了婚,老公在重庆新兴市场给老板当水杂工。"就是到朝天门河坝去担水,一挑水两百斤,还要推磨。我17岁生娃儿,没几天,就抽筋死了,没带起,就算了。但奶水又下来了,就去当了几个月的奶妈,给别个的娃儿喂奶,当时没得牛奶。还搞了些名堂哟,我们这个日子过得好恼火哟!"

日子本来就恼火哟,又碰到"九二火灾"(1949年9月2日发生于重庆东水门、朝天门、千厮门长江、嘉陵江沿岸著名火灾,长达18个小时)。"哎哟,那些人烧得哟,脸都烧泡了。有些人去找娃儿,遭吓到了,从死人堆堆头抱个猫儿喊幺儿,抱个枕头也喊幺儿,以为娃儿遭烧死了。我说你遇得到哟,又在喊幺儿!啥子幺儿嘛,枕头!我们在临江门石灰码头垫(租)房子住,没烧到,新历是九月二日,旧历是闰七月初七。好造孽哟!"

但也有让人高兴的事情,素珍有生以来,终于挣了第一笔钱。"老公回合川接婆婆,他本来在码头担石灰。他走了,我就顶替他的名字去担,担了一个月,我还买了一个金箍子。"

准确地说,金箍子是她用石灰、大米和打会的民间集资方法淘换来的。"当时私人要整房子,就来临江门石灰码头买一挑石灰,是一坨一坨的干石灰,扔到水头轰轰响。我就帮他挑到枣子岚垭(重庆渝中区地名,位于人民大礼堂北部),最远的可以挑到大坪。本来一挑是150斤,我就挑100斤。当时钱没得用,就给米,我又把米担回去,卖了就是钱。"

但这笔钱,还是买不到一个金箍子,她就去"打会"(也叫"打汇",是一种古老的民间无利息无保值集资法:三五好友,每人每月拿出一笔等量钱款放入资金池,每人轮月取用全部款子,急者即发起人先用,其余拈钩抓阄为序)"我打那个会,有10个人,我结头会,大家都要我办会酒,我就割了点肉,请他们吃了一顿。我拿起钱,就去会仙桥老凤祥,买了个金箍子。当时还买得到,好像是法币100万。10个月后,法币贬值,最后结会的人,买了个桔柑,就说我:'我

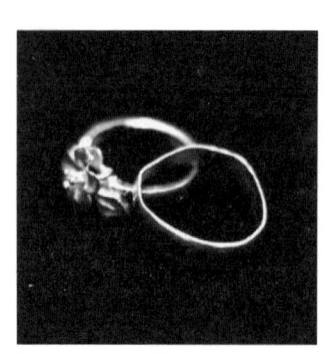

▎张素珍的金箍子

们结个会，你拿的钱买了个金箍子，我拿的钱只买得到个桔柑，笑死人。'当时那个钱没得用，地下甩起，墙头上巴起。我看到那些银行哟，这个垮了哭，那个垮了哭，所以我现在都不存钱。"

那个金箍子带着石灰的火热、大米的圆润和打会的戏剧性，一直传到现在。"我送给我儿媳妇了，他们又拿去加了点金子，打了两个箍子。"

女抬工

1949年后，张素珍先后在烟厂当过撕烟叶的工人，在大坪—歇台子—石桥铺—白马凼公路工地当过基建工，在嘉陵江大桥桥角角（引桥）挖过土，又调到三钢厂耐火材料车间磨矽石，还在冬笋坝罐头厂当过把"桔柑米米用夹子拈出来，筋筋撕下来"的季节工，也当过扎钢筋的工人。

她干得最重、最多、最自豪的活，还是抬工。问她干过较轻的活比如"担灰桶"（建筑工地湿料运送，一般由女工担任）没有，她有点不屑："我没啷个担灰桶，我抬砖！抬梁！跟男娃儿一起抬。这阵你看到我这个样子，想不到哈，我每天拿1块6角2分，是最高的，有些男娃儿都抬不到我恁个好。没得恁个简单，下力也要技术。脚要是没得技术，你一扯，我一扯，不扯去摔死个人呀。"

张素珍（右1）1958年在重庆大石路筑路工地

她亲眼看见前头一组就"扯去摔死个人"，在大阳沟水产公司附近搬装公司建房工地。"我们去除渣上跳板，两个女娃儿，我们一个队，她们在我头一步。她两个抬呀抬的，那个箩篼没上去，你一扯，我一扯，后头一个就扯到马路上摔死了。我听到那个脑壳哟，就像那个摔砂罐，啪地一声，我心想，遭了！我跟那天当班值勤的组长说'遭了，摔死了。'他说'你莫乱说。'我又说'你去看一下。'他又说'莫乱说，让她休息一下。'我说'再休息，就没得搞了哟。'他的意思是让她睡一下。我说'今天你去看一下，怕不对头！'"

还是没人管，素珍走了上去。"我去把她抱起来，抱在车子上，他们在车上接到，拉起走了。面上看不出来，伤口没得，里头像豆腐样，摔成渣渣了。她眼睛把我盯到，要死了，眼睛又不眨，把我盯到，我就怕。她比我小两岁，姓李，也是老䊵儿（老资格、资深员工）了。我的大儿都到农村（上山下乡当知青）了，她的娃儿也要到农村了，可她当天晚黑就死了。"

谈起那位同行在抬工技术上可能的失误，至今她仍很痛心。"上跳板，你一扯，我一扯，跳板扯，三头扯，两个都是女娃儿，别个是前杠，她抬的后杠，按理说还安全些。前杠一扯，后杠你骑马式站起，一只脚在前面，一只脚在后面，站稳了，扯不下去，哪得死？不晓得她是啷个站起的！"

素珍也到鬼门关里走过两遭。"第一次，在搬装公司挖防空洞，打的硬石头，我们除渣，我抬一箩片石，抬到竖井那里，一下子就昏了，他们马上把我吊上去，张医生给我打了强心针，救活了。"

到40多岁，她还能担200斤，还能扛铁皮捆的棉布包100公斤，上跳板，肩膀上垛，码起。"第二次，在冶金设计院工地，五层跳板，一下子垮了：跳板落到半边，我扛一捆席子150斤落到半边，我人落到半边。我以为我遭死了，结果又没摔到又没打到，第二天我又去上班了，命大。造孽，造孽，我最造孽，活了80多岁哟！我啷个活出来的哦！好不容易哦。"

（张素珍婆婆已于2019年8月13日因心肌衰竭逝世于重庆，享年89岁）

2 / 草根红学迷：《红楼梦》作者是陈洪绶、柳如是

口述人 孙维中
红学爱好者

孙维中坐在渝北水晶郦城家里客厅的沙发上,给我宣讲他的《红楼梦》新发现。有时,我插两句嘴,一不小心,涉及诸如"庚辰本"(即《脂砚斋重评石头记》,因有些分册封面书名下有1760年"庚辰秋月定本"或"庚辰秋定本"之注而得名。保存曹雪芹原文78回及脂砚斋批语2000多条,是最为珍贵的红学文献,今藏北大图书馆)、"索隐派"(最早的红学豪门,亦称旧红学派。试图通过《红楼梦》文本的"贾语村"——假语存,索解其背后的"甄士隐"——真事隐)、"考证派"(红学第一豪门,亦称新红学派,后来居上,与"索隐派"百年恩怨,仇深似海。开山祖师为"我的朋友胡适之";考证功夫的三大板斧为"作者、时间、版本",还枝生了曹学、脂学等分公司,大老板为胡适、俞平伯、周汝昌等)这些红学最基本的术语或"黑话",给我带路的两位老大姐(老孙的邻居和粉丝、小区中老年合唱团歌友和乒乓球队球友),立马把崇拜的眼光从老孙身上暂时移开,很惊奇地瞟了我一眼,然后相互对看,同声感叹:"哎呀,他也晓得这些咯!"

黄昏了,屋里暗下来,门开了,"爷爷!"一声小女孩突然的叫声,比三十一回(《红楼梦》第三十一回《撕扇子作千金一笑 因麒麟伏白首双星》)深处晴雯撕扇的声音还要脆亮。

5岁的孙女然然,学钢琴回来,面如满月,像史湘云一样娇憨、大方。在挂着粉色窗帘的书房,她搂着爷爷对我爆料:"这屋原来是我的,爷爷来了就成了他的书房,他还说宝玉是女的,三寸脚。爷爷一天都在说柳如是(1618—1664,本名杨爱,字如是,又称河东君,浙江嘉兴人,明末清初名妓诗人,"秦淮八艳"之一,后嫁明朝大才子钱谦益为妾)、陈洪绶(1599—1652,幼名莲子,号老莲,浙江绍兴诸暨人,明代著名书画家,尤工人物画),你看,这是我画的柳如是。"

一张白卡纸上,然然用水彩笔画的明代女诗人、一代名妓柳如是,有点国产动画片中美羊羊的味道，线条和色彩都很稚拙，就像爷爷书房床上、地上堆满的红学书籍，如外文出版社中文简体字版《绣像全本红楼梦》、重大出版社《柳如是诗词选集》和大众文艺社的《红楼梦诗词》，都是专业红学家少用的通俗普及版本，但谁说轻武器不可以玩重头戏？

迷红

这天，电视里东三省全都是阴霾天气，我很惊奇，这不是东三省的天空全部沦陷了吗？孙维中说："这不是第一次了。我搞过气象，东北多煤矿，有些地方就烧煤，冬天气压低，冷空气下压，煤烟上升，就在空中形成雾霾。"孙维中现在搞的是红楼气象，他觉得他的使命就是要驱散《红楼梦》语词表层的重重雾霾。

1968年孙维中从老家满洲里下乡当知青，到内蒙古呼伦贝尔大草原放牛放羊，3年后抽调到气象站、种子站上班。他们到草原时，看得见敖包（蒙古语音译词，原即人工堆积的木、石、土堆，有草原路标和界标之用，后亦寄托民间宗教的祭祀祈福功能），但当时的《敖包相会》"十五的月亮升上了天空啊"不能唱，还是小孙的老孙，就只能看《红楼梦》了。

老孙说："初中时，我就读过两次，读得稀里糊涂的，当看爱情小说。男的里面我最喜欢宝玉，他挺好玩的；女的喜欢宝钗。我很早就读出了一个问题：专家学者都说曹雪芹出生在南京，后来随父辈流放东北辽阳，十七八岁回北京。十七八岁是一个人语言形成的重要时期，但我在《红楼梦》里找不到东北方言，也找不到东北农村的风貌，挺纳闷的，也觉得作者不会是曹雪芹。"

退休移居重庆，这几年，当年落下的迷红"病根"又犯了，他想在《红楼梦》里读出一片新天地。"我把金陵十二钗按名字反复比配，看有什么效果。《红楼梦》讲究个'假作真时真亦假'，那好，东北也可以当西北解，赏花的赏也可念'尚'和'上'。他说上时我说下，他说东时我说西，告诉你全是假的！"《明朝那些事儿》的作者当年明月偶然写的一句话，成了他的动力，"他说，你千万不要把历史当真，按自己的理解来就成。小伙子真有意思，不到30岁，好家伙！"

孙维中像公安局并未批准营业的那种私家侦探一样，跟《红楼梦》干上了。"我老觉得《红楼梦》诗词，有个女的参与写了，她就是《红楼梦》的作者之一。这女的可能姓梅或柳、兰。今年夏天，我在仙女山（距重庆主城区180公里的武隆仙女山国家森林公园）给儿子打电话，叫他在这个上找。他说，这怎么找呀。他是不想找，说你整了多年了，整不出来。我气坏了，我来气了，我说这个女的，你给我在明末大诗人、大文人里面找，她最美，可能是妓女，你查一下当时最厉害的女人都有谁！"

儿子是学法律的，勉强想起一个，就说，有个叫柳如是的，差不多是你说的这种。"哎呀，我的妈呀！我眼前透亮了，眼泪一下就上来了，我想我终于破译了。我当时不是在仙女山避暑吗？你看'仙女山'这个地名：'仙女'，不就是柳如是嘛！"他考证出来的《红楼梦》另一个作者、明代大画家陈洪绶也有个号叫"老仙"和"山楼"。从人名到地名，他立马从中看出了一线神秘的呼应和缘分。

老孙原来是小区会所的乒乓球高手，一手国乒"竖拍直板、近台快攻"（国乒看家把式，一种站位近、击球早、球速快、动作小、效果狠的乒球刀法或流派）的绝活，还带了一帮徒弟；他也是社区中老年合唱团男高音声部的重要歌手。但自从转向"近台快攻"《红楼梦》之后，大家都看不到他的人影了。"我窝在家里破译《红楼梦》，每天睡两三个小时，一直坐着，屁股都磨出血了。但家里人都不大支持我，只有孙女支持我；岳母有文化，会画画，也支持我。从前读红楼，觉得很多话前不搭村，后不着店，都是疯话，听不明白；现在一看，凡不明不白的话，都是密码！"

红谜

老孙破解出的《红楼梦》作者是谁呢？他说："《红楼梦》第一回明明说了，这本书是'曹雪芹于悼红轩中披阅十载，增删五次'，那么多专家研究了两百多年，都没有搞清楚，这不明说曹雪芹不是作者，作者另有其人吗，这就是陈洪绶和柳如是呀！"

证据之一来自《红楼梦》开篇名诗"都云作者痴，谁解其中味？"老孙说："我有独解：'都'是大伙、大家参与的意思；'云'指杨云娟，是柳如是的原名；'作者'即'坐者'，打坐参禅者，就是和尚，陈洪绶明亡入云门寺当和尚，号悔僧、云门僧。'坐'字不是有两个人吗？也暗示作者有两个吧；'痴'，陈洪绶号'老迟''梅迟'。"

另外，"红楼梦"这个书名也是证据。"原来也曾有学者把'红'解为'杨云娟来自红楼'，'楼'指陈洪绶号'山楼'。但对'梦'字，我也有独解：'梦'字可拆为'死在林中'，历史上，陈洪绶和柳如是两人都是在林中死的。还是看画吧，他早画着呢。"他翻看一本陈洪绶画集，翻到《史实人物图》一幅，"你看，树下有个人，树上有个圈，《红楼梦》里有一句诗'玉带林中挂'，说的就是这个。"

红学史上，《红楼梦》还有一个大名鼎鼎的评家脂砚斋，在老孙看来，这也是可证陈洪绶即作者的重要证据。"给你讲，脂砚斋就是陈洪绶给大家的一个暗号，我拆字，让你惊讶一下：'脂砚斋'三字，大家说是人名，胡扯，不是人名，是一个暗号，拆开了就是'匕石文而见明'。告诉你，《红楼梦》很厉害，像匕首一样。你把《红楼梦》弄明白了，整个明朝你就明白了。《红楼梦》里面的人，你整我整，暗示东林党和阉党互整，后头清朝一来，大家都不整了，都被清朝整了，没声了。"

老孙还从《红楼梦》第四十回的七首《牙牌令》，看出了隐藏其中的明代16个皇帝的年号。比如第一首贾母牙牌令第一句"左边是张'天'——头上有青天"，"张"和"青"被他解成"张献忠"和"清朝"。我抬他一杠说：明朝第一个年号不是洪武吗？他马上翻开一部大中学生常用工具书《现代汉语词典》后面所附的"中国历代帝王年号表"说："你傻呀，他要连着写，不掉脑袋吗？'洪武'也有，这里面有个'文帝'，这个要反念，'文'就是'武'，这不就有了你说的'洪武'了吗？"

小青年贾瑞对熟女御姐——凤姐害上了单相思，被凤姐设计害死了。老孙说："贾瑞死前大叫'还我风月宝鉴'，大家知道《红楼梦》又名'风月宝鉴'，贾瑞为什么要说'还我风月宝鉴'呢？这也是陈洪绶下的一个暗号：《红楼梦》上没有署他的名字，是别人偷去了。所以他要借贾瑞的口说'还我名来'。"

孙维中从《红楼梦》七首《牙牌令》看出明代16个皇帝的年号

403

3 《二战纪实影像图典》：一个人推出的影像巨著

口述人 张海星
前渝州大学教师、射钉枪生产商

金蔷薇

张海星先生住在南山深处一幢墙上挂满中外黑白老照片的小楼里,阳光明亮,蜡梅芬芳。他说:"我的枪,20多年来,在重庆和全国,都排在前面,而且还打到马来西亚和埃及那边去了。"他是8卷本影像巨著《二战纪实影像图典》的主编和出版人。

他说的枪,不是《图典》中那些老枪,而是他作为企业家生产的射钉枪。张海星是1980年代重庆知识界非常活跃的老枪,当时他是渝州大学(现重庆工商大学二分之一前身)中文系的讲师,而大学讲师是那个年代最迷人的职业。

从青年时代的老照片看,张老师面容高贵,英俊得像他给学生们讲授的那些欧洲古典文学名著的男主人公:罗彻斯特(英国女作家夏洛蒂·勃朗特长篇小说《简·爱》)、于连(法国作家司汤达长篇小说《红与黑》)或威廉·麦斯特(德国诗人歌德长篇小说《威廉·麦斯特的学习时代》)。30多年后,一位当年的学生在微信中,回忆了"17岁那年的雨季",听"风趣幽默的张老师"在课堂上讲苏联作家巴乌斯托夫斯基《金蔷薇》名篇《珍贵的尘土》的情景。

张海星主编《二战纪实影像图典》中国卷(重庆出版社,2015)

那是老兵清洁工沙梅给一个少女祝福的故事,礼物是他用一辈子从金匠作坊尘土里搜集的金粉微粒,铸成了一朵金蔷薇。"那一幅幅'散居'在世界各地的老照片,不像尘土里的一粒粒金粉吗？它等待着有心人的收集打捞，汇集成册。张老师虽然离校多年，久不为人师，但却如同沙梅一般，不忘初心，日日耐心地捶打着属于自己的金蔷薇。对于曾经的学生来说，这是一件最好的礼物。今天得到它的人，有福了。"

包括美、苏、英、法、中、日、德和综合卷在内的 8 卷本《二战纪实影像图典》，就是张海星献给读者的"金蔷薇"。2015 年 12 月 31 日，中国卷上下册出炉。张海星说："中国卷和日本卷的图片质量，在 8 卷之中，比不上欧美诸国几卷的图片，这跟中日的工业和科技水平不如欧美有关。从技术上说，摄影是工业和科技水平的体现。中国当时连相机都是稀缺产品，而欧美军队特别是美军，还配有照相连。"

《中国卷》第 303 页上，美军通信兵第 164 照相连阿科曼中士的工作照，印证了他的说法：在滇缅公路上，阿科曼把重机枪一样的摄影机脚架，架在一辆保险杠上喷涂有"SOS 1040"字样的美式中吉普上，在车下，两个可爱的中国男孩的仰望中，拍摄纪录片。

1944 年 6 月 29 日，从桂林疏散撤出的美军运输车队，在距桂林 184 公里的 2 号渡口渡江时，这种美式中吉普跟其照相机一样，也属于当时工业和科技水平的最高体现，但也不得不开上中国农业时代的木船，靠船夫操着原始时期的竹篙用人力划动，这就是战争的混搭和幽默。

中国卷

在编者序言中，张海星表达了对二战影像记录者们的感激和遗憾：

> 我震惊于那场人类浩劫，有太多的历史瞬间被精确地记录下来，却长年躺在深海中不为人知。各国战地记者、美军摄影兵、身份各异的摄影师、携带相机的侵略军和形形色色的普通民众，他们在大战的烟山火海里，在无尽的战壕、废墟和难民潮中，出生入死，按下快门，让饱含细节的历史瞬间在另一种射击（shoot）后留在胶片上，然后被更多的人艰难地保存、冲印、获得、传递、整理、归档。一代代人呵护下来，直至扫描、打字、编码、上传……最后除极少数被印刷、展示外，绝

大多数照片沉没深海，无人问津。还有不可知的多少照片，被压在报社的库房、老屋的地下室、阁楼的箱底和废品站的老人遗物中，任凭时光飞逝，影像发黄，因偶然的机遇才有少数重见天日。

张海星发愿，将这些照片打捞出来，并以最精美的形式呈现给多数人看，这是一个耗费巨资、耐心和时间的历程。仅仅《中国卷》从开编到出版，已逾六年。"套书所需的图片，最初由高品图片公司提供，我们一口气购买了 2000 多张图片的使用权，把高品公司有关二战各国的纪实摄影几乎一网打尽。这些照片大多没在出版物中见过，质量上乘，精彩纷呈，似乎主要出自于训练有素的欧美战地记者或专业摄影兵之手。"

但这些图片中属于中国抗战的只有几十张，质量也有显著差距。"壮怀激烈的中国抗战，世界四大反法西斯战场之一，没想到影像见证如此零落。为搜寻《中国卷》的图片，我们足足花了两年多时间。"

这时，中国两大抗战影像大咖，向他伸出援助之手。"一位是台湾著名历史影像收藏家和出版家秦风先生。他记者出身，长期搜集出版抗战老照片，千金散尽，下足功夫，其成果无论产量或质量，都堪称第一。有了秦风老照片馆的鼎力支持与深度合作，《中国卷》所需的各方面图片及其构建的抗战脉络才具备了坚实的基础。"

2010 年，章东磐主编的《国家记忆》出版，这是从美国国家档案馆搜集整理的珍贵二战中国图片，轰动业界。"经朋友介绍，章先生他们那可敬的团队，将珍贵图片数据赠送给我，慷慨重义，令我感动不已。这批中缅印战场的照片出自美军专业摄影兵之手，成了《中国卷》影像最优秀的部分。还有一些重要帮助，来自广州集成图像公司授权的著名摄影家沙飞等人的系列照片，组成了延安和抗日敌后游击战场这个重要部分。加上从各图片社陆续补充的零星照片，《中国卷》的图像构成才真正丰厚饱满起来。"

老重庆

关于重庆的影像，是《中国卷》重要的部分。因为陪都也是盟国四大首都之

美军军需官验收军用食品——重庆爆米花

一，所以专门辟有"陪都重庆"一章，图像清晰，昔日重临。

面容英俊的周恩来，在曾家岩50号周公馆里，身着一件看上去较时尚的马裤呢中山装，简朴而柔软。他面带微笑，手势坚定，接待中外记者，阐述中共抗日政策。

"第一夫人"宋美龄，柳眉淡然，发髻精致，伏在一架美国胜家牌缝纫机上，为前线将士缝制征衣。

街上，两个重庆小乞丐，破衣烂衫，把当天讨得的几文饭钱，交到抗日劳军捐款台。

在一块画着石灰线的操场上，盟军中国战区参谋长、驻华美军指挥官魏德迈中将身着军装，为重庆警察部队举办的中美足球比赛开球，为中国伤兵筹款。

最有趣的是，1945年6月25日，重庆近郊，一位美军军需官，伸手接过军用物资厂厂长金小华撒在他手中的爆米花，检查这种军用物品合不合格。原来，爆米花也是中美军队的军需品。

国民党中宣部的翁先生，奉上一张版权支票给聂耳的母亲，其已故儿子作曲的一首电影插曲《义勇军进行曲》，被美国好莱坞米高梅公司买来用作另一部电影的插曲，那就是由美国女作家赛珍珠同名小说改编的中国抗战题材影片《龙种》（1945）。中国农妇，由好莱坞的凯瑟琳·赫本扮演。

重庆民间俗语有"大河没扣盖盖"的说法，但在河边，一群挑夫挑河水卖钱的木桶上，扣得有两个木盖盖；而1944年7月5日这天，臂佩袖标的美军宪兵利文斯顿，开着小吉普，在下半城执勤时，停车回答两名问路的美国士兵，他俩想过河。从他们身后房屋之间

好莱坞委托中国官员在重庆给聂耳母亲付《义勇军进行曲》版权使用费

408

1944年7月5日，美国宪兵利文斯顿在重庆市区驱车执勤，停车回答两名想过河的美国士兵的询问

1939年8月，一场日机轰炸后，两名女教师站在若瑟堂前的学校废墟上

的码头豁口，可以隔江望见南岸的山水。这里可能是望龙门码头，当时沿江房屋都没有封江，风景通透，不像现在。

专业感

专业感包括版权意识。在重庆老照片中，我们已经看到，1945年，好莱坞米高梅公司把插曲版权使用费，付给聂耳的妈妈；现在，张海星在重庆，把二战老照片的版权使用费，付往世界各地。

"我编这套书时，才明白了七十年来，为什么世界上关于二战的著作浩如烟海，却没有一部规模足够浩大恢弘的图册。太多经典史学著作中的插图模糊，不忍目睹，因为复杂难解的版权问题实在是一片具有震慑性的泥淖。为了本图典的质量，也为了高度尊重包含了许多劳动创造和原始资本的神圣版权，我一开始就选择了向具有授权资格的各图片社购买使用权。虽然费用巨大，但面对图书出版这个古老而崇高的文化事业，有世界大战这个永恒的主题项目，我甘愿走出第一步，冒此风险。"

4 两家姐妹淘，半个世纪情

口述人 田自容
十八冶员工

口述人 田自华
重庆外贸员工

口述人 郭素梅
川维厂员工

口述人 郭超英
重庆杂技团编导

2015年6月的一天，59岁的十八冶退休职工田自容，在微信朋友圈晒出田家姐妹和闺蜜郭家姐妹2015年和1966年新旧合影对比照，大家顿感惊艳。由于两张照片的人物排列没有一一对应，再加上当年都是两个大眼睛或小眼睛、两条大辫子或小辫子的漂亮姑娘，连衬衣的小方领都一样，谁跟谁是同一人，猜起来阴到是个体力活。我把眼睛都差点看成对眼了，甚至翻出幼儿园"找不同"的本领，最后硬是把加起来共237岁的四姐妹的新旧样子，全部对上号了，一个没错！后来，在田家妹妹田自容南岸茶园家里，按照1966年老照片的站位，我给欢聚一堂的两家姐妹照了一张对比照：姐妹花，嘻哈哈；两家亲，半世情。

田家

田家和郭家住家的地方，隔得很远。花开两家，我们先表田家。田家有三儿三女，61岁的田家姐姐田自华，是重庆市外贸退休职工，她说："我们住在二钢家属区大河沟废铁坝旧职员院子。我们屋头故事多，1957年我爸被打成右派后，只要一听到哪个说'地富反坏右'，我就周身发抖。"

在童家桥中学读书的田姐姐，一米七二的个子，要身材有身材，要成绩有成绩，篮球中锋，一双辫子粗又长。"部队到学校招文艺兵，看中我了，但政审没过，没走成；省篮球队招运动员，又看中我了，又是政审没过，又没去成；后来连支边也没去成。回家就哭，又埋怨爸爸'你啷个要害我们嘛？'"

田姐姐心气高，成绩好但读不到高中，要就业，决不进街道工业，死等都要等着进国营厂。"打倒'四人帮'后，爸爸平反了，组织上问他有什么要求，他说：'我娃儿遭我拖累太深，只要组织上给他们每人的学校正式去一封信，说我平反了，是好人。'"

爸爸平反当天，妈妈因突然兴奋引发疾病，过几天就逝世了。田姐姐去磁器口丝纺厂顶替妈妈，当了缫丝工，终于圆了国营大厂梦。"当时，我已经结婚了，怀了娃儿，没休息好，也没去检查，想不到肚皮头的娃儿越来越小，遭脐带缠死了。"这个蛮拼的年轻妈妈，获得了重庆市"青年突击手"称号，后来选拔到外贸当干部。

田家妹妹自容在学校里也是一个苦妹。"大家欺负我，墨水洒我背上，把蛇搁在我抽屉里。我就不跟大家接触，成了天棒槌（不务正业、好勇斗狠的市井之徒），就早恋，耍朋友。当时太小，全家都反对。我就跟男朋友说不要了，他很生气。有几天晚上都有人在山上用石头掷我们屋顶，大家猜可能是他。后来，我们结婚时，大家还是来了。大哥晚上还把两床被子送给我当嫁妆，原来是妈妈陪嫁给姐姐的，现在又给了我。"

郭家

再说一儿两女的郭家，住在学田湾104号原美军招待所的房子里，这里是重庆市府家属区，现已不存。郭家父亲郭明福是南下干部，任重庆市府交际处处长。

57岁的郭家妹妹郭超英，戴着时尚的手环和趾环，原来是重庆杂技团演员和编导，资深的蹬技女杰。她从小在干部子弟学校人民小学读书，1971年3月8日考进重庆杂技团。她说："我从小三个愿望，当电影演员、当兵、当医生。平时就喜欢表演，劈叉、下腰。父亲不许我学杂技，要我学乐器，说杂技苦。我说，学乐器也苦，而且你拉得再好，观众也看不到。因为当时，乐队在台下，不能在台上表演。在台湾的姨妈打电话问我妈'学杂技是在血盆里抓饭吃，你们吃不起饭吗？'我妈说'不是呀！她自己要去的。'父母不同意，还是哥哥、姐姐帮我把户口偷出来的。"

郭家家风严厉，但对子女的两件人生大事，却很宽松。"我们的婚姻和工作，家里都不干涉，只提建议。我爸说，只要你选择了，就不能放弃，哪怕一泡屎，你也要给我吞了。所以我们几个娃儿的工作和婚姻都是'从一而终'。"

18岁那年，郭妹妹耍了个男朋友，要过父母这一关。"他们要看政治面貌这些，我文化不高，晓得啷个硬是写了七篇纸的长信，吹捧男朋友的工人家庭。当时正好讲工人阶级领导一切，父母也没得说的；一看人，本分老实，就同意了。"

在杂技团，郭妹妹主科是蹬技，腿上功夫十分了得。"蹬技分轻蹬和重蹬，轻蹬就是蹬伞，重蹬就是蹬人、缸子和桌子。后来，我还表演魔术和顶技。在中国，只有我们重庆叫杂技艺术团，北京、上海都叫杂技团。我走遍大半个世界，日本、法国、瑞士、加拿大、苏联、奥地利、摩纳哥、阿根廷、墨西哥，还到印度尼西亚去教了三年杂技。"

郭妹妹和团员们，还参演过杂技电影《欢欢笑笑》。1981年的立体电影（现在叫3D）《欢欢笑笑》的女主角，跟郭妹妹一样是杂技演员，由当时的大美女韩月乔扮演。

两家

相隔那么远，职业和家境也不同的两家姐妹，为什么要得这样好呢？因为郭家外公、外婆，跟田家是邻居。60岁的郭家姐姐郭素梅，是川维厂退休职工。她说："我外公是二钢医院的文书，写得一手好字，当时叫写字工，和郭家对门适户（门窗相对）的。我们两家娃儿，从小就在一起耍。读书了，我和妹妹一放寒暑假，就先从牛角沱坐车到沙坪坝，2角钱，再从沙坪坝坐到石井坡二钢，1角2分钱。我们一拢，田家妈妈就开始给我们铺床。外公家里窄，没得床，我们就住在田家。"

郭妹妹打断姐姐："就是有床也要到田家屋头去睡，我们四个，啥子都要挤在一起整。晚上叽叽喳喳吹久了，没零食吃，一根泡豇豆，加点海椒面儿就吃，有时喝点酱油水都安逸。"田姐姐说："还有一调羹白糖，大家舔起吃；我妈炒的胡豆、豌豆，四个女儿，一人一份，一颗一颗地数，公平得很。"

洗澡也一起脱光光。郭妹妹说："我们屋头院子头有一个后阳沟，下午4点太阳要落山了，我们就一个端一盆水，挤在一起洗。洗澡的水，浇湿院子，晚上好乘凉。"

本着"远香近臭"的原则，打成一片的两家四姐妹，还要重新组合，划成两头。田姐姐说："我和郭妹妹又认成姐妹，是一头的；郭姐姐又和我妹妹认成姐妹，也是一头。哪两个要是吵架、打架了，一头的就来帮忙。我们去捡炭花就打过：一坨大炭花，我一刨，滚下去了，下面的就刨走了。我说是我的，她说是她的，两个就打。打架是真打，要打哭；打完了，一会儿就好了，是真好！"

田家姐妹，有时周末也应邀去学田湾郭家耍。田妹妹说："好不容易去一回，盼星星盼月亮，幸福惨了。头天晚上觉都睡不着。郭伯伯1米8，个子高，显得我好渺小。他拉着我的手，轻轻拍拍，表示欢迎我们。我仰看他，就觉得是电影头的中央首长一样。我们屋头的沙发是竹的，他们家的沙发是皮的，我们就在沙发上跳。"

田姐姐说："她们妈妈，从人民大礼堂给我们端菜回来吃，有时也自己做，包饺子、烙饼，还有河北大杂烩：大白菜、豆腐、粉条、番茄、茄子、豇豆煮一大锅，加甜酱，不吃饭。有一次走的时候，郭伯伯把一包'大前门'交给我，说是礼物，送给我爸爸抽。"

田家虽然是竹沙发，但沙发上方挂着田爸爸收集的字画和工艺品，这是郭家的皮沙发上没有的配置。还有，四姐妹有一张1976年春节在磁器口照相馆的合影，三个人围巾的围法都不一样，也跟田爸爸有关。郭姐姐说："我妹妹围的粉红纱巾，是高中毕业我跟父亲在北京友谊商店给妹妹买的。我们三个围巾的围法，都是田爸爸教的，他有文化，很讲究。"

拉郎配

四姐妹情窦初开后，摆的龙门阵就开始"拉郎配"了。田姐姐说："我们的方案是，把我和郭家哥哥兵海配成一对，又把郭妹妹和我弟弟志杰整成一家。"郭妹妹说："有一次，我哥哥兵海到外婆家，外婆喊他吃饭，他说吃对面田妈妈给他煮的荷包蛋就是女婿待遇。田家有一个大圆桌，很重。田妈妈就叫他，兵海，过来搬桌子，就像使唤女婿儿一样了。"

曾在潘家坪宾馆和中国驻巴基斯坦大使馆工作的郭哥哥兵海，当过重庆宾馆经理，小时候是四姐妹的偶像，一张嘴巴，天上的麻雀都哄得下来。郭妹妹说："只要他说话，我们就只有听的份。"田妹妹说："晚上歇凉，听他讲《一双绣花鞋》，吓得我们哇爪爪（极度惊恐）叫。"

但四姐妹"肥水不流外人田"的农业时代完美婚配方案，最后都落了空。郭妹妹说："本来想内部解决，结果都遭外部油碟搞着了。田姐姐和我哥兵海，这辈子手都没牵一下，没成；心想双方两个娃儿做成一对也好，但也没干成。最后，

1966-2015（相隔 49 年）两家姐妹同位合影
前排左起：田姐姐（田自华）、田妹妹（田自容）
后排左起：郭姐姐（郭素梅）、郭妹妹（郭超英）

怪了，现在田姐姐找的女婿，跟我哥的儿子同名同姓，都叫郭鹏，你说是不是喜剧嘛！"

到现在，当年相隔 3 角 2 分钱车程的两家姐妹，深厚友情有增无减。田姐姐说："每年我们都要聚一回。清明节在青草坡墓地给父母扫了墓，就在磁器口集中，最先是带着儿女，现在抱着孙子，我们每年都要照一张合影。"

（两家四姐妹中的田自华大姐，已于 2020 年因肺癌逝世于重庆，享年 67 岁）

5 涪陵城二小托儿所,有个『所花』叫刘晓庆

口述人 赖永勤
作家

"通远门城墙之内，金汤街俚巷之尾，西方使馆相继入驻，各国使节频繁往返。"渝中区新闻信息中心《渝中报》国家一级文学编辑、知名作家赖永勤先生撰写的《领事巷赋》，刻写在渝中区政府金汤街办公大楼对街的石壁浮雕上，成了领事巷的记忆之墙；而他内心的记忆之墙上，印着一幅上世纪50年代末在老家涪陵托儿所的"全家福"老照片：后来成为大明星的女同学刘晓庆，隔着五个同学和他站在一排。当时，大明星还只是个涪陵小小妹儿。

师生们

1950年代出生于重庆涪陵的赖永勤说："我们这个城关镇第二小学托儿所，简称城二小托儿所。当时，涪陵有两个好的托儿所，一个是县级机关托儿所，一个是地委机关托儿所，我们这个虽然是小学办的，但却很有名气。"

托儿所有一个小院子，夹竹桃、菊花、芭蕉、万年青、棕竹这些基本而美丽的乡土植物，环绕着孩子的欢声笑语。"教室里有一架管风琴，高得很，我们都是仰起头才看得到，有点像后来我在电影《金陵十三钗》里面看到的那种。教室全是木地板，果绿色的窗帘，小木椅坐板上还雕出了腿股的凹印，坐在上面很贴实，很舒服。吃得也好，午餐有肉丸子粉条麻花汤，还有饼干和半个橘柑。托儿所有两间教室，还有一个院坝，我们做游戏就在院坝里，隔壁不远有一个铁作社传出打铁的声音，叮叮当当响个不停。"

赖永勤想不到十多年后，他当知青回城，会进那个铁作社当铁匠打铁，好像十多年来，从幼儿园到铁作社，他只走了几步远。小时候，县上的干部、升斗小民、贩夫走卒的子女，在这个托儿所里"打"成一片，老师对他们也一视同仁。

涪陵城关镇第二小学托儿所全家福：前起3排左2为刘晓庆、左8为赖永勤

　　赖永勤对他认为社会等级并不森严的1950年代很动情：从前排那个坐在石头上扎着蝴蝶结的漂亮女老师舒明芬（前排右1）开始，他对托儿所这张"全家福"上的师生如数家珍。

　　舒老师出身于工商界望族，身着一件做工精致的初夏装，绸面上交织着深色暗花和浅色提花，领片、肩胸片和袖口都绲了边，脚上一双锃亮的男式高帮皮鞋，酷劲十足。"舒老师丈夫是地质队员，地质队员在当时是一个很浪漫的职业。她跳舞跳得好，教我们音乐、识字、礼貌和手工。"

　　后面那位女干部模样的女教师（前起4排右1），是城二小的校长，穿一件宽松的男式直条纹毛料西装，有大姐大的范儿。左边陈老师是保育员（前起3排左1），还教图画。"陈老师前面闭着眼睛站起的这崽儿，叫张仁全；陈老师的儿子也在我们班，叫苏解放（前起4排右8，翘衣领）。这两个崽儿后期混成涪陵城里两个小舵爷（原为船帮舵手尊称，后喻市井社团帮派老大），知青进城皮

418

包遭扒手摸了，公安没得线索，都要找他们才行。"

同学家里还有拉船、开茶馆的。"家里开茶馆那个叫刘大胜（前起2排右6抬手者），他老汉50岁才有了儿子，所以精心包装，你看他身上穿的是一套海军服，在当时是很时髦的童装；冷秀华（前排右7，小长辫）父亲是抄手大王，家里是涪陵著名的'冷抄手'，姐姐是川剧名角；后面偏着脑袋的是何建国（前起4排右7），父亲是雕刻印章的。建国爱画画，老师就鼓励他长大了当画家。"

还有几个从重庆下来的同学，赖永勤强调，从他们身上明显看得出来大城市的气质。"当时涪陵乌江航运，木船要换成机动船，黄建华（后排右9，挨着女生）的父亲，就是从重庆长航引进的领江。还有徐家渝（前排右9，白背心），听说他妈妈是解放前的《中央日报》的记者，爸爸是中美合作所的，当时在涪陵衡器社烧锅炉。"

有两个小伙伴后来成了赖永勤的苦憋兄弟伙。托儿所一墙之隔，那个火神庙改成的铁作社，1972年赖永勤知青回城，进去打了两年铁。"打锄头、镰刀、耙梳、锅铲。蒋永强（前起2排右4）和我一起进了铁器社。打铁没得前途，他叫着我的小名说'小毛，你要救我哟。'我当时也是苦瓜一条，哪个救他嘛。现在，永强已经去世了，走得早了点。"打铁之后，赖永勤又到涪陵电石厂（原来的石灰社）上过班，碰到杨天明（前起4排右4）。就这样，赖永勤和托儿所的难兄难弟，打铁红光闪闪，挑灰白粉扑扑。

这张照片来自当时班上的班花——现在涪陵生活的白玉（后排右6，扎蝴蝶结）。当时肯定人人都洗印了一张，但这么多年过去了，只有白玉手头还保存着这张新如白玉的老照片。

刘晓庆

"照片上这个院子，并不是我们的托儿所，而是照相馆。那天是'六一'节，我们在学校表演完了节目，老师带我们到隔壁托儿所不远的相馆里去照。"当时在班上，在县上，男同学赖永勤和女同学刘晓庆的家庭背景，相差不多。赖永勤的父亲是由工商望族背景而出任的副县长，刘晓庆的母亲刘辉华是涪陵一中校长。"我姐姐读的涪陵一中，她毕业证上，就签有刘晓庆妈妈的名字。"

刘晓庆后来也没忘记涪陵。她在1983年出版的自传《我的路》中写道：

我出生在四川涪陵。这是一个山清水秀的地方。后来移居成都,至今家还在此地。无论何时想起涪陵,总有一种深深的眷恋之情。那是我生命的摇篮,也是我艺术的摇篮。

中间隔着5个同学的刘晓庆和赖永勤

在班上,他俩算是最出色的。同学们分角色做遵守交通规则的游戏,有的演交警,有的演乘客。"演乘客的最舒服,可以坐在一架木头鸡公车上,我们大家推着走。班上只有两个'庆'可以演乘客:一个是身体不好的黄国庆;一个就是能歌善舞的刘晓庆。"

有一堂音乐课,穿着果绿色连衣裙的舒老师叫赖永勤起来唱一首歌。"我就唱起电影《上甘岭》的插曲《我的祖国》。刘晓庆在旁边很羡慕地看着我唱,表情和眼神好像在说,她也会。如果老师叫她来唱,她也唱得好。下课后,在教室一角,我看见她把裙摆一旋,跳起舞来,很快活的样子。"

刘晓庆的拿手节目是唱《五个女儿五朵花》,赖永勤说:"这是当时流行的苏联歌曲,诙谐幽默,也适合六个女生小合唱,这歌现在我都会唱:

集体农庄有个挤奶的老妈妈,她的名字叫瓦尔瓦拉达
过生日大小女儿都来看望她,姑娘们快快乐乐回娘家
这个老妈妈真正福气大,生了五个女儿五朵花
老大叫莎霞,老二叫娜塔莎,奥莲卡、布莲卡、阿廖卢什卡
最小的女儿叫娜佳,今年才十八

照完托儿所这张"全家福"不久,赖永勤就和刘晓庆升入城二小读小学一年级,两人还在一个班。

刘晓庆在班上属于最小的,赖永勤比她大一些。"我记得她经常可以从包包里头摸出一分、两分零用钱。当时,一分钱可以买很大一包瓜子。街边卖瓜子的,都把瓜子摊在桌上一小堆一小堆的。我看见她买的时候,趁老板不注意,伸手把旁边一堆瓜子刨点过来,我们就可以多吃一点了,小手很灵巧。"

有一次，他们要爬到山上一个公园去耍。"我们几个正在山间路上，山上有条黄牛，把一块石头掀了下来，从我们面前滚过，落到下面的溪沟。我们都吓了一跳，刘晓庆当然也吓了一跳，但并不像一般女生遭吓到起的样子。"

虽然刘晓庆在《我的路》中说"我小时候实在是一只'丑小鸭'"，但赖永勤还是记得晓庆同学留给他的最后印象"好漂亮"。

"那是一个冬天，大家在班上围着桌子用皱纹纸做花、翻花，刘晓庆边做边唱《戴花要戴大红花》。我在旁边，觉得她好漂亮。我作为一个男娃儿觉得女娃儿漂亮，那是第一次。结果第二天，她座位空起了，再也没来学校。老师说，她转学到成都了。我再次见到她，已是在电影里面了——1975（应为1977）年，西安（应为珠江）电影制片厂拍的《同志，感谢你》。小时候那个能歌善舞、聪明伶俐的女同学，已经在演电影了。"

后来，赖永勤又在一部一部电影里面看到她：《小花》《瞧这一家子》《神秘的大佛》《许茂和他的女儿们》《火烧圆明园》《芙蓉镇》，她就是大明星了。再后来，读到她的自传《我这八年》《从电影明星到亿万富姐儿》，她因偷税漏税，锒铛入狱，进过秦城，出来又在演电影、电视剧，这个女同学已是时代风云人物了。赖永勤说："我们涪陵这些老同学既为她担忧，又为她高兴。"

6 / 山城儿女黄珂、张迈：一个重庆味道，一个重庆声音

口述人 黄珂
黄门宴主

口述人 张迈
军旅歌手

黄珂从重庆解放碑洲际酒店29楼套房的卧室大窗，朝下面罗汉寺周围密集交错的楼群望了一眼，高大宽厚的身形，像罗汉寺的一尊罗汉或半扇大门，上午10点多钟的天光，挡了一半。他稍一转身，屋里亮多了。"重庆这些年修的高楼哟！"他说，"就像一帮厨师各自闷起脑壳整个人的菜。整完了端上来，你一坨，我一碗，你挡我，我遮他，没得一个对比和呼应，不讲搭配，不讲美感，又不好吃又不好看。"

这是2011年张迈"重庆声音"个人演唱会成功落幕的第二天，张迈正在客厅和一家周刊的两位小美女聊她的"重庆声音"，我和黄珂在这边叙旧，聊他的"重庆味道"。

我们上一次见面是1989年夏天，我和兄弟伙中海拔高达1米9的郭豫斌坐一班慢车从海口回渝。火车逢站必停，我们逢站必喝当地啤酒。江湖人称"重庆林语堂"的大郭在读一本林语堂的作品，有点拉肚子的我在读一本《霍乱时期的爱情》。在菜园坝一下火车，我们提着行李就直奔望龙门河街一家火锅店倒胃差，黄珂和店主郑进兄弟正等在那里给我们接风。

声音

2011年11月5日晚上，张迈演唱会一开始，央视老资格的主持人陈铎先生最先出场。在大礼堂灯光转暗的背景下，华发如雪，将全场照得一片明净。他曾来重庆《话说长江》，这天晚上，他又在"话说长江"，话说长江里的一朵浪花——张迈。她的重庆声音，唱出了音乐剧般的戏剧性和华丽感。

"我在家里，我在家里，这是我幼儿园时就站过的舞台，现在我回来了。如果妈妈还在,爸爸还没瘫痪,就更好了,"谢幕时分,满场观众浓浓乡情,依依不舍,张迈泣不成声,"你们回家吧,好好休息,睡个好觉,我也要休息一下了。"

演唱会操盘手黄珂说:"确实没有经济上的想法,我们只想为重庆歌唱。在北京听说重庆要办亚洲艺术节,身边一帮重庆崽儿就凑在我家,张迈、郭文景、梁芒、周迪、虹影、张一白、傅显舟,吃了好多流水席开了好多会,每人都分一摊事。郭文景本来要来指挥的,但最后胆囊炎发了要做手术,就没来。"

从前,小小张迈的土芭造型

张迈的"重庆声音"第一次在重庆响起,是那一年她作为18中的选手,参加重庆中小学普通话朗诵比赛获得中学第一名那天。"当天,我回家,啥子都没说,只是打开收音机,对爸爸说,今天收音机有好听的节目,你听嘛。然后就躲在一边偷看老爸的表情。我朗诵的是陶斯亮《一封终于发出的信》,书信体散文,当年最煽情了。老爸听了说:'这是你干的事呀!'"

在四川音乐学院上学后,她被选入全国首届大学生慰问团,到云南老山前线慰问"新时代最可爱的人"。"留着中不溜秋的短发,第一次穿上绿军装。有一个高地哨卡,很难爬,就我一个人爬上去了。我眼前只有两个战士,不远处的山谷里不时有冷枪响起。我唱《小草》《十五的月亮》《望星空》,通过军线传出去,各高地的战士都听到了。电话那边的回响,就像开了锅:'大学生万岁!''女大学生万岁!''妹子,

张迈在为我军最后的骑兵献唱

你是哪里人？'我说'我是重庆人！'"这是后来被誉为"士兵宝贝"军旅歌手张迈最早和兵结下的缘，也是她第一次把"重庆声音"撒向前线。

而这次"重庆声音"呢？张迈说："我们最原始的冲动，是希望出一两首好歌推广重庆，像《太阳岛上》和哈尔滨，《康定情歌》和康定。最后我唱新歌《重庆声音》，听到家乡观众那么热烈的掌声，心里感到宽慰，我们几个多年来在外地打拼的重庆人，总算是集聚身边的力量做了一件事。我和黄珂两个重庆城市形象推广大使，也给重庆有了一个小小的交代。"

味道

在重庆这边的老兄弟伙或老吃货的美食记忆里，马蹄街的黄珂也许是重庆最早在家里过圣诞节的崽儿，煎牛排，喝红酒。川外几个妹儿的评价是，他煎的牛排居然比国外的还好吃。

20多年过去了，马蹄街的黄珂变成了望京的黄珂，江湖人称当代孟尝君和柴进。黄家流水席的重庆英雄事迹，在已故著名诗人张枣主编、贾平凹题名、著名"二渠道"出版人杨长江兄弟推出的一本《黄珂——家宴天下，流水人生》中打了一个腰台。黄珂一声叹息："可惜张枣没能看到这本书的出版，里面他对我的访谈也成了他一生最后的文章。"

1980年代初，黄珂的土帅造型

就像调羹沦陷在浓汤里，这本封面很黄的书想必还潜伏着另一个副标题——"吃了黄家的嘴甜"，从李亚伟、芒克、虹影到张一白、阿野、老六，各路江湖"黄客"、资深吃货，都像小时候在中学语文课堂上"高声赞美白杨树"那样高声赞美黄家流水席。

因为在黄家吃饭，不像著名"黄客"吃货卿爷所说的"那种吃地段，吃空调，吃服务，吃地毯，吃转盘桌子"的CBD（重庆话译为"菜背兜"）饭局。这里不势利，没目的，嚯啰嚯啰，把饭菜整起就吃，吃个舒服，吃个通泰，吃个灿烂。

黄珂说："我只不过是把重庆的码头搬到了北京。所谓码头，其实就是一个

《黄珂》一书拉页局部，该拉页长1.5米，有近500张"黄客"留影

平台，向来来往往的人敞开。中国人吃喝在一起，才能交流，他们在这里碰撞思想和味蕾。我这个码头也是无心而为，经常是下午，我的手机响了，问我在不在，我说在，他们就来。我也不问你来不来，反正来了就吃。"

黄珂对外经营的系列餐馆叫"天下盐"。"这个是我和张枣坐在我家里，想了几天才想出来的，是《圣经》里的话'你们是天下的盐。'张枣说在纽约，有个馆子叫'一碟盐'。盐卑贱、海边、地下，到处都有，价格低廉；但另一面，盐又圣洁，从不腐败，还可以帮你清除腐败，比如揽（腌）了盐的肉，就不会烂。一道菜可以不酸不甜，但不能没有盐。"

盐具备一个圣徒的本质，既卑贱又高贵。当时碰巧《南方人物周刊》做了一个"四川人是天下的盐"专题，说的是在当代艺术界，各个领域都离不开四川人，就像在菜里面离不开盐。所以黄珂就"天下盐"了，他说："既卑贱又高贵，也是我这个人的特征，重庆味道也是我的生活方式。"

家常

黄珂妈妈是成都妹儿，爸爸是重庆崽儿，成渝一家亲。现在父母已走，有一个哥哥在成都。黄珂现在和重庆在地理和心理上的联系，就是马蹄街的房子和重庆味道的菜。

著名作曲家郭文景和黄珂一样，从小就住在重庆下半城河街望龙门二府衙一带。"现在他一到我这里吃到青菜头，就叫起来'这是杨孃孃的味道，我吃到小时候的味道了。'杨孃孃是小时候我们家做饭的保姆。我家的饭菜，都是四川、重庆的家常菜。回锅肉是我们的精华，每回炒出来，都一抢而空。"

黄珂现在回重庆最想吃的，是小面。"必须是街边的小面，在我家里，油茶、豌杂面、担担面，都整过，还个人点豆花。好多人，从西三环、西四环，绕都要绕起来吃。"现在家里的菜，都是他教保姆在做，有时也可以碰到"天下盐"的首席诗厨二毛回来炒回锅肉表演。

黄家菜的特点是家常菜、诗人菜、江湖菜。每次回重庆，朋友们都要给黄珂报告新的江湖菜。"江湖菜的特点就是乱整，我也有乱整的。比如我家有一个菜叫'随便整'，就是把毛肚、黄喉、肉片、大量海椒、大量花椒，一阵猛炒，但不是火锅。重庆火锅就是最大的江湖菜，但从美食精神来说，火锅是不对的，一万种食材丢进去，出来全是一个火锅味。"

黄珂现在不忧国忧民，但忧鱼忧鸡。他有一个发现：现在不管是鸡肉还是鱼肉，食材的本味都发生了变化。"鸡和鱼，过去随便哪个做都好吃，本身就鲜美，但现在的鸡和鱼都是饲料速成养成的，只能用江湖菜的做法，来掩盖它的味道，你才能吃下去。比如辣子鸡，你吃的究竟是辣子还是鸡，只有天晓得。味道的浓烈掩盖食材的退化，又加上现在人的口味越来越开放，麻辣刺激，越来越被接受。所以在北京，川菜最好卖。"

传奇

从马蹄街的黄珂到望京的黄珂，"50后"的黄珂，经过严冬的人，最知道春天的温暖；饱受过饥饿的崽儿，对食物尤其珍惜。"现在我们家流水席要是剩了半碗饭，我都要喊他们放冰箱，倒了可惜。"他珍惜的，还有客人。"我觉得我骨子里就是老农民习惯，来了一个人，就觉得是贵客，一定要款待，家里最好的腊肉马上翻起出来煮起，因为这个人可能永远都见不着了。草原上的老牧民也是这样待客的。"

"非典"期间，整个北京的馆子都关了，外面吃不到饭，来黄家吃饭的人越来越多，法国、日本、德国来的客人都觉得好奇怪。"有一天，来了一个老外，奥运会的马术冠军，他们一到北京，就遭整起去吃烤鸭和涮羊肉。来我家吃了重庆家常菜，觉得好吃得要命。"有天晚上，著名诗人杨炼带了12个英国最好的诗人到黄家吃饭喝酒，通宵达旦。他们从未到过重庆，但重庆菜热烈、神奇，重庆人那样豪爽好客，他们一下子就感受到重庆味道。

话说有一天，中国餐饮协会一个秘书长，组团人民大会堂、北京饭店、钓鱼台国宾馆厨师长和北京奥运会餐饮总监等餐饮豪门共9尊掌勺大佬，膀大腰圆，气场逼人，慕名杀向黄家检查伙食。这个阵仗，好比金庸武侠世界里面的少林、峨眉、武当、逍遥、天山、明教、丐帮和七大门派，联袂踢馆。

黄珂说："主菜我给他们整的是一个老四川风味的牛肉汤，经典老版本，但肯定要有一点变化，我就炖了一点莴笋头进去，蘸重庆家常风味的豆瓣碟碟，配菜是凉拌三丝、折耳根之类的。"这九位爷什么没有吃过呀，结果吃完嘴巴一抹，撂下一句话：美食在民间，重庆人太厉害！

流水

黄珂正在筹备一部30集的《流水席》电视系列剧，"张国立演我，姚晨演做菜的保姆，暂定。宁财神、顾小白、野夫、霍昕、杨典等兄弟伙编剧，跟华谊兄弟合作。形形色色的中国人聚在我家整伙食，十几年来，回锅肉都吃脱了几十个养猪场，'诗仙太白'都喝干了几十个游泳池，我家里的情况，就是当下中国的一个众生相。"

为什么北京人这么多年，没出一个黄珂？为什么台湾人那么多年，也没出一个黄珂？为什么是一个重庆人？这是台湾著名主持人陈文倩抱起机器来黄家采访后，一发三连问。

从马蹄街的黄珂，到望京的黄珂；从18中的张迈，到战友文工团的张迈，两个都是重庆城市形象推广大使：一个重庆崽儿，一个重庆妹儿；一个重庆味道，一个重庆声音。张迈的声音很有重庆味道；而黄珂的味道，更是一种很重庆的声音。

黄门流水席现场，黄珂左手边为"今天"派著名诗人芒克

7 / 川江号子：『大河涨水小河浑，捡个鸭蛋有半斤』

口述人 田洪光
重庆市水上运输公司员工

田洪光《死了没埋的人》（作家出版社，2008）

2008年，重庆市水上运输公司老水手田洪光创作的55万字长篇小说《死了没埋的人》，是继1980年代武汉船工作家鄢国培推出《长江三部曲》之后，重庆船工作家推出的又一部长江航运史诗。

田洪光老爷子写小说的电脑紧靠卧室窗边，侧身一望，菜园坝长江大桥下的珊瑚坝泡在浑黄的江水中，只露出绿幽幽的一片拱顶。"珊瑚坝淹完，就是10丈水，菜园坝横沙坝那里就是10.5丈。所以弄船要看横沙坝儿。"老爷子看着他大半辈子"血盆里面抓饭吃"的河道，纵谈水位。2009年，这位动过一次癌症手术的川江老水手加入了重庆作协，把该协平均年龄上浮到了一个新水位。

他本身的年龄记录也是两个水位：身份证上生于1924年，实际生于1928年，当初为了工作，做了改动。吭哧吭哧写出的《死了没埋的人》——一部川江水手的苦难史诗出版后，老爷子又打算写第二季。

小说

田洪光用圆珠笔写的《死了没埋的人》手稿，100多万字，用塑料袋包着悬吊吊地放在临江窗户上端的木板上。这都是早年在船上养成的搁东西的习惯，船舱狭窄，东西只能塞在夹缝里，挂在钩子上。现在家里墙上，也到处挂着铁丝钩子。

电脑边一个铁丝钩上锈得发黄的铁夹子，夹着这本书的某一稿稿纸，现在他

用来揩鼻涕；旁边桌上，放着女儿给他买的上好的卷纸，但他不用，说太软了，揩起不舒服，要硬的。

老爷子左脚风湿，自己泡药酒来治。他从电

田洪光在家里写作的角落　《死了没埋的人》手稿

视机下的柜子扯出几个自己用报纸糊的药袋，有一个上面还可以看见"奥巴马和美女助手传出暧昧绯闻"的标题。"这是曼陀罗花、川乌、草乌、人头发（乌头）、雪上一支蒿、水黄连、栗壳，泡药酒劲大哟！——呃，能不能不说我要写续集的事，因为还要写十多年，怕写不完，不好意思。"

悬吊吊的电脑桌板上放着的一本自制的五笔生难字速查本，证明田洪光可能是重庆写作最艰难的作家。他不会拼音，只能打五笔。有很多生难字不好拆，他就按1957年在文化宫学的四川清音韵脚诗"二月桃花落水面，楼台倒映弄池堂"，把生难字按音韵分别排列在里面，100多万字的手稿，他就是这样边查边打整完的。

"续集情节是接到《死了没埋的人》，人物也是那几个崽儿，还加了几个新的。一开头就是'九二火灾'，船老板不让停船，但郭宝驾长把船停了，让灾民爬上去，把铺盖甩上去。风往哪边吹，火就往哪边烧，郭宝他们的船开到磨儿石，船上装的汽油桶，一烧起来就要炸，水手都吓得想跳河。郭宝说'哪个跑，我拍死哪个。'他把船尾子对到磨儿石趸船，把打湿的铺盖包到起船尾，火就熄了。"

郭宝是老爷子塑造的男一号。1949年后，邓小平派西南服务团的人来码头给船工登记，选干部。"码头上的人，摸包贼（扒手）、天棒（也叫天棒槌，指不务正业、好勇斗狠的市井之徒）、无赖、端盘子（跑堂）的、扎场子（帮闲或助威）的、当吼班（川剧术语，相对于乐班、唱班，即高腔中的帮腔，喻为打帮腔、打干帮或附和别人）的、卖粑粑饼饼的、摆摊的，啥子人都有，西南服务团要求船工干部是真正弄船的人、历史清白的人，所以老板、把头就没选上，郭宝选上了，负责码头上的镇反运动，还是单位戒烟所所长。"

当时，戒烟是一个大事情。"抽鸦片的人太多了，那些人歪得很。有一个姓李的人，人都死了，名字我就不说了。他有时穿起一个大裤子，跑到我们的棉花船上来屙屎。屙的时候，双手就扯棉包里面的棉花，塞在他的大裤子里面，每回都要扯好多走。'千厮门，花包子，白如雪银'，船上有的是棉花。这种人无赖，我们都怕他，连把头都怕他。"

郭宝可能有点田老爷子自身的影子，我问他是不是？老爷子笑了笑，一篙竿岔开话题："郭宝，就是'国宝'，但要打个问号，他算不算国宝？续集将写到郭宝90岁生日，重庆最后一帮会唱川江号子的老头碰在一起，从此，川江号子绝矣。"

弄船

田洪光老家在长江边的忠县，5岁就跟着父亲在老家河边弄船。"我们小时候在河边，经常去捡船上蒿竿上落下来的铁尖尖，是桡夫撑船在石头缝缝里面拗脱的，那阵铁器贵，拿起来打镰刀、锄头正好。后来，我就上船，跑得更远了。常年从重庆跑宜昌的老桡夫、老驾，1960年以后都老死得差不多了，我们当初上船，算是小辈了。"

从前，有"装不完的重庆，填不满的上海"之说。"天府之国东西多。重庆船老板分两种：一种是有钱的翘脚老板，买旧船，修一下，把缝抹了，桐油刷了，货运到汉口，把货一卸了，把船也卖了。因为重庆的木头、桐油、人工都便宜，这种老板是外行；真正的老板是船户出身，晓得船的金贵，买好船，货运到上海，又回来，是内行。"

不管是到上海，还是回重庆，川江不亚于蜀道难。三峡两岸无路可走，就拉不起纤，只有等风来。"上风来了走上水，下风来了走下水。有时等风一等就是十天半月；有时正等上风，上风来了，就开船，但开到一半，上风又转下风，就惨了。"

最惨的还是他们称之为"背砂锅"的情况。"那种翘脚老板的船，在宜昌连船带货一起卖了，就不要人了；真正老板的船，回来是空船，也要不到这么多人。散伙的船工就只好背起砂锅，在宜昌过河，走山路爬悬崖回重庆。路上没店没码头，走饿了，取三块石头，取下砂锅，抓两把米，捡几块柴，生火煮饭。"

背上的棕包裹起铺盖卷和换洗衣服，砂锅就背在棕包上。"有时，一个扑爬（踉跄、筋斗），砂锅就打破了。路上有时也住店，盖的是嫩谷草；吃饭盐巴贵，店主拿出一根篾条，上面凝了几坨锅巴盐，你给一个铜板，他就在你的汤里氽一下，给两个，就氽两下。这就是盐味。"

"下水推，上水拉，拉到1955年，屁股后头才冒烟了。"老爷子说的"冒烟"，就是航运实现机动化了。"1959年到1960年，川江船全部冒烟了。当时，你屁股后头冒不冒烟，是一个非常吃皮的指标，徒弟崽儿、小丘二，都从木船变成屁股后面冒烟的了。"

妻女

大女儿田家是知名画家和摄影家，曾任重庆晨报摄影美术部主任。她的出生地，就是田洪光在菜园坝码头临江而停的船屋。后来，家里的房子逐渐往后移，生活也越来越好。但小时候的情景至今常入梦来。"菜园坝街道叫烂泥湾，一涨水，洪水就漫进屋子，外面经常听到野猫、野狗叫，还有蛇。家里屋子窄，爸爸就用木头搭了一个阳台，我和弟娃权儿踩上去，都怕阳台垮了。"

田老爷子的老伴插话反驳女儿："唨个会嘛，是好厚的船板做的哟。"看得出，她最信任丈夫，但老爷子当初娶她却有点不情不愿。

田老爷子原来结过婚，老婆生下女儿就病逝，不久，女儿也去了。家乡有一个名叫任九思的漂亮姑娘，富农出身，嫁给一个地主，地主病死，经人介绍，再嫁小田。

大女儿说："我们老汉还嫌我妈成分不好，不想要。码头上的兄弟伙看到都说：

田洪光、任九思夫妇在家里坐在1953年的结婚照下

'恁个乖的妹儿，你娃不要，我们要了哟。'他才赶忙要了。"

但当年那个田胖娃至今心潮难平："我蹦得凶得很，当时我一看她的成分是地主，心想，我这一辈子完了，所以，只当了个工会副主席……"

虽然老伴为了证明自己，半夜三点就起来扫大街。但大女儿在30中上学当班长，还是有人揭发说，地主的子女不能领导工人阶级的子女。为了儿女的前途，老爷子打算离婚。大女儿说："爸爸、妈妈为了尽快离脱，对我们好，都教我们说'法院来人问，你们就说全部都愿意跟到爸爸。'结果法院来人一看，都觉得我们五个娃儿好造孽，最后还是没离成。"

老爷子脾气不好，打女儿打得最凶的一次，用皮带抽。大女儿说："破'四旧'。地段干部挨家抄书，问我妈妈有没得，妈妈说没得，我傻戳戳地说有，还带他们打开爸爸的一柜子书，背走了几背篼。老汉跑船回来一看，这不要了他的命呀！用皮带抽我。"

但大女儿后来才晓得，小时候老爸经常念叨的"字是打门锤"，恶狠狠地要他们练字，是多么重要。"我支边到云南，在农场当文书，不那么苦，就是因为我字写得好。这都是因为小时候老汉常带我们去看大字报，说写字要横平竖直，要我们练字。我写得好，还奖5分钱给我去买兔脑壳吃。"

老爷子说："我还是整过人的。老婆是地主成分，我遭牵连，就成了落后分子。在船上，有个叫雷长安的大汉，一天就把嘴巴搁在我身上，说老子这不对，那不对。我打不赢他，一次，捡了一块鹅卵石，捏在手板心，朝他手膀子砸去。砸完就把鹅卵石甩了，他惨叫一声，没看见鹅卵石，还以为我的锭子大，再也不敢夹磨我了。他的伤，还是吃了几服中药才好的。"

二胡

老爷子手边，放着几份用自己体检B超报告做封面的油印乐谱，是他们重庆市水上交通运输公司洪流业余文工团1960年7月25日翻印的。大女儿说："当时工会演节目，幕没拉开，只听见里面有几个人，吹口琴、拉二胡、拉提琴。幕一拉开，原来只是我们老汉一个人。他一个人可以同时拉二胡，吹口琴。"

老爷子小时候就嗨过大爷，辈分还嗨得很高。"仁、义、礼、智、信五个堂口，因为我是学生，就嗨'讲礼讲法，社会贤达'的仁字辈。老汉是弄船的，嗨的是义字辈，我比我老汉嗨得都高。喊我去堂口演唱：'我老爷，要请客，要请什么客，要请那学而时习之的客'，这是对读书人说的；'要请客，仁字宾朋、义字宾朋、礼字宾朋、智字宾朋、信字宾朋，请他来，讲内容，内容怎么讲？忠勇可风，孝勇可忠，分担患难，社会大同。'这是收徒入口、请客时说的。这些相当于本单位的文娱活动，演一下戏。"

田洪光从小口齿伶俐，在大河（长江）小河（嘉陵江）的朝天门、菜园坝、千厮门三个大码头都待过，还拉得一手在船上学的二胡。"煮饭的时候，就拉琴，杀鸡杀鸭，也会一点，《东方红》《社会主义好》《北风吹》。"

1950年初"清匪反霸"，老爷子还记得那些把头的名字。"朝天门枪毙李树云，南岸是冉麒麟，千厮门是周德财，三个大把头。我们还排过一个小剧《枪毙李树云》，我演个卖唱的，还演一个剃头匠的兄弟，恶霸强奸了他的嫂嫂。"

他还被派到文化馆去学琴，本来想学小提琴，结果分到中提琴。"学弓法、五线谱、简谱和节拍。哪里会拉外国的哟，中国的都没学会，就拉《正月里来是新春》，就是《孟姜女哭长城》那个调调。"

到文化馆还要学跳交谊舞，但找不到女舞伴。"那些人瞧不起我们船夫子、扯船子。和我一起去的李国富，扯起一根长板凳，把板凳脚脚叉在个人身上，抱起板凳跳，我吹口琴给他伴奏。我们穿的草鞋，他们舞场水磨石地板上打的滑石粉，都遭我们踩光了。我们水流沙坝的，阴到千翻，又不怕遭别个笑。"

老爷子人生有三大遗憾："一是在千厮门码头炮台街，学骑自行车，本来都学得可以了，但突然调到菜园坝拖轮队，再没骑了，没学会，不然，现在早就骑起全国逛了；二是西藏文工团来找我，我下河跑船去了，没找到，不然，我就是搞专业的了；三是前年到老年大学，专门学普通话，结

田洪光表演民间绝活：单人口琴、二胡吹拉二重奏

435

果没学会，失败。"

说得兴起，老爷子翻出口琴，取下二胡当场表演：只见他蹲坐小凳，双脚并拢，托起二胡，双膝夹着口琴，埋头弯腰，又吹又拉《孟姜女哭长城》。

号子

最后问起川江号子，老爷子说："1957年以后，就不喊号子了，因为'屁股都冒烟了'。过去拉船喊号子，小船上喊号子的人也要拉船，只不过他的活路松活点，他可以拉，他站起喊的时候，就可以不拉；大船上的号子头呢，可以完全不拉，还可以打把伞。大号子头还可以带一个二号子，他喊累了，徒弟崽儿接到喊。"

"清早起来把门开，一股凉风吹进来""你一声，我一声，好比童子拜观音"，老爷子随口唱起几句欢喜的号子，然后就是一个苦号子，"'一出南津关，两眼泪不干。心想回四川，难上又加难。'出峡一看，宽了；回头一看，没路了，河断了。山重山，山叠山，山套山，山滚山，哪个都要哭！特别是小的，更要哭。回去的路太远，太难，小脚板，走不快，怕遭丢下，怕野兽，怕生病，怕饿倒，死在路上，成了孤魂野鬼，回不了重庆。"

唱完这些，老爷子有点鄙视或有点不好意思地说，还有些都是庸俗的了。笔者一向对各种"庸俗的"最感兴趣了，赶忙问："啷个庸俗嘛？"老爷子乘兴又唱起来："大河涨水小河浑，捡个鸭蛋有半斤。你妈吃黄我吃清，你妈养娃……"一个急刹，最后三字他不唱了。

我问："接下来呢？"老爷子凑近我的耳朵，清脆而小声地唱出最后三个字。他一唱完，"哈哈哈哈——"我们两爷子，就像两个灯晃的大二和中二男生那样，笑得水流沙坝湿臕臕的。

（田老爷子已于2022年7月7日晚9时许因呼吸衰竭逝世于重庆，享年94岁）

8 / 千翻娃儿长大后，没得法，就只有当校长了

口述人 张世刚
重庆滨江小学校长、画家

他辅导的少儿油画作品有上千件在国际、国内美术比赛中获奖。他辅导的"南开儿童油画展"曾在中国美术馆举办，12件作品被该馆永久收藏。1997年9月他被国家教委授予"全国优秀美术教师"荣誉称号。2011年5月，沙区文化馆举办"张世刚意象色彩"画展。

走进李鹏题写校名的沙区儿童艺术学校的校园，张世刚戴着一个"行政值周"的红袖标向我走来。看着这个和我小学、初中、高中一条龙混出来的老同学——昔日的劣顽少年戴着这种箍，站在这所公立学校的国旗旗杆下执勤，多少有些喜感和沧桑感。下课铃响，一群孩子从教室里涌出，一个男孩试图从花台的边坡滑下，被他喝住："危险！危险！"

黄昏，我们走下教学楼，天有点黑了，一群孩子穿过摆放着扬琴和古筝的大厅，沿着幽暗的楼道冲上楼。"唉，负责开灯的校工搞忘了，好危险！"张世刚骂了一句，急忙去把两层楼道的灯都打开，让孩子们明亮地从我们身边流过。开灯的时候，这位副校长的动作，像一位老校工，也像一个麦田里的守望者。

千翻

张世刚属于那种不管有好多马甲，我一眼就认得出的人。从小学起，他就是我们班最劣顽的孩子，跟班上每个男生一样，也有一个不雅而嘹亮的绰号，金光闪闪、直冲云霄，在这里我就不说了。有一年，我们初中20年同学会，小时候他伙过的崽儿，1983年第一次"严打"和后来不是"严打"也进去过最后又出来了的同学，一问他的现状，"你崽儿现在是老师呀，是校长呀，哄鬼哟！你娃是不是才出来哟！"

1971年，张世刚和三个弟妹跟着随军的妈妈，从万县来到重庆一座父亲服役的军队大院，成了院里最千翻的娃儿。在大坪小学读书，成绩差，妈妈就把他转到马家堡小学我们班上，重读了一个四年级。初中，我们一起升入大坪马家堡重庆66中（现建设中学），同学都是附近军校、设计院、街道、医院、长航和工矿的子弟。有老红军的子孙，也有城市平民的后代；有高知、高干家庭，也有的来自一贫如洗的人家。

　　张世刚原本一直在外面，没进去过，也是高中那年基因突变，他突然喜欢做作业喜欢看书了，还进了我们只有"十几个人来七八条枪"的文科班，如此惊悚，就像老电影里面我军"欢迎蒋军官兵带枪弃暗投明"一样。记得我还送过他一本胡云翼老先生编注的《唐宋词一百首》以资鼓励，还是中华书局1961年的初版，当时相当珍贵，江湖流转，不知怎么转入我手。这样的书，又递给他，画风有点不对，因为以前从他手上过的，都是麻雀、钢尺、火药枪和板凳脚之类的。

　　这娃从小在班上的劣顽记录，那是花样百出。军帽里子是白的，他就反过来戴，像红色黑白老电影里的国军残兵；物理老师推门上课，一个脏兮兮的扫把就像他上一节课讲的自由落体，直接砸在头上。当然，老师的耳光也像南美洲丛林蝴蝶的翅膀，马上就把风暴扇在他的脸上，因为老师一问是谁干的，全班同学的手，齐刷刷地指向他。

　　他还差点把校园里刚栽下的小树吊断，被路过的年级组长邓有德老师抓了个现行。写得一手好字的邓老师，风趣幽默，是校史上最令劣顽男生闻声色变、望风而逃的狠角色。他勒令张世刚马上给小树鞠躬道歉。前几年，在同学会上，张世刚给邓老师敬酒，感谢当年的修理有方。

　　还有一桩更喜剧的事，听说班上大眼睛的小班花，经班上外号"油嘴"的军校子弟介绍，要和高年级一个外号叫"冬瓜"的高干子弟，在学校的后山耍朋友。"我就伙起一帮兄弟满山遍野去找，想看他们啷个耍朋友，亲没亲嘴。结果没找到，又旷了课。班主任抓住我胸口的衣服就是一阵猛揉。还好，我身体好，没遭摇散架。我是班上400、800、1500、3000米长跑的种子选手，后来在一师（现重师初等教育学院），在全市大中专运动会还拿过800米第4名，这个成绩好像现在也是一师的校纪录。"

煤球

1980年高考,张世刚的文化考试成绩上了重庆一师美术班的分数线,要去加试专业内容——画素描。他从没画过,就去问文科班一位会画两笔的上届复读老哥。老哥说"你把外形画好了,就用铅笔把它涂黑就行了。"

加试素描画的是一个陶罐和两个苹果,他照着老哥说的去画,形还是有点像,但由于不懂黑白灰的关系,苹果遭他涂成了黑砣砣。老师一看,脑壳都大了。这个段子至今在一师美术班的老同学中传为笑谈:你莫看现在张世刚又当校长又开画展,当年你喊他画个苹果,他都可以给你画成一个煤球。

但当年那些可以把煤球画成苹果的同学,现在大都不画了,只有他还在画。"30年后同学会,当年我们班上专业最差的几个,都当了校长。我就开玩笑说'你们画得好的,都当了老师;我们画得不好的,没得法,就只有当校长了。'"

画艺和色感是临毕业最后半年才找到的。"当时,我一下子醒了,照我这个水平,出去教书育人,简直误人子弟!于是,我经常出去写生,金刚碑、磨滩、澄江镇、缙云山,都走遍了。冬天揣两个馒头,背一个水壶,馒头和水壶都是冷的,肚皮是热的。对色彩的敏感一下子就找到了,一直伴随我走到今天。"

1980年重庆66中高80级文科班毕业照
前排右起:班主任(政治老师)刘支信、语文老师张竹秀、历史老师胡昭德、地理袁老师
前排左1张世刚

童心

一师毕业后在上桥小学当美术老师那几年,张世刚很想出点成绩,"很卖力,教得很苦,但教出来的

学生画，还是小大人画，没真实地表达童心。调到沙坪坝南开小学以后，周边名校林立，我眼界大开，一下子悟到儿童美术教师，首先要读懂孩子们的童心，最大限度地调动孩子，用他最顺手的线和色，画下童心和童真。我有一句名言，话丑理端：儿童画就是乱劈柴，看哪个劈得更天真可爱一点。"

所以，在张世刚的教室，孩子们可以在画布上乱整。

他辅导的上千件少儿画作在国际国内美术比赛中获奖，1995年还在中国美术馆举办了"南开儿童油画展"，并被该馆收藏12幅画作。这个记录，在全国儿童美术界罕见，重庆至今没有第二例。"虽然跟我学画的孩子，后来大多数都跟美术专业无关，但他们心中有一个美好的回忆，思维更灵活，眼界更开阔，情感更丰富，情商更高。就像一个家长对我说的，'你把我娃儿教活了，开窍了'。"

美术老师范儿特重的张世刚

1999年8月，张世刚带着36个来自全市各小学、幼儿园的孩子，坐火车赴京参加万国邮联邮展开幕式上的少儿邮票现场设计活动，这更像是一场有惊无险的行为艺术。在火车上，大多数第一次出远门的孩子们，蹦蹦跳跳，乘务员送开水，一个名叫冯思阳的孩子被烫伤。

"我把35个娃儿托付给列车长，还有同行的重庆市邮协几个工作人员，叫他们帮忙照看，马上带冯思阳在广安下车，返回重庆到西南医院治伤。医生一看，说伤势不重，刚包扎好，冯思阳就马上闹着要再赴北京，他不想失去在北京现场画邮票的机会。他的父母也同意，又把娃儿交给了我。"

为了追上火车上的35名小画家，张世刚带着冯思阳乘飞机第二天中午飞抵北京，他们还先到。晚上，一起到火车站迎接大部队。孩子们很争气，这次获了8个特别奖、12个一等奖。"当时的家长，很放心，没有一个要求随行。但现在，打死我也不干这种带一群娃儿去远方的事情了。"

校长

张世刚QQ空间里有一张照片的图片说明是"在滨江的日子，痛并快乐着"，是他对滨江小学五年校长经历的一个总结。滨江小学由已倒闭的重棉一厂、合成化工厂、印染厂三家大厂的子弟校合并而成，其中重棉一厂子弟校还是大画家罗中立的母校。

"痛的是每年都很难过，老师的家属几乎一半都下岗了，学生家长差不多都是附近下岗工人、进城务工人员：卖菜的、擦皮鞋的、当棒棒（力伕）的。148名退休老师，60多名在职职工，每发一分钱，都要校长去找。全部人都望到我，我必须给大家找福利。"

2007年春节，学校账上只有5万元钱，给退休老师每人发300元过年钱，在职教师就没多少钱可发了。张世刚就以个人名义向朋友借了15万元钱，给每个教职工发了近3000元过年钱。"快乐的是，虽然条件差，我还是坚持每年组织教师旅游，游三峡、黄河壶口瀑布、北海，游越南的海防、胡志明市、河内，还到酉秀黔彭走了一遭。2004年，我还搞过一次'大手拉小手'帮扶活动，喊来一些老板朋友，必须给我扎起（撑场面、支持），到我们学校现场捐助贫困学生，多的给了2000，少的500到800不等。"

现在，这所位于石门大桥桥头、金沙港湾小区背后的学校，政府已经投入了几千万在改造扩建。"还是2007年我在那里当校长时跑下来的项目。学校扩建了，高兴；现在那里的一些老师，每年都要凑份子请我回去团年，我更高兴。作为教师我收获了很多荣誉和成功，作为学校管理者，我也收获了很多苦并快乐着的记忆，我无怨无悔。"

张世刚这崽儿当过好多校长哟！南开小学副校长、滨江小学校长、儿童艺术学校副校长、上桥南开小学副校长。这位昔日顽童当校长以后，对付顽童岂不是很有一套？

他说："当年我确实劣顽，让老师们伤透了脑筋，很对不起他们。正因为我晓得遭老师动粗的滋味，所以我当老师和校长后，从不对学生动粗。我的感悟是，顽童只不过是一种孤独的孩子，因为在很多方面得不到关注和认同，就故意在行动上哪怕是犯错误也要吸引你的关注，跟喜欢画画的孩子在泼墨画画一样，这也是他的一种表达。如果我们做教师的懂得这种心理，世界上不晓得要少好多顽童和问题儿童。"

9 / 老刘:『A军团今天晚上开始,按计划从巴尔干撤退』

口述人 老刘
某集团电梯工

2016年，64岁的老刘，已在重庆渝中区一幢大楼某集团，开了多年主要是供领导上下的小电梯了。老刘虽然背有残疾，但面相不俗。那幢大楼是一个文化单位，老刘也是饱读诗书之人。

有一天，在小电梯口，他对我说，好想再看一遍《第三帝国的兴亡》，年轻时他有这套书。我藏有此书，还是1979年世界知识出版社的初版本，但书叶黄脆，不便出借，就找了一本群众出版社1981年版的同款旧书借他：《舒伦堡回忆录——纳粹德国的谍报工作》。

他还知道1930年代的瞿秋白，有一次他顺口给我背诵瞿氏名言："中国的豆腐也是很好吃的东西，世界第一。"这暗示老刘肯定读过瞿氏绝笔书《多余的话》，因为这句话就是《多余的话》最后一句话，是里面最不多余的话。

老刘是大楼保安、厨师、清洁工里面的意见领袖。一天，我看见他站在小电梯口和大楼大门之间并不广阔的地区，和几位保安大叔、保洁孃孃，狂辩电梯所在的大楼国有大中型企业的"发展瓶颈"问题，老刘滔滔不绝。顺便说一句，老刘在小电梯口值守的时候，大家和他混熟了，不是领导的人，有时也可以坐坐他开的领导专用小电梯。老刘可以和上上下下的任何人就任何问题交谈，而且常常口吐妙语，叫文化单位的对方辩友，顿觉自己好没文化。

音乐

冬天的上午，老刘坐在小电梯口幽暗的楼道里，墙角小桌上一个夕阳红 mp4 播放器，飘出一阵音乐，曲风不俗，有点像罗马尼亚作曲家波隆贝斯库《叙事曲》的调子。我问："老刘，听的《叙事曲》吧？"他说："不是，是《一月的哀思》，小提琴协奏曲，老电影《生活的颤音》里面的！"

得知我小时候也看过这部1949年后首开国产片接吻镜头的电影，老刘谈兴顿起："项坤、阮斐夫妇和他们的儿子项智力，都在里面演了角色的。项坤演医生；他儿子高鼻子，很帅，还演的一个反派；女主角叫冷眉，漂亮哟！"

那部以1976年"四五"天安门事件为背景的电影中，穿着灰色高领毛衣的女一号冷眉，像巴尔干半岛黑白电影中的姑娘一样地下、冷艳、高贵。她和男一号小提琴家坐在房间里。男一号问她："你喜欢文学和音乐？"冷眉笑着嗯了一声，转身伸手拧开了桌上的电唱机，柴可夫斯基小提琴协奏曲的第二乐章《短歌行板》响起。老刘还记得"是柴可夫斯基的《短歌》"。

老刘1970年代青春帅照

老刘出生在中兴路，在家排行老二，上有大姐，下有小弟，父母在朝天门储运公司上班。《生活的颤音》那句台词"你喜欢文学和音乐？"也像是命运对他的发问。

他最初学音乐，是学吹笛子。"那是小学二年级，我在西三街小学读书，有天黄昏路过解放东路谢家屋头茶馆，听到楼上有个人在吹笛子，很好听，一看，是我们班主任邓一浪。我就停下来，坐在街对面糖果店的梯坎上听。邓老师看到是我，就叫我过去。我说这个好听，就喊他教我吹。"

当时还是小小刘的老刘，很快就成了他们那条街吹笛子吹得最好的娃儿。"《喜洋洋》《洗衣歌》我都吹得好哟。但单吹学会了，双吐还没学会，邓老师就调走了，没人教我了。我学到的，就像一锅夹生饭，倒熟不熟的。现在我有时经过解放东路，都还习惯性地找谢家屋头当时老师吹笛子的地方，但找不到了。"

后来他跟同学林忠云学拉小提琴。"但没拉几天，他就参军去部队文工团，我又没学会。前几天在街上买了一个葫芦丝，吹《月光下的凤尾竹》，但嗓子里面的气运得不好，

老刘1970年代学拉小提琴

提不上来，吹起来像黄牛在叫，就没吹了。我中、小同学里面大家都是'琴棋书画'，才华横溢，只有我最差，我只是爱好。"

这几年老了，老刘还想学琴。"我跟几位老同学商量，大家建议我可以去老年大学。但学哪种琴好呢？拉手风琴，背上一砣，前头一砣，形体也不好看；小提琴要锁骨顶起，左边夹不紧。最后还是准备去少年宫学大提琴。"

要学琴，得先买琴。老刘先直奔解放碑长江文具店。1950至1980年代，重庆地区几代学琴的少年，最先都是在长江看琴、买琴。"长江文具店有一把琴，湖北出的，颜色就像我这个鞋子的猪肝色，1950元；朝天门也有，我问过批发价，800至1000元。最后，我买了一把别人用过的旧琴。"

老伴

李耀东小提琴独奏典《一月的哀思》总谱（1979）

老刘坐在小电梯口幽暗的楼道里听《一月的哀思》那天，是他老伴的忌日。他说："老伴走了一年多，肺癌。我听这个曲子，也是安慰。"

这个曲子，也是老刘年轻时代音乐生活的安慰。"1979年，看了《生活的颤音》，我太喜欢里面的音乐了。是西安电影制片厂拍的（导演滕文骥、吴天明），作曲家叫李耀东（黑龙江人，当代电影作曲家，曾为电影《白毛女》大春配唱，后调入西安电影制片厂，曾为《狼牙山五壮士》《生活的颤音》《西安事变》等片作曲）。我给他写信，想要一份乐谱。当时，我在白象街一家小工厂上班。他的回信寄到厂里，是个牛皮纸信封，上面红字印着'西安电影制片厂'。"

小厂里的人哪见过这个！同事最先在办公室看到信，以为他要调走了。"我去取信的时候，厂长也说，你娃要高升了吗？我说，我高升啥子哟！打开信一看，是李耀东的回信，打字机打的字，手写签的名。大意是想不到在重庆，还有观众特别喜欢这部电影的音乐，非常感谢，随信寄上《一月的哀思》的简谱。谱子不长，只有一页纸，后来搬家，信和谱子都搞不见了。"

乐谱已逝，但乐曲长在。现在只要一想起老伴，这个曲子就成了老刘最爱听的音乐。"一是安慰，二是愧疚。主要是寄托我的哀思，这个哀思包括我对她的愧疚。看到现在条件好点了，她没享受到就走了。我们1986年结婚，我34岁，她24岁，是巴县陈家桥的农村姑娘。她很漂亮，跟着我，50岁就走了，是我的无能造成的。她柔弱，老实巴交，内向，她得病跟我有一定的关系。宋江难结万人缘，人穷气大，我脾气不好。"

老伴走了一年，老刘孤独但不寂寞。吃了晚饭，从储奇门走到朝天门河边，看船耍。"这几年，别人要给我再找一个伴儿，我没干。我还没走出阴影，就和别个接触，还想老伴儿，会给别人造成伤害。"

好在女儿现在已出落得像当年老伴一样漂亮，有工作。"我跟女儿说：好生工作好生做人，有一天你嫁人了，尘埃落定，老汉就走了。到哪去？我牵个狗儿，打个包，像诸葛亮一样，走到哪里动不了，就在哪里倒！"

老刘现在晚上到朝天门河边，除了看船，还有一个秘密，就是在河边练一个小节目。"毕克、童自荣、邱岳峰，上译厂的三剑客，我都很崇拜。我也学他们配音，就在河边练习。2016年下半年，外侄女从上海回来，这个集团大楼已经搬家了，我也不开电梯，退休了。我要举行一个答谢联谊会，还要拉个横幅'2016年干人挚爱亲朋答谢会'。'干人'以前指穷人，是我二老子给我取的小名。我这一生，靠了姐姐、姐夫、舅舅，还有很多亲友帮助，我要答谢一场。我还写了一个讲话稿，要表演一个小节目。生平第一次也是最后一次，提前给大家告别，从此浪迹天涯，城市荒野，赎我的罪。"

老刘练习的，是巴尔干老电影《瓦尔特保卫萨拉热窝》开头，党卫军少将的台词。老刘尽力模仿上译厂（该片其实由北影厂译配）那种字正腔圆的文艺配音腔，随口诵出："诸位，向你们宣布一项重要的消息，我们东南军区司令莱尔上将已经接到了命令：A军团今天晚上开始，按计划从巴尔干撤退……"

就在那天晚上，重庆渝中区那幢大楼里，老刘打工的集团也接到了命令，从当晚开始，按计划从渝中半岛撤退，撤往遥远的渝北一座金光闪闪、直冲云霄的大楼。那里电梯更多，编号复杂，但不用电梯工。老刘失业了，在那里，人人都是自己的电梯工。

后记：打望我们的民间生活

马拉

这本书中，河山清脆，岁月奔涌；乡音甘洌，众生交响。

书末，"A 军团今天晚上开始，按计划从巴尔干撤退"，寒波淡淡起，白鸟悠悠下。

列位看官，你道此书从何而来？待在下把来历根由言说一番。

10 年前，2011 年 4 月 14 日，我在《重庆晨报》开了一个名叫"马拉打望·城与人"的专栏，要钱不要钱，圈子要扯圆，开栏语如下：

> 马拉，重庆崽儿，儿童之友。已不年轻的记者和诗人，喜欢朝内心和外面打望，喜欢最容易消逝的东西和昨天下午三点多钟蜂蜜色的阳光。
>
> "城门城门几丈高（"鸡蛋糕"），三尺六丈高（"三十绿豆糕"）。没有零食吃的小时候，可以把城门唱成鸡蛋糕、绿豆糕）""打把阳伞，走江北；江北拢了，结个堂客""走上街，走下街，走到王婆婆的金子街""小崽儿，你莫要桀骜（二

字快读合音），你们妈妈在化龙桥。好多号，18号，打起电话找不到"。

这座城，这些人，我从小就泡着他们，在这些童谣深处那些美丽的地方（城门、江北、化龙桥、金子街）和人（堂客、小崽儿、妈妈和王婆婆）的守护下，灯晃，长大。但我至今都不明白，为什么堂客在江北而妈妈又在化龙桥？

所以，从今天起，每个星期四，我愿意和你们一起打望、回忆并记录这座城、这些人那些无比迷人的故事。

专栏就是和读者的定期约会。开张那天，农历三月十二日，愚人节后第13天，清明节后第9天，谷雨前第6天，虽然宜搬家、结婚、领证，但忌动土、破土、上梁，所以开头五六年，星期四见报，还是顺风顺水，后来随着纸媒的风雨飘摇，周期就乱了，陆续变成星期五、星期天，甚至变为一周、一月或"某年某月的某一天……"

而今纸媒一片狼藉，哀鸿遍野，和时代的关系像纸婚一样脆弱，退出江湖，不留痕迹。在此之际，尤其要对在纸媒的黄金时代（如果有过的话）和黄泥巴时代（正在进行时）都对我的专栏深加厚爱和追捧的热心读者，对一路支持过我工作的《重庆晨报》领导唐林、张永才、何志、刘长发先生和易幼民女士，对报社亲爱的同事们和新闻界的同行们，鸣谢致敬。

专栏不在了，但城和人还在。回头看去，这个专栏的题图上，我写的那句话"有什么样的人，就有什么样的城；有什么样的城，就有什么样的人"，也可作为此书题签。我还记得一位素不相识的年轻读者曾给我这样留言："我原来觉得重庆没得文化，没出啥子人物，读了你的'马拉打望'专栏，才晓得我们重庆很有文化，还出过那么多牛人，我很自豪。"

现在您看到的，就是我的专栏写过的那些关于重庆城、重庆人的故事。

这座城

重庆是一座斗智斗勇的谈判之城，也是一座心直口快的口述之城。众声交响之时，时代的精神状况，这座城市的地理、生理和心理脉动，可能会传来一点回声。

怎样理解重庆城和重庆人？宏大叙事有双重喜庆、巴蔓子、抗元钓鱼城、陪都、红岩、计划单列、直辖……；民间叙事有红汤火锅、鸳鸯火锅、小面50强、《一双绣花鞋》、江湖菜、美女、轻轨穿楼……

两种叙事之间可能有一条中间路线，就像轻轨二号线行驶在临江门到大坪之间的城市上空，处在两江之间，曾从我家门前过。我总是像一个野导游一样纠正坐在我旁边的本地或外地乘客："这不是长江，是嘉陵江，长江在那边。"其实这一点都不重要，天下水相连，这个江，那个江，反正都是水，名字一点不重要，它也不在乎你怎样叫它；不管你怎样叫，它都不回答。

就像重庆火锅，在清汤和红汤中间，虽然有一个微辣的中间路线，但在重口味歧视链上一直处于末端，中间相当于不存在——就像这里的春夏秋冬之间，常常没有春秋的缓冲地带，所以重庆来得很陡：有时是一座伤城，有时是一座火城，有时九开八闭，有时三心二意。街道和老房子常常就像山城电影院和江北城一样，遭按了删除键。长江虽然删除不了，但可以变成库区；朝天门也删除不了，但曾经可以变成红港，现在又变成来福士。城与人，人与城，当这座城有点云山雾罩的时候，我站在满城心直口快的这些人这边。

这些人

"七八个星天外，两三点雨山前。"（辛弃疾《西江月·夜行黄沙道中》）历来汉语文献对重庆人的描述不多，星星点点：最能打的是"巴师勇锐"，可能也是"提起脑壳耍"的另一种说法；最能吃的是"尚滋味，好辛香"，食材本身的质地不好说，就用"辛香"添加剂来哄哄舌尖上的人生；最劳模的是大禹"三过家门而不入"，对公有化程度很高的男人既伤害又托底；最温柔的是巴蔓子，宁输脑壳不输耳朵，耳朵没有了，女人就没得揪的了；最快的船是"两岸猿声啼不住，轻舟已过万重山"，简直是农业时代预订的工业速度。

最淡定的是抗战时期，敌人在天上丢炸弹，"我们在割稻子"（《大公报》的社论）；最守纪律的是红岩时期，"上级的姓名我知道，下级的姓名我也知道，我就是不说"。

最硬核的是城中少男少女，从小就被老师和老大带进歌乐山中，参观渣滓洞、白公馆旧址的"美蒋特务罪行展览"，不是听妈妈而是听漂亮的讲解员嬢嬢讲过去的事情：老军统和保密局徐远举二处那些绑架、酷刑、刑场、暗杀和屠杀的现场和故事，月黑杀人，风高放火。所以说重庆崽儿不是长大的，是吓大的，他们除了怕揪耳朵的老婆，可能就找不到什么来怕了。

革命烈士的红色诗文惊涛拍岸，荡气回肠："为人进出的门紧锁着，为狗爬出的洞敞开着，一个声音高叫着：'爬出来吧，给你自由……我只能期待着，那一天——地下的火冲腾，把这活棺材和我一齐烧掉，我应该在烈火和热血中得到永生'""为了免除下一代的苦难，我们愿把牢底坐穿""你是丹娘的化身，你是苏菲亚的精灵""今夜，我要与你永别了。满街狼犬，遍地荆棘，给你什么遗嘱呢？我的孩子！"

虽然从1940年代宋之的话剧《雾重庆》到1980年代况浩文《一双绣花鞋》的电影版《雾都茫茫》，重庆都是一片白色的雾都底色，但从《红岩》开始，到后来1960年代的红港、红汤火锅，重庆一直与红同行，太阳出来绯红，晒得石板梆硬。

市井坊间对"重庆人"的表达，"血盆里面抓饭吃""方脑壳""江湖人家，绝不拉稀摆带"，我们做芯片暂时不行，烫腰片一流。改革开放后的新重庆人，又在江湖上扎扎实实发明了"雄起""豌杂""江湖菜""鸳鸯锅""三拖一""精典书店""索道""小面50强"，还有因为不收门票所以也不修围墙的8D魔幻城、轻轨穿楼……

我从未通过官方或组织去找人，而是顺其自然，在民间生活中和他们一个一个地相遇。他们大部分是我在生活中碰到并发现的，有些是经朋友介绍的。有时看他们的老影集，发现他们的亲族关系，有些是整个家庭的人物都很有意思。

我和他们熟了，以至于这么多年，走在重庆某个地方，我马上就会想起住在附近的某位老人家。在从前"更低、更慢、更弱"的一次次反奥林匹克运动中，他们都是超级运动员，有的散在五湖四海，有的九死一生；到现在，有的已随风而逝，有的还硬朗地生活着，每天起得很早，还给我群发中老年画风的"人生两件事，身体好心情好"或"花开一串，好运不断，愿你一天好心情"的早安祝福动图。每发我必回，虽然有时已经是下午了。有故事的人决定有故事的城，他们就是重庆城与人的时空坐标。他们的样子，谦谦长者，一派大丈夫风度；他们的亲情、友情、爱情，以及生命的宽度和深度，使我的人生也得以丰富。

这本书中，那些重庆人和在重庆折腾过的人啊：他们在一千年内筑起"九开八闭"重庆城，然后在一百年内拆得只剩两座门；门内最老的望族是大禹第139代孙、曾子第77代孙，有家谱为证，盖着皇帝"省身念祖"的大印，捐给博物馆了。

他们是少年中国的人：有的人，帮妈妈下苦力，挑着重担一脚一脚踩过好多现已不存的重庆地名；有的人，在巴蜀中学"刘胡兰战斗班"读过书，长得很像亲姐姐刘胡兰；有的人，住在观音岩刘胡兰幼儿园上面金刚塔巷52号舅舅家的三楼上，说"舅舅一生最爱战争与美人"；有的人，参加北碚少年义勇队，跟卢作孚局长下江南考察，卢头还帮他修改日记中的错别字。

有的人，小时候亲眼看见同班男同学汪曾祺，给女同学夏素芬写了一黑板情诗，让我们看到好像从未年轻过的汪老爷子，也有可爱的小时候；有的人是写小说的班花，小时候觉得坐了男生坐过的热板凳，就要怀孕，所以要用报纸垫一下；有的人，从小调皮捣蛋，长大后"走投无路"，只有去当小学校长一条路；有的人，两家异姓姐妹，从小一起耍，耍到现在，亲如一家；有的人，跟涪陵城二小托儿所所花刘晓庆是同学，是大明星最早的靓点证人。

他们是爱唱歌的人：有的人，从小唱"有钱的人，大不同，身上穿的是灯草绒"；有的人，唱着古巴风格的中国少儿歌曲《哈瓦那的孩子》，考进周恩来和陈毅督办的重庆外语学校俄语班；有的人，既写过红色抗战歌曲《长城谣》，也写过"黄歌"《何日君再来》，让我们晚上偷偷摸摸听呀听。

他们是有民国范的人：有的人，当年是《大公报》的名记，一篇调查报道可以撤掉一个不称职的县太爷；有的人，在北平学画，老师有齐白石，同学有拉人力车的李苦禅；有的人，黄埔一期的老大哥，没机会打小日本，就发明"轰炸东京"的名菜来吃货救国；有的人，年轻时凭一支时尚漫画妙笔在上海滩上混，跟胡蝶、阮玲玉都好，老了漂在黄桷坪；有的人，在台上，为重庆川剧这样一支地方剧种留下一部《金子》名剧和金子般的台词："起来早了，得罪老公；起来晚了，得罪公婆""假感情要钱，真感情要命"；在台下，把旧爱新欢的三人行关系处理得"圣洁而纯正"（后台吼班帮腔：只问你娃服气不服气呀——服气呀不服气！）

他们是上班的人：有的人，从小在河边洗衣服，长大去当女抬工，到鬼门关里走两遭，明砍——下力也是一个技术活；有的人，在苏式肉联厂上班，最怕的是下班检查刀具，哪个的刀尖尖要是缺了一角，全厂都不得下班；有的人，在重庆冰厂做青鸟牌冰糕，香蕉4分、豆沙5分、牛奶6分，最怕的是罐装汽水炸瓶；

有的人，上班就是骑起自行车洋马儿，爬到解放碑顶顶去上钟，他上的这个钟，就成了好多人屋头的钟。听不听得到这个钟，就可以判断你是不是最正宗的重庆主城或解放碑的崽儿。

他们是打仗的人：不是所有叫"老红军"的都走过长征，有的给延安"红孩儿"游击队当队医；有的人，曾是抗战空军英雄高志航的僚机，在重庆和日军零式战机缠斗，血染长天，收获战伤与爱情；有的人，参加了飞虎队，首次翻译了缴获的零式战机数据表，为盟军后来击落零式战机大有贡献。

他们是热爱艺术的人：有的人，用榜书题写嘉陵江大桥桥名，没有署名，都以为是大领导写的，其实出自民间布衣；有的人，花一生时间坐在街角，一笔一笔，画山城街景，画面小小，但永远干净、迷人；有的人，从小在田坎捏泥人，在庙里塑观音，长大捏成个女雕塑家；有的人，画满1300多个速写本，散仙般的人生，几处在自然村落的画室，大得要用谷歌地图才能从空中看完全景；有的人，站在剧场台口，一笔绘就川剧魂。

他们是生活在民间的人：有的人，生产射钉枪，民用射钉枪不过瘾，就去生产一部中国最好的二战图典，每一页都真刀真枪；有的人，把来了就吃的"黄门宴"，从重庆摆到京城，让江湖兄弟在满汉全席的北京，也能尝到民间味、家常情；有的人，从小跑川江，死了没有埋，埋在川江号子里；有的人，是开电梯的，还是上译厂的铁杆粉丝，随口诵出巴尔干老电影里的"A军团今天晚上开始，按计划从巴尔干撤退"。

他们是提出问题和回答问题的人：有的人，太爷爷问爷爷，"这个世界会好吗？"爷爷说，"会好的"。我们都和这样的爷爷站在一起。

这样想

这本书是一本民间生活史，对"无名者的生活"（福柯语），我吃的是从《史记》以来的民间价值和市井手艺那一套。《史记》最精华的部分，就是人物列传；而《史记》里面最厉害的八字经"王侯将相，宁有种乎"，太史公用的是直接引语，完全是口述实录的感觉。

我很欣慰，这本书有好多篇章，填补了重庆城市叙事史的空白：北碚少勇队、"大厂往事"之重庆肉联厂、重庆冰糕厂、范绍增家族往事、街景画家熊吉炎、民国上海滩大漫画家汪子美、嘉陵江大桥题名者李德益、民间史学家史式、见证汪曾祺青少年往事的女同学章紫、重庆外语校俄语班、抗战飞行员龚业悌；更有好多抢救不及的遗憾，比如我的父亲，其打铁（铁匠）、打人（打我）、打（防空）洞之"三打"人生故事，永远听不到他自己来讲述了。吾城吾民，我口我心，自言自语：他自己的讲述，他们的讲述，是任何其他讲述不能替代的。

被誉为"法国史学之父"的19世纪史学家米什莱，在其随笔《关于书的一切》中曾感叹："我深深感觉到我们的贫困，文人学士的无能为力，我自感十分惭愧。我出身平民，我总是把平民放在心里。……但是它的言语，它的言语，我实在无法企及。我没能使他们说话。"

本人并非"文人学士"，但也"无能为力""十分惭愧"，好在这本书中，你多少能听到他们说话的声音。

这本书

"马拉打望"的"打望"是一个重庆方言，跟《孟子·滕文公》"出入相友，守望相助"，古希腊悲剧《阿伽门农》的"守望人"和美国小说《麦田里的守望者》的"守望"同词根，但又不一样。重庆方言"打望"的硬核意思，我释之为"重庆男性传统户外活动，主要是针对美女的远距离无目的扫描"，是街头的、野生的、即兴的；在我这里的意思，则是近距离有目的探访、打捞、抢救和记录。

所以，我给自己定的工作标准或田野伦理，是首先找到故事的当事人，当事人如果挂了（我看到一幅一幅的遗像挂在墙上，意味着一段一段的生命和回忆永不复返），就找到亲友、同事等最近者；至于太古早的案例，比如重庆筑城史，当事人及亲友早已灰飞烟灭，就找其学术血统上的亲友——素有研究的专家、学者，如果这些都找不到，就算了。城与人，人与城，必须找到人；只有城，没有人，绝不开笔。

本书名曰《口述重庆》，因为书中人物，全是重庆人或跟重庆有关的人；虽曰"口述"但不是呈堂证供式的"口述实录"，更多像"人物访谈"，因为里面有"人"；之所以还叫"口述"，是因为人物的语言保留了言说的口语性、现场感、真实感和民间价值；我必须的描写和评述穿插其中，均保留到最低程度，就像钻石卑微的托柄，主要是为了推出和反衬钻石的高贵。

书名副题"从母城到江湖的民间生活史",指向全书结构:分为"母城、望族、先生、青春、陪都、老兵、大厂、妙手、江湖"九大声部,构成众声喧哗的多声部混声复调叙事。

什么是重庆城?什么是重庆人?可能永远都没有完美的答案,但这本书多少贴近或回答了这个问题。理解重庆城,理解重庆人,作为风俗人类学或城市社会学式的田野调查,这是一本重庆人的生活实录,重庆城的文脉纪实;一本解读重庆人的心灵密码,切入重庆城的人文路标;一本爱家爱城的乡邦文献,一本关于重庆城、重庆人的乡愁读本。

这本书不是文字,也不是文学;不是虚构,也不是非虚构。它是一位又一位重庆父老乡亲,回首打望他们一生中最珍贵的光阴时,发出的声音,声如天籁。

桑间濮上,街头床尾,茶歇酒聚,眼中心里。你若想起什么好故事,想起家族里有个老舅,或有个姑妈,或隔壁有个王婆婆、张伯伯,是一个有意思有故事的人,他们的故事可能你的耳朵都听起茧巴了,但对我们来说,却新鲜而珍贵。那就请你告诉我(QQ:896835357@qq.com;微信:mala1963),让我们迅速靠拢,就像嘉陵江在朝天门四码头靠拢长江、轻轨二号线在李子坝靠拢穿越,一句话,让我们靠拢一起走过的日子——我们的民间生活史。

彩蛋

你们动口,我动手
你们是君子,我是小人
我是君子的小人书童
我还得继续找人,继续找你;要是找不到人,找不到你,
就不写

2021.4.10